Lichter setzen
über grellem Grund

Renate Feyl

Lichter setzen über grellem Grund

Roman

Kiepenheuer & Witsch

Verlag Kiepenheuer & Witsch, FSC-N001512

1. Auflage 2011

© 2011, Verlag Kiepenheuer & Witsch, Köln
Alle Rechte vorbehalten. Kein Teil des Werkes darf in
irgendeiner Form (durch Fotografie, Mikrofilm oder ein
anderes Verfahren) ohne schriftliche Genehmigung des
Verlages reproduziert oder unter Verwendung elektronischer
Systeme verarbeitet, vervielfältigt oder verbreitet werden.
Umschlaggestaltung: Rudolf Linn, Köln
Umschlagmotiv: © ullstein bild – Alinari
Autorenfoto: © Susanne Schleyer/autorenarchiv.de
Gesetzt aus der Berling
Satz: Pinkuin Satz und Datentechnik, Berlin
Druck und Bindung: GGP Media GmbH, Pößneck
ISBN 978-3-462-04335-8

Es war schon eine Zumutung, morgens aufzuwachen und auf leere weiß gekalkte Wände blicken zu müssen. Keinen Tag länger wollte sie das ertragen. Nicht daß sie sich schimmernde Seidentapeten gewünscht hätte, aber gemessen an dieser trostlosen Schlafkammer schien ihr Bethlehems Stall geradezu als ein Luxusquartier. Allein das eiserne Bettgestell reichte aus, um auch den letzten freudigen Gedanken in die Wüste zu schicken, doch diese kahlen weißen Wände gaben ihr das Gefühl, die Welt würde nichts als ein öder Kreidegrund sein.

Kurz entschlossen zog sie sich einen Kittel über, legte ein verschlissenes Laken auf die Dielen und rieb ein paar Farben an. Dann holte sie eine Doppelleiter und begann einen Regenbogen an die Decke zu malen. Sie plazierte den Bogen so, daß die wenigen Sonnenstrahlen, die morgens durch die Fensterluke kamen, direkt auf die Farben trafen und ihnen Spiel und Bewegung gaben. In einem Halbrund trug sie in breit hingestrichener Linie ein kräftiges Violett auf, ließ es am Rande in ein schimmerndes Blau auslaufen, führte das Blau in ein helles Grün, das Grün in ein Gelb, dunkelte es zum Orange und schloß mit einem warmtonigen Rot. Ihm fügte sie mit einem Hauch von Azur noch ein Stückchen Himmel an, damit die Schweiflinien deutlicher hervortraten und der Eindruck einer Überwölbung entstand.

Zwar ging die Arbeit langsamer als erwartet voran, doch als sie die Verschönerung beendet hatte, legte sie sich auf das Bett, betrachtete ihr Deckenwerk und fand, daß das kleine Alla-prima-Fresko gelungen war. Morgens aufwachen und auf Farben sehen zog gleich ganz anders in den Tag. Es gab so ein schönes Gefühl, allem voraus zu sein. Noch bevor sie aus dem Bett sprang, war sie schon unterwegs. Nicht irgendwo, sondern inmitten der Farben, mitten im Spiel des Lichts. Vor allem ließ der Regenbogen die winklige Kammer höher und breiter erscheinen. Der Blick zur Decke rückte die Welt wieder zurecht.

Der Bruder war begeistert, doch die Mutter regte sich auf. In einem eigenen Haus mochte so etwas noch angehen, aber sie wohnten zur Miete, und da konnte eine solche Kapriole sie teuer zu stehen kommen. Ihre Tochter wußte doch, daß am Monatsende kein einziger Sou übrigblieb! »Du solltest dich endlich von dem Gedanken verabschieden, Malerin zu werden. In Paris gibt es zu viele davon. Das hat keine Zukunft. Denk doch an deinen Vater! Was nützen die schönsten Bilder, wenn sie keiner haben will.« Und schon war die Mutter dabei, erneut die ganze Armut, in die sie geraten waren, vor ihr auszubreiten. Liz kannte die Litanei. Nichts hatte ihnen der Vater hinterlassen. Kein Haus, keine Barschaft, kein Grundstück, keine Pension, von der sie leben konnten. Nichts, gar nichts. Hätte er die Professur bei der Akademie bekommen, wären sie natürlich sofort in ein besseres Quartier gezogen, aber Maître Vigée konnte es ja nicht lassen, hastig zu essen und wie ein Tischbarbar alles hinunterzuschlingen. An einer Fischgräte zu sterben! Ihr so etwas anzutun! Nun saß sie da. Eine unversorgte Witwe mit zwei Kindern, einem Herrn Sohn, der demnächst studieren wollte, und einem Fräulein Tochter, das sich irgendwelche Kunstflausen in den Kopf gesetzt hatte. Und keiner fragte danach, wovon sie das finanzieren sollte!

Die Mutter ließ sich in den Sessel fallen, griff nach einem Kaffee wie nach einer Arznei fürs Gemüt und fand alles um sich herum nur noch abgrundtief ungerecht. Andere wußten nicht, wohin mit dem Geld, und sie hatte Mühe, den Wasserträger und die paar Klafter Brennholz zu bezahlen! Doch für Liz war auch das kein unbekannter Seufzer, und sie dachte nur, solange es für den Kaffee reichte, konnte es so schlimm mit der Armut nicht sein. Am liebsten hätte sie jetzt ihr Skizzenbuch geholt und die Mutter so gezeichnet, wie sie da saß, so verdrossen rebellisch, fast grantig schön. Doch sie hielt sich zurück, denn das hätte Frau Jeanne nur noch mehr verärgert. Der Regenbogen reichte schon. Allerdings ließ sie kein Auge von ihr, prägte sich jede Regung ihres Gesichtes, jeden Lidschlag ganz genau ein, denn sie sah: Wenn die Mutter vom fehlenden Geld sprach, dann sprach alles aus ihr. In einem größeren Moment konnte sie keiner malen. Aber leider war jetzt das andere verlangt: in braver Andacht zuzuhören, bis sich Frau Jeanne ihren Ärger von der Seele geredet hatte. Erfahrungsgemäß dauerte das ein Weilchen, denn in solchen Situationen kam bei ihr stets eins zum andern und endete auch heute wieder bei dem Unglück, als Friseuse ihr Brot verdienen zu müssen. Liz gab sich Mühe, nicht zu gähnen, und sandte dem kleinen Bruder einen Blick, als wollte sie ihm sagen, daß auch er gefälligst mit betroffener Miene dem Klagelied zu folgen hatte.

Ja, es war ein Elend, bei Wind und Wetter jeden Morgen wie ein Packesel das Haus verlassen zu müssen, um ein paar gutsituierten Damen das Haar zu toupieren. Den Koffer voller Kämme, Bürsten, Kräuselscheren, Lockenwickler, Kopfkratzer, Seegras-Poufs und den vielen Büchsen mit dem parfümierten Puder – all das zu schleppen war keine Kleinigkeit. Dazu bei Regen von den vorbeifahrenden Kutschen mit Straßenkot bespritzt zu werden und jedesmal mit beschmierten Röcken und Strümpfen bei den Kundinnen anzukommen – da konnte sie noch so oft die Flecken auf den Strümpfen mit weißer Kreide übermalen – sie stand doch immer wie ein Fliegenpilz vor ihnen. Freilich hätte sie eine Sänfte nehmen können oder einen Fiaker, um sich diese Strapazen zu ersparen, doch das wenige, was sie verdiente, konnte nicht gleich wieder für den Mietkutscher ausgegeben werden. Schließlich brauchten sie das Geld zum Leben. Die großen Damen waren leider nicht spendabel, sei denn, sie hatten Läuse. Dann gab es ein paar Sous extra. Immerhin war es eine günstige Gelegenheit, die Kopfkratzer diskret zum Kauf anzubieten, weshalb sie die Grattoirs stets in allen Farben und Formen bei sich hatte. Läuse belebten das Geschäft. Auf diese zusätzliche Einnahme konnte sie sich verlassen. Doch das schlimmste war das Pudern. Mehr als einmal hatte sie den Erfinder dafür an den Galgen gewünscht. Mit Cape und Maske in irgendeinem ausgeräumten Schuppen direkt über dem Platz der Kundin bestes lufttrockenes Weizenmehl an die Decke zu werfen, Pfund um Pfund, damit es als feiner Riesel auf ihren Kopf niederstäubte, und die ganze Prozedur so lange wiederholen, bis das Haar so weiß war, daß sich die Dame jung und schön fühlte – diese Mode mochte begreifen, wer wollte. Sie hatte jedenfalls hinterher Stunden damit zu tun, den Mehlstaub auszuhusten, gar nicht zu reden von der Verschwendung! Statt das teure Weizenmehl allerorts an irgendwelche Stubendecken zu klatschen, wäre es vernünftiger gewesen, daraus Brot zu bakken. Dann hätten alle etwas davon gehabt.

Bei diesen Worten verlor sich der Jammer, die Sorge verschwand und das Gesicht der Mutter wurde zu einem leibhaftigen Sinnbild der Gerechtigkeit, was Liz so faszinierte, daß sie am nächsten Morgen, kaum daß sie allein in der Wohnung war, in die Malstube des Vaters ging, um diesen Moment auf der Leinwand festzuhalten. Sie überlegte nicht lange, wie sie das Porträt anlegen sollte, alles war im Gedächtnis bereits vorgezeichnet, Form und Linienführung standen fest, und glücklicherweise waren im Farbenkasten noch genügend Pigmente vorrätig. Sie mußte sich beeilen, denn die Mutter durfte sie nicht in der Malstube erwischen. Hier hatte Liz Tag für Tag dem Vater bei der Arbeit zugesehen. Er hatte ihr gezeigt, wie man eine Leinwand schneiden und die Farben anreiben mußte, hatte sie in die Geheimnisse der Materialien eingeweiht, ihr das unterschiedliche Arbeiten mit Pastell, Öl und Tempera erklärt und dann, als sie ihn mit ihrem Selbstporträt überraschte, hatte er es lange ganz versunken betrachtet und nur gesagt: »Du wirst Malerin werden, oder es wird nie eine geben. Du wirst eine Vigée!« Das klang nach. Tag und Nacht. Er wußte eben, was in ihr steckte. Er hatte den klaren Blick voraus. Da konnte ihr die Mutter noch so oft verbieten, die Malstube des Vaters zu betreten – sie wollte ihr schon zeigen: Sie wurde eine Vigée.

Rasch spannte sie eine Flachsleinwand auf, grundierte mit einem dunklen, warmen Ton, gab etwas Honig dazu, damit die Farben nicht rissen, und sah das Kolorit schon vor sich: aschblauer Hintergrund, ein zurückhaltend schimmerndes Grau und das ganze Licht auf die Stirn gelegt – Frau Jeanne sollte nicht bemitleidenswert, sondern aufbegehrend lebendig sein.

Kaum daß die Mutter zu ihren Kundinnen unterwegs war und Liz den kleinen Bruder zu beaufsichtigen hatte, zog es sie zum Schrillen, Buntbewegten und sie ging mit Etienne zum Pont Neuf. Hier stand sie an der Farbenmündung der Stadt, hier flossen alle Farben von Paris zusammen, trafen so dicht aufeinander und bekamen eine so starke Präsenz, daß sie jedesmal den Eindruck hatte, die Farben nicht nur zu sehen, sondern sie auch zu hören, zu riechen, zu schmekken und zu fühlen. Am Pont Neuf waren alle Sinne beschäftigt. Wo sie auch hinsah – Fahnen, Wimpel, Girlanden und Buden über Buden, umlagert von parfümierten Lakritzenwassermännern, von stinkenden Tabaksrasplern, von Musikanten in glitzernden Phantasiekostümen und selbst die Trommelwirbel grellbunt. Dazwischen in granatroter Livree die Ausrufer für das Wachsfigurenkabinett und das Affentheater und die knallig bemalten Stände der Soldatenwerber mit ihren Flaggen und Feldzeichen. Von den Karren der Obsthändler leuchteten die Orangen- und Zitronenpyramiden und breiteten ihre Farbe wie eine sonnig-südliche Landschaft aus, in der die grünen Kappen der Trompeter noch grüner und die weißen Federbüsche der Kavalleristen noch weißer wurden. Selbst die Blumenmädchen und Taschenspieler bekamen einen opalisierenden Schimmer und die Melodien der Leierfrauen einen helltonigen Klang. Im Gedränge schienen die Gegensätze so deutlich zu werden, als würden ihnen die Farben dafür die Konturen leihen. Knöchrige Gestalten, die nach Gichttripper aussahen, neben geschniegelten Dragonern in lichtblauen Uniformen, abgerissene Lumpensammler und barfüßige Hökerinnen neben silberbetreßten

Lakaien, blumenbestickte Reifröcke und schillernde Spitzenmantillen neben schweißtriefenden Sackträgern und verlausten Zechern, klebrige Mägde neben reinlichen Grisetten, schwarzgekleidete Abbés neben grellgeschminkten Huren und über allem der fettige, grünbraunölige Geruch von Froschschenkeln, Brathühnern und Fischsuppen. Dazwischen die Polizeireiter mit den blankgeputzten Flinten und die schwerbeladenen Kehrichtkarren, die einen vielfarbigen Gestank ausdünsteten.

Etienne ging nicht gern über die Brücke, ihn ängstigte das Gewühl, doch sie fand das bunte Ineinander berauschend: unter ihnen die Lastkähne, neben ihnen Leiterwagen, girlandengeschmückte Equipagen und Karossen und mittendrin gläserne Kutschen und weiße Pferde, Sänftenträger, Reiter und Fußgänger in einem nicht enden wollenden Hin und Her. Liz ging den Farben wie einem Lichtstrahl nach und landete diesmal am Quai de la Ferraille, wo die Buden der Kleidertrödler und Lumpenhändler standen und in den Bäumen bunte Lampions hingen. Sie kaufte dem Quälgeist ein Stück Mandelkuchen und dazu noch zwei Krokantbonbons, damit er zu Hause nicht plauderte, und dann spazierte sie an den Trödlerständen wie an einem Ufer der Sonne entlang. Wo der Platz nicht reichte, hatten die Händler ihre Waren auf der Straße ausgebreitet. Menschen pickten wie bunte Kakadus in den Kleiderhaufen. Auf speckigen Lederhosen lagen die feinsten Valencienner Spitzen, auf Tischen, Kisten und Bänken türmten sich die Stoffreste oder waren von den Ballen in breiten Bahnen nebeneinander ausgerollt. Scharlachfarbener Atlas, türkises Tuch von Romorantin, brauner Bougran, gelbe Tiretaine, samtschwarze Ratine, taubengrauer Pinchina, Calmande in schwülem Violett, grüngeäderte Indienne, Gaze und Musselin in blassem Rosa neben azurblauem Taft und überall an den Stangen die Unterröcke. Unterröcke über Unterröcke, Wolkenberge von Unterröcken in weißglänzendem Seidencroisé. Es war, als schaute sie in eine Glitzergrotte. Von der Seine kam leichter Wind auf, der die Unterröcke wie Tüllschmetterlinge um die Stangen flattern ließ und allem ringsum etwas so Filigranes, Hingehauchtes und Verwehtes gab, daß sie meinte, die Luft müßte hier die Farbe von Seidencroisé haben, ja sogar noch rauschen und knistern. Sie stand und schaute, hielt den Bruder fest an der Hand, vergaß den Lärm und das Getümmel und ließ die Farben auf sich wirken. Verglich sie, ordnete sie, kombinierte und ergänzte, merkte sich jeden Lokalton, so als würde sie Wort um Wort ein Gedicht auswendig lernen, stahl die Farben von den Stangen, den Buden und Bäumen und lagerte sie wie einen kostbaren Vorrat ein. Endlos hätte sie hier stehen können, doch das Glockenspiel der Schlaguhr ertönte, und sie drängte erschrocken fort, denn sie wollte unbedingt noch vor der Mutter zu Hause sein, um sich nicht neue Litaneien anhören zu müssen.

Überraschend stand Monsieur Vernet an der Tür. Claude Joseph Vernet, der Meister der Lichteffekte, grauhaarig, mager und im schlichten Reitrock. Seine Bilder von den Seehäfen Frankreichs hatten ihn berühmt gemacht. Keiner ließ den Nebel aus der Leinwand so aufsteigen wie er, keiner konnte eine diesige Ferne und ein stürmisches Meer beeindruckender malen. Mit dem Vater war sie ein paarmal in seinem Atelier gewesen und durfte sogar einmal zusehen, wie er mit einem breiten Fischotterpinsel die Wolkenfarbe auf eine ausgedehnte Wasserfläche setzte, so daß eine Spiegelung entstand. Es war atemberaubend. Sie hatte zu fragen gewagt, wie ihm diese schäumenden Wogen gelangen, und seine Antwort war ihr noch immer gegenwärtig: »Die Wellen des Meeres überschneiden sich wie die Schuppen eines Tannenzapfens. Es ist alles ganz einfach. Du mußt dich nur an die Grundmuster halten.«

Liz bat Vernet freudig herein und rief aufgeregt die Mutter. Doch Frau Jeanne geriet sichtlich in Verlegenheit. Zwar hatte ein unangemeldeter Besuch den Vorteil, daß der Gast keine großartige Bewirtung erwarten durfte, aber daß Vernet ausgerechnet jetzt nach dem Regen kommen mußte, war ihr unangenehm. Die Straße glich einem dampfenden Rinnsal aus Kuhfladen und Pferdeäpfeln, und die ganze Gegend stank nach Kloake. Gewiß, in solchen Stunden ließ es sich überall in der Stadt nur mit einem Riechfläschchen aushalten, aber sie fand, in ihrer Gegend waren die Ausdünstungen besonders heftig. Natürlich vermied sie es, von Gestank zu reden, weil allein der Gebrauch dieses Wortes einen üblen Geruch in die Nase trieb, und sprach darum nur von der schlechten Akustik. Nach jedem Regen hatte die Luft eine schlechte Akustik. Der Mieter im Dachgeschoß, ein kulturloser Rüpel, nutzte diese Stunden, um sein Nachtgeschirr in die Dachtraufe zu entleeren, damit alles diskret im Rinnstein landete und fortgespült wurde. Aber wie immer blieb auch heute das nächtliche Kompott neben dem Hauseingang liegen, was nicht nur den Geruchssinn aufs äußerste strapazierte, sondern dem Auge einen so ekelhaften Anblick bot, daß es Überwindung kostete, dieses Haus überhaupt zu betreten. Sie hatte sich darüber schon beim Quartierkommissar beschwert, mußte sich aber belehren lassen, daß es nur verboten war, das Nachtgeschirr direkt aus dem Fenster auf die Straße zu entleeren, weil dabei ein Passant getroffen werden konnte. Allein das konnte zur Anzeige gebracht werden.

Liz sah der Mutter an, wie sehr sie sich des Gestankes wegen schämte, und verstand sie nicht. In einer so riesigen Stadt gehörte das nun mal dazu. Schließlich war es kein Geheimnis, daß das Wasser der Seine zwischen den Schenkeln eines Engels entsprang. Wer hier ein edles Landlüftchen erwartete, war selber schuld. Doch für Frau Jeanne gab es diesmal unglücklicherweise auch noch zwei Kranke in der Straße, die sich wie die Bessergestellten mehrere Fuhren Mist vor ihren Häusern hatten abkippen lassen, um den Lärm der vorbeifahrenden Wagen zu dämpfen.

Und ausgerechnet jetzt mußte ein so seltener Besuch kommen! Noch dazu ein so berühmter Mann! Hätte sie das geahnt, hätte sie wenigstens rasch noch ein bißchen Lavendelspiritus in den Zimmern versprüht, um nicht in den Verdacht zu geraten, direkt über einem Abort zu wohnen. Aber Vernet schien das wenig zu bekümmern. Er bereitete in der Königlichen Akademie eine Ausstellung über Pastellmalerei vor und ihm lag daran, daß sein Freund Louis Vigée posthum mit ein paar Arbeiten vertreten war, die er sich ausleihen wollte.

So sehr sich Frau Jeanne auch über das Ansinnen freute – sie mußte ihn enttäuschen. Vor einiger Zeit hatte sie eine günstige Gelegenheit genutzt und alle Pastelle verkauft, um ihre finanzielle Lage zu verbessern. Aber wie er sah, hatte es nicht gereicht. Sie führte Vernet in die Malstube ihres Mannes, damit er sich überzeugen konnte, daß nichts mehr da war, und ärgerte sich im stillen, so voreilig die Bilder veräußert zu haben, denn nach einer solchen Akademieausstellung hätte sie vermutlich das Doppelte dafür bekommen. Vernet sah enttäuscht auf die leeren Wände, und plötzlich wandte er sich der Staffelei zu. Liz erschrak. Vor kurzem hatte sie das Porträt der Mutter noch mit einem hellen Firnis überzogen, um den Farben eine größere Leuchtkraft zu geben, und danach vergessen, es von der Staffelei zu nehmen. Sie machte sich Vorwürfe, damit für neuen Ärger zu sorgen.

Vernet blieb vor dem Bild stehen, betrachtete es lange, trat einen Schritt zurück, sah Liz an, und sie nickte, reuig zwar, aber doch selbstbewußt. »Dein Vater hat immer von deinem Talent geschwärmt«, sagte er, »und wie ich sehe, zu Recht. Großartig, wie hier das Licht spielt. Das Bild spricht. Alle Wirkungen zusammengefaßt in einem Punkt, alles auf den Ausdruck konzentriert, das nenne ich gekonnt!«

Frau Jeanne war sichtlich überrascht. Sie hatte das Bild noch nicht gesehen, ja sie wußte gar nichts von seiner Existenz, fühlte sich nun aber doch geschmeichelt, wie gut die Tochter sie getroffen hatte und vor allem, wie beeindruckt Vernet davon war. Er wollte wissen, ob sie noch mehr gemalt hatte, und Liz holte aus dem Schrank all ihre Bilder. Sie hatte sich selbst gemalt, dann den Bruder, den Freund des Bruders, den Freund des Freundes, die Nachbarin, die Schwester der Nachbarin, hatte wild drauflosgemalt, ohne Überlegung, ohne Ziel, und immer in der Sorge, die Mutter könnte auch noch die Farben des Vaters verkaufen. Dann wäre alles vorbei gewesen, denn Geld für neue Farben hatte sie nicht. Vernet musterte Bild für Bild und war verblüfft.

»Wer so malen kann, hat eine Zukunft«, sagte er zu Frau Jeanne, »Ihre Tochter ist ein Naturtalent. Ihr liegen die Farben im Blut. Nur im rein Handwerklichen müßte noch einiges verbessert werden. Ich melde sie noch heute bei Briard an. Er hat sein Atelier im Louvre. Bei ihm lernt sie Zeichnen, Linienführung, Komposition, Perspektive. Dafür ist er genau der Richtige.«

Liz sah triumphierend, aber auch mißtrauisch zur

Mutter und atmete auf, als sie nicht widersprach. Zwar hätte sie es besser gefunden, Frau Jeanne wäre von selbst darauf gekommen, daß ihre Tochter einiges Talent haben könnte, so aber hatte sie immerhin eine Berühmtheit darauf gestoßen, und einer Berühmtheit glaubte sie glücklicherweise jedes Wort. Vernet nahm das Porträt von der Staffelei und fragte Liz, ob sie es ihm verkaufen würde. »Ich schenke es Ihnen«, sagte sie, doch das lehnte er kategorisch ab und legte acht Francs auf den Tisch, was nicht als großzügige, sondern vielmehr als eine symbolische Geste gedacht war. »La Tour hat seinerzeit auch acht Francs für sein erstes Porträt bekommen und jeder weiß, heute ist er der reichste unter uns Malern.«

Frau Jeanne war entzückt. Acht Francs waren nicht wenig. Dafür konnte man sich einen ganzen Monat bei einem Speisewirt einmieten. Daß unverhofft ein so schöner Betrag ihre klägliche Haushaltskasse auffüllte, schien ihr verheißungsvoll. Sie dachte sofort an eine Feier und an ein gutes Essen. Bislang hatte sie den sonntäglichen Braten beim Pastetenbäcker für zwei Sous in den Ofen schieben lassen und sparte damit für zehn Sous Brennholz. Doch der Braten war immer halb angebrannt und trocken, weil der Gauner von Bäcker mit der Spicknadel stets den Saft abzapfte, um ihn für die feinen Pasteten zu verwenden, die er in die vornehmen Häuser trug. Endlich brauchte sie einmal nicht zu sparen und konnte den sonntäglichen Braten selber zubereiten. Nach langer Zeit sah sie einem festlichen Tag entgegen. Liz aber sah nur das andere: Ohne die Mutter noch länger bitten und drängen zu müssen, durfte sie ab sofort zum Zeichenunterricht gehen. Von Stund an wollte sie jedes freie Fleckchen Leinwand bemalen, damit die teure Mama nicht auf ihren schönen Sonntagsbraten verzichten mußte.

Zwar hatten die acht Francs eine wohltuende Wirkung, aber sie minderten nicht das instinktive Mißtrauen von Frau Jeanne gegen eine Kunst, von der man leben mußte. Wer wie sie so viele Jahre mit einem Pastellmaler verheiratet war, der wußte, wovon er sprach. Immer den Kopf voller Farben und meistens das Portemonnaie leer. Ihr brauchte keiner etwas zu erzählen. Sie sah ja, was los war. Scharen von Habenichtsen strömten von überall her täglich in die Stadt und hofften, mit ihrer Malerei Geld zu verdienen. Großes Geld. Und mehr noch: Reich und berühmt wollten sie werden und alles möglichst über Nacht. Auch wenn manche nur ein grobes, pelziges Pastell zustande brachten und Bilder malten, die aussahen, als hätten sie mit einer Krähenfeder über die Leinwand gekratzt – sie hielten sich alle für große Meister. Selbstverständlich ein neuer Tizian, selbstverständlich ein kleiner van Dyck oder ein Poussin, wenigstens ein Largillière. Frau Jeanne dachte dabei nicht mal an das Lungervölkchen, das von morgens bis abends auf den Quais herumhockte, alles malte, was ihm vor den Pinsel kam, und wohl glaubte, um genial zu sein, genügte es schon, die Luft von Paris zu atmen. Sie dachte an die vielen, die als Gehilfen bei etablierten Malern arbeiteten, sich um Ausbildung und Abschluß bemühten und irgendwann einsehen mußten, daß es die pure Illusion war, in der Kunst reich und berühmt zu werden. Von wegen große Bildidee, großes Historiengemälde, glanzvolle Ausstellung in der Académie royale, glanzvolle Ausstellung im Salon du Louvre, von wegen Preise, Titel, Ehren und Pensionen! Letztlich waren sie heilfroh, wenn sie für einen Kupferstecher Vorlagen liefern oder für einen Almanach die Bilderrätsel zeichnen durften, irgendwo als Lehrer unterkamen oder gar das Glück hatten, als Amtsmaler angestellt zu werden, um die Köpfe der Ratsherren auf das Format von Paradeporträts zu bringen, mit Schärpe, Orden und dem ganzen Staatskram. Selbst schlecht bezahlte Aufträge abzulehnen konnten sich nur die wenigsten leisten. Sie wußte, wie dankbar viele waren, wenn sie zwischendurch auch mal Fächer und Ofenschirme bemalen durften, und sei es um den Preis, ein Fächerkleckser genannt zu werden. Hatte die Kirche Bedarf an neuen Andachtsbildchen, standen die Mitglieder der Gilde parat, malten von morgens bis abends den heiligen Nikolaus oder die Jungfrau Maria, bekamen drei Livres pro Woche, dazu aus Barmherzigkeit täglich eine warme Suppe und wurden auch noch um einen so trostlosen Auftrag beneidet. Nein, ihr brauchte keiner etwas zu erzählen von diesem Pinsel- und Palettenglück. Selbst wer schon einen Namen hatte, war sich nicht zu schade, das Genie seiner Farbkraft auf den guthonorierten Firmenschildern unter Beweis zu stellen. Schöne große Schilder für Apotheker, Notare, Chirurgen oder Juweliere. Schilder, vor denen die Passanten in neugieriger Bewunderung stehenblieben und die ihnen sagten, daß es sich lohnen würde einzutreten. Frau Jeanne hatte es mehr als einmal erlebt: Die wirkliche Begabung eines Malers bestand allein darin, immer neue Erwerbsquellen ausfindig zu machen. Gerade in Paris, in diesem Schlammsitz der Musen, wo alles zu Kunst gemacht wurde und jeder in jedem seinen Konkurrenten sah. Es wunderte sie nicht, daß man sich neuerdings um die Aufträge als Knopfmaler balgte. Münzgroße Knöpfe für prächtige Überröcke mit freien künstlerischen Motiven zu versehen, sicherte immerhin ein Weilchen die täglichen Unkosten für eine mehrköpfige Familie. Handelte es sich um den Überrock eines Herzogs oder sonst einer bedeutenden Kreatur, bot ein solcher Auftrag auch noch die Chance, sich am Hof ins Gespräch zu bringen und den königlichen Schatullen näherzurücken. Allerdings waren auch das oft nicht mehr als Hoffnungen, denn aus Erfahrung wußte sie, sobald eine Mode vorüber war, gerieten auch die Namen der Maler in Vergessenheit, und sie saßen wieder im Café Gradot auf dem Quai de l'Ecole und trauerten den schönen Zeiten nach, wo sie noch ihre Miete bezahlen konnten und Kredit beim Weinhändler und der Austernverkäuferin hatten. So sah sie doch aus, die Realität der grands peintres! Als ob das eine schöne

Aussicht war! Von wünschenswert ganz zu schweigen. Nein, die Kunst machte nur Freude, wenn man nicht von ihr leben mußte.

Natürlich wollte Frau Jeanne ihrer Tochter die Begeisterung nicht ausreden, denn Begeisterung war immer noch besser als jede flaue Art zu leben. Aber eines sollte sie sich durch den Kopf gehen lassen: Nach allem, was sie mit ihrem Vater erlebt hatte, wurde die Kunst in erster Linie vom Geschmack der Zeit bestimmt, und der änderte sich so rasch wie das Wetter. Solange ihre Bilder gefragt waren, mochte sie ja ein angenehmes Leben führen. Was aber, wenn die Einnahmen ausblieben? Dann konnte niemand ausschließen, daß sie eines Tages ihre Kinder auf dem Dachboden zur Welt bringen und in Betten schlafen mußte, die mit Eierschalen gefüllt waren. Oder schlimmer noch: Wenn sie krank wurde und irgend etwas eintrat, das sie unfähig machte, den Pinsel in die Hand zu nehmen? Dann stand sie als beklagenswerte Malerin da, die tragische Muse, die am Ende noch froh sein mußte, wenn sie im Städtischen Asylhaus Aufnahme fand. Wenn sie dieses Risiko eingehen wollte, bitte sehr. Sie konnte sie schließlich zu ihrem Glück nicht zwingen. Aber es gab weit bessere Möglichkeiten. Das mußte ihr deutlich gesagt werden.

Zwar wollte sich Frau Jeanne aus falschem mütterlichen Stolz nichts einbilden, aber ihre Tochter war schön. Mit ihren 15 Jahren fast beängstigend schön. Mochte Vernet ihr auch ein Naturtalent bescheinigen, mochten ihr in Gottes Christus Namen die Farben im Blut liegen – als Mutter hatte sie die Pflicht, zuallererst an ihre Versorgung zu denken. Das war das Wichtigste. Ihre kleine Aphrodite schien doch geradezu prädestiniert dafür, sich hoch hinauf zu heiraten. Es wäre ja unverantwortlich gewesen, nicht schon jetzt darauf zu achten, daß sie einen Mann fand, der finanziell fest im Sattel saß. Jetzt hieß es aufzupassen, daß ihre Tochter sich nicht zu wählerisch gebärdete. Schließlich war alles besser, als von der Kunst leben zu müssen.

Liz konnte darauf warten: Kaum wehte das erste frühlingsmilde Lüftchen, drängte die Mutter auf die Promenade und spazierte mit ihr den Boulevard du Temple auf der einen Seite hinauf und den Boulevard du Temple auf der anderen Seite hinunter. Unter dem ersten maigrünen Flor der Bäume traf sich die elegante Welt. Die Kaffeehäuser und Bänke voll besetzt, auf der Mitte der Fahrbahn schnelle englische Cabriolets, gefederte Kutschen, die Räder mit silberbeschlagenen Speichen, sechsspännige Equipagen mit Beiläufern zur rechten und zur linken und auf den Trittbrettern livrierte Lakaien, Kavaliere hoch zu Roß, die Paradepferde prächtig aufgezäumt, Damen mit Bolognesern und der neusten blonden Lockenpracht, mondän gesteckt als flambeau d'amour, Frackträger, Stutzer, Bonvivants – ein buntes Gewühl und sie im Strom dieses geschäftigen Müßiggangs, der allem ein so leichtes, luftiges Air gab, daß sie meinte, mitten in einem Aquarell zu sein.

Es wäre ein schöner Farbenspaziergang gewesen, aber Liz wußte ja, daß die Mutter sie auf dieser Heiratsmeile zur Schau stellen wollte, und es dauerte nicht lange, da kamen auch schon die reizenden Empfehlungen: »Sieh mal dort drüben, Steuerpächter Blancard, steinreich und ledig, sein Vater starb kürzlich in Ausübung seiner Laster, oder noch besser: da vorne der Direktor der Königlichen Lotterie im Gespräch mit Sautelet, dem Präsidenten des Bankhauses, beide mehr als kreditsicher und zudem noch stattliche Erscheinungen. Wer denen gefällt, ist gemacht.« Zwar fand es Liz ganz amüsant, wen die Mutter alles mit Namen kannte, fast so, als sei es neben dem Frisieren ihre Hauptbeschäftigung, die Reichen und Berühmten der Stadt für sie im Blick zu haben, aber um diesen Hinweisen den Charakter diskreter Anbahnungen zu nehmen, stimmte sie natürlich sofort ihre pädagogische Leier an, und es folgten die gewohnten Ratschläge für tadellose Manieren und einen unbefleckten Ruf. Es hätte Liz nicht gewundert, wenn Frau Jeanne ihr auch noch mit der unbefleckten Empfängnis gekommen wäre. So was verleidete alles. Unter dem aufgespannten Tugendschirm präsentiert zu werden reichte ja schon, aber dann auch noch gesagt zu bekommen, auf wen sie den Blick zu richten hatte, das war zuviel. »Der Mann dort drüben, der gerade aus dem Café kommt und jetzt zu dir herüberlächelt, ist Monsieur Bachelier, der begehrteste Junggeselle der Stadt. Er erbt mal die Tuchwebereien seines Vaters. Und er hat keine Geschwister.«

Liz sah flüchtig zu ihm hin und meinte trocken: »Schwer zu malen. Sein Kopf sitzt zu tief auf den Schultern. Der eignet sich nur für ein Standporträt.« Was gingen sie denn all diese bemoosten Flaneure an? Reich, na schön. Aber was hatte sie damit zu tun?! Wer waren die denn, daß sie ihnen gefallen sollte! Wenn denen etwas an ihr lag, konnten sie ja ein Porträt bestellen. Dafür fühlte sie sich bestens gerüstet. Zeichnen beherrschte sie jetzt perfekt. Schließlich hatte Briard nicht umsonst wochenlang eine Gipsfigur vor ihr postiert, links und rechts daneben eine brennende Kerze gestellt und sie Schatten zeichnen lassen. Stundenlang Schatten. Tagelang Schatten. Kernschatten, Schlagschatten, Halbschatten, Lichtschatten, farbige Schatten, Schatten abgetönt, Schatten aufgehellt, Schatten verwischt, Schatten schraffiert, Schatten bis zur Erschöpfung. Sie verstand sich auf Skizze, Studie und Karton, war firm in Kreide-, Kohle-, Rötel-, Tusch- und Federzeichnung und wußte jetzt, daß jeder Linie, auch wenn sie noch so zufällig erschien, ein Gesetz zugrunde lag. Sie wußte Bescheid, sie kannte sich aus, sie fühlte sich der Welt überlegen. Und daß sie schön war, sah sie selbst. Das brauchte ihr niemand zu sagen. Sie hatte sich schon mehrere Male porträtiert und alle Züge, alle Proportionen ihres Gesichts genau studiert. Der Blick in den Spiegel war ihr mehr als vertraut und immer erfreulich. Sie sah gut aus und konnte gut malen – als ob das nicht genügte. Sie war bestens versorgt.

Um Frau Jeanne zu zeigen, daß sie der Boulevard als Heiratsmeile nicht interessierte, zückte sie demonstrativ ihren Skizzenblock, stellte sich abseits und begann zu zeichnen. Großzügig hingeworfene Bewegungsstudien: Absteigen vom Pferd, Einsteigen in die Equipage mit zusammengeklapptem Reifrock, dem sperrigen panier articulé, die schlurfenden Schritte des Sänftenträgers, der ausgestreckte Arm des Zeitungsverkäufers, der schräggeneigte Kopf eines Violinspielers – das waren die weit interessanteren Dinge für sie. Und wenn überhaupt ein Flanieren auf dem Boulevard Spaß machte, dann nur mit ihrer Freundin Ann-Rosalie, die gleichfalls bei Briard Unterricht nahm. Da machten sich die beiden ein Vergnügen daraus, all denen, die ihnen hungrige Blicke zuwarfen oder sie dreist wie Bordellgänger musterten, eine Grundfarbe zuzuordnen: Da kam der Flohbraune, der Scheißgelbe, der Fahlgrüne, der Indischrote, der Beinschwarze, der attische Ocker, der Bleiweiße, der Bergblaue, der Goldpurpur, die Mumie, das Drachenblut. Aber auch der Schwammbauch, die Fettwurst, das Fleischgesicht, die Gassenvenus, der Pfeffersack, die Kartoffelnase und in den Kutschen irgendeine durchlauchte Hochherrlichkeit oder ein anderer Kohlstrunk. So allerdings bekam das Flanieren auf dem Boulevard etwas Aufregendes.

Nur die Sonntage waren ein Ärgernis. Es wollte ihr partout nicht einleuchten, warum eine arbeitsreiche Woche in geballter Langeweile enden mußte. Schon morgens die ganze Trostlosigkeit: weiße Schuhe, weiße Strümpfe, das gute Seidenkleid, das gestickte Halstuch, der Sonntagsmantel, der Festtagshut, das samtrote Gebetbuch und dann in Dreierprozession zur Kirche: Mutter, Bruder, Schwester. Saß einer mit seinem Hund in der Kirchenbank oder las bei der Predigt die Zeitung, dann war das zwar abwechslungsreich und amüsant, doch die Mutter empörte sich auf dem Nachhauseweg so sehr über einen Pfarrer, der solche lottrigen Sitten einreißen ließ, anstatt diese frechen Lümmel am Kragen zu packen und vor die Tür zu setzen, daß sie jedesmal wütend ihre Schritte beschleunigte und sie abgehetzt nach Hause kamen, wo sie sich weiter empörte, bis eine Tante erschien. Wenn sich bald darauf ein Onkel dazugesellte, wurde Kaffee getrunken, Kuchen gegessen und über die steigenden Preise geschimpft. Das Zweipfundbrot kostete nun schon vier Sous, und für ein Paar Schuhe sechs Livres auf den Tisch zu legen – wer sollte das noch bezahlen. Kein Wunder, wenn die Schuhe jetzt auf Kredit gekauft wurden. Gar nicht zu reden von den Wasserpreisen. Der blanke Wucher! Und ständig diese Angst vor dem Winter. Es konnte doch nicht sein, daß ein rechtschaffener Mann im Winter im Bett bleiben mußte, nur weil ihm das Geld für die Heizung fehlte, während der triefnäsigste Minister 20 000 Livres im Jahr einsackte und für sein dummes

Geschwafel auch noch im Warmen saß. Das mußte man sich einmal vorstellen. Für Nichtstun auch noch hoch bezahlt werden! Die Kaffeerunde war sich einig: Sie alle arbeiteten von Jahr zu Jahr immer mehr und hatten immer weniger in der Tasche. Sie konnten von morgens bis abends noch so sehr rackern und sich krumm schuften – es blieb einfach nichts übrig. Aber Hauptsache in Versailles bogen sich die Tische und die Königin konnte im scharlachroten Seidenbett schlafen und an jedem Finger einen Ring für eine halbe Million Livres tragen. Wo um Himmels willen sollte das noch enden!?

Waren die Gegenstände der Wut ausgetauscht, ging es zu den Krankheiten. Sonntag für Sonntag Kaffee und Kuchen mit Elendsgeschichten – es war nicht zum Aushalten. Bis zum Einbruch der Dämmerung der Schauerrefrain: Der Nachbar lag im Zehrfieber, und in St. Antoine grassierte schon wieder das Kotbrechen, nur weil das Beamtengesindel im Magistrat nicht für sauberes Wasser sorgte. Die Tante hatte noch immer ihren Wetterkalender in der Schulter, denn jedesmal wenn das Wetter sich änderte, begannen die Schultern zu schmerzen. Ein Bekannter von ihr war bedeutend an den Pocken erkrankt und bekam von seinen Eltern einen Sou für jede Pustel, an der er nicht kratzte. Kopfgicht kurierte man am besten mit gelben Rüben und Meerrettichsaft und bloß nicht in ein Krankenhaus kommen! Im Krankenhaus wurde man nicht geheilt, sondern auf dem kürzesten Weg zu Gott geschickt. Es war doch kein Zufall, daß neben dem Hôtel-Dieu gleich der Städtische Friedhof lag. Liz kannte das alles und dachte nur, wieviel Nützliches hätte sie jetzt in der Malstube tun können. Aber der Sonntag war Ruhetag, da durfte sie keinen Pinsel anfassen, nicht mal eine Skizze auf das Papier kritzeln und hatte alles zu meiden, was auch nur annähernd nach Arbeit aussehen konnte. Der Sonntag war zum Heulen.

Allerdings änderte sich das unverhofft, denn Briard hatte für sie die Erlaubnis erwirkt, in den Museen die Alten Meister kopieren zu dürfen. Frau Jeanne begriff diese Ausnahmeregelung sofort als eine neuerliche Anerkennung des Talents der Tochter, hegte sie doch seit Vernets Besuch die Hoffnung, damit schon bald ihre Haushaltskasse aufbessern zu können. Weil Liz nur in Begleitung einer erwachsenen Person die Gemälde kopieren durfte, wurden schlagartig die Kaffeerunden eingestellt, und Frau Jeanne begleitete sie Sonntag für Sonntag pünktlich zu den Öffnungszeiten in die Museen. Sie ging mit ihr ins Palais du Luxembourg zu Rubens oder ins Palais Royal zu den italienischen Meistern. Liz studierte die Lichtabstufungen bei Raffael, kopierte Köpfe von Rembrandt und van Dyck und manchmal auch die Mädchenköpfe vom braven Greuze. Sie saß mit ihrer Staffelei vor dem Bild, neben sich den Farbenkasten, den Malstock und die Palette in der Hand, während die Mutter einen Stuhl ans Fenster gerückt hatte und die Zeit nutzte, um für Etienne zum Geburtstag eine Brieftasche zu besticken. In den Räumen war es zugig und kalt. Allweil blieben ein paar Museumsbesucher stehen und schauten der Kopistin neugierig über die Schulter. Zwar empfand sie das als unangenehm und störend, doch noch schlimmer war der Museumswärter. Unablässig ging er mit Aufsehermiene neben ihr auf und ab, klapperte mit seinem großen Schlüsselbund wie ein Kerkermeister, doch sobald sie Hände kopierte, blieb er demonstrativ stehen. Mißtrauisch und ganz wie ein Mann vom Fach verfolgte er jeden Pinselstrich, als wollte er prüfen, ob sie überhaupt die nötige Begabung zum Malen mitbrachte, denn Hände zu kopieren war das allerschwierigste. Wenn die Hände mißrieten, mißriet das Gesicht. Liz wußte das und spürte, wie er insgeheim darauf lauerte, daß ihr die Karnation mißglücken würde, damit er sie anschließend bedauern oder belächeln konnte. Aber sie ließ sich nicht nervös machen, denn die Chance, die großen Meister zu kopieren, kam so schnell nicht wieder. Schon gar nicht am siebten Tag der Woche, diesem vertrübten trostlosen Ruhetag, an dem man sonst zu Hause sitzen und sich langweilen mußte. Eine ganze Horde von Museumswächtern hätte sich neben ihr postieren können – es hätte sie nicht abgehalten, denn besser ließ sich kein Sonntag verbringen.

Ein livrierter Bote brachte einen Brief für Mademoiselle Elisabeth Vigée mit der Bitte, die Antwort gleich mitnehmen zu dürfen. Liz brach das Siegel auf, überflog die Zeilen und konnte es kaum fassen: Madame Geoffrin hatte bei Vernet das Porträt der Mutter gesehen und war so begeistert, daß sie nur den einen Wunsch hatte: gleichfalls von Mlle Vigée gemalt zu werden. Auf diesem Wege wollte sie anfragen, ob der Montag nach Reminiscere für eine Sitzung genehm sei.

Liz mußte erst einmal tief durchatmen, denn von einer so berühmten Frau ein solches Lob zu bekommen, brachte sie einen Moment lang ganz durcheinander. Dann holte sie entschlossen ihr Schreibzeug, setzte sich an den Tisch, bedankte sich in aller Form für die Aufmerksamkeit, die sie ihr widmete, und wählte 11 Uhr vormittags, weil zu dieser Zeit das Tageslicht besonders günstig war. Sie übergab dem Boten die Antwort und wartete voller Ungeduld darauf, daß die Mutter endlich nach Hause kam. Kaum daß sie Frau Jeanne die Straße heraufkommen sah, rannte sie ihr entgegen, nahm ihr den Koffer ab, und als sie in der Wohnung waren, platzte sie mit der Nachricht heraus, daß Madame Geoffrin von ihr gemalt werden wollte.

Der Mutter verschlug es die Sprache. Sie machte ein so verdutztes ungläubiges Gesicht, als hätte sie soeben einen Hauptgewinn in der Lotterie gezogen, ließ sich in den Sessel fallen und verlangte erst einmal nach einem Kaffee, um diese Neuigkeit mit der nötigen Ruhe aufzunehmen. Schließlich war Madame Geoffrin nicht irgendeine dieser beneidenswert reichen Witwen, sie war die Königin der Pariser Salons, bei der die geistige Elite Europas verkehrte. Und was für Männer! Keine Zitterrochen von den hohen Fakultäten, nein, bei ihr trafen sich nur ausgesucht kühne Köpfe. Männer, die sich trauten, öffentlich gegen all die schönen Posten und dicken Pfründe des Adels zu Felde zu ziehen – Voltaire, Rousseau, Diderot, Raynal, d'Alembert, Marmontel, d'Holbach, Choiseul, Condillac – sie alle saßen an ihrem Tisch und konnten sich darauf verlassen, daß jeder neue Gedanke von ihr stipendiert wurde. Vor kurzem erst hatte sie das Sternensümmchen von 100 000 Livres für die Enzyklopädie gestiftet, damit das Mammutunternehmen gegen alle Verbote fortgesetzt werden konnte. Und daß in ihrem Salon, diesem bureau d'esprit, regelmäßig die neuen Mitglieder für die Akademie ausgeguckt wurden, war auch kein Geheimnis. »Die Geoffrin ist eine Institution. Sie zieht im Hintergrund die Fäden. Wer von ihr geschätzt wird, kommt groß ins Gespräch. Diese Frau nutzt dir mehr als irgendeine freundliche Notiz im *Mercure*. Ich sage ja immer: Die Nähe zu den Großen ist schon das halbe Geschäft. Wenn ich das Glück gehabt hätte, einer Dame dieser Qualität das Haar frisieren zu dürfen, stünde ich heute gewiß ganz anders da. Van Loo hat sie gemalt und Chardin, und nun bist du an der Reihe. Eine riesengroße Ehre. Also zeig, was du kannst und gib dir Mühe!«

Liz ärgerte sich. Wenn sie das schon hörte! Mühe geben! Immer diese Sprüche. Diese abgewrackten Belehrungen. Sie saß doch nicht mehr in der Klosterschule im Faubourg Saint-Antoine. Lächerlich! Als ob Mühe etwas nutzte. Malen war schließlich kein Lockendrehen. Da konnte sie sich noch so viel Mühe geben – entweder ein Porträt gelang oder es gelang nicht. Alles andere blieb gutgemeint. Ihre Ermahnung hätte sich die werte Frau Mama getrost ersparen können, doch leider hörte Liz den Satz noch mehrere Male in den verschiedensten Varianten, mal als Ansprache, mal als Tagesorder, bevorzugt als Tischgebet und selbst auf dem Weg zu Madame Geoffrin bekam sie etwas von der großen Ehre und der Mühe vorgemurmelt. Lieber wäre sie alleine zur Sitzung gegangen, aber die Mutter ließ es sich nicht nehmen, sie zu begleiten. Frau Jeanne hatte sogar eine Mietkutsche bestellt, damit die Tochter nicht wie ein Hungerleider mit Malkasten, Staffelei und Leinwand vom Straßenkot bespritzt an der Tür stehen mußte. Vorfahren hinterließ doch gleich einen ganz anderen Eindruck und zeigte, daß ihre Tochter es nicht nötig hatte, sich mit der Konterfei-Kunst Geld zu erbetteln, geschweige denn auf ein Honorar dringend angewiesen zu sein. Ob Anfänger oder berühmt – für Frau Jeanne gab es nicht die geringsten Zweifel, daß es immer ratsam war, dem Auftraggeber als erstes seine Unabhängigkeit zu dokumentieren. Das schaffte Respekt.

Liz saß schweigend neben der Mutter in der Kutsche, kam sich wie in Begleitung einer Anstandsdame vor, hörte nicht zu, was sie sagte, und fand es bloß peinlich, wie sie sich herausgeputzt hatte. Die Frisur hoch aufgetürmt, im Haar diese gräßlichen Bestecknadeln mit Schmetterlingen und Kornblumen, und auch das Rüschenhalsband und das Rosenhütchen wären nicht nötig gewesen. Sie hatte sich viel zu sehr aufgetakelt. Schließlich begleitete Frau Jeanne sie zur Arbeit und nicht zum Ballett. Doch es blieb keine Zeit, darüber ein Wort zu verlieren, denn plötzlich stand sie vor Madame Geoffrin und war erschrocken. Konsterniert und erschrocken. Sie hatte sich die Salonkönigin ganz anders vorgestellt, nicht so alt, nicht so runzlig, nicht so krumm in der Haltung und nicht so schlecht angezogen. Eisengrau das dürftige Kleid und das Spitzenhäubchen unter dem Kinn gebunden, obendrauf noch ein schwarzes Hütchen – schlimmer konnte es nicht kommen. Eine ausgebrannte Frau von Welt, abgemüdet und im Lächeln so einen Zug ins Jenseits – Liz begriff sofort, was auf sie zukam: Nichts war undankbarer als das Alter zu malen.

Madame Geoffrin führte sie hinauf in den Salon, in dem sie porträtiert werden wollte. Als Liz den Raum betrat, glaubte sie, in einen verstaubten Musentempel geraten zu sein. An den Wänden ringsum kostbare Gobelins, dazwischen Bilder Alter Meister, Spiegel, Pendulen, Supraporten, Marmorbüsten und mittendrin die femme du monde, die uralte Geoffrin, die in dieser Umgebung allerdings eine ganz unerwartete Lebendigkeit zeigte. Liz spannte die Leinwand auf, ließ ein Podest kommen, damit das Modell ihr gegenüber erhöht sitzen konnte, prüfte den günstigsten Lichteinfall, und kaum daß Madame Geoffrin in ihrem Lieblingssessel Platz genommen hatte, gab es für Liz nur die eine Überlegung: Malte sie nach der Natur, mochte das Bild keiner ansehen, malte sie nach der Phantasie, machte sie sich unglaubwürdig. Sie mußte etwas finden, das dazwischenlag, ein drittes, das Jugend und Alter verband. Darum bat sie, ihr etwas von dem zu erzählen, was sie im Moment am meisten beschäftigte. Beim Sprechen, das hatte Liz schon mehrmals erprobt, trat das Wesen zutage, und das Gesicht bekam Charakter.

Madame Geoffrin berichtete schwärmerisch, wie gut allerorts über die junge Künstlerin gesprochen wurde und daß exzellente Kenner das Porträt der Mutter schon mehrfach für einen Watteau gehalten hatten. Liz tat, als würde sie die Komplimente überhören, war aber stolz auf jedwedes Wort dieser Art, das im Beisein von Frau Jeanne gesprochen wurde. Sie sah kurz zu ihrem Modell auf, dachte einen Moment über die Komposition nach, entschied, daß Frontalstellung sich besser eignete als Profilstellung, und begann mit Kreide in großzügigen Linien die Umrisse auf die Leinwand zu skizzieren. Alles ging ihr leicht von der Hand. Erst als Madame Geoffrin sich darüber aufregte, daß es noch immer keine weiblichen Vollmitglieder in der Akademie gab, da spannte sich ihr Gesicht, die Augen bekamen Glanz, und Liz spürte, daß sie jetzt mit der Farbe beginnen mußte. Hell, Dunkel, Schatten, Licht – jetzt war sie im Gespräch mit ihr, jetzt tönte sie etwas an, das über die bloße Wiedergabe der Natur hinausging. Jetzt konnte sie sich einbringen und ihren Eindruck von ihrem Gegenüber ins Bild setzen. Doch plötzlich ging die

Tür auf und der Salon füllte sich mit Freunden und Gästen, die Madame Geoffrin eigens zu diesem Ereignis geladen hatte. Sie begrüßte alle, rief der jungen Malerin freudig die Namen zu, doch Liz war von all dem so irritiert, daß sie sich keinen merkte und sich mit einem Mal von einem Kranz von Zuschauern umringt sah. Einige stellten sich hinter sie, um ihr über die Schulter zuzusehen, was sie partout nicht ertrug, denn es kam ihr so vor, als wollten sie prüfen, ob sie überhaupt den Pinsel richtig in der Hand halten konnte. Die Atmosphäre war zerstört, der Strom des Malens unterbrochen. Am liebsten hätte sie ihre Sachen zusammengepackt und wäre gegangen. Sofort. Auf und davon. Doch sie war sich der einmaligen Situation bewußt, denn schließlich wurde nicht jeder hierher zum Malen gebeten. Sie ließ sich ihren Ärger nicht anmerken. Es wäre unprofessionell gewesen. Am Ende wurde es ihr gar noch als Unsicherheit, Schwäche oder Nichtkönnen ausgelegt. Sie und eine Probenonne! Soweit kam es noch! Wenn die erlauchten Geister des Fortschritts schon so erwartungsvoll um sie herumstanden und sich mit ihren großen Kunstrichteraugen wie Prüfmeister gebärdeten, dann wollte sie ihnen zumindest demonstrieren, daß sie in der Lage war, in einer Sitzung eine Ölskizze auf die Leinwand zu bringen. Bloß nicht vor diesen Zuschauern zögern oder lange überlegen. Gleich, ob der Schatten eine Nuance heller oder dunkler zu sein hatte – vor diesem Forum mußte er auf Anhieb sitzen. Darum begann sie wie Raffael zuerst mit Gesicht und Händen und alles Drumherum mußte sich wie von selber ordnen. Wenn sie schon als Nouveauté in dieses Haus gebeten war, dann wollte sie niemanden enttäuschen. Denn hier, da hatte die Mutter ausnahmsweise einmal nicht übertrieben, hier wurde der Ruf gemacht. Salon hin, Salon her, Tempel der Kunst oder Büro des Geistes – sie war in der Brutstube der öffentlichen Meinung. Soviel wußte sie schon selber. Dazu brauchte es keine Unterweisung. Sollten sie in Gottes Namen hinter ihr stehen und zusehen. Farbton um Farbton ließ sie das Bild einer grande dame der Gesellschaft entstehen, zwang sich, wenigstens innerlich den Gesprächsfaden zu ihr wieder aufzunehmen, und hielt die Atmosphäre des Salons als einen Ausdruck ihres Gesichtes fest, der die Züge formte: Frau mit Hintergrund. Liz vermied, auch nur einen einzigen der Umstehenden anzuschauen, tat als existierten sie gar nicht, konzentrierte sich ganz auf ihre Ölskizze und war froh, daß Madame Geoffrin ihr Kleid hochgeschlossen trug und der Kragen direkt unter dem Kinn endete, so daß sie keinen Hals zu malen brauchte und sich diesen Aufwand ersparen konnte. Denn länger als drei Stunden durfte die Sitzung nicht dauern. Danach wurde alles Strapaze.

Ein Livreebedienter reichte den Gästen Kaffee und Konfekt. Frau Jeanne war bereits mit einigen von ihnen munter im Gespräch und fand es wunderbar, daß ihre Tochter vor einem so erlesenen Publikum ihr Talent unter Beweis stellen durfte. Im stillen hatte sie natürlich die Hoffnung, daß sich aus diesem

Kreis schon bald ein Heiratskandidat melden würde. Schließlich war keiner, der im Salon der Madame Geoffrin verkehrte, eine schlechte Partie. Liz brauchte nicht zur Mutter zu schauen – sie konnte ihre Gedanken erraten. Sie spürte sie geradezu. Es hätte sie auch gewundert, wenn beim Anblick so vieler Männer Frau Jeanne nicht als erstes die gute Versorgung in den Sinn gekommen wäre.

Irgendwie war es seltsam: Plötzlich flatterte fast jeden Tag ein Brief ins Haus, oder es stand ein Bediensteter an der Tür und überbrachte Mademoiselle Elisabeth ein Billett. Sie brauchte eigentlich gar nichts mehr von all dem zu lesen, sie kannte den Inhalt: Die Absender hatten den Wunsch, von ihr porträtiert zu werden, und baten um einen Sitzungstermin. Zwar freute sie diese Nachfrage, denn sie sah, daß sich mit den Honoraren die Haushaltskasse der Mutter aufbessern ließ, aber trotzdem konnte sie sich den plötzlichen Andrang nicht so recht erklären. In keiner Ausstellung waren ihre Bilder bislang gezeigt worden, in keiner Zeitung hatte ihr Name gestanden und plötzlich diese Nachfrage. Das machte sie stutzig. Die Vorstellung, mit jedem neuen Tag würden neue Porträtwünsche auf sie zukommen, versetzte sie in eine innere Unruhe, denn alle wollten die Bilder am liebsten sofort und sie fragte sich, wie sie das schaffen sollte. Nachts schlief sie schlecht, suchte nach einer Erklärung, und als es vormittags wieder an der Tür klopfte, überlegte sie, ob sie überhaupt noch öffnen sollte. Sie war nicht da, sie war auf Reisen. Am besten in Italien. Das klang nicht nach peinlicher Ausrede, das war glaubhaft und zudem respektabel, denn jeder Maler, der auf seine Reputation hielt, mußte wenigstens einmal im Leben in Italien gewesen sein. Bei ihr stand die höhere Weihe eben gleich am Anfang. Wenn es so weiterging, sollte die Mutter das demnächst verbreiten.

Liz zögerte einen Moment, doch als es ein zweites Mal klopfte, hörte sie schon an dem raschen Aufschlag, daß es nur die Freundin sein konnte, und ließ sie erleichtert ein. Ann-Rosalie kam mit einer großen Zeichenmappe. Inzwischen hatte sie sich auf die Pastellmalerei verlegt, hatte schon mehrere Porträts für einen betuchten Anwalt geliefert und war sich ganz sicher, bald gut im Geschäft zu sein. Sie fehlte bei keiner Ausstellungseröffnung, wußte über alle Arbeiten der Gilde Bescheid und kannte sich in der Malerszene bis ins letzte Geflüster aus. Mit einem Siegerlächeln öffnete sie die Zeichenmappe und breitete die neusten Raritäten aus – Aktstudien von Ménageot, die er ihr zu Übungszwecken überlassen hatte. »Du weißt ja, wie er ist«, sagte sie, »erst leiht er etwas großzügig aus, und dann hat er Angst, daß er es nicht wiederbekommt, und holt es sich am nächsten Tag zurück.«

Liz ließ alles stehen und liegen, legte die Blätter auf die Staffelei, holte zwei Stühle und schloß vorsichtshalber die Zimmertür ab, damit der Bruder sie beim Aktzeichnen nicht überraschen konnte. Eigentlich hätte sie auch noch die Vorhänge zuziehen und sich zusätzlich die Augen verbinden müssen, denn genaugenommen durften sie das, was sie da kopierten, gar nicht sehen. Nichts davon ahnen, nichts davon wissen, nichts davon kennen. Doch sie war sich mit ihrer Freundin einig: Wenn ihnen der Blick auf das Nackte offiziell verboten war, dann mußten sie eben zur Selbsthilfe greifen und sich diesen Blick hinterrücks verschaffen. Trotzdem: Als sie zu zeichnen begann, ärgerte sich Liz, daß sie wie zwei verdorbene Sünderinnen hier hocken mußten, zwei Lotterdamen, zwei Schwestern der Unzucht, um hastig in aller Heimlichkeit nachzuholen, was den männlichen Kollegen erlaubt war. Auch wenn die Männer in den Aktklassen mindestens 20 Jahre alt oder wenigstens verheiratet sein mußten – aber sie hatten immerhin die Chance. Doch daß für Frauen ganz prinzipiell das Aktstudium verboten war, das sah sie nicht ein. Wenn das ihr Schamgefühl verletzen sollte, dann hatte sie keins. Und daß dies eine Malerin aus der Bahn werfen könnte, war wohl ein Laternenwitz. Sie durfte ja noch nicht einmal vor Antiken und Gipsabgüssen sitzen, um das Muskelspiel eines Helden abzukupfern. Da nützte auch der größte Lendenschurz nichts. Hätte sie im Louvre oder den anderen heiligen Hallen der Kunst gewagt, auch nur den Fuß einer nackten Statue nachzuzeichnen, hätte sie auf der Stelle für immer Hausverbot bekommen, und das zu riskieren wäre erst recht eine Dummheit gewesen.

Sie schaute auf Ménageots Aktstudien – Nackter

gestreckt, Nackter gehockt, Nackter gebeugt – und fragte sich, warum dieser Anblick für sie so verderblich sein sollte. Ihr wurde davon nicht fiebrig, sie begann nicht zu zittern, ins Wanken geriet auch nichts, ihr Kopf blieb kühl, sie stürzte in keinen Abgrund und daß der Blick auf das Kleine Nackte ein weibliches Wesen angeblich in Taumel und Ekstase versetzte – das hatte doch nur einer erfunden, der davon träumte, ihm könnte das einmal passieren. Was immer darüber behauptet wurde – sie betraf es nicht. Vielmehr zeigte ihr diese kümmerliche Gestalt des Aktmodells, daß der Anblick des Nackten eher deprimierend war, jedenfalls so, daß man ihm schnell ein Mäntelchen umhängen wollte. Es hatte für sie irgendwie etwas Bemitleidenswertes, und das Verführerische daran konnte wohl nur ein Blinder entdecken. Ob sie nun das Adamsgewächs sah oder nicht, blank oder mit Feigenblatt, darauf kam es doch gar nicht an. Jetzt beim Kopieren sah sie erneut: Der Blick auf das Ganze, auf den Bau des Körpers, seine Proportionen, seine Haltung, seine Veränderung in der Bewegung – dieser Blick wurde ihr vorenthalten. Für eine Malerin blieb eben nur der sichtbare kleine Rest. Kein Wunder, wenn sie alle Bewegung, die es gab, ins Gesicht verlegen mußte.

Trotzdem kopierte sie jetzt mit Eifer die kostbaren Leihgaben, um wenigstens ein Gefühl dafür zu bekommen, wie man mit feiner Kreuzschraffur die Muskelpartien als Licht- und Schattenvolumen herausarbeiten mußte. Ganz nebenbei erwähnte Liz die momentane Auftragsflut, und als sie ihre Arbeit beendet hatten, warf Ann-Rosalie einen Blick auf die Billetts, die in der Schale lagen, sah auf die Absender und mußte unwillkürlich schmunzeln, denn einige der Namen waren ihr bekannt. »Goldsöhne und Großtuer«, sagte sie, »zu viel Zeit, zu viel Geld, zu viel Langeweile. Offenbar hat sich jetzt herumgesprochen, wer da hinter der Staffelei steht. Es mögen ja ein paar ehrliche Anfragen darunter sein, aber der Rest ist Vorwand. Nachsteiger, verstehst du, alles Nachsteiger. Von wegen gemalt werden! Die wollen doch nur sehen, ob du für eine Liaison zu haben bist. Wenn sie wirklich ein Porträt wollten, hätten sie längst zu Vien oder La Tour gehen können. Aber was gibt es bei den zauseligen Brabbelköpfen schon zu sehen? Du dagegen bist die echte Attraktion. 17 Jahre, aufregend gebaut und endlich mal was anderes. Diese Geldmänner sind immer auf eine Abwechslung aus, die wollen Spaß und Vergnügen. Laß dir bloß ein Drittel des Honorars vorabzahlen, sonst siehst du am Ende keinen Sou!«

Ann-Rosalie erzählte, was ihr gerade mit einer Auftragsarbeit für einen reichen Eisenhändler passiert war, der sich von ihr in Pastell hatte malen lassen, und daran mußte Liz denken, als sie zu ihrer ersten Sitzung ging. Angeblich ein Prinz. Vielleicht auch wirklich nur so ein Großtuer. Von genauer Bezahlung war jedenfalls nicht die Rede, außer der allgemeinen Bemerkung, daß er sie gut honorieren wollte. Aber das konnte auch eine Floskel sein. Doch eine Vorauszahlung einzufordern, fand sie unpassend, sah es doch so aus, als ob sie Geld nötig hätte. Die Wohnung war angemietet, und mitten im Empfangsraum hatte er eine Stele mit dem Kopf des Achilles aufstellen lassen, vor der er porträtiert werden wollte. Pose Kleiner Sonnenfürst. Lässig lümmelte er an der Stele, spielte an seinem Galanteriedegen, spitzte unentwegt den Mund, warf ihr Luftküsse zu, ließ kein Auge von ihr und sagte so ganz nebenher: »Wissen Sie, daß Sie einer Venus gleichen? Man zählt Sie zu den schönsten Frauen von Paris, was sage ich, ganz Frankreichs! Wußten Sie das?« Sie spürte, daß er es darauf angelegt hatte, sie aus dem Konzept zu bringen. Diese gierigen Blicke zu malen, hatte sie keine Lust. Dazu noch dieses schlüpfrige Lächeln, das er hartnäckig auf sie richtete, denn er schien es zu genießen, daß sie nicht ausweichen konnte. Was sollte sie machen? Es stand nun mal kein gerupftes Huhn vor ihm. Sie war wie sie war, und er mußte sie aushalten. Doch beim Malen ständig auf ihre Erscheinung angesprochen zu werden, lenkte vom Gegenstand ab. Und der Gegenstand war nun mal diese turtelnde Hoheit und nicht sie, die Malerin. Es schien ihr, als würden sich die Verhältnisse verkehren, als wäre sie das Modell. Allein daß ein solches Gefühl aufkam, störte die Arbeit und nahm ihr den intuitiven Schwung. Sie wußte schon jetzt, daß dieses Porträt höchstens ein gutes Übungsstück wurde, mehr nicht. Handwerklich korrekt, das Hell-Dunkel gerade noch in der Proportion, doch sonst langweilig und fad. Ihr fiel einfach nichts dazu ein. Dieses Anackern brachte sie so sehr in eine Abwehrstellung, daß sie nicht offen ihr Gegenüber aufnehmen konnte, sondern sich vor ihm wie eine Auster verschloß. Wenn aber das Porträt gut werden sollte, mußte sie sich ganz auf den anderen einlassen. Doch sie konnte es nicht. Sie fand keinen Zugang. Schon ihm in die Augen sehen zu müssen kostete Überwindung. Am liebsten hätte sie an ihm vorbeigeschaut, aber vom Wegsehen entstand kein Porträt. Als jedoch die Blicke des Prinzen immer zudringlicher wurden, geradezu dreist und abtastend, als er auch noch sein Bein in den engen Pantalons so empfehlungsreich nach vorne schob und seine Stimme so ein balzendes Tremolo bekam, änderte sie spontan ihr gesamtes Konzept, verwarf die Skizze, wischte mit dem Ärmel die Kreide von der Leinwand, begann noch einmal von neuem und sagte nur: »Drehen Sie bitte den Kopf zur Seite. Ihr Gesicht wirkt am besten im Halbprofil.« Damit blieb ihm nichts anderes übrig, als die Augen von ihr abzuwenden, und schon kehrte Ruhe ein.

Ihre Freundin hatte recht: Die Porträtwünsche waren nur ein Vorwand, sie kennenzulernen und mit ihr ins Gespräch zu kommen. Eine günstige Gelegenheit in bewährter Abfolge: Man bestellte sich die kleine Malerin ganz offiziell ins Haus, ließ sie ein bißchen was auf die Leinwand pinseln, anschließend darüber der schöne Plausch auf dem Sofa, Fortführung der Arbeit im Landhaus eines Verwandten und Übergabe im Bett. Aber so wie es jüngst bei Ann-Rosalie gelaufen war, ging es bei ihr nicht. Sie paßte auf. Nicht daß sie etwas gegen Verehrer gehabt hätte, im Gegenteil: Warum sollte sie auf diese Accessoires verzichten? Schließlich gehörten sie so sehr zum guten Ton, daß es fast schon unehrenhaft gewesen wäre, keinen Verehrer zu haben, aber in der Arbeit hörte der Spaß auf. Wenn sie damit ernst genommen werden wollte, mußte das eine vom anderen strikt getrennt bleiben. Sie malte ja nicht, um sich vor einem Mann zu präsentieren und sich ihm zu empfehlen, um dann irgendwo als Hausschatz mit Kunstbegabung zu enden; sie malte, weil dies die Sprache war, in der sie sich am besten ausdrücken konnte. Über ihre Bilder konnten alle reden, gut und schlecht und was sie wollten, doch Betthoffnungen bediente sie nicht. Aber Aufträge deshalb abzusagen kam nicht in Frage. Goldknabe oder nicht – Kunde war Kunde, und der mußte zunächst mal beim Wort genommen werden. Sie traute sich schon zu, allem gewünschten Darüberhinaus gewachsen zu sein und den Ablauf in der Hand zu behalten. Sollte sie sich schaden, nur weil irgendwelche bedürftigen Herren sich etwas versprachen, was sie nicht erfüllen konnte? Da mußten sie sich schon anderswo umsehen. Es mangelte ja nicht an Angeboten. Allerdings nahm sie für Aufträge außer Haus ab sofort jedesmal ihre Mutter mit. Ohne Frau Jeanne betrat sie kein fremdes Haus. Sie half beim Bereitstellen der Malutensilien, auch beim Einrichten des Porträtplatzes und saß den Rest der Zeit wie eine leibhaftige Mahnwache im Raum, strickte Socken für den Sohn, damit der Liebling in den Hörsälen der Universität keine kalten Füße bekam und die gute Ausbildung ihm später einmal einen guten Posten brachte. Doch schon nach der dritten Sitzung blieb Liz bei dem bewährten Ausweg: Für diese tänzelnden Fechtmeister, die meinten, ihr imponieren zu müssen, wählte sie konsequent das Halbprofil – die Augen von ihr abgewandt. Maltechnisch nicht die schlechteste Lösung.

Zwischen all den Aufträgen beendete sie das Porträt der grande dame, entdeckte in den Restbeständen des Vaters dafür noch einen schönen Rahmen und übergab es ihr pünktlich zum vereinbarten Termin. Madame Geoffrin fand sich in Form und Farbe so glücklich getroffen, daß sie begeistert von einem Meisterwerk sprach. Sie ging in ihr Schreibkabinett, kehrte mit einem Lederbeutel zurück, reichte ihn Liz und sagte fast beiläufig: »Die Académie française prämiert die Arbeiten, die den ersten Preis gewonnen haben, mit 500 Livres. Ich zahle Ihnen die gleiche Summe als Honorar. Sie haben es sich verdient.« Liz stockte der Atem. »Der kleine Mozart hat vor Jahren bei mir im Hause alle begeistert, und jetzt hänge ich Ihr Porträt in den Salon und wieder wird es heißen, daß ich nur das Beste um mich schare.«

Liz war ganz durcheinander. Sie fragte sich, was da passierte. War es ein Traum, eine mögliche Wirklichkeit oder doch die wirkliche Wirklichkeit? Handelte es sich bei dem Honorar tatsächlich um die Bezahlung ihrer Arbeit oder war es bloß ein großherziges, launiges Geschenk? Sie eilte auf direktem Weg nach Hause, leerte das Ledersäckchen auf den Tisch und begriff, daß sie vor einer neuen Realität stand. Wem ein Honorar von 500 Livres gezahlt wurde, der war nicht irgendein hoffnungsvolles Maltalent, das zufällig den passenden Farbton und zufällig den richtigen Ausdruck getroffen hatte, der besaß einen ganz eigenen Stil, eine eigene Handschrift und vor allem: er hatte einen Namen. Von wegen Mademoiselle Elisabeth, die liebe Liz, der kleine Farbenengel – damit war es jetzt vorbei. Sie rief ihre Mutter, und als Frau Jeanne ins Zimmer kam, traute sie ihren Augen nicht. Wie immer in Momenten großer innerer Bewegung griff sie nach einer Tasse Kaffee. Dann holte sie einen Stuhl, setzte sich an den Tisch und schaute fassungslos auf den Berg von Münzen. »Das ist deinem Vater nicht ein einziges Mal passiert«, sagte sie nach einer Weile. »Wenn er das jetzt sehen könnte!«

»Er hat es geahnt«, entgegnete Liz, »denn als ich ihm mein erstes Selbstporträt gezeigt habe, hat er lange davorgestanden, lange geschwiegen und dann nur gemeint: Du wirst Malerin werden, oder es wird nie eine geben. Du wirst eine Vigée. Er hat recht gehabt. Jetzt ist es soweit. Ab heute bin ich die Vigée. Einfach nur die Vigée. Ein Name, ein Begriff, das muß genügen.« Es klang triumphal, aber auch etwas trotzig, so als wollte sie im nachhinein an die Weitsicht des Vaters erinnern. Frau Jeanne widersprach nicht und dachte nur, ein solches Honorar setzte zweifellos ganz neue Maßstäbe. Wenn die Tochter dem Namen ihres Vaters alle Ehre machen wollte, dann sollte sie um Gottes willen ab jetzt die Vigée sein. Ihr war es recht. Gleich, was ihr noch einfiel – Hauptsache, die Einnahmen setzten sich fort.

Kurz entschlossen traf Vigée einige Veränderungen. Sie entfernte aus der Malstube des Vaters alles überflüssige Mobiliar, was den Raum größer erscheinen ließ und ihm vor allem den Charakter eines Wohnzimmers nahm. Dann ließ sie ein Podest einbauen, damit die Modelle ihr gegenüber erhöht sitzen konnten, bespannte eine Wand mit grünem Leinen, hängte dort ihre sämtlichen Bilder auf, die vor dem farbigen Hintergrund eine besonders intensive Wirkung entfalteten, und funktionierte die Abstellkammer zu einem Trockenraum um. Allerdings achtete sie darauf, daß hier noch genügend Platz zum Verpacken der Bilder blieb. Der Vorteil lag auf der Hand: Wenn sie nicht mehr mit Malkasten, Staffelei und Leinwand zu den Kunden gehen mußte, sondern sie zu ihr ins Atelier kamen, war das eine große Arbeitserleichterung und Zeitersparnis. Dann konnte sie eine Sitzung zur Stunde des besten Tageslichts anberaumen, ohne die Mutter als ständige Begleiterin bemühen zu müssen. Für die Liebhaber ihres Gesichts genügte es zu wissen, daß die Mahnwache nebenan im Zimmer ihren Posten bezogen hatte.

Vor allem legte sie sich ein Auftragsbuch mit sorgfältig markierten Rubriken für Name, Anschrift, Sitzungstag, Formatwunsch und Liefertermin an und trug bereits fünf neue Bestellungen ein. Nur die Spalte für das Honorar ließ sie noch frei. Das mußte von Mal zu Mal verhandelt werden, wenngleich sie jetzt wußte, was möglich war: die Skala nach oben offen. Ein sehr beruhigendes Gefühl. Das gesamte Honorar, den schönen unverhofften Münzensegen, übergab sie der Mutter, damit sie das Studium ihres Lieblings finanzieren konnte. Das war Frau Jeanne doch das allerwichtigste: seine Ausbildung, seine Zukunft, seine Chancen, seine Position. Schließlich mußte Etienne später einmal eine Familie ernähren können. Vigée kannte den hehren Gedankengang der Mama: Bei einer Tochter kam es nicht darauf an, die wurde ohnehin über die Ehe versorgt, aber wenn der Sohn ohne Ausbildung blieb, hatte eine Mutter ihr Leben vertan. Was sie an ihm versäumte, war nicht wieder gutzumachen und trübte die Aussicht auf eine spätere Unterstützung. Diese Sorge war ihr nun endgültig genommen und das ewige Gebarme darum hatte sich hoffentlich erledigt. Ein Lamento weniger in diesem Haushalt war ein großer Gewinn und von Kunstflausen hörte sie glücklicherweise auch nichts mehr. Vigée atmete auf.

Um das neue Zukunftsgefühl zu etablieren, ging sie zum Fleischer und ließ auf ein Jahr im voraus für jeden Sonntag einen Braten reservieren, natürlich in der Auswahl, die nur den Vorausbezahlern vorbehalten blieb: Kalb, Schwein, Rind, Reh, Hammel, Hase, Hirsch, und da sie jetzt auf einmal gute Kunden waren, rückte der Schmeichler auch noch seine Delikatessen heraus und empfahl für die hohen Festtage der verehrten Frau Mutter ganz besonders sein Tannenwildbret. Vigée war sich ganz sicher, wenn es so weiterging, lernte sie zügig die Menschen kennen. Nun, da sie das Geld verdiente, ließ sie keinen Zweifel daran, daß sich zu Hause alles nach ihrem Rhythmus zu richten hatte. Wenn sie die Tür zum Atelier hinter sich schloß, wollte sie nicht mehr gerufen und zu nichts mehr gebeten werden. Dann war sie bei der Arbeit und für niemanden zu sprechen. Vor allem sollten sie nicht mit dem Essen auf sie warten. Sie kam nicht zum Frühstück, und sie kam nicht zum Mittagessen, sie kam, wenn sie mit der Arbeit fertig war, und nahm sich dann, was sie brauchte. Eine Tasse Tee bei der Arbeit genügte, der volle Magen störte nur und dämpfte den Fluß der Farben.

Frau Jeanne respektierte alles, denn sie sah, wenn ihre Tochter noch ein paar solcher lukrativen Porträtaufträge bekam, konnten sie schon bald eine neue Wohnung nehmen und endlich in eine Gegend ziehen, wo die Luft eine bessere Akustik hatte.

Zu ungewöhnlich früher Stunde standen zwei schwarzgekleidete Herren vor der Tür und forderten mit kühl distanzierenden Mienen, sie einzulassen. Frau Jeanne glaubte sofort, Steuerspione vor sich zu haben, denn es war ja bekannt, daß dieses Otterngezücht im ganzen Land herumschlich, um die Einkünfte der Bürger zu kontrollieren. Das Elend ihrer ärmlichen Verhältnisse stand ihr erneut vor Augen. In einem Haus mit Torweg wäre so etwas ganz undenkbar gewesen. In den feinen Häusern wurde niemand von überraschenden Besuchen dieser Art behelligt, denn dort saß ein Portier, der keinen einließ, der nicht angemeldet war. In den feinen Häusern blieb man vom Schnüfflerpack verschont. Doch hier drängte es in die Wohnung, um ein Atelier in Augenschein zu nehmen und Auskünfte darüber einzuholen.

Vigée wurde das Gefühl nicht los, daß von diesen Herren, die düster und amtssteif vor ihr standen, etwas Bedrohliches ausging. Für einen Augenblick glaubte sie sogar, Beamte aus dem Châtelet vor sich zu haben, und überlegte, ob sie etwas Unrechtmäßiges getan hatte. Einer der Herren blätterte in seinen Akten und sagte ganz nebenbei: »Wir kommen vom Gildeamt. Wer von den Anwesenden ist Mademoiselle Vigée?« Selbstbewußt ging sie einen Schritt auf ihn zu.

»Haben Sie ein Zeugnis der Malerakademie?«

Vigée verneinte. »Dann stellen wir fest, daß Sie gegen die Gildeordnung der Maler, Vergolder und Staffierer verstoßen haben. Ihr Atelier ist ab sofort geschlossen. Sie dürfen keinen Auftrag mehr annehmen und mögliche unfertige Aufträge weder innerhalb noch außerhalb der Wohnung beenden. Melden Sie sich augenblicklich bei der Académie Saint-Luc zur Ausbildung an. Sobald Sie das Abschlußzeugnis vorlegen können, steht der Wiedereröffnung des Ateliers nichts im Wege. Die Malergilde duldet keine Ausnahmen.«

Vigée sah die zwei amtsschwarzen Raben die Wohnung verlassen und wußte, daß es sinnlos gewesen wäre, zu widersprechen oder gar zu streiten. Wegen des Zeugnisses machte sie sich keine Gedanken, das würde sie in kurzer Zeit vorlegen können. Ärgerlich war nur, daß sie bis dahin keine Aufträge mehr annehmen durfte und das ausgerechnet jetzt, wo alles so gut anlief.

Für Frau Jeanne stand sofort fest, ihre Tochter war das Opfer einer anonymen Anzeige. Irgendeiner aus der Malergilde, einer von diesen neidischen Lukasbrüdern, der keine Aufträge bekam und nun meinte, Vigée nahm ihm die Arbeit weg. Irgend so ein elender Stinkbock hatte ihnen das eingebrockt. Es lag doch auf der Hand: den ganzen Tag nutzlos herumhocken und dann im Melden eine sinnvolle Beschäftigung finden! »Wenn man für jedes Talent, das Gott einem gegeben hat, ein Zeugnis vorlegen muß, werden sie in den Amtsstuben bald in Papier ersticken«, sagte sie und hatte Mühe, ihre Wut zu verbergen. Aber sie war ja seit jeher der Meinung, daß die Ämter nur geschaffen waren, um den Menschen das Leben schwerzumachen. Zwar konnte die Ausbildung an der Malerakademie das Talent ihrer Tochter nicht vergrößern, aber jetzt kam es vor allem darauf an, die Schließung des Ateliers keinen Tag länger als nötig hinauszuziehen, denn die Einnahmen mußten wieder fließen.

Sie warf sich in ihr elegantestes Straßenkostüm, nahm ein paar Bilder der Tochter von den Wänden, rief einen Mietwagen, lud die Arbeiten ein und fuhr noch zur gleichen Stunde mit Vigée zur Académie Saint-Luc. Immerhin kannte sie den Direktor. Wäre ihr Mann bei Tisch nicht ein solcher Barbar gewesen, wäre er jetzt Professor und säße an seiner Stelle. Auch wenn das Schicksal ihr diesen herben Rippenstoß versetzt hatte – es minderte nicht ihre Entschlossenheit. Sie gab dem Kutscher ein gutes Trinkgeld, damit er mit dem Wagen vor dem Gebäude der Akademie auf sie wartete und jeder sehen konnte, daß sie es nicht nötig hatten, zu Fuß nach Hause zu gehen, ließ sich von ihm auch noch die Bilder zum Zimmer des Direktors tragen und trat ohne Umschweife ein. Sie packte ihm die Arbeiten auf den Tisch und bat um Aufnahme ihrer Tochter in die Akademie. Zwar kamen sie unangemeldet, aber der Herr Direktor sollte an Ort und Stelle sehen, wovon die Rede war. Er betrachtete nacheinander Porträt um Porträt, mal aus der Ferne, mal aus der Nähe, schwieg und schaute, schaute und schwieg, dann ging er auf Vigée zu, gab ihr die Hand und sagte: »Ein solches Talent als Schülerin zu bekommen ist für uns eine große Ehre. Der Unterricht beginnt zwar erst im Oktober, aber wir werden Ihre Bilder schon jetzt in die Ausstellung aufnehmen, die die Akademie gerade vorbereitet.«

Natürlich wäre es Frau Jeanne lieber gewesen, wenn der Unterricht sofort begonnen hätte, aber der angemessene Ton, den der Direktor für ihre begabte Tochter gefunden hatte, tröstete und verhieß viel Gutes.

Wie immer, wenn eine Veränderung auf sie zukam, hatte Vigée das Bedürfnis, sich selbst zu malen. Da war jedesmal eine besondere Spannung in ihr, denn sie spürte, sich von etwas zu entfernen, was sie kannte, und auf etwas zuzubewegen, was noch verborgen war. Das machte neugierig und erwartungsvoll, offen für alles und gab dem Gesicht eine besondere Bewegung, ja sie meinte sogar, mehr Ausdruck und mehr Lebendigkeit. In solchen Phasen mußte sie ihr ganzes Können aufbieten, um diesen inneren Schwebezustand in den feinsten Schattierungen festzuhalten. Sie spannte eine gebleichte Flachsleinwand auf, präparierte sie mit Leimfarbe, glättete mit einem Wolfszahn die letzten Unebenheiten im Gewebe und reinigte danach das Ganze mit Hechtgalle. Sie rückte den großen Augsburger Spiegel neben die Staffelei und schaute nicht einfach hinein, wie sie es immer tat, wenn sie ihr Haar richtete. Jetzt frisierte sie ihr Gemüt: trat in einen Dialog mit sich selbst, stellte Fragen, wollte sich ihrer vergewissern und Strich um Strich beweisen, daß sie sich auf ihre Fähigkeiten als Malerin verlassen konnte. Sie wollte aber auch spüren, wie ihr die Farben in der Hand lagen, wie sie vom Kopf in die Hand und von der Hand auf die Leinwand flossen, wollte dieses Fließen spüren, dieses warme Durchströmtwerden, das alles Unliebsame wie von selber beiseiteschob und ihr das Gefühl gab, aus sich heraus eine doppelte Lebendigkeit zu schaffen, die alles klar und einfach und mühelos erscheinen ließ, ja mehr noch, die sie in der Gewißheit bestätigte, daß alles, was es über sich und die Welt zu sagen gab, nur in Farben auszudrücken war.

Zwar wußte sie, daß van Dyck jedesmal den Untergrund mit Zwiebelsaft einrieb, damit die Farben besser hafteten, aber sie hatte schon beim Anreiben darauf geachtet, so wenig Öl wie möglich zu nehmen, um das Abkrusten zu verhindern, hatte in das Mohnöl noch etwas Wachs gemischt und alles erwärmt, damit die Farben beim Auftrag flüssiger wurden. Vigée untermalte mit einem dunklen Braunrot, um das Inkarnat hell zur Wirkung zu bringen, arbeitete ohne Eile, wartete bis alles trocken war, trug wie immer erst nach dem Anhauchen den Firnis auf, aber die Übermalung schien sich nicht recht mit dem Untergrund mischen zu wollen. Sie trat ein paar Schritte zurück, betrachtete das Bild und es kam ihr so vor, als schaute sie durch eine Fensteröffnung hinaus auf ein Gesicht, das ihr wie ein fremdes entgegenschien und doch das eigene war. Sie ließ es auf sich wirken, aber war nicht zufrieden. Zwar gab es an Haltung und Blick nichts auszusetzen, doch das Kolorit blieb glanzlos und stumpf. Es lebte einfach nicht. Die Farben lagen zu schwer aufeinander und der Untergrund schimmerte nicht durch. Dabei war sie schon mit dem Farbauftrag behutsam gewesen und hatte nicht pastos drauflosgespachtelt, sondern versucht, mit hellen Lasuren Bewegung ins Bild zu bringen. Sie stand vor einem Rätsel. Vielleicht waren auch die Farben an den Rändern viel zu stark, so daß keine weichen fließenden Übergänge entstanden und die Harmonie des Bildes sich nicht herstellte. Sie ging noch einmal mit dem Vertreiberpinsel drüber, doch jetzt sah sie, der Fehler lag in der Untermalung. Die Farbe des Untergrunds dämpfte alles ab und erstickte die darüberliegenden Schichten. Der falsche Grundton warf alles um. Zu dunkel, zu schwer, zu gesättigt.

Tagelang probierte sie neue Untermalungen aus, vom Lichtgrünen ins Erdbraune über das Perlgraue bis hin zum Gelbocker, stellte sich dabei auf immer neue Unterschiedlichkeiten ein – die eine Farbe hatte mehr Körper, die andere mehr Transparenz, jede hatte einen anderen Ausdruck, eine andere Kraft, eine andere Wirkung, und plötzlich kam ihr der Gedanke, all die einzelnen Eigenschaften müßten sich irgendwo bündeln. Es mußte eine Farbe geben, die wie ein Grundton in allem präsent war, eine Farbe des Lebens, in der viele Kontraste zusammenklangen, in der Ruhe und Bewegung lag, die wie ein Lichtschatten spielte und aus deren Tiefen eine Leuchtkraft kam, die alles wie von selber zur Wirkung brachte. Sie sah es ganz deutlich vor sich: Wenn sie mit einer solchen Farbe ihre Porträts untermalte, dann mußte diese Farbe wie ein Keim in den darüberliegenden Farben aufgehen, mußte durch sie hindurchscheinen, sie zum Blühen bringen und diese durchsichtigen Tiefen schaffen, die allem einen so lebendigen Ausdruck gaben. Das war es: eine Farbe, die die Farben zum Sprechen und das ganze Bild zum Atmen brachte. Irgendwo, dessen war sie sich auf einmal sicher, irgendwo hielt sich diese Farbe des Lebens verborgen. Irgendwo hatte sie sich einquartiert. Vielleicht lag sie ganz im Unscheinbaren, dort wo sie keiner vermutete – sie wußte es nicht. Sie wußte nur, irgendwann mußte sie dieser Farbe begegnen. Doch was hieß begegnen? Ins Auge springen mußte sie ihr!

Bei der Eröffnung der Akademieausstellung war dieser Gedanke wieder präsent. Sie stand mit ihrer Freundin im großen Saal des Hôtel Jabach, war verblüfft, daß sich die Besucher gerade vor ihren Arbeiten drängten, und hielt sich bewußt etwas abseits, um die Gesichter besser beobachten zu können und zu sehen, mit welchem Ausdruck sie ihre Bilder betrachteten. An einigen Rahmen hingen lange Papierstreifen. Sie glaubte, es seien technische Hinweise des Ausstellers, doch dann konnte sie es kaum fassen: Es waren Gedichte und Lobeshymnen auf die Malerin. Gerade vor diesen Porträts standen die Herren Korrespondenten und Redakteure, und der Direktor von Saint-Luc gab ihnen fachliche Erläuterungen. »Achten Sie auf den malerischen Bewegungseffekt, den diese Künstlerin mit dem Kolorit erreicht, wie sie Tiefen und Weiten schafft und das Dunkel der Augen mit dem Schatten des Hintergrunds bindet. Elisabeth Vigée liefert uns den Beweis, daß man das Kolorit so wenig erlernen kann wie die Poesie. Beides ist Ausdruck höchster Begabung und einer ganz eigenen künstlerischen Sicht.«

Stundenlang hätte sie zuhören können, um sich

einmal so richtig hoch über den Tag hinaustragen zu lassen, doch da kam ein Mann auf sie zu, der von allen im Saal respektvoll begrüßt wurde und in dessen Nähe man sichtlich drängte. Ann-Rosalie flüsterte ihr aufgeregt ins Ohr: »Das ist Gaillard, der Kunstkritiker. Halbgott der Académie royale. Wahnsinnig einflußreich. Er macht den Ruhm der Maler. Sprich ihn gleich mit Namen an. Dann schmilzt er hin. Er liebt es, gerade von jungen Künstlerinnen bewundert zu werden. Sei schlau und geh auf ihn ein, dann kommst du groß ins Gespräch.«

Vigée wollte noch etwas erwidern, da stand er schon vor ihr, beglückwünschte sie wohlwollend zu den Bildern und sagte mit einem bedeutungsvollen Lächeln: »Morgen wird Ihr Name in den Zeitungen stehen, und alle werden von Ihrem Erfolg sprechen. Doch ich sehe nur die Gefahr.«

Sie sah ihn leicht irritiert an, weil sie nicht wußte, ob dies ein Bonmot sein sollte, mit dem er sich tiefsinnig empfehlen wollte, doch er meinte: »Wer in so jugendlichem Alter solche Bilder malt, kann nicht mehr besser werden. Sie können sich nur noch wiederholen. Eine Steigerung ist ausgeschlossen. Weder in der Erfindung und der Zeichnung noch in Komposition und Kolorit können Sie sich übertreffen. Das ist Ihr Verhängnis. Sie können sich nur noch selbst kopieren.«

Vigée hatte Mühe, ernst zu bleiben. Auf einmal kam ihr der große Herr Kritiker mit seiner gepuderten Perücke wie ein panierter Weißfisch vor, und sie fragte sich, was er von ihr wollte. Er mochte ja freundlicherweise ihre Bilder für vollkommen halten, aber daraus derart abwegige Schlußfolgerungen zu ziehen war einfach absurd. Von wegen festgefahren und sich nur noch wiederholen! Das konnte doch nur einer sagen, der in der Welt der Farben gediegen im dunkeln tappte. Sie hatte nicht die geringste Sorge, auf der Stelle zu treten! Im Gegenteil: Sie dachte unablässig an Steigerung. Nichts war so gut, als daß es nicht noch besser werden konnte.

»Würden Sie morgen aus der Welt gehen«, fügte Gaillard hinzu, »würde man Sie eine Frühvollendete nennen.«

»Mag sein. Aber noch lebe ich«, entgegnete sie und spürte, wenn sie noch länger mit ihm hier stand, würde er zweifellos noch mehr solcher Komplimente machen, um ihr auf die schmeichelhafteste Art zu sagen, daß sie von Malerei nichts verstand und ihre Bilder lediglich ein zufällig gelungener Glücksfall waren. Frühvollendet! Wenn sie das schon hörte! Mit 13 sich selbst verzehrt, mit 16 die Welt beglückt, mit 18 ausgebrannt, mit 19 großer Schlußchor und anschließend Studienreise ins ewige Paradies. Das konnte ihm so passen! Sie schaute auf seine schlechtfrisierte Perücke, die ihm wohl einen genialen Zug geben sollte, sah die Reste von Puder auf Kragen und Revers und dachte nur: ein Schwatzgeist. Vielleicht wollte er auch nur originell sein oder bloß provozieren. Doch wer so redete, hatte keine Ahnung, wie wandelbar die Materie war, mit der sie umging. Jeder, der sich mit Farben beschäftigte, wußte, daß er zu keinem Augenblick zweimal auf dieselbe Farbe schaute. Mal hatte sie Glanz, mal wirkte sie trüb, mal brach sie auf, mal sank sie ein, bald wirkte sie kalt, dann wieder warm, und fehlte es an Licht, war ohnehin alles vorbei. Wie konnte sie bei so viel Bewegung auf der Stelle treten! Für ihn war die Farbe offenbar nur ein Material, doch für sie war die Farbe zuallererst eine Empfindung. Hätte der akademische Halbgott ihr jetzt gesagt, eines ihrer Porträts sei schlecht gemalt, hätte sie ihm geantwortet: Nicht ich habe schlecht gemalt, Sie haben nur anders gefühlt. Nein, in der Malerei wiederholte sich nichts. Mochten ihr bisher auch einige gute Porträts gelungen sein – sie war noch längst nicht dort, wo sie hinwollte. Da sah sie noch ganz anderes vor sich. Was hieß das schon – malen! Als ob nicht jeder schon einmal versucht hätte, der Oberfläche ein Gesicht zu geben. Aber wo es ein Drüber gab, mußte es ein Drunter geben, das letztlich den Charakter der Oberfläche bestimmte. Hier begann die eigentliche Arbeit. Doch was hätte es gebracht, ihm etwas von der Farbe des Lebens zu erzählen, die ihr im Kopf herumging und sie Tag und Nacht beschäftigte. Zu guter Letzt machte er sich noch öffentlich darüber lustig, und einem Mann der Akademie wurde ohnehin alles geglaubt. Schließlich sah man so einen an der Quelle der Weisheit, und sie schwebte als bunter Falter umher. Schon der Vater hatte ihr immer gesagt, daß man sich diese Kunstzwerge nicht zu Feinden machen durfte. Sie waren überall zugange, kannten Gott und die Welt, hatten beste Verbindungen zum Hof, pflegten Kontakte nach allen Seiten und nutzten jede Gelegenheit, ihren Sachverstand aller Welt imposant zu präsentieren. Nein, diese Kunstzwerge durfte sie auf keinen Fall unterschätzen. Aber sie wußte auch nicht, wie sie auf ihn hätte eingehen sollen.

Ann-Rosalie hatte ihren Rat leider an die Falsche adressiert. Vigée hielt nach ihr Ausschau, denn sie wollte hier nicht länger mit dem Herrn Großkritiker stehen. Warum auch? Er hatte sich ihr nicht vorgestellt, und mit einem Monsieur Unbekannt zu lange zu reden war ohnehin nicht schicklich. Doch Gaillard wich nicht von ihrer Seite, bekam so etwas Tänzelndes, ließ alle warten, die mit ihm sprechen wollten, und lud sie noch ins Café de Vendôme ein. Er bat um das Vergnügen, fern vom ganzen Ausstellungstrubel mit einer so blutjungen schönen Muse das Gespräch über die Kunst des Malens fortsetzen zu dürfen, doch auf blutjung und schön reagierte sie nicht. Diesen Jodler kannte sie zur Genüge. Für die Liebhaber ihres Gesichts hatte sie maltechnisch bereits die beste Position gefunden: tugendfestes Halbprofil und immer brav die Augen von ihr abgewandt. Das reichte. Außerdem – was wollte er zu ihren Arbeiten noch sagen? Er hatte ja bereits angemerkt, sie war vollendet festgefahren und konnte sich nur noch wiederholen. Sei denn, er wollte ihr in den Ausschnitt schauen. Aber für einen Kritiker dieser Couleur gab es genug Talente im Wartestand.

Vigée vertröstete ihn auf einen späteren Zeitpunkt und brauchte noch nicht einmal eine Ausrede zu erfinden oder irgend etwas Peinliches ihm hinzustottern, denn der Direktor von Saint-Luc hatte die Schüler noch zu einem Empfang gebeten. Gaillard wollte gleich ein neues Treffen verabreden, doch gerade in diesem Augenblick überbrachte ihr der Galeriediener einen Brief. Vigée atmete auf, einen Grund zu haben, sich etwas abseits zu stellen, um das Siegel aufzubrechen und die Zeilen zu überfliegen. Marquise de Mirabeau beglückwünschte sie zu der Ausstellung, die sie bereits am Vorabend der Eröffnung besichtigt hatte, und bat Mlle Vigée, sobald sie ihr Atelier wieder eröffnete, um ein Porträt. Damit sie sah, wie dringlich dieser Wunsch war, erlaubte sie sich, als erste kleine Anzahlung einen Sonnen-Louisdor von 42 Karat beizulegen. Vigée steckte sofort den Brief mit der schweren Goldmünze ein und wollte Gaillard einen triumphierenden Blick zuwerfen, doch es hatte sich bereits wieder eine so dichte Traube von Kunstjüngern um ihn gebildet, daß sie die günstige Gelegenheit nutzte, um sich ganz unbemerkt mit der Freundin zum Empfang davonzustehlen.

Frau Jeanne erfaßte eine gewisse Unruhe. Noch immer war das Atelier der Tochter geschlossen. Zwar zweifelte sie nicht, daß Vigée mit einem glänzenden Zeugnis die Akademie verlassen würde, aber bis dahin fehlten die Einnahmen. Und gerade jetzt mußte der Sohn nahe der Sorbonne ein Zimmer mieten. Die Vorstellung, er könnte seine Ausbildung nicht fortsetzen, raubte ihr den Schlaf. Natürlich freute sie sich, daß Vigée seit der Ausstellung in den Zeitungen als Malerin gefeiert wurde. Sie hatte sich eigens ein Buch angelegt und hier die Zeitungsartikel über ihre Tochter eingeklebt. Hymnische Besprechungen der Bilder aus dem *Mercure*, dem *Avant-Coureur*, dem *Feuille de Jour* – Vigée, die Malerin mit Feuer und Geist, der aufgehende Stern am Himmel der Farben, Porträts, die den Reiz des Lebendigen haben, endlich eine Originalkünstlerin, die ihren eigenen Gesetzen folgt, Vigée, die neue Poetin des Kolorits – all das las sich zwar wunderbar, aber was nützte das alles, solange sie keine Aufträge annehmen durfte? Tag für Tag stand irgendein Diener irgendeiner Herrschaft mit einem Porträtwunsch an der Tür, und Frau Jeanne brauchte bloß auf die Absender zu schauen, um zu wissen, daß es sich um gutzahlende Kundinnen handelte. Alles Damen mit Hauskaplan. Gräfin Gontault, Gräfin d'Harcourt, Mademoiselle Mousat, Mademoiselle Baillot, Mademoiselle Lespare, Madame Demonville, die Schwestern Rassignol, Madame Pernon, Gräfin Vieuville – ein Jammer, daß die noble Schar auf später vertröstet werden mußte. Denn ob die gräflichen Damen warten würden, bis ihre Tochter das Zeugnis von St. Luc in den Händen hielt und das Atelier endlich wieder öffnen konnte, schien ihr mehr als fraglich. Frau Jeanne sah nur: Jeder Schließtag brachte einen Verlust, und ihr altes Mißtrauen gegen eine Kunst, von der man leben mußte, war wieder da.

Allerdings nahm sie es diesmal mit größerer Gelassenheit, und düstere Ahnungen wandelten sie nicht an, denn inmitten dieser Ungewißheit tat sich ganz unerwartet eine neue Zukunft für sie auf. Der Mann einer kürzlich verstorbenen Kundin machte ihr Avancen. »Witwer zu Witwe«, sagte er, »und das Leben wird wieder schön.« Das klang gut, und eine solche Chance wollte sie sich nicht entgehen lassen. Noch war sie mit ihren 46 Jahren eine ansehnliche Erscheinung, jünger wurde sie nicht, und eine bessere Versorgung wurde ihr gewiß kein zweites Mal geboten. Er war Juwelier, finanziell gut ausgestattet, ja sie vermutete sogar, satt gepolstert. Durch ihn kamen sie und ihre Kinder in gesicherte Verhältnisse, und so teilte sie geradezu erlöst der Tochter den Tag der Hochzeit mit.

Noch ehe Vigée die Veränderung begreifen konnte, waren schon die wenigen Möbel, das Küchengerät, Bilder, Staffelei, das Podest und der große Augsburger Spiegel auf einen Wagen geladen, und sie hielten Einzug in die neue Wohnung. Es war der Mutter anzusehen, sie hatte das Ziel ihrer Wünsche erreicht: ein Haus mit Torweg. Gleich, ob er dunkel oder hell, schmal oder breit war – ein Torweg brachte eine höhere Qualität in das Leben, ja schien ihr so etwas wie ein Pförtchen zum Himmel zu sein, das sich nicht jedem öffnete. Oft genug hatte sie von den Vorteilen geschwärmt: In einem Torweg standen die Kutschen stets abfahrbereit, fuhren diskret aus und ein, und ein Portier hatte alles Kommen und Gehen im Blick. Selbstverständlich ließ er nur angemeldete Personen zu den Etagen vor, so daß man nie mit ungebetenen Besuchern zu rechnen hatte. Keiner von diesen elenden Dreckfinken wagte es, in einem Haus mit Torweg sich in den Flur zu hocken, um rasch sein Geschäft zu verrichten oder draußen an die Hauswand zu pinkeln. Von derlei zusätzlicher Geruchsbelästigung blieb man Gott sei Dank weidlich verschont. Die Luft hatte hier eine ganz andere Akustik. Außerdem mied auch die kriminelle Kanaille und jedwedes Diebsgesindel solche Häuser, was überaus beruhigend war. Vor allem konnte hier keiner mehr unverhofft an der Wohnungstür stehen, kein Kontrolleur, kein Ladenjunge und keiner von diesen unseligen Amtsschnüfflern, nicht mal ein Gerichtsvollzieher wurde in die Etage vorgelassen. Für Frau Jeanne stand fest: Wer es im Leben bis zu einem Torweg gebracht hatte, der hatte es weit gebracht.

Auch Vigée sah den Vorteil. Der Stiefvater überließ ihr das größte und hellste Zimmer seiner Wohnung als Atelier. Von hier hatte sie einen herrlichen Ausblick auf die Gartenterrasse des Palais Royal. Was wollte sie mehr. Herr Jacques half ihr beim Einräumen und beim Hängen der Bilder und verzichtete auf seine Gesindestube, damit sie eine Kammer zum Trocknen und Lagern der Bilder hatte. Das fand sie ein großes Entgegenkommen, und überhaupt – plötzlich ein Atelier in der Rue Saint-Honoré zu haben, in einer der vornehmsten Gegenden der Stadt, das war schon etwas Besonderes. Doch das Beste entdeckte sie gleich bei ihrem ersten Spaziergang durch die Straßen der Umgebung: Ganz in der Nähe befand sich das Geschäft eines Farbenhändlers und eines Leinwandhändlers, und auch die Werkstatt eines Rahmenmachers war leicht zu Fuß zu erreichen. Bei ihm gab sie sofort eine Bestellung für ein Halbdutzend dieser schönen schwarzlackierten Holzrahmen mit leicht gekehltem Rand und goldenem Eierstab auf, wie sie derzeit für Freundschaftsporträts besonders geschätzt wurden, denn sie wußte, bald kam viel Arbeit auf sie zu. Es dauerte nur noch wenige Wochen, bis sie das Abschlußzeugnis in den Händen hielt.

Vorsorglich teilte sie allen, die ihr wegen eines Porträtwunsches geschrieben hatten, ihre neue Adresse mit, bat um etwas Geduld und versprach, die Sitzungstermine in Kürze zu vereinbaren. Die neue Adresse auf dem Absender nahm sich gut aus, sehr gut, fast so, als hätte sie schon viel geleistet. Auch wenn sie sich mehr als einmal über Frau Jeannes Hang zum Höheren amüsiert hatte, im stillen gab sie ihr jetzt doch recht. Nein, ganz so verkehrt war es nicht. Nun konnte sie guten Gewissens die Kunden ins Atelier bestellen, denn ein Haus mit Torweg zu betreten war jeder Dame von Welt und jedem Mann von Rang zuzumuten, und hier vorzufahren durchaus standesgemäß.

Schon jetzt stand fest: Ab sofort übernahm sie die Aufträge nur gegen ein Voraushonorar. Von wegen

Bezahlung auf edler Basis! Mit der Gutgläubigkeit war es vorbei. Die Liebhaber ihres Gesichts, diese vollmundigen Goldknaben, hatten sich alle großartig porträtieren lassen, einige hätten sich am liebsten gleich als Kniestück oder Ganzporträt gesehen, doch nur zwei von ihnen hatten ihre Bilder bislang abgeholt. Der Rest wartete auf Übergabe. Hätte sie auf ihre Freundin gehört und von ihnen ein erstes Drittel an Vorauszahlung verlangt, wäre jetzt wenigstens Platz im Lagerraum. Auf den frommen gottesdienstlichen Augenaufschlag war so wenig Verlaß wie auf die große Reputation. Einer der Knaben, sogar einer von Geblüt, hatte ihr den Schlüssel seiner Theaterloge auf den Tisch gelegt und ernstlich gemeint, damit wäre das Bild bezahlt. Und wie generös das klang: Wann immer Sie mögen, haben Sie freien Zutritt zu meiner Loge und können sich jedes Theaterstück auf meine Kosten ansehen. Großartig! Und der glaubte auch noch, das durchsichtige Angebot sei eine Ehre für sie. Statt zu bezahlen, ihr zuzumuten, an seiner Seite die Dame der Saison zu spielen! Da mußte sie ihm dann doch in aller Klarheit deutlich machen: Sie war eine Malerin, die ihren Eintritt selber zahlte und sich nicht auf dem freien Logenplatz als sein Verhältnis präsentieren ließ. Daß diese Goldfasane sich immer überschätzen mußten! Selbstverständlich ließ sie sich von ihrem Ärger nichts anmerken, schob ihm betont höflich den Schlüssel zurück und meinte nur mit einem spitzen Lächeln, wenn er irgendwann wieder bei Geld war, konnte er das Bild ja abholen.

Immerhin bekam der Angeber einen roten Kopf, entschuldigte das Versäumnis mit den vielen anderen dringlichen Geschäften, wollte natürlich umgehend seinen Livreebedienten schicken, doch auch auf den wartete sie bis heute.

Anderseits war sie aber auch gar nicht so böse, daß die Bilder fast alle noch in ihrem Besitz waren, denn wenn jetzt eine neue Ausstellung auf sie zukam, hatte sie genügend Porträts auf Lager, mit denen sich eine stattliche Fläche bestücken ließ. Jederzeit konnte sie nun Arbeiten von sich präsentieren. Zwar waren es sämtlichst die Knaben mit dem verlorenen Blick, doch ob sie die Augen von ihr abgewandt hatten oder nicht – so eine kleine Liebhaberreserve konnte auf keinen Fall schaden.

Ruhelos machte sie nur diese Farbe des Lebens. Nachts wachte sie auf, war sich ganz sicher, sie gesehen zu haben, sprang aus dem Bett, um sich den Farbton zu notieren, doch kaum hatte sie die Füße auf den Boden gesetzt, war alles entschwunden. Saß sie am Fenster, um sich für ein paar Augenblicke vom Malen zu erholen, stand plötzlich das ganze Farbenspektrum wie ein aufgeklappter Fächer vor ihr, sie durchmusterte die Töne, die vom Dunklen ins Helle liefen, als suche sie den Himmel nach Kometen ab, prüfte die Übergänge und hoffte, hier die Farbe zu finden, die in andere hineinschien, doch nichts zeigte sich. Dann wieder kam ihr die Idee, es könnte vielleicht ein Substrat aus den Farben der vier Elemente sein, riß sich ein Stück Leinwand ab, mischte die Farbe von Erde, Luft, Feuer und Wasser, doch es blieb nicht mehr als ein suppiger Ölfleck. Oft hatte sie das Gefühl, daß vor ihren Augen alles Sichtbare seine Farbe wie sein Blut verlor, daß alles auslief und mit ihm Gestalt und Form ins Nichts zerrannen, während ihre Vorstellungen von der Color vitae immer festere Konturen annahmen, immer bunter und präziser wurden. Sie wußte nicht mehr, wie es um die Wahrnehmung beschaffen war und was sie von ihr halten sollte, wußte nicht, sah sie die Farben oder dachte sie die Farben und war so durcheinander, daß sie spürte, sie mußte zur Quelle, zum Ort der Entstehung. Sie nahm sich einen Mietfiaker und fuhr zur Farbenfabrik La Véri.

Daß der Purpur aus der Schnecke, das Karmin aus der Schildlaus und das Ultramarin aus dem Lapislazuli gewonnen wurde, daß die herrlichsten Farben von dort kamen, wo sie niemand vermutete, das wußte sie längst, aber was sie hier sah, hier in den Hallen, durch die sie ein Inspektor führte, versetzte ihr einen Schlag. Sie schaute in einen großen eisernen Kessel und faßte es nicht, was die Färber da reinwarfen: Lederabfälle aller Art, Unmengen von Haaren, eimerweise Blut, stinkende Fleischreste, Felle, Lumpen, Wolle, Schweineborsten, alte Schuhe, Federn, Därme, Hörner, Klauen, getrocknete Fische, tote Maikäfer, verfaulte Pilze und obendrauf rostiges Eisen – es war, als tat sich ein Abgrund vor ihr auf. Sie sah zu, wie das Ganze zu Brei gekocht wurde, bis diese glucksende Ekelbrühe entstand, die der Färber Tierkohle nannte und aus dem er das Blutlaugensalz destillierte, ohne das es kein leuchtendes Blau geben konnte. Um sie herum war nichts als staubige Hitze und ein pestilenzialischer Gestank, eine Abortluft aus Moder, Auswurf, Schleim und Schimmel, dazu dieser giftige krankmachende Geruch von Bittermandeln, der aus dem Dampfen und Zischen der Kessel stieg – daß in dieser Vorhölle das begehrte Berliner Blau entstand, wollte ihr nicht in den Kopf.

Natürlich war auch die Leuchtkraft der Farben keine fremde Materie für sie. Beim Kopieren der Alten Meister hatte sie oft Töne von einer solchen Lichtwirkung gesehen, daß sie meinte, nur der Himmelsgrund selber könne die wahre Substanz der Farben sein, aber was sie hier sah, nahm den letzten Rest jeder Illusion. Sie hatte ja nicht erwartet, in der Fabrik auf Bottiche voller Blütenstaub zu treffen, aber daß aus Aas und Abgang, aus soviel Abfall und Morast eine der schönsten Farben entstand – das mußte erst einmal verarbeitet werden. Irgendwie kam es ihr so vor, als würde aus dem Dunklen das Licht destilliert. Im stillen fragte sie sich, ob dies vielleicht überhaupt zu den Eigenschaften der Farbe gehörte, und wußte nur, daß der Stoff das eine und die Wirkung das andere war.

Sie brauchte eine Weile, bis sie diese Eindrücke geordnet hatte und begriff: Es mußte wohl den Unrat geben, damit das Reine um so klarer hervortrat.

Es mußte das Häßliche existieren, damit das Schöne zum Vorschein kam. Es mußten die Farben kontrastieren, damit sie sich gegenseitig steigern konnten. Und sie, die das alles ins Bild zu setzen hatte, sie mußte sich daran gewöhnen, daß in dem einen immer auch etwas von dem anderen wohnte. Vor allem begriff sie, daß es keine verstiegene Theorie war, die sich ein Kunstzwerg ausgedacht hatte, sondern die schlichte Wirklichkeit: Aus den verkrüppeltsten Muscheln kamen die schönsten Perlen und aus dem stinkendsten Schlamm das himmlischste Blau.

Die stille Hoffnung, ihre Eindrücke in der Farbenfabrik könnten vielleicht doch ein Zufall sein, begrub sie kurz darauf in der Königlichen Gobelinmanufaktur. Wieder wurde sie in Begleitung eines Inspektors in das streng bewachte Heiligtum der Färberei geführt, und wieder tat sich dieser Abgrund vor ihr auf. Sie sah, das Rot der Teppiche besaß nur darum eine solche Leuchtkraft, weil die Wolle vorher in einem Messingkessel mit gefaultem Urin gereinigt wurde, anschließend in eine schleimig-dunkle Galläpfelbeize kam und danach in einem Kuhkotbad landete. Vigée starrte wieder auf so einen krätzigen Sud, diesmal auf ein ekelerregendes Gemisch aus stinkenden Kuhfladen, Wasser und Kreide, stand wieder vor einer Kloakenbrühe und hatte wieder Mühe, sich damit abzufinden, daß dies die Voraussetzung dafür war, der Wolle genau die Farbe zu geben, die dann als dieses herrliche Türkischrot erstrahlte, das dem Bildteppich ein ganz eigenes Leben verlieh. Ein Tapissier wollte sie noch in die Seidenfärberei führen, aber sie befürchtete, all diese ernüchternden Eindrücke könnten ihr zu guter Letzt noch die Freude an den Farben verderben. Was sie gesehen hatte, genügte. Selbst als ihr die gesamte Farbpalette der Manufaktur präsentiert wurde – dieses Wahnsinnsspektrum von 220 Naturfarben und zu jeder einzelnen noch jeweils 36 Schattentöne, – als sich dieser Farbenschrein vor ihr auftat, widerstrebte es ihr, sich vorzustellen, daß das alles bloß die schönen Produkte der Verwesung sein sollten. Es war zwar nicht verkehrt, etwas von der Herkunft und der Herstellung zu wissen, aber sich dabei aufzuhalten brachte nichts. Vor allem wollte sie nicht, daß sich diese Verwesungs-Bilder in ihr festsetzten. So was, das wußte sie, lagerte sich in die Träume ein und man wurde es nicht mehr los. Lieber ging sie in den Präsentationssaal, um sich die Arbeit der Bildwirker anzusehen.

Gerade hatten sie einen der großen Gobelins fertiggestellt und zeigten ihn voller Stolz. Vigée glaubte, nicht vor einem Teppich, sondern vor einer Bildbühne zu stehen, betrachtete eine Szene aus dem Alten Testament, die Antoine Coypel entworfen hatte, und war überwältigt. Die Farben leuchteten ihr entgegen, als fielen sie durch das Fenster einer Kathedrale. Das Purpur der Gewänder war kein Purpur, sondern ein Fackelschein, die bleichen Fleischtöne der Esther ließen ihre Ohnmacht erleben, die Seidenröcke der herbeigeeilten Frauen knisterten, der Marmor glänzte, die Bäume rauschten, und aus der Dunkelheit des

Bildgrundes stieg eine Tageshelle, die selbst noch auf den schweren Samtvorhängen schimmerte. Ihr war, als wäre sie mitten im Geschehen. Sie dachte nicht mehr daran, daß die Wirker mit feinstem Metall, mit Gold- und Silberfäden gearbeitet hatten, vergaß den Stoff, das Material, die ganze Technik des Knüpfens und erst recht die morastigen Abgründe, aus denen diese leuchtenden Farben kamen, sog bloß voller Bewunderung jeden Licht- und jeden Schattenton ein und spürte, wie sich die Stimmung des Bildes auf sie übertrug. In dem Moment stand ihr klar vor Augen: Das was sie suchte, diese Farbe des Lebens, die in allen anderen Farben wie ein Keim aufging, die sie trug und zur Entfaltung brachte, diese Farbe konnte nur aus der Wirkung kommen. Doch so wichtig diese Erkenntnis auch war – die Ruhelosigkeit blieb.

Nur beim Frühstück dachte sie nicht daran. Da konnte sie überhaupt keinen Gedanken fassen, denn morgens gemeinsam am Tisch sitzen zu müssen war eine Tortur. Jede Minute, die sie dafür opfern mußte, kostete Überwindung, denn der Morgen war die beste Zeit für ihre Arbeit. Was sie am Morgen nicht schaffte, war tagsüber nicht mehr aufzuholen. Aufstehen, sich rasch einen Tee brühen, damit sofort ins Atelier gehen, in ihrer Arche verschwinden, ohne angesprochen, ohne abgelenkt zu werden, ohne auf irgend etwas eingehen zu müssen, sich gleich in die Farben stürzen – nur so konnte der Tag beginnen.

Aber sie mußte ja aus Rücksicht auf Herrn Jacques am gemeinsamen Frühstückstisch sitzen. Weil es sich so gehörte und weil es so schön war. So traut und familiär. Und das ausgerechnet auch noch jetzt, wo sie das Zeugnis bekommen hatte und zwei Sitzungen pro Tag anberaumen mußte, um all die bereits zugesagten Porträtaufträge erfüllen zu können. Gerade hatte die Marquise de Mirabeau ihr Bild abgeholt und war so begeistert, daß sie gleich noch einen Freund des Hauses, Graf Orlow, avisierte und in seinem Auftrag ihr ein ornamentverziertes Saffianledersäckchen mit 200 Livres Anzahlung überreichte, damit er nicht so lange wie die anderen auf einen Termin warten mußte. Vigée wußte nicht mehr, was sie zuerst machen sollte, und hätte gerade jetzt ihren eigenen Rhythmus gebraucht, aber nein, sie mußte sich ja um des lieben Friedens willen in Gemeinsamkeit üben. Dabei aß sie sowieso nichts. Morgens zu essen war so, als würde sie ihre Sinne verstopfen. Mit vollem Magen konnte sie nicht malen. Da stockten die Farben in ihr, nichts ruckte an und wenn überhaupt, dann floß alles nur mühsam auf die Leinwand. Mit einem hungrigen Gefühl dagegen kam sie gut voran, ja ihr war sogar, als würde damit eine Spannung erzeugt, ein Drang und eine Energie, die das Bild wie von selbst komponierte.

Voller Ungeduld sah sie zu, wie Herr Jacques in einen Topf mit Milch trockene Brotreste und hartgewordene Semmeln einbrockte, langsam Stück um Stück, als wollte er sich jeden Bissen in die Schüssel zählen und demonstrieren, daß bei ihm nichts weggeworfen wurde und nichts verkommen durfte. Der kleinste Krümel fand in seinem Haushalt Verwendung. Anschließend löffelte er einen Teller Gerstengrütze wie eine große Delikatesse und trank dazu ein Glas Wasser. Selbstverständlich fehlte nicht die obligatorische Essigflasche, die in Reichweite auf dem Tisch zu stehen hatte, denn immer gab er einen Löffel Essig in das Wasserglas, damit er nicht krank wurde und keinen Durchfall bekam. Diesen ätzend sauren Arzneigeruch schon am Morgen ertragen zu müssen war für Vigée eine zusätzliche Strapaze. Aber für gutes Brunnenwasser wollte Herr Jacques ja nichts ausgeben. Es war ihm zu teuer und sein Geld viel zu schade dafür. Er trank lieber das Schmutzwasser aus der Seine oder irgendeinen anderen Pfützensud, denn dem Träger mehr als einen Sou für den Eimer Wasser zu bezahlen kam für ihn nicht in Frage. Vigée begriff nicht, wie man ausgerechnet an seiner Gesundheit so sträflich sparen konnte. Sich auch noch ansehen zu müssen, wie genußvoll er diese Essigwasserbrühe schluckte, war einfach zuviel und sie fragte sich, warum sie sich so etwas schon in aller Herrgottsfrühe antun mußte. Sie saß wie auf Kohlen. Das Licht, das ins Zimmer fiel, wurde immer heller, schien so rein und ungetrübt, als wäre es mit Jungfernwasser gemischt, dem kostbaren aqua di virgini, das auf der Leinwand so schöne Effekte gab, aber sie mußte ja hier hocken und zusehen, wie man in einem sparsamen Haushalt den Tag begann. Eine Zumutung!

Schrecklich, ständig etwas tun zu müssen, was man nicht tun wollte und alles nur aus irgendeiner falschen Rücksichtnahme, die nichts brachte, außer am Ende sich darüber noch so zu ärgern, daß eines Tages die Lust an der Arbeit verging.

Herr Jacques bat sie, doch wenigstens eine Tasse Tee zu trinken, zumal er ihn selber zubereitet hatte. Nicht daß sie befürchten mußte, er würde auch noch das Teewasser mit Essig versetzen, aber sie wußte, wenn er den Tee selber brühte, dann immer nur als zweiten Aufguß. Auf diesen wirtschaftlich rentablen Einfall war er so stolz, daß ihm der Tee besonders gut schmeckte, doch sie konnte beim besten Willen mit dieser Aufgußlauge den Tag nicht beginnen. Am liebsten wäre sie aufgesprungen und aus dem Zimmer gerannt, um zu zeigen, daß sie für diese Veranstaltung nicht taugte, aber sie wollte der Mutter keinen neuen Ärger bereiten. Darum gab sie sich diesmal bewußt akademisch, erhob sich mit gelehrter Miene vom Tisch und sagte in diesem allgescheiten Ton, mit dem sich neuerdings in den Salons die Leserinnen Newtons empfahlen: »Gestern war Tagundnachtgleiche. Jeder Maler weiß, daß das Licht nach dem Äquinoktium eine besondere prismatische Wirkung entfaltet. In der Phase des Sonnenaufgangs inkarniert es sich so einmalig in den Farben, daß ich jeden Augenblick für die Lucubration nutzen muß. Darum ist es mir nicht möglich, Ihnen in den nächsten Wochen beim Frühstück Gesellschaft zu leisten.«

Zwar sahen sich Frau Jeanne und Herr Jacques

etwas verdutzt an, aber Vigée wußte, daß alles, was auch nur halbwegs wissenschaftlich klang, von der Mutter bewundert und respektiert wurde, weshalb sie ganz sicher war, sich damit für die nächste Zeit von der morgendlichen Tortur befreit zu haben.

Mit der größten Sorgfalt zimmerte Herr Jacques in seinen freien Stunden Holzkisten; keine Lattenkisten, nein, richtige Kisten mit Deckel und Schloß, damit die Bilder seiner Stieftochter jederzeit unbeschadet einen Transport überstehen konnten. Er richtete die Größe der Kisten nach dem Umfang der Bilderrahmen, baute eigens einen kleinen Vorrat für das ungerahmte Staffeleiformat und übernahm auch das Verpacken. Die Porträts schlug er in Kartonpapier ein, umhüllte sie zusätzlich mit Wachstuch, um sie vor jeder Form von Nässe zu schützen, verschnürte Paket für Paket mit einem Bindfaden, den er eigens vorher in einen Eichenrindenabsud getaucht hatte, damit er mehr Festigkeit bekam, und stellte das so gesicherte Gut in die Kisten. Mitunter polsterte er sie noch mit Holzwolle aus, damit die Bilder sicher und fest standen, numerierte die Kisten, notierte zu jeder Nummer den Titel des Bildes oder den Namen des Auftraggebers und entfaltete eine solche Perfektion, als sollten die Bilder nach Übersee verschifft werden. Diese Art von Anteilnahme an ihrer Arbeit ließ Vigée dann doch den Sparwart mit seiner Essigwasserbeize und seiner Teetunke vergessen, denn sie war froh, daß sie sich mit den Mühen des Transportes nicht aufhalten mußte.

So gesichert und verpackt lud sie zwanzig Objekte in die Kutsche, darunter die Porträts der Liebhaberreserve, und fuhr zu Vernet, der eine Ausstellung ihrer Bilder geplant hatte. Begeistert entwarf er das Szenario, für das bereits die ersten Vorbereitungen im Gange waren: Er lud seine Malerkollegen aus der Akademie zu einem großen Atelierfest ein, all die Meisterköche der Farben – Greuze, Vien, La Tour, Ménageot, Pierre, Robert, Drouais, Briard und natürlich durfte Le Moyne, Monsieur le Président, nicht fehlen. Selbstverständlich wurde gut gegessen und getrunken, als Einlage gab es ein paar schöne Duette von Grétry, und dabei wurden die Arbeiten von Vigée präsentiert. Ganz unaufdringlich, ganz zwanglos, so selbstverständlich nebenbei, aber doch als der Höhepunkt des Festes. Nur durfte sie persönlich nicht anwesend sein. Darauf kam es ihm an. Die Bilder sollten ganz für sich selber sprechen, ganz aus ihrer Substanz auf die Herren der Akademie wirken. War sie dagegen selber anwesend, lenkte das bloß von ihren Bildern ab, und damit war ihr nicht gedient. »So sind sie nun mal, die Kumpane des Parnasses«, sagte er, »sobald sie eine schöne junge Frau sehen, rückt alle Kunst schlagartig in den Hintergrund, und sie werden zu eitlen Pfauen. Gattung Scharrvögel, du weißt, was ich meine. Da interessieren sie sich nicht mehr für Bilder, sondern nur noch für die Malerin, schlagen vor ihr prächtig das Rad und wollen imponieren – ich habe das mehr als einmal erlebt.« Nein, besser war der andere Weg: Zuallererst sollten die Herren ihre Bilder sehen, ganz unbeeinflußt von allem, und wenn sie zu einem Urteil gekommen waren, konnte, wer wollte, später auch die Malerin kennenlernen.

Vigée war zwar etwas enttäuscht, weil sich für ihre Begriffe das eine vom anderen nicht trennen ließ, aber Vernet hatte ihr bislang noch nie einen falschen Rat gegeben, und genau genommen kam es ihr auch gar nicht so ungelegen, denn sie brauchte zur Zeit jede Stunde. »Jetzt hat sich auch noch ein Graf Orlow angesagt und hoch vorausbezahlt, um die Wartezeit abzukürzen«, sagte Vigée, »wenn das so weitergeht, werde ich mich wohl für drei Sitzungen am Tag entscheiden müssen.«

»Orlow«, entgegnete Vernet, »ein ganz dicker Fisch! Einer der mächtigsten Männer Rußlands, Oberbefehlshaber der russischen Flotte im Archipel. Ein Günstling Katharinas. Ihren Gemahl, Zar Peter, hat er eigenhändig erwürgt. Achte mal auf seine Hände. Sie sollen so groß wie Grabschaufeln sein!«

Vigée erschrak. Sie glaubte sich verhört zu haben, vergaß, daß sie mit Vernet die Bilder hängen wollte, vergaß, wo sie war, und dachte nur, daß sie noch nie einen Mörder gesehen hatte. Von Stund an überlegte sie, ob sie sich überhaupt auf ein Porträt einlassen sollte, aber noch ehe sie zu einem Entschluß kam, saß er schon vor ihr. Saß auf dem Stuhl, auf dem all ihre Modelle saßen, und war von einer so kolossalen Körpergröße, wie sie es noch bei keinem Franzosen gesehen hatte. Es kam ihr vor, als würde dieser Riesenrusse auch sitzend noch vor ihr stehen. Nicht daß sie Angst gehabt hätte. Sie hatte noch nie Angst. Vor nichts und niemanden. Nur so ein bißchen unheimlich war er ihr schon. Unwillkürlich suchte sie etwas Düsteres und Abgründiges in seinen Augen, suchte nach einem Anzeichen von Grausamkeit und Gewalt, meinte, irgendwo in diesem Gesicht müßte sich das Rohe und Brutale versteckt haben; dann wieder suchte sie nach einer Regung von Schuld, einem nervösen Zucken, einem gejagten Blick, suchte unbewußt nach allem, was mit dem Gesicht eines Mörders assoziiert werden konnte, doch sie fand nichts.

Graf Orlow saß in steifer Staatspose auf dem Stuhl, hatte die Hände auf die Lehne gelegt, und jetzt sah sie, daß diese Hände tatsächlich so groß wie Grabschaufeln waren. Die Vorstellung, daß diese Hände den Zaren erdrosselt hatten, daß sie seinen Hals wie Todeszangen umklammerten, enger und enger, fester und fester, bis sie ihm die Luftröhre zerquetschten und er qualvoll erstickte, diese Vorstellung lenkte sie einen Moment von der Anlage der Skizze ab, doch sie konnte den Blick von diesen Händen nicht lassen. Jetzt erst bemerkte sie, daß er seine rechte Hand so demonstrativ auf die Armlehne gelegt hatte, daß ihr Blick unwillkürlich auf den riesigen Brillanten fallen mußte, den er am Finger trug. Sie begriff: Ohne ihn wollte er nicht gemalt werden. Doch einen Brillanten zu malen schien ihr äußerst heikel, denn den Glanz zu malen war eine eigene Kunst, in der sie keinerlei

Übung hatte, was alles doppelt aufwendig machte. Sie forderte Graf Orlow auf, etwas von dem zu erzählen, was ihn am meisten beschäftigte, um Bewegung in sein Gesicht zu bringen. Als er sah, daß sie kein Auge von dem Brillanten ließ, sagte er mit einem vieldeutigen Lächeln, daß dieser Stein ein ganz persönliches Geschenk der verehrten Kaiserin war und zu den teuersten Juwelen der Welt gehörte. Zarin Katharina hatte ihn von einem armenischen Kaufmann erworben, ihm dafür Berge von Silberrubeln bezahlt und auch noch den russischen Adelstitel verliehen, denn es war ein Diamant vom ersten Wasser und für die Kronjuwelen bestimmt.

Offenbar machte es Graf Orlow Freude, ihr vorzuführen, daß er ein Vermögen am Finger trug, ja fast ein kleines Königreich, denn er legte seine Hand nicht nur so, daß das Licht auf den Diamanten fiel, sondern beugte sich auch noch leicht darüber, als sollte der Glanz des Geschenkes sein Gesicht erhellen. Ihr war klar: Wenn sie auch nur einen Zug des Charakters dieses Mannes annähernd lebendig treffen wollte, mußte aus jeder Pore dieser Diamant aufblitzen. Sie begann mit der Skizze, legte die Farbwerte fest, und Graf Orlow sprach noch immer über den Diamanten, der wahrlich kein Salzkorn war, nannte beiläufig die 193 Karat, die schon so manchen Hofjuwelier aus der Fassung gebracht hatten, hielt plötzlich inne und meinte in einem fast sakralen Ton: »Ich erhöhe Ihr Honorar um das Doppelte, wenn Sie es verstehen, den Stein als das zu malen, was er für mich ist:

das Herz meines Herzens, le cœur de mon cœur, Mademoiselle.«

Sie sah ihn an und dachte bloß: Wie sich so ein Großwesir die Arbeit einer Malerin vorstellt. Man stockt kräftig das Honorar auf, und schon hat sie den richtigen Blick für ihn gefunden. Die Aussicht auf kleine Münzenberge genügt, und das gewünschte Charakterporträt wird maßgeschneidert geliefert. Sollte er irgendwann die Gesetze dieser Mechanik studiert haben, so mußte sie ihm leider deutlich machen – in der Kunst waren sie nicht anwendbar. Den Diamanten als das Herz seines Herzens malen! Diesen freundlichen Hinweis hätte er sich sparen können. Sie sah schon selber, daß der Glanz des edlen Steinchens der Ausdruck seines Gesichtes war, und was ihr nicht selber auffiel und nicht selber einfiel, daraus wurde sowieso kein Bild. Auch wenn doppelt und dreifach gezahlt werden sollte. Allerdings genügte ein Blick, um zu sehen: Mit einer Sitzung kam sie bei ihm nicht aus. Hätte Graf Orlow den Zaren nicht erwürgt oder Vernet es nicht erwähnt, hätte er sich ganz gewiß leichter gemalt.

Vigée bat Herrn Jacques, ihr für ein paar Stunden einen Diamanten aus seinem Tresor zu überlassen, damit sie ihn in die Sonne legen und malen konnte, denn sie mußte dringend den Glanz üben. Doch er sah sie so erschrocken an, als würde sie ihm ans Leben wollen.

»Der wertvollste muß es ja nicht sein«, lenkte sie ein, »aber wenigstens 100 Karat sollte er schon haben.«

Herr Jacques fühlte sich provoziert, ja geradezu veralbert. In diesen Dingen verstand er keinen Spaß, geschweige denn, daß er zu dummen Scherzen aufgelegt gewesen wäre. »Was Sie suchen, hat nicht mal der Kaiser von China!« entgegnete er entrüstet.

»Der Diamant von Graf Orlow hat 193 Karat«, bemerkte sie trocken und erntete schallendes Gelächter.

»Lassen Sie sich doch keinen Bären aufbinden! Die Russen sind Aufschneider. Bei denen muß immer alles groß und prächtig sein. 193 Karat! Der kann froh sein, wenn es die Hälfte ist! Nehmen Sie solchen Unsinn bloß nicht für bare Münze!«

Vigée ärgerte sich, daß Herr Jacques ihr nicht glauben wollte, sondern wohl auch noch meinte, sie würde sich von irgendwelchen Glitzerkieseln beeindrucken lassen, denn mit einem Mal hielt er ihr in einem schulmeisterlichen Ton vor, daß Diamanten nichts zum Spielen seien. Von wegen so eine Kostbarkeit auf die Fensterbank legen und auf einen müden Sonnenstrahl warten, um ihn funkeln zu sehen! Das waren doch Piepmatzträume kleiner Mädchen! Eine unachtsame Bewegung genügte, und schon fiel der Stein zu Boden und kullerte zu guter Letzt noch in irgendeine Dielenritze, wo er für immer verschwand. Ihr fehlte offenbar jede Vorstellung und jedes Gefühl für derlei wertvolle Materie! »Merken Sie sich eins«, sagte er, »ein Juwelier nimmt nur dann einen Diamanten aus dem Tresor, wenn dafür bares Geld auf dem Tisch liegt.«

Vigée bereute es, ihn überhaupt gefragt zu haben. Es klang ja gerade so, als hätte sie ihm eine Prachtperle aus seinem Hausschrein abschwatzen wollen. Zu seiner Beruhigung hätte Herr Jacques ja eines ihrer Honorare auf den Tisch packen können, das sie ihm regelmäßig gab. Und was hieß gab! Abliefern mußte sie ihm die Einnahmen, brav und gehorsam abliefern, weil es sich so gehörte. Weil er als Familienoberhaupt ganz selbstverständlich die Einkünfte aller Mitglieder einsammelte und verwaltete. Jedenfalls solange sie noch nicht volljährig war. Dabei wäre es an der Zeit gewesen, ihm deutlich zu sagen, daß sie sich mühelos mit ihrem Geld eines von seinen edlen Steinchen kaufen konnte, aber sie mußte Rücksicht auf die Mutter nehmen. Ewig diese falsche Rücksicht, bloß weil Frau Jeanne die kleinste Auseinandersetzung mit ihrem Juwelenmeister fürchtete.

Vigée blieb nichts weiter übrig, als am nächsten Tag im Morgengrauen mit Staffelei, Leinwand und Malkasten in den Garten des Palais Royal zu gehen, um in der aufgehenden Sonne einen Tautropfen zu malen. Sie war wütend, wegen diesem ungefälligen Knorzer jetzt die schwere Ausrüstung schleppen zu müssen. Hinter den Bäumen kam die Sonne hervor und gab dem Grün des Laubes eine solche Frische und Lebendigkeit, daß sie sich fragte, ob nicht dieses Grün die Farbe war, mit der sie ihre Porträts untermalen sollte, doch dann verwarf sie den Gedanken. Das Grün war zu dominant – gesättigtes Impasto, doch sie suchte den durchsichtigen Ton. Gezielt hielt sie nach einem Funkeln Ausschau. Mal blitzte ihr etwas aus der Wiese entgegen, mal aus einer Blume, und dann ging sie auf einen Buchs zu, den die volle Sonne traf. Vigée sah einen Tautropfen, der an einem Blättchen so groß und glitzernd hing, daß sie glaubte, einen flüssigen Diamanten entdeckt zu haben. Einen Moment lang überlegte sie, ob der Tautropfen aus Wasser oder aus Licht bestand, sah nur dieses unruhig aufblitzende Funkeln, stellte ihre Staffelei davor auf, öffnete den Malkasten und suchte nicht lange, denn dafür kam nur eines in Frage: perlmuttfarbige Halbtöne mit einem Körnchen Karmin. Sie wußte nicht mehr, ob sie einen Tautropfen oder einen Diamanten malte, ob er vom ersten oder irgendeinem anderen Wasser war, sondern dachte nur, in der allerkürzesten Zeit einen gesteigerten Lichteindruck festhalten zu müssen, und war so fasziniert, auf dieser winzigen Fläche ein solches Feuerwerk der Farben zu finden, daß sie nicht bemerkte, in dieser Herrgottsfrühe bereits Zuschauerinnen zu haben. Die Herzogin von Chartres stand in Begleitung ihrer Kammerfrauen schon eine geraume Weile hinter ihr und verfolgte interessiert jeden Pinselstrich.

»Sie sind Mademoiselle Vigée, habe ich recht?«

Vigée schaute kurz auf und nickte.

»Ihre Ausstellung in der Lukas-Akademie hat mir sehr gut gefallen. Es stimmt, was der *Avant-Coureur* geschrieben hat: Sie sind wirklich eine Poetin des Kolorits.«

Vigée hörte das zwar gerne, aber wollte sich auf kein Gespräch einlassen, denn sie befürchtete, mit der steigenden Sonne könnte der Tautropfen jeden Augenblick vom Blatt abfallen und dann war es vorbei mit dem Funkeln.

»Würden Sie auch mich einmal porträtieren?«

Ohne ein Auge vom Tautropfen zu lassen oder das Malen zu unterbrechen, antwortete Vigée bloß mit einem tonlosen: »Gern, wenn Sie es wünschen.«

»Ich komme auf Sie zu«, sagte die Herzogin, entschuldigte sich für die Störung und setzte mit ihren Kammerfrauen den Spaziergang fort. Der Tautropfen allerdings beschäftigte Vigée noch den ganzen Tag, und abends stellte sie dann zwei Kerzen neben die Staffelei, um zu sehen, wie der Glanz im dunklen Licht wirkte, denn er sollte etwas vom Schimmer der Nacht bekommen und sich in den Augen von Graf Orlow wiederfinden. Doch plötzlich ging die Tür auf, und Herr Jacques stand im Raum. Einen Augenblick sah er ihr beim Malen zu, fand es lobenswert, daß sie so fleißig bei der Arbeit war, meinte dann aber, daß sie doch bald zum Schluß kommen möge, denn den Luxus, jeden Abend Wachslichter zu brennen, könne er sich nicht leisten. Überhaupt sollte sie sich in Zukunft so einrichten, daß sie mit Sonnenaufgang ihre Arbeit begann und mit Einfall der Dämmerung endete. So sparte sie nicht nur die teuren Kerzen, sondern nutzte von der ersten Stunde an das kostbare Tageslicht und darauf kam es schließlich in ihrer Arbeit an.

Vigée war empört. So gut er auch ihre Bilder für den Transport verpackte, aber das war dann doch zuviel. Alles hatte seine Grenzen. Was wußte er denn, worauf es beim Malen ankam! Es reichte ja schon, daß er ohne anzuklopfen ihre Arche betrat und sie mit seiner überflüssigen Anwesenheit aus der Arbeit riß. Nun schrieb er ihr auch noch vor, wann sie zu malen hatte. Was bildete er sich ein?! Keine Ahnung von der Kunst, keinen blassen Schimmer von nichts, aber ihr den Arbeitstag einteilen wollen! Soviel Unverschämtheit konnte sie sich nicht gefallen lassen, und darum wagte sie, ihn daran zu erinnern, daß sie die Wachslichter selber bezahlte. Schließlich flossen all ihre Honorare in seinen Haushalt, und erst neulich hatte sie ihm die stattliche Anzahlung für das Orlowsche Porträt abgeliefert. Und wenn er ihr verbieten wollte, abends zu malen, dann floß überhaupt nichts mehr in seine Kasse. Das sollte er sich gut überlegen. »Ich stehe nicht abends an der Staffelei, weil ich das frühe Aufstehen fürchte und mich morgens lieber faul im Bett herumräkeln möchte, sondern weil im Dunkeln die Schatten deutlicher hervortreten und alles ein anderes Profil bekommt«, sagte sie, »doch wie ich sehe, sind Ihnen diese Dinge völlig fremd, und darum ist es besser, mir nicht vorzuschreiben, wann ich zu malen habe und wann nicht. Denn selbst wenn ich nachts an der Staffelei stehe, könnte dies für Sie bares Geld bedeuten!« Sie lächelte ihm mit so sichtlicher Verachtung entgegen, daß er kleinlaut das Atelier verließ, doch dann kam die Mutter, die voller Sorge den Wortwechsel im Nebenzimmer vernommen hatte, versuchte zu beschwichtigen und bat Vigée, sich über diese Lappalie nicht aufzuregen. Er hatte es nicht böse gemeint und wollte sie auch nicht am Malen hindern, er sei eben nur eine sparsame Natur.

Daß Frau Jeanne ihn auch noch verteidigte, brachte Vigée erst recht auf. Er mochte sein wie er wollte, ab sofort stand für sie fest: Die Zeit der falschen Rücksichtnahme war vorbei. Soweit kam es noch! Ihm sämtliche Honorare abliefern und sich dann auch noch Vorschriften machen lassen zu müssen, wann das Geld verdient werden sollte. »Da hat dein Ehemeister wohl etwas gründlich mißverstanden!« meinte sie aufgebracht, doch die Mutter flehte sie an, wenigstens ihr zuliebe ihm nicht zu widersprechen. »Wenn du ihm widersprichst, habe ich keine frohe Stunde«, sagte sie und machte einen ganz ungewohnt zerknirschten Eindruck. So wie die Mutter vor ihr stand, so hilflos und unglücklich, tat sie ihr auf einmal leid, denn sie sah jetzt, daß sich Frau Jeanne das Leben mit dem kreditsicheren Herrn wohl doch etwas anders vorgestellt hatte. Aber wenn sie das schon hörte: eine sparsame Natur! Schlicht und einfach geizig war er. Hoffnungslos geizig. Vielleicht hatte Frau Jeanne vergessen, daß der Geiz zu den sieben Todsünden zählte und mit Fegefeuer bestraft wurde. Vigée bedauerte nur, daß der Zeitpunkt in weiter

Ferne lag. Es mochte ja sein, daß ihr Juwelenkavalier beträchtliche Anteile an Schiffen und Kohlegruben besaß oder sonstwo sein Bares vergraben hatte – sie sah nur, Geld war für ihn das, was im Tresor lag. Weil er jeden Franc sofort zur Bank trug, blieb sein Beutel leer, und sie hatte den armen Mann zu retten. Sie befreite ihn aus seiner bedrängten Lage: von ihrem Geld wurde gelebt und sein Geld wurde gespart. Ihr Geld wurde ausgegeben und sein Geld angelegt. Und da wagte dieser Gierschlund auch noch, ihr vorzuschreiben, zu welcher Stunde sie am kostengünstigsten zu malen hatte!

Vigée blies die Wachslichter aus, denn mit dem Arbeiten war es ohnehin vorbei. Aber sie kündigte der Mutter schon mal an, von dem Resthonorar, das sie für das Orlowsche Porträt bekam, einen Teil für sich zu behalten. Auch um sich künftig ihr eigenes Wasser zu kaufen, denn diese Essigschluckerei ging ihr auf den Magen und machte sie krank. »Hauptsache, er merkt es nicht«, sagte Frau Jeanne, und die Angst in ihrem Gesicht war für Vigée ein ganz ungewohnter, fremder Anblick, der sie enttäuschte, mächtig enttäuschte. Aber sie konnte sich jetzt damit nicht aufhalten. Wortlos wandte sie sich von der Mutter ab, denn sie spürte, wenn sie sich noch weiter auf diese Verdrießlichkeiten einließ, war es mit der Arbeitsruhe dahin und sie konnte das Malen in den Wind schreiben. Nein, sich bloß nicht aufregen. Sie brauchte ihre Gedanken für anderes.

Sehnsüchtig wartete sie auf Vollmond. Kaum daß er am Himmel stand, rückte sie das Orlowsche Porträt an das geöffnete Fenster. Das Mondlicht trocknete die Farben nicht nur langsam und durchdringend bis auf den Grund, es schmolz sich ihnen ein. Sie wußte es von ihrem Vater: Das Mondlicht sank tief in die Farben und verbarg sich in ihnen. Es zog sich nicht zurück, sondern blieb in den Farben, schien hier weiter und gab ihnen diese unsichtbaren Tiefen, die alles so rätselhaft und geheimnisvoll machten. Sie setzte sich eine Weile neben das Porträt und sah, es war ein Licht, das sich weder auf der Palette mischen noch in der Vorstellung entwerfen ließ. Als dieser bleiche, bläulich-dunkle Schein des Mondes auf die Farben fiel, war ihr, als senke sich über das Bild langsam die Helle der Nacht, die das Unsichtbare zum Vorschein brachte, allem so etwas Verhülltes und Mystisches gab und das Funkeln des Diamants in die Tiefen des Inkarnats trug. Vigée atmete auf. Genau das wollte sie für das Orlowsche Porträt haben: das Herz seines Herzens als ein dunkles Scheinen. Es war geglückt. Noch ein paar solcher Mondnächte und sie konnte ihm ein Kunstwerk überreichen.

Zufrieden verließ sie das Atelier, schloß vorsichtshalber die Tür hinter sich ab, denn sie hatte Sorge, Herr Jacques könnte die Staffelei verrücken, das Fenster schließen oder prüfen, ob sie sparsam mit den Farben umgegangen war, dann füllte sie einen Proviantkorb und fuhr zu ihrem Bruder.

Etienne sah ihre Situation entschieden milder. Er

war froh, daß die Mutter noch einmal geheiratet hatte, denn er sah sich außerstande, für sie zu sorgen. Nicht jetzt, nicht später und schon gar nicht mit einem Studium der Literatur, das keinerlei Aussicht auf einen gutbezahlten Posten bot. Das war absehbar, und ob die Mutter an einen Geizhals geraten war oder nicht, bekümmerte ihn wenig. Schließlich hatte sie ihn sich ausgesucht. Sie mußte mit ihm leben, und es war allemal besser, er trug sein Geld zur Bank, als daß er es durch die Kehle jagte oder am Spieltisch verlor. »Für das Glück der Eltern sind die Kinder nicht zuständig«, sagte er und empfahl der Schwester, die Dinge von der praktischen Seite zu sehen und den Vorteil zu bedenken. Die Mutter war durch die neue Ehe versorgt. Was um Himmels willen wäre denn sonst auf sie beide zugekommen! Ein Leben lang für sie sorgen zu müssen – das schlug mächtig ins Kontor und war mit dauerhafter Einschränkung verbunden, vor allem wenn man eines Tages selbst eine Familie ernähren mußte. Ihr fiel das vielleicht nicht schwer, aber er mußte jeden Sou mühsam verdienen und das in dieser menschheitsbeglückenden Zeit, die alles, nur keine Schöngeister brauchte. Für seine Einkommenslage sah er schon jetzt zuverlässig schwarz. »Nein, sei bloß froh, daß sich für die Mutter noch ein Mann gefunden hat, uns konnte nichts Besseres passieren«, sagte er, aber so einleuchtend sich auch einiges anhörte – Vigée meinte trotzdem, ihr Bruder hatte gut reden, denn er mußte ja nicht zu Hause wohnen, geschweige denn arbeiten. Er durfte als Student der Sorbonne in einer eigenen Mietstube wohnen, während sie warten mußte, bis sie volljährig war, um sich endlich aus dem Haushalt der Mutter verabschieden zu können.

Doch sie war nicht gekommen, um mit ihm über Dinge zu reden, die sich nicht ändern ließen, sie war in Eile, stellte ihm mehrere Flaschen Bordeaux-Wein auf den Tisch und packte ein paar Holztafeln daneben, die ihr der Farbenhändler besorgt hatte – bestes Material, weiße Pappel, Pinie, im Winter gefällt, Eiche, Mahagoni, das feinste vom Feinen. In nächster Zeit wollte sie einmal nicht auf Leinwand, sondern auf Holz malen. Holz bot eine so glatte Unterfläche, daß die Bilder wie Lackmalereien anmuteten, und es schien ihr lohnend, das auszuprobieren.

Etienne warf einen kurzen Blick auf die Holztafeln und meinte nur, sie sollte sich um Himmels willen nicht die Mühe machen, ihm so etwas anzuschleppen. Ob sie es ihm zeigte oder nicht – von diesen Dingen verstand er ohnehin nichts. »Ist mir bekannt«, sagte sie, »aber um Verstehen geht es auch gar nicht. Du sollst einfach nur den Wein trinken und anschließend auf die Tafeln pinkeln. Das wirst du doch noch schaffen!«

Er sandte ihr einen Blick, als wollte er sagen, wenn sie sich über ihn lustig machen wollte, dann war das heute der falsche Tag. Doch sie beruhigte ihren kleinen Poeten und sein empfindsames Dichtergemüt. »Ich meine es ganz ernst. Das ist eine alte Regel von Leonardo. Die Farben haften besser auf dem Holz, wenn es vorher mit dem Harn eines Weintrinkers präpariert wird.«

»Und ich dachte schon, die große Schwester ist rührend um meine Stimmungslage besorgt. Aber keine Bange, ich werde gezielt für dich arbeiten.«

»Ich hätte auch den Saft von ausgepreßtem Pferdemist nehmen können, doch ich habe keine Zeit, auch noch Pferdeäpfel einzusammeln. So haben wir wenigstens beide etwas davon: Du bekommst deinen schönen Schwips und ich meine präparierten Malflächen. Aber bitte tu es gründlich und gleichmäßig, mindestens drei- bis viermal pro Tafel. Der Saft muß bis in die letzte Pore gehen. Nimm es ernst, und laß bloß kein Brett aus. Ich kann es mir nicht leisten, daß irgendwann die Farben reißen oder abblättern. Es geht um meinen Ruf.«

»Apropos Ruf«, sagte er, »von mir wird man hoffentlich auch bald hören. Ich schreibe an einem Theaterstück. Den Titel habe ich schon: Die Vampire von Versailles. Wie findest du das?«

»Klingt gut«, entgegnete sie, »vermutlich wird es gleich verboten und damit hast du beste Chancen, über Nacht berühmt zu werden.«

»Für die in Versailles sind wir in Paris doch nur ›die Kröten‹. Jedenfalls nennen sie uns so. Und das nicht zufällig. Kröten leben tagsüber am dunklen feuchten Ort, suchen nachts ein paar Würmer und Insekten und können ihr Leben bei dürftigster Nahrung fristen. Das erwarten die von uns: dürftig fristen. Dämmern und darben! Wir hier werden ausgesaugt, damit die draußen in Versailles ein fettes Leben haben. Vampire sind das, despotische Vampire! Und so was regiert uns! Ein Schmarotzergesindel, das nichts als seinen Vorteil im Auge hat. Korrupt und verlogen. So was maßt sich an, für uns die Gesetze zu machen!«

»Vielleicht schreibt Grétry ein paar Lieder dazu«, sagte sie und packte ihrem Bruder gleich noch kräftig Bares auf den Tisch, damit er sich Tabak kaufen konnte und in seinem kühnen Vorhaben gut vorankam. Wenn sie beim nächsten Mal die Holztafeln abholte, wollte sie unbedingt ein paar Szenen daraus hören, doch diesmal drängte sie eilig nach Hause.

Jeden Moment mußte der Wagen des Akademiepräsidenten vorfahren, um sie zum Diner abzuholen. Sie ahnte den Grund der Einladung und amüsierte sich im stillen über das Nacheinander. Erst waren den Herren Akademikern ihre Bilder im Atelier von Vernet präsentiert worden, und jetzt sollte die Malerin besichtigt werden. Wie immer, wenn es darauf ankam, einen guten Eindruck zu machen, trug sie ihr moosgrünes Samtkleid. Nicht daß es nach dem letzten Schrei gearbeitet gewesen wäre oder etwas besonders Extravagantes hatte, im Gegenteil – es war ohne allen Rüschenkram, ohne Volants und Stickereien und vor allem ohne Reifrock, denn Fischbeingerüste zu tragen widerstrebte ihr, weil dafür die Wale geschlachtet wurden. Außerdem hielt sie gerade die einfache Form unter all den mondänen Kostümen für das Besondere, und dieses schlichte Samtkleid hatte es ohnehin in sich: die Schultern breit gepolstert, die Ärmel schmal und lang, das Dekolleté angedeutet, die Taille wespeneng, der Rock gewagt fußfrei und weich über die Hüften fallend – in diesem Kleid bekam ihre Erscheinung etwas Biegsames, eben diesen gewissen weiblichen Schwung. So gefiel sie sich. Natürlich fehlten nicht ihre Perlenohrringe, die weiß schimmernden Birnperlen, mit denen sie sich nicht nur gut angezogen, sondern eine Nuance vollkommener fühlte. Wenn sie schon hinter ihren Bildern hervortreten durfte, dann sollten die Herren ruhig sehen, daß sie sich auch mit ihrer Erscheinung nicht zu verstecken brauchte.

Doch als sie dann in der Kutsche saß, kamen ihr Zweifel und sie fragte sich, ob sie vielleicht nur darum zum Diner beim Präsidenten der Académie royale gebeten war, weil man ihr diskret sagen wollte, daß sie sich nicht weiter mit der Porträtmalerei befassen sollte. Sie wußte ja, wie in der Öffentlichkeit darüber gedacht wurde. Das Gekreisch der Kunstzwerge nahm kein Ende, und jetzt hatte auch noch Gaillard sein Geiferlätzchen umgebunden und sich vor großem Forum darüber ausgelassen: Die Historienmalerei war alles, die Porträtmalerei war nichts. Braves Handwerk, aber keine Kunst. Eine überflüssige Gattung, in der sich die Kleinmaler tummelten und Farbenkleckser aller Art Gesichter kopierten. Wahre Kunst begann mit einer Erfindung, aber ein Porträtmaler mußte nichts erfinden, denn das Motiv saß vor ihm. Er brauchte es bloß abzumalen, brauchte Pinselroutine, mehr nicht. Voilà! Vielleicht wollte man ihr raten, sie sollte aufhören mit dem Profangepinsel und sich der Kunst zuwenden. Was auch kam, auf keinen Fall ließ sie sich von den Herren etwas sagen und für Belehrungen jedweder Art war sie taub. Sie mußte nicht reifen, sie stand nicht am Anfang, konnte sich noch steigern und was Kunst war, entschied sie schon selbst. Mochten auch am Tisch des Präsidenten die großen Berühmtheiten sitzen – es bekümmerte sie nicht. Aus Berühmtheiten machte sie sich ohnehin nichts. Sie waren nicht besser als andere, sie hatten nur mehr Glück. Es genügte ja schon, daß ihre Mutter jeden Berühmten bewunderte und alles, was er von sich gab, für eine große Prophezeiung hielt. Fest stand: Wenn einer sie zurechtweisen wollte, bekam er die entsprechende Antwort, gleich ob er der *Premier peintre du Roi* war oder sonst einen prächtigen Titel trug. Die Herren Meistermaler der Akademie sollten sehen: Talent war an kein Alter gebunden. Sie war jung und ihr Kleid hauteng und an diesen Anblick mußten sie sich gewöhnen. Ob Pfauen oder andere Scharrvögel – sie war wie sie war und nahm sich für keinen in ihrer Erscheinung zurück.

Mit diesem Vorsatz stieg sie aus der Kutsche und betrat den Salon des Präsidenten, der als Nachfolger Bouchers an der Spitze der Akademie stand. Wäre nicht vor kurzem allerorts sein 70. Geburtstag gefeiert worden, hätte sie ihm die Jahre nicht angesehen, und auch seine Büste Montesquieus schien ohne Alter zu sein, denn sie war noch immer allerorts im Gespräch, als hätte er sie gerade erst ausgestellt. Le Moyne begrüßte sie mit einem fast väterlichen Wohlwollen, stellte ihr jeden seiner Gäste vor, von denen sie außer Vernet und Briard keinen persönlich kannte, und dann, als sie alle am Tisch saßen, nutzte er die Zeit bis serviert wurde zu einer kleinen Ansprache. Er wandte sich an Vigée, und mit einem Mal standen ihre Arbeiten im Mittelpunkt. »Alle am Tisch haben Ihre Bilder gesehen«, sagte er, »alle sind von ihnen beeindruckt und alle finden, diese Bilder haben Melodie und den ganz eigenen unverwechselbaren Ton. Es ist an der Zeit, verehrte Mademoiselle Vigée, Sie als Mitglied in die Akademie aufzunehmen. Bei der kommenden Wahl können Sie auf unsere Stimmen zählen.«

Mit allem, aber damit hatte sie nicht gerechnet. Sie sah in die Runde, sah La Tour, Greuze, Pigalle, Pajou, Ménageot, Robert, Chardin, hörte ihren Beifall und fühlte sich einen Moment lang, als würde sie ganz nach oben auf die Sonnenhöhe der Kunst gehoben. Maria Vigées unverhoffte Himmelfahrt. Mehr offizielle Anerkennung gab es nicht. Natürlich stand ihr der Vorteil als Akademiemitglied sofort vor Augen, denn nun gehörte sie zu dem erlesenen Kreis, der seine Bilder im Salon du Louvre ausstellen durfte. Nun bekamen ihre Arbeiten eine ganz andere Öffentlichkeit und damit noch eine ganz andere Reputation. Etwas Besseres konnte einer Malerin nicht widerfahren. Zwar hatte sie keinen Augenblick daran gezweifelt, daß ihren Bildern irgendwann ein Spitzenplatz gebühren mußte, nur daß ihnen dieser Platz so früh zugewiesen wurde, hätte sie sich nicht träumen lassen. Noch keine 20 und schon in der Akademie. Und was für Lobestöne! Die Melodie ihrer Bilder! Das in diesem Kreis zu hören klang nicht gerade so, als wäre die Porträtkunst etwas für Stümper und Dilettanten. Darüber sollten sich die Kunstzwerge und ihr Kapellmeister Gaillard mal den Kopf zerbrechen!

Die Gläser wurden erhoben, sie trank allen zu, und jetzt erst fiel ihr auf, daß keiner der großen Meister eine dreischwänzige Perücke trug, die immer so staatssteif, so maskenhaft und irgendwie nach Kratzfuß aussah. Eine Runde von Akademiemitgliedern ganz ohne einen panierten Weißfisch – das ließ hoffen.

Fröhlich wie nie kam sie nach Hause und glaubte ihren Augen nicht zu trauen: ihre Staffelei, der große Augsburger Spiegel, das Podest, der Modellstuhl, die Leinwandrollen, der Farbenschrank, die Bilder – alles wurde auf einen Packwagen geladen. Frau Jeanne eilte ihr entgegen und sagte ein wenig schuldbewußt: »Es sollte eine Überraschung sein.« Sie wollten ihr alle Arbeiten abnehmen und alle Mühen ersparen. Sie sollte mit nichts behelligt werden, denn sie zogen um. Herr Jacques wollte sich zur Ruhe setzen, brauchte künftig weniger Räume und hatte von einem so einmaligen und günstigen Angebot erfahren, daß er noch heute einziehen mußte, andernfalls befürchtete er, daß die Wohnung ein anderer bekam.

Vigée war heilfroh, daß die letzten beiden Porträts am Vorabend fertiggeworden waren. Hätten sie noch auf den Staffeleien zum Trocknen gestanden, wären sie jetzt unwiderruflich zerstört gewesen. Doch noch ehe sie sich über einen solchen Eingriff in ihre Arbeit empören konnte, war sie schon im neuen Domizil. Zwar durfte sie sich den Raum aussuchen, der ihr als Malstube am geeignetsten erschien, aber als die Träger die Ateliereinrichtung brachten, räumte sie wütend ihren Materialschrank ein, zählte die Ochsenblasen, in denen die Farben gelagert waren, sichtete die Skizzenmappe, ordnete ihre sämtlichen Malutensilien und schloß sich tagelang in ihrem neuen Atelier ein, um wieder ihren Rhythmus zu finden. Ob die Mutter und ihr tyran domestique es gut mit ihr meinten oder nicht – ihr war klar, daß es auf keinen Fall so weitergehen konnte. Noch solch ein Eingriff in ihren Tagesablauf und es war höchste Zeit für den esprit de révolte. Doch sie zwang sich, gelassen zu bleiben. Jede Aufregung hätte sie nur noch mehr gegen alles aufgebracht und ihr die Energie genommen, die sie zum Arbeiten brauchte. Am Ende hieß es noch, ihre Bilder seien mit grüner Galle gemalt, vage Umrisse, todmüde Farben – nein, sie durfte das alles nicht an sich heranlassen. Nicht mal in der stillsten Stunde der Nacht. Von solchen Dingen bekam man ein faltiges Gemüt, und hatte sich das erst mal eingeschlichen, war es mit der Poesie des Kolorits vorbei und es blieb nur Farbgestammel.

Nach Tagen tauchte sie aus ihrer Arche auf, um die Post durchzusehen. Sie fand einen Brief des Grafen Schuwalow, der das Orlowsche Porträt gesehen hatte und nun darum bat, ebenfalls von Mademoiselle Vigée gemalt zu werden, selbstverständlich gegen Vorauszahlung und jeden Preis, den sie forderte. Das klang gut. Ging es so weiter, konnte sie entgegen der Lieblingspanik der Frau Mama wohl schon jetzt eines ganz gewiß ausschließen: Zu denen, die sich der Unsterblichkeit entgegenhungern mußten, gehörte sie nicht. Einige Kundinnen fragten an, wann sie ihre Porträts abholen durften, und die Herzogin von Chartres bestätigte den vereinbarten ersten Sitzungstermin. Gewiß, es war viel. Jeder andere hätte wohl im Galopp malen müssen, um all die Aufträge halbwegs pünktlich zu erfüllen, doch sie mußte sich nach den Gewohnheiten eines angeheirateten Hausmarschalls richten. Ohne Störung sich einen einzigen Tag einmal so einteilen zu können, wie sie wollte und wie ihr zumute war, natürlich auch sonntags zu arbeiten, statt mit der Familie am Kaffeetisch zu hocken, sich für nichts rechtfertigen und nichts erklären zu müssen – es wäre ein Gewinn an Zeit gewesen, der Luxus an sich. Fast das Paradies.

Aber wie sollte es anders sein: Frau Jeanne kam und sagte, daß der Herr Hausbesitzer einen kurzen Besuch angekündigt hatte, um die neuen Mieter zu begrüßen, was sie als eine überaus zuvorkommende Geste empfand. Vigée sah nicht ein, deshalb ihre Arbeit zu unterbrechen. Und sich dafür auch noch umzuziehen, wie es erwartet wurde, kam schon gar nicht in Frage. Dafür hatte sie weder die Zeit noch die Lust. Es reichte ja schon, daß die Mutter die Sèvres-Tassen aus dem Schrank holte und Herr Jacques sich den Rock überzog, den er sonntags zum Kirchgang trug. Mehr guten Eindruck brauchte für ihre Begriffe ein neuer Bewohner in der Rue de Cléry bei dem ohnehin schon stattlichen Mietzins dieser Gegend nicht zu machen. Torweg inklusive.

Als der Herr Hausbesitzer dann im Wohnzimmer stand, hörte sie nebenan eine so muntere Unterhaltung, daß sie geradezu erlöst aufatmete, weil sie dachte, damit würde dieser Kelch an ihr vorübergehen und sie von einer neuerlichen Störung verschont bleiben. Aber dann rief Frau Jeanne nach ihr. Rief einmal, rief ein zweites Mal, auch noch ein drittes Mal, und Vigée fand diese Art von hartnäckiger Belästigung so unerhört, daß sie wütend die Tür aufriß und in ihrem farbenbekleckstem Leinenkleid im Raum stand. Die Haare unfrisiert und nur mit einem groben Wolltuch aus der Stirn gebunden, die Pinsel in der rechten, das Ölläppchen in der linken Hand, ging sie auf den Herrn Besitzer zu und hielt ihm wortlos den Ellbogen zur Begrüßung hin. »Meine Tochter, Elisabeth Vigée«, sagte Frau Jeanne, sichtlich entsetzt über dieses unflätige Betragen. Auch Herr Jacques sandte ihr einen tiefempörten Blick, als wollte er sagen, daß diese Blamage ein gepfeffertes Nachspiel hatte. Doch der Hausbesitzer schien von all dem nichts wahrzunehmen, sah nur auf Vigée, ließ kein Auge von ihr, war offenbar ganz hingerissen von ihrer Erscheinung, suchte nach einem Wort, einem Satz, nach irgendeiner erlösenden Silbe und sagte schließlich in einem Ton, als hätte er die Sprache wiedergefunden, wie ehrenvoll es für ihn war, daß eine so gefragte Porträtistin in seinem Hause ihr Atelier bezog. »Gerade habe ich gelesen, daß Sie zum Mitglied der Académie royale gewählt werden sollen«, sagte er, und daß auch das noch kam und die Mutter von Dritten von dieser bevorstehenden Ehre erfuhr, war für Vigée so unerwartet und alles, was er sagte, klang so ungewöhnlich respektvoll, daß sie mit einem Mal seine Anwesenheit ganz anders zur Kenntnis nahm. Sie lächelte ihm fast wie eine Komplizin zu, denn einen größeren Gefallen hätte er ihr gar nicht tun können. Im Beisein von Frau Jeanne und ihrem Juwelenmeister das zu hören tat gut, richtig gut. Nun konnte Herr Jacques gleich mal sehen, wie sehr andernorts ihre Arbeit geschätzt wurde. Statt den Verbrauch der Wachslichter nachzuzählen, hätte er den Hut vor ihr ziehen können. Vielleicht brachte ihn jetzt das Lob des geschätzten Herrn Hausbesitzers zur Einsicht. Er hörte ja auf solche Leute. Nein, etwas Besseres als diese Purpurworte des Vermieters hätte es im Augenblick gar nicht für sie geben können.

Im Laufe des Gespräches erwähnte er so ganz nebenbei, daß er selber eine kleine Kunsthandlung besaß, und lud sie ein, wenn sie Zeit und Lust hätten, einmal die Etage zu besichtigen. Schon am nächsten Tag stand Vigée im eleganten Straßenkostüm mit ihrer Mutter in den Geschäftsräumen Lebruns und faßte nicht, was sie da sah. Es war als öffnete sich ein Schrein. Bilder über Bilder. Bilder bis unter die Decke und alles bunt durcheinander – Landschaften, Seestücke, Porträts, Historiengemälde, Stilleben, Jagdszenen, Tierstücke – Bilder in allen Formaten und jedes ein Fenster in die Welt. Sie war sprachlos. Voller Stolz zeigte Lebrun seine beiden Neuerwerbungen, einen Reynolds und einen Mengs, und führte sie in den Raum, den er scherzhaft als seine »Heimatstube« bezeichnete. »Hier sehen Sie Ihre Kollegen, die alle auf Verkauf warten«, sagte er heiter, und sie entdeckte Arbeiten von Oudry, Nattier, Vincent, Vouet, Fragonard, Silvestre und war fasziniert, daß Monsieur Lebrun zu jedem Bild noch eine Geschichte zu erzählen wußte. Er wich nicht von ihrer Seite und schien auf die kleinste Anmerkung, die kleinste Frage von ihr zu brennen, damit er seine Kunstkenntnis vor ihr ausbreiten konnte. Sie wußte, daß sie ihm gefiel. Sie sah es ihm an. Sah es an seinem Blick, hinter dem der gewisse kleine Hunger lauerte, den die Männer bekamen, sobald sie ihnen gegenüberstand. Sie kannte das und war diese Blicke gewohnt. Immer klopfte irgendeiner mit den Augen bei ihr an. Natürlich tat es gut zu wissen, daß sie sich ihrer Wirkung auf Männer sicher sein konnte. Fast hätte sie das genossen und sich auch darin gesonnt, wenn es nicht ständig diese tranigen Bemerkungen gegeben hätte, die wohl Komplimente sein sollten, aber letztlich nur flau und abgeschmackt waren und allen Spaß verdarben. Doch von Monsieur Lebrun kamen solche Serenaden nicht. Kein Wort, kein Flötenton. Nicht der leiseste Anklang. Von wegen: die schönste Malerin am Ufer der Seine! Venus Pittrice! Wie man mit einer so zierlichen Taille so ausdrucksstarke Bilder malen kann! Engel Vigée, Sie sind zu schade, um Ihr Leben hinter einer Staffelei zu verbringen! So schwache Hirtenpoesie war von ihm nicht zu hören. Vielmehr sprach er nur von der Kunst und hatte sichtlich Freude daran, sie durch alle Räume und sogar noch in sein privates Kabinett zu führen, zu dem die Kunden keinen Zutritt hatten, weil hier nur das Unverkäufliche hing, wie er stolz betonte. Vigée ging mit ihrer Mutter von Bild zu Bild und meinte nur: »Sieht fast so aus, als wären es alles Arbeiten von Charles le Brun. Ich habe neulich einige Cartons von ihm in der Gobelinmanufaktur gesehen.«

»Es sieht nicht nur so aus«, entgegnete er und lachte. »Es sind alles Arbeiten von Charles le Brun. Ich bin sein Großneffe. Einen Teil seiner Bilder habe ich geerbt und mir damit diese kleine Kunsthandlung aufgebaut.«

Vigée war nun doch leicht schockiert. Erst überraschte er sie mit seiner Bescheidenheit, und jetzt war er auch noch der Großneffe vom berühmten Charles le Brun und wer weiß, was noch alles kam. Sie sah bewußt an ihrer Mutter vorbei, denn sie wußte nur zu gut, was ihr in diesem Augenblick durch den Kopf ging und daß sie natürlich in Monsieur Lebrun den reichen Erbneffen witterte. Fehlte nur noch die peinliche Frage, ob er verheiratet war. Aber Frau Jeanne hatte sicherlich längst schon ihre Erkundigungen über ihn eingeholt. Doch daran wollte Vigée jetzt keinen Gedanken verschwenden. Sie atmete auf, als Lebrun einen Tee servieren ließ und sie sich für einen Moment von all den Eindrücken erholen konnte. Nie hätte sie gedacht, einmal mit so vielen Kunstschätzen unter einem Dach zu leben und das Museum direkt im Haus zu haben. Schon lange hatte Vigée nicht mehr einen so guten Tee getrunken. Vielleicht lag es an der Umgebung, am Aroma der Bilder, vielleicht weil Lebruns Kunstkenntnis allem einen feineren Geschmack gab oder aber der Tee war einfach nur mit einem guten Brunnenwasser gebrüht. Auf jeden Fall war es kein zweiter Aufguß. Vigée streifte ihr Gegenüber mit einem flüchtigen Blick und fand, er hatte so ein gewisses Air, so ein agiles Gespür für Kunst. Wer unter der Elite auch neue, unbekannte Maler im Angebot hatte, Arbeiten von David, Regnault und Vincent, der mußte schon einen Blick für Qualität haben und etwas von den Dingen verstehen. Daß so einer keine Perücke trug, schien ihr folgerichtig. Es war ihm anzusehen, daß er seinen eigenen Stil bevorzugte. Und was hieß Stil! Er trug die eigenen Haare so demonstrativ offen, als wollte er damit gegen die ganze bestehende Ordnung angehen. Irgendwie sah er rebellisch und renitent aus.

Eigentlich dachte sie jetzt alles von seiner Kunsthandlung gesehen zu haben, doch als der Tee getrunken war, schien es ihm Vergnügen zu bereiten, noch mehr von seinen Schätzen zu offenbaren. Er führte sie in eine abgelegene Kammer, und sie täuschte sich nicht: Sie stand vor einem Correggio. Ihr stockte der Atem. Doch Lebrun lachte. »Keine Sorge«, sagte er, »das Bild ist eine Kopie von einem Herrn Tischbein aus Italien. Bevor es in den Verkauf geht, können Sie gerne die Kopie noch einmal kopieren. Dafür gibt es immer Interessenten.«

Vigée warf ihm einen befremdlichen Blick zu, denn bislang hatte sie nur Bilder kopiert, um sich in der Technik zu üben und von den Alten Meistern zu lernen, aber nicht, um die Kopien zu verkaufen. Doch er meinte, das sei zu ideal gedacht. »Wir Kunsthändler sehen das etwas anders. Wir leben davon. So viel kann auch der größte Meister nicht schaffen, daß er jedem seiner Bewunderer ein Original liefert. Für uns gibt es gewöhnlich nur den einen Satz: Das Original hat sich verborgen und geht als Kopie auf Reisen. Ist sie gut gearbeitet, erfüllt sie voll und ganz ihren Zweck. Letztlich geht es darum, mit den Bildern zu leben. Wie anders, wenn nicht über Kopien und Repliken soll die Kunst in die Salons kommen? Watteau kopierte mehr als einmal Tizian und Veronese, und ich kann nur sagen: Glücklich, wer sich täglich daran erfreuen kann, abgesehen davon, wie glücklich ich erst wäre, wenn ich diese Bilder im Laden hätte!« Dann legte er den Schlüssel seiner Geschäftsräume auf den Tisch und meinte ganz beiläufig, daß er morgen zu zwei großen Auktionen nach Holland aufbrechen müsse. »Wenn Sie wollen, können Sie hier unterdes jedes beliebige Bild kopieren. Tag und Nacht, wann immer Sie Lust haben. Nur müssen Sie beim Verlassen der Räume sorgsam abschließen und den Schlüssel bei sich gut verwahren. Ich werde spätestens in zwei Monaten wieder zurück sein.«

Auf keinen Fall wollte sie sich ein solches Angebot entgehen lassen. Bequemer kam sie nicht mehr zum Kopieren. Sie zog sich sofort in ihre Arche zurück, um die dringendsten Aufträge zum Abschluß zu bringen. Sie konnte nun mal nicht an mehreren Dingen gleichzeitig arbeiten. Es ging nur eins nach dem andern. Hätte sie Steine porträtiert, wäre es etwas anderes gewesen. Aber sie porträtierte die lieben Zeitgenossen, die es immer in allem sehr eilig hatten. In der kürzesten Zeit arbeitete sie die Warteliste ab, doch bevor sie jeweils den Schlußfirnis auftrug, setzte sie sich noch einmal vor das Bild und ließ es auf sich wirken. Es war wie eine Selbstprüfung. Ein finales Muß. Auch beim Porträt von Madame Fougeret fand sie, das Gesicht hatte Ausdruck und sprach für sich selbst. Es brauchte keine Draperie und keinen Federhut. Die Karnation war geraten, selbst die Tönung des Lichts schien gelungen. Das Hauptlicht fiel auf den Kopf, verbreitete sich unmerklich auf dem Kleid, traf auf die Hände und verlor sich nach unten in den Schatten des Hintergrunds. Die Konturen waren ohne Härte, die Übergänge fließend, die Lichter gut gesetzt – sie hätte zufrieden sein können. Diesmal hatte sie in rubensscher Art eine Grau-in Grau-Untermalung gewählt, die stets als Luftton noch mitwirkte, hatte Gesicht, Hals und Hände noch gesondert mit einem Gemisch aus Weiß, Kobalt und Siena untertuscht, das Ganze sparsam mit Zinnober pigmentiert, um allem noch mehr Leben zu geben, und auch die Farben waren anders angerieben. Sie hatte das kaltgepreßte Öl der schwarzen Walnuß verwandt, das besonders schnell trocknete, und noch etwas Liliensaft beigemengt, damit das klare helle Öl noch klarer und heller wurde und der Farbauftrag etwas Lichtes und Luftiges bekam, ganz so wie es dem Ausdruck der Auftraggeberin entsprach. Alles fügte sich ineinander und doch – wie sie so vor dem Porträt saß, fast andächtig lauschend, als müsse sie jeden Farbton in sich ausklingen lassen, fiel ihr wieder diese eine einzige Farbe ein, diese Farbe, die alle Lebendigkeit in sich vereinte, die durch andere Farben hindurchschien, sie aufkeimen ließ und zum Atmen brachte. Sie stellte sich vor, wenn sie mit dieser Farbe des Lebens jetzt das Porträt untermalt hätte, wie sich dann jede Nuance, jeder Ton, jedes Glanzlicht noch gesteigert hätte, und sah mit einem Mal, wie aus dieser Color vitae ein Scheinen aufstieg, das das Material vergessen ließ, den Stoff der Farbe ins Unstoffliche auflöste und so hoch über alles Gegenständliche hinausführte, daß im dargestellten Porträt die innere Natur zum Vorschein kam. Das wäre es gewesen –

dem Betrachter noch eine andere Dimension öffnen. Gewiß, es war nur eine Vorstellung, aber sie spürte, diese Vorstellung hatte etwas Reales, ja es schien sogar, je mehr sie daran dachte, um so näher kam sie ihr als Wirklichkeit. Zwar wollte sie mit keinem darüber reden, aber trotzdem fragte sie sich manchmal, was es ihr nützte, wenn alle ihre Bilder bewunderten und nur sie damit nicht wirklich zufrieden war. Jedenfalls nicht, solange ihr diese Farbe im Kopf herumging. An Steigerung zu denken, gerade dort, wo andere bereits die Vollendung sahen, wäre ihr doch als Vermessenheit ausgelegt worden, vielleicht sogar als Künstlerspleen, zumal sie auch gar nicht sagen konnte, worauf es hinauslief und sie nicht einmal wußte, ob sie damit der Wirklichkeit voraus war oder ihr bloß hinterherhinkte.

Ein Klopfen an der Wohnungstür unterbrach ihre Gedanken. Ein Reitender Bote überbrachte im Auftrag der Herzogin von Chartres das Vorauhonorar für Mademoiselle Vigée. Sie atmete auf, daß die Mutter und Herr Jacques außer Haus waren und sie diesmal das Geld selber in Empfang nehmen konnte. Es war ein freudiger Moment. Ein Advent der schönsten Art. Aus Sorge, den Betrag sofort dem Stiefvater abliefern zu müssen, ließ Vigée alles stehen und liegen, nutzte die Chance und eilte zum Farbenhändler. Sie kaufte die kostbarsten Farben, die es gab: Ultramarin, 96 Livres die Unze, Karminrot, 24 Livres die Unze, Venetianischer Lack, herrlich durchscheinend, 96 Livres das Pfund – es konnte nicht teuer genug sein. Dazu die anderen Raritäten: Zinnober aus China, Purpur, Smalte und Asphalt, Berggrün aus geriebenem Malachit, gestoßener Ocker, Elfenbeinschwarz und Muschelgold – lustvoll, fast schadenfroh stockte sie ihre gesamten Farbvorräte auf und fand, sinnvoller hätte sie ihr Geld nicht anlegen können. Allerdings nahm sie dann doch vom Ultramarin eine winzige Probe in den Mund, aber da sie nichts Sandiges zwischen den Zähnen spürte, wußte sie, daß die Farbe gut gerieben war und der Händler für den hohen Preis auch beste Qualität bot. Das war beruhigend. Selbstverständlich kaufte sie dazu ausreichend Ochsenblasen, damit sie zu Hause die Farben luftdicht verschlossen lagern konnte, und bestellte auch noch einen Achat-Mörser, von dem ihr der Vater gesagt hatte, daß Farben, die in ihm pulverisiert wurden, einen gesteigerten Glanz bekamen. Der Händler wurde immer emsiger und ganz blaß vor Glück. Für einen großen Satz Miniaturpinsel aus Zobelhaar ließ er den Preis nach und gab auf den gesamten Einkauf selig Rabatt. Sie verlangte eine Rechnung, sehr detailliert und Posten für Posten genau aufgelistet. Dann vereinbarte sie einen Liefertag und verließ zufrieden den Laden. Mit dieser Summe hatte sie sich auf einen Schlag beim Farbenhändler Respekt verschafft. Sie wußte, ab jetzt besorgte er ihr alles, was sie brauchte, und alles sofort. Zum anderen besaß sie eine schöne Rechnung, die eigentlich auf Purpurpergament hätte geschrieben werden müssen. Im Zweifelsfall konnte sich nun Herr Jacques gerne davon überzeugen, daß Malerei kein beliebiger Zeitvertreib war, der sich aus der Luft finanzierte oder gar vom himmlischen Blütenstaub, sondern Investitionen verlangte, die dem Wert edler Steinchen in nichts nachstanden. Sollte er doch jeden Posten dreimal nachrechnen – wenn sie keine Farben hatte, konnte sie nicht malen. Ohne Farben entstand kein Bild. Für eine weiße Leinwand hatte noch keiner gezahlt. Vielleicht begriff er das jetzt.

Den Rest des Honorars trug sie zum Tailleur. Sie brauchte dringend ein Ballkleid. Nichts Luxuriöses, eher die gewendete Form, die Prachtausgabe ihres Arbeitskittels. Die Herzogin hatte sie zum bal paré geladen und hinzugefügt, daß sie unbedingt kommen mußte, denn sie wollte ihr etliche Damen vorstellen, die am liebsten schon morgen ein Porträt von ihr haben wollten. Es wäre ja geradezu geschäftsschädigend gewesen, einen Ball abzusagen, nur weil das passende Kleid dafür fehlte. Das konnte sie sich nicht leisten. Sie mußte dort sein, wo ihre Kundinnen waren. Allerdings hatte sie für lange Anproben keine Zeit und war erleichtert, daß der Tailleur vier fertige Kleider zur Auswahl anbot. Eines davon paßte auf Anhieb, sah auch halbwegs prächtig aus, sie ließ es sich einpacken, zahlte ihm die Summe auf den Tisch und hatte zum ersten Mal das schöne Gefühl, daß das Geld, das sie verdiente, auch wieder zu ihr zurückfloß und ihrer Arbeit zugute kam. Vor allem konnte sie damit zu Hause einmal ohne jede Rechtfertigung, ohne Begründung, ohne das leiseste Wort vorführen, daß ihre Honorare nicht dazu da waren, die Geldanlagen eines Sparhalses aufzustocken. Es war höchste Zeit für diesen Anschauungsunterricht.

Doch als dann wie erwartet die nachprüfenden Fragen vom Hauseintreiber kamen, ob denn so teure Farben überhaupt nötig waren, ob es nicht auch billigere getan hätten, ja ob sie sich nicht von diesem Räuber übers Ohr hatte hauen lassen und durch unüberlegte und leichtfertige Weise Opfer eines geldgierigen Farbenkrämers geworden war, da antwortete sie gar nicht mehr, sondern nahm bloß Staffelei, Malstock, Farbenkasten und Leinwand und ging in die Geschäftsräume von Monsieur Lebrun, um den Correggio zu kopieren. Es war wie ein Auszug. Die knausrige Enge hinter sich zu lassen und einmal eine Wohnung für sich allein zu haben, unbeobachtet sein, ohne Aufsicht tun können, was man wollte – es war wunderbar. Kaum daß sie im Flur stand, stellte sie ihre Utensilien ab, holte ein paarmal tief Luft und begann laut zu singen. Keiner im Raum nebenan, keine Stimmen, kein Gelächter, kein Türenschlagen, nicht zum Essen gerufen werden, in keinen anderen Rhythmus gezwungen sein, keine Ermahnung zur Eile, um vor Einbruch der Dämmerung zu Ende zu kommen, im Gegenteil: Monsieur Lebrun hatte ihr sogar noch ein Kistchen mit Wachslichtern hingestellt, falls sie auch abends arbeiten wollte – es war als wehte sie eine unbekannte Freiheit an.

Sie machte sich gleich ans Werk und hängte als erstes den Correggio von der weißen Wand ab, denn Weiß überstrahlte meist alles, und sie befürchtete, daß es den Farben des Gemäldes einen anderen Ton geben könnte. Sie trug das Bild in den Raum nebenan, der mit dunkler Tapete bespannt war, und sah wieder einmal, daß die Farben zu den tückischsten Objekten gehörten, die es gab. Im winzigsten Pigment schimmerte gleich die ganze Umgebung mit. Die geringste Trübung der Luft, den kleinsten Schein des Lichts, den verborgensten Schatten – alles saugte die Farbe auf und alles veränderte den eigenen Ton. Noch nie hatte sie es so deutlich wie jetzt beim Correggio empfunden. Es war, als tönten alle Töne aus einer Farbe entgegen, als käme aus dem Bild eine unablässige Bewegung, ein Anfluten des Atmosphärischen, das sich Blick um Blick steigerte. Sie hätte die Augen schließen können und es trotzdem gesehen: Correggio malte zwar die Nacht, aber in Wirklichkeit das Licht. Er malte die Nacht als Licht. Das Dunkle wirkte nicht düster und nachtschwarz, weil in der Finsternis noch etwas vom Blau des Himmels sichtbar wurde. Das war gekonnt. Irgendwie schien alles überirdisch und transzendent. Gerade weil sie das fühlte, wußte sie, wenn die Kopie auch nur halbwegs gelingen sollte, mußte sie einen nüchternen Blick für die Technik behalten. Plötzlich kam ihr das Lieblingssätzchen von Briard in den Sinn: Das Gute von den großen Meistern lernen. Von Tizian das Kolorit, von Raffael Ausdruck und Zeichnung, von Leonardo die genaue Ausführung des Details, von Michelangelo das Kraftvolle und von Correggio rund und weich malen. Rund und weich klang ja gut und schön, doch hier vor dem Bild mit seinem selbstleuchtenden Christkind als Mittelpunkt half nur eins: den richtigen Ton der Untermalung treffen. Mag sein, auch Correggio rieb wie die Alten seine Farben mit Leimwasser an und gab gehörig viel Taubenmist dazu, aber beides hatte sie nicht. Doch selbst an der Kopie sah sie, daß es nur ein warmer erdiger Ton sein konnte und deshalb kam allein Knochenkohle in Frage, und die auch nur in hellster Substanz als halbgebranntes Beinschwarz. Je länger sie das Bild betrachtete, um so deutlicher wurde ihr, daß auch der Kopist ein Könner gewesen sein mußte, denn die Verkleinerung des Bildes war ihm gelungen, ja selbst an Raumtiefe schienen die Farben in ihrer Wirkung nichts eingebüßt zu haben. Vigée brachte die Umrisse der Figuren mühelos auf die Leinwand, und überhaupt schien es ihr, als würde alles wie von selbst geraten. Sie brauchte nur noch den Pinsel festzuhalten. Malen wie ein Vogel sein Nest baut – herrlich! Selbst die Vorgehensweise wehte sie so intuitiv an, daß kein Nachdenken mehr nötig war: die Fleischtöne stark impastieren, um dann mit dünnen Lasuren allem diesen Schein von Lebendigkeit zu geben, der zum Schluß die Glanzlichter zur vollen Wirkung brachte. Alles gelang so hinreißend leicht, daß sie meinte, hier malten die neuen Umstände mit. Nur als sie zum Hintergrund kam und ein Stückchen Himmel sichtbar wurde, hielt sie für Augenblicke ein, setzte sich in eine größere Entfernung, kaute einen Kanten Brot und ließ alles auf sich wirken. Es war nicht der übliche Himmel mit den üblichen Federwolken, es war mehr – es war die blauende Tiefe des Äthers. Auf einmal stellte sie sich vor, wie es wäre, einen solchen Himmel in Wirklichkeit zu sehen. Plötzlich überkam sie ein heftiges Fernweh, eine fast fiebrige Sehnsucht nach Italien. Sie sah Pinien- und Zypressenhaine, blühende Mandel- und Orangenbäume, tauchte in taghelle Nächte ein und zweifelte keinen Moment, daß der Himmel über Italien ein ganz anderes Licht und die Sterne einen ganz anderen Glanz haben mußten. Irgendwann, dessen war sie sich sicher, fuhr auch sie ins Mutterland der Farben.

Viele Tage verbrachte sie mit dem Correggio, malte die Schatten sämtlichst bei Kerzenlicht, erschien nur zum Schlafen in der elterlichen Wohnung, ein kurzes Intermezzo, ja fast ein Notaufenthalt, dann saß sie mit Sonnenaufgang schon wieder vor der Arbeit, genoß die Freiheit, die alles wie von selber auf die Leinwand setzte, und plötzlich stand Lebrun im Raum. Viel früher als erwartet. Sie freute sich, aber wollte es nicht so recht zeigen. Auch er hielt seine Freude zurück und sagte nur: »Ich mußte die Reise vorzeitig beenden. Die Abwesenheit von Ihnen war mir zu anstrengend.«

Sie sah ihn an und dachte, hätten die Worte Farben gehabt, wäre das jetzt Azur gewesen. Hell durchscheinender Azur.

Seit Graf Schuwalow einen Empfang nach dem anderen gab und die Pariser Gesellschaft einlud, sein

Porträt zu bewundern, wurde es Mode, ein Bild von Elisabeth Vigée zu besitzen, und sie fragte sich, was da plötzlich vor sich ging. Offenbar mußte das Schuwalow-Porträt etwas haben, was die anderen nicht hatten, und sie dachte an die Sitzungen, die eigentlich wie alle Sitzungen gewesen waren. Auch ihn hatte sie gebeten, über das zu sprechen, was ihn derzeit am meisten bewegte. Allerdings hatte sich Schuwalow als ein so freiheitsliebender Geist entpuppt, daß sie über seinen Ausführungen beinahe das Malen vergessen hätte, denn es schien ganz so, als wollte er aus dem Stand eine neue Gesellschaft entwerfen, wo Müßiggang nicht belohnt wurde und Gerechtigkeit mit der Beseitigung aller Privilegien begann. Zwar wußte sie, daß er in Moskau die Universität und in Petersburg die Akademie der Künste gegründet hatte, wußte, daß er derzeit als Vertreter des Russischen Reichs am Versailler Hof lebte und ein enger Freund Voltaires war, doch sie konnte diese rebellische Natur einfach nicht als große Exzellenz und Hochdero Unsterblichkeit malen, sondern setzte ihn ganz ungezwungen und locker ins Bild, ohne Perücke und mit offener Halsbinde. Kein titelschwerer Graf, sondern ein aufgeklärter Bürger, frei und furchtlos, mit hellwachem kämpferischen Blick. Immer wieder wurde sie darauf angesprochen, und auf dem Ball der Herzogin von Chartres kam eine Dame begeistert auf sie zu, gratulierte zu dem Porträt und sagte nur: »Endlich mal was anderes! Kein Puderstaub, sondern ein Partisanenblick! Großartig, ganz großartig!« Einen Moment lang stutzte Vigée, überlegte, wie das gemeint sein konnte, und dann begriff sie: Es war wohl mehr als nur der Blick, es war ein neuer Gesellschaftston, den sie mit diesem Porträt getroffen hatte.

Natürlich fand sie es sehr ehrenvoll, zum Sommerball ins Palais Royal geladen zu sein, aber sie wußte auch, daß sie nicht zum Vergnügen gebeten war, denn einige Damen wollten sie persönlich kennenlernen und über neue Aufträge mit ihr reden. Sie war in Begleitung von Ann-Rosalie erschienen, und Frau Jeanne hatte es sich nicht nehmen lassen, die beiden zu frisieren, ja sogar allen Ehrgeiz darauf verwandt, dafür eine neue Kreation zu entwerfen. Denn wer zum bal paré der Herzogin geladen war, gehörte für sie zur Crème de la crème, und was in der großen Welt en vogue war, das wußte Frau Jeanne und damit kannte sie sich aus. Jeder sollte sehen: Die Haare der Tochter waren nicht billig und einfallslos zurechtgesteckt, sondern von professioneller Hand frisiert. Nicht zu hoch toupiert, aber auch nicht mit zu flachen Chignons, vor allem aber nicht zu schwer mit Silberdraht gehalten, denn sie sollte auf dem Kopf kein Blumenbeet und keine Schaubude tragen, nicht auffallen mit ihrer Frisur, aber auch nicht vor anderen abfallen. Bewußt hatte sie auf Gaze verzichtet und nur wenig Federn und Schleifen ins Haar gearbeitet, denn es sollte alles frisch natürlich und frech elegant aussehen.

Vigée fühlte sich sichtlich wohl, stand mit ihrer Freundin am Rande des Ballsaals, beobachtete das

Treiben und dachte nur, wenn sie hier den Glanz malen müßte, würde sie mit dem Gemälde wohl nie fertig werden. Wohin sie auch blickte – die Kleider aus Goldstoff, bestickt mit Blumen aus Diamanten und Balasrubinen, die Handschuhe bis zum Ellbogen mit Edelsteinen übersät, bis tief in die Dekolletés blitzende Brillantcolliers, überall das Funkeln der großen Perlmuttfächer, ja selbst die Ösen der seidenen Stöckelschuhe glitzerten, und Vigée fragte sich, ob die Kronleuchter über ihr hingen oder vor ihr auf und ab spazierten. Die Röcke der Männer waren mit breiten Ordensbändern geschmückt, einige trugen stolz das Ludwigskreuz und manche ließen sich unablässig das Weinglas nachfüllen, so daß sie schon zu Beginn des Abends mit ihren hohen Perücken wie beschwipste Jupiter aussahen. Vigée wollte mit Ann-Rosalie durch die Säle wie früher über den Boulevard spazieren, wollte sich mit ihr über die Schwammbäuche im Frack, die adeligen Brauknechtsgestalten und die gehobenen Fleischergesichter amüsieren, Betrachtungen über das vollendet Häßliche anstellen, doch ihre Freundin wollte nur tanzen. Quadrille, Allemande, Menuett – gleich, was der Ballmeister ausrief, Ann-Rosalie war nicht aufzuhalten, schwebte wie eine Seidenwolke zwischen den Reihen und versuchte ständig, Vigée mit auf die Tanzfläche zu ziehen, aber sie ließ sich nicht überreden. Schließlich wollte Vigée mit ihren Auftraggeberinnen ins Gespräch kommen und da hielt sie nur eines für ratsam: wenig tanzen und früh nach Hause gehen. Vor allem durfte nicht der Eindruck entstehen, sie wäre auf einen Heiratskandidaten aus. Am Ende verletzte sie gar noch die Empfindsamkeit einer dieser höheren Damen, die glaubte, sie spanne ihr einen Liebhaber aus. Bloß nicht in einen solchen Verdacht geraten. Sie war als Malerin gebeten und über ihre Arbeiten konnten sie sich gerne die Köpfe heiß reden, Tag und Nacht soviel sie wollten, über ihre Person aber gab es nichts zu sagen. Tugendstille. Punkt. Und kein Schluck Wein zuviel. Ann-Rosalie konnte es halten wie sie wollte, aber Vigée mußte gerade in diesen Kreisen auf ihren Ruf achten und an ihre Arbeit denken. Andere Auftraggeber hatte sie schließlich nicht. Sie zog allein weiter durch die Säle und hielt zielstrebig nach einem bekannten Gesicht Ausschau.

An den Tischen am Rande der Tanzfläche saßen die älteren Damen voll Flitter und Rouge wie Spätrosen aufgereiht, hatten sich alle rote Apfelbäckchen geschminkt und die Haare mit Irispulver gefärbt, ihnen zur Seite die älteren Herren, gepuderte Jubelsenioren – eine buntbemalte Schar, die Vigée wie eine Gespenstergirlande empfand, die sich entlang der Saalwände rankte. Das Gedränge wurde immer unerträglicher. Allweil streifte sie einen dieser abgeflachten Reifröcke, die Hühnerkörben glichen und selbst den großen Saal quetschend eng machten. Es roch nach Pomade und Wachs. Die Männer, die von der Tanzfläche kamen, schwitzten so stark unter ihren schweren Roben, daß sie ständig ein Parfümfläschchen zückten. Allmählich breitete sich ein Duft von

Moschus und Peau d'Espagne aus, der allem etwas diesig Schwüles gab, so eine Zimtsüße, daß sie meinte, Haremsluft zu atmen. Sie war ungehalten über die Tanzwut von Ann-Rosalie, hatte noch immer keinen Bekannten getroffen und suchte nach den Damen, die mit ihr über neue Aufträge reden wollten. Die Spieltische in den Nebenräumen waren dicht umlagert, und im Terrassensaal tanzte ein Ballett der Grazien in grünen Samthöschen und Strumpfbändern, die mit Kastagnetten besetzt waren, eine Sarabande. Aber die drei Tänzerinnen waren so mager, daß Vigée meinte ein Skelett der Grazien vor sich zu haben und wenig Lust zum Zuschauen hatte. Ganz in der Nähe entdeckte sie den Herzog. Er war mit seinem Lieblingskomponisten, seinem grand Gluck so sehr ins Gespräch vertieft, daß keiner wagte, sich ihm zu nähern. Amüsiert beobachtete sie Monsieur Grétry, Frankreichs Pergolesi, den das Opernpublikum gleichfalls mit Beifall verwöhnte und der die beiden so ungeduldig umkreiste, als hoffte er, endlich vom Herzog gesehen und herangewunken zu werden. Schon mehrmals hatte sie mit Vernet seinem Freund Grétry beim Komponieren zugeschaut, und der Erfolgsverwöhnte wollte unbedingt von ihr porträtiert werden, natürlich brandeilig und sofort, aber sie hatte bislang nichts mehr von ihm gehört. Um so mehr genoß sie es jetzt, hier von ihm gesehen zu werden. Er kam freudig auf sie zu, doch da stand plötzlich Scipio, der kleine Neger der Herzogin, vor ihr und hatte den Auftrag, sie an den Tisch seiner Herrin zu bringen. Sie winkte Grétry mit einem Bedauern zu und folgte dem goldlivrierten schwarzen Sonnenschein, den sie schon von den Modellsitzungen bei der Herzogin kannte und ohne den sie offenbar nirgendwo auftrat. Jetzt, da Vigée hinter dem Kammermohr ging, wußte jeder, daß sie zur Herzogin geführt wurde, und sie täuschte sich nicht, daß ihr neidische Blicke folgten. Doch wie großartig sich die Duchesse auch präsentierte – im stillen tat sie ihr leid. Gerade erst verheiratet, selber eine der reichsten Erbtöchter des Landes und schön wie ein Engel, aber der Herzog hatte ständig Verhältnisse mit anderen Frauen, ein Hurenhengst und Herzensschnorrer, ein Mann mit Hang zum Lotterbett, ein echter Orléans und wahrlich nicht aus der Art geschlagen. Kein Wunder, wenn hinter vorgehaltener Hand das Palais Royal nur das Bordel Royal genannt wurde, aber was sollte die Herzogin gegen so einen Ehestrolch tun?

Sie bat Vigée, neben ihr am Tisch Platz zu nehmen, und machte sie sogleich mit ihren Freundinnen bekannt, die darauf brannten, von ihr gemalt zu werden: die Gräfin Polignac, die Gräfin Genlis, die Baronin von Talleyrand, die Marquise de Fleury – Vigée konnte sich die vielen Namen gar nicht merken. Sie sah nur, sie waren alle in ihrem Alter und wußte, auch ohne weichen Firnis würden es schöne Bilder werden. Die Herzogin ließ für sie ein Gedeck bringen, doch Vigée kam nicht zum Essen, denn sie wurde mit Fragen bestürmt. Warum verlegte sie sich nicht wie La Tour ausschließlich auf Pastell? Durfte man von ihr auch mal ein Boudoirgemälde erwarten? Skizzierte sie erst auf Glas, bevor sie das Bild auf die Leinwand setzte? Vigée beantwortete alles ausführlich und mit Freude, denn soviel Teilnahme an ihrer Arbeit war ehrenvoll und schmeichelhaft. Eine der Damen wartete, bis sich die erste Neugier gelegt hatte, dann setzte sie sich zu ihr, sprach etwas verschüchtert von einem ganz besonderen Anliegen, entschuldigte sich, sie damit zu behelligen, und fragte, ob sich Mademoiselle Vigée entschließen könnte, ihren kleinen gelben Zeisig zu porträtieren, ein allerliebstes Vögelchen, ein ganz putziger Erlenzeisig, den sie als Emailleminiatur in ihrem Fingerring zu tragen gedachte. Sie wollte ihr die Arbeit hoch vergüten, nur mußte es bald sein, denn der Zeisig war schon alt, und sie mußte schon jetzt für ihre Erinnerung vorsorgen. Aus dem Gesicht sprach ein so starkes Gefühl, daß Vigée sofort sah, diese Dame wurde vermutlich nur von ihrem Zeisig geliebt, und darum nahm sie den Wunsch sehr ernst. Sie bedauerte, selbst keinerlei Erfahrung mit Miniaturgemälden zu haben, aber sie brachte Ann-Rosalie ins Spiel, die sich neuerdings mit Emaillemalerei beschäftigte, und die Dame nahm die Empfehlung dankbar entgegen. Nur einmal, als der Ballmeister das menuet à la reine ausrief, erhoben sich alle vom Tisch, voran die schöne Polignac, nahmen Vigée in ihre Mitte und stellten sich in geordneter Reihe zum Tanzen auf. Zwar fand sie das langweilig und steif, aber sie war ja auch nicht zum Vergnügen gekommen.

Kurz nach Mitternacht verließ sie den Ball. Die Damen am Tisch der Herzogin sollten sehen: Wer so mit Aufträgen überhäuft war wie sie, der konnte es sich nicht leisten, bis spät in die Nacht zu feiern; der durfte den Sonnenaufgang nicht verschlafen. Sie sah, daß dies mit Wohlwollen und Verständnis aufgenommen wurde, versprach allen, sie in nächster Zeit zu malen, und verließ den Saal mit großer Zufriedenheit. Sie ärgerte sich nur, daß Ann-Rosalie noch bleiben wollte. Vor dem Palais herrschte Hochbetrieb. Es war ein Kommen und Gehen. Die Fackelträger standen in Doppelreihen und sorgten für eine märchenhaft illuminierte nächtliche Kulisse. Auf einmal tauchten vor ihr zerlumpte, abgezehrte Gestalten auf, mit blatternarbigen krätzigen Gesichtern, mit Krücken, Stöcken, Buckeln und Klumpfüßen und muteten inmitten der Pracht wie gespenstige Schatten an. Sie kreisten sie ein, zeigten auf die Geschwüre an ihren Beinen, streckten ihr die Hände entgegen und bettelten um einen Sou. Als sie sah, daß Polizeihusaren heransprengten, um sie fortzujagen, gab sie jedem von ihnen rasch eine stattliche Münze, denn sie ertrug den Anblick nicht, wenn die Straßenwächter mit ihren Flinten hilflose Menschen auseinandertrieben. Dann hielt sie nach einem Mietfiaker Ausschau und wollte gerade einen der Wagen heranwinken, da fuhr eine elegante Kutsche vor, und ein Livreebedienter bat sie einzusteigen. Er hatte den Auftrag von seinem Herrn, Mademoiselle Vigée nach Hause zu fahren. Sie wollte wissen, wer der Herr sei, doch der Bediente verneigte sich nur und meinte, sein Herr wolle ungenannt bleiben. Sie stieg ein, und mit einem Mal bekam der Abend etwas Geheimnisvolles. Nun ärgerte sie sich noch mehr über Ann-Rosalie, denn mit ihr hätte das Rätseln Spaß gemacht.

Vigée erschrak, als sie von Graf Schuwalow hörte, sein Freund Voltaire war so begeistert von ihrem klaren lebendigen Stil, daß er bei seinem nächsten Parisaufenthalt unbedingt von ihr gemalt werden wollte. Eine gute Nachricht hörte sich anders an. Bloß das nicht! Bloß keinen Berühmten malen müssen! Selbst wenn Voltaire nicht mehr nach Paris kommen sollte – die Vorstellung, demnächst mit Staffelei, Leinwand und Farbenkasten nach Ferney auf sein Schloß fahren zu müssen, tagelang bis zur Schweizer Grenze in einer Mietkutsche, so einer rollenden Ruine unterwegs zu sein, damit der Fürst der Denker ihr dann für drei Stunden Modell saß, selbst diese Vorstellung schien ihr noch erträglich. Was sie schreckte, war das andere: das offene Geheimnis, daß seine Eitelkeit noch größer als sein Ruhm war, und da begannen für sie die wirklichen Strapazen. Leute dieses Kalibers hielten sich doch alle für irdische Götter und wollten am liebsten nur Altarbilder. Goldgrund mit Selbstglanz. Sie hatten nun mal ein bestimmtes Bild von sich und wenn sie das auf der Leinwand wiederfanden, hoben sie den Maler als den größten Farbenpoeten in den Himmel, andernfalls wurden sie unleidlich, sahen hinter vorgehaltener Hand in dem Porträt bloß das suppige Gekleckse eines Farbenkaspers, dem natürlich jeder kongeniale Blick fehlte, der für diese Aufgabe zweifelsohne nötig war. Nein, sich bloß nicht den Eitelkeiten der Berühmten aussetzen!

Mehr als einmal hatte ihr der Vater erzählt, wie es La Tour ergangen war, der Rousseau porträtiert hatte, weich und bequem in einem Sessel aus feinem Flechtwerk sitzend. Doch so wollte sich der Freund der Natur nicht sehen. Als Weltmann und gepökelter Philosoph gefiel er sich nicht. Viel zu etabliert, viel zu vornehm. Diese Haltung einer denkenden Reliquie gab ein falsches Bild. Rousseau wollte lieber auf einer harten Bank oder einem groben Stein sitzen, auf jeden Fall in freier Natur, kantig und erdnah. Er ließ keine Ruhe, bedrängte La Tour, rannte ihm das Atelier ein, bis der Vielbeschäftigte endlich die Belästigung vom Hals haben wollte, wütend alle anderen Arbeiten zurückstellte und ein zweites Porträt lieferte, mit dem der Anwalt der Natur dann Gott sei Dank zufrieden war, ja sogar überall stolz verkündete, daß dieses wunderbare Porträt ihm gewissermaßen Achtung vor dem Original einflöße. Nie hätte sich Vigée zu einer zweiten Fassung aufraffen können. Bei solchen Selbstinszenierungen fiel ihr nichts ein. Da stockte der Fluß der Farben, da klang nichts an und kam nichts in Gang. Auch wenn einer meinte, daß sein Ruhm die Sterne überstieg – Erdensohn blieb für sie Erdensohn und entweder er akzeptierte ihre Sicht auf ihn oder er suchte sich einen Maler, der ihm dieses Wunschbild lieferte. Schließlich saßen ja genug herum, die nur darauf warteten, einen Großen des Geistes malen zu dürfen, in der Hoffnung, dadurch ihrem Pinsel Glanz zu verleihen und selber zu Beachtung zu kommen. Mag sein, sie sahen darin eine Ehre, doch gemessen an den Erwartungen wäre es für sie nur ein Verdruß ohne Ende gewesen. Es genügte schon zu wissen, was unter Kollegen von Madame Therbusch berichtet wurde, die Diderot porträtiert hatte. Die Ärmste war unschlüssig, ob sie für das Inkarnat ein ungebrochenes Rosa verwenden sollte, zögerte, überlegte und bat Diderot schließlich, den Kragen seines Anzugs etwas zu öffnen, damit sie in den Fleischtönen den Übergang vom Kinn zum Hals besser treffen konnte. Doch Diderot mißverstand das Zögern, verschwand hinter einem Wandschirm, entledigte sich aller Kleider und trat auf einmal völlig nackt vor sie hin, weil er meinte, erst die volle Präsentation seiner Männlichkeit würde der Arbeit der Künstlerin den nötigen Schwung verleihen. Reizenderweise drohte er ihr dann auch noch an, daß er als ein Sohn Adams seit dem Sündenfall nicht allen Körperteilen ebenso gebieten könne wie den Armen. Wohl spätestens da hätte ihn Vigée mit dem Malstock aus dem Atelier gejagt. Soweit kam es noch! Für den unfreiwilligen Anblick eines trostlosen Adamsgewächses ins Gerede kommen und sich dafür als Malerin am Ende auch noch rechtfertigen müssen! Ganz zu schweigen von der Häme, mit der bis heute von dieser Sitzung gesprochen wurde. Unglaublich, was so eine berühmte Nase sich herausnahm! Anscheinend meinten diese gestirnten Graubärte sich alles erlauben zu können. Nein, derlei Zumutungen wollte sie sich ersparen und hatte wenig Lust, von ihnen vielleicht noch mit einem Nachtschmetterling verwechselt zu werden.

Im stillen hoffte sie, der Kelch mit Voltaire möge an ihr vorübergehen, denn sie zweifelte nicht, daß sein Porträt die personifizierte Unsterblichkeit darstellen sollte oder sie das runzlige Jahrhundertgenie als strahlenden Adonis zu malen hatte. Sie wußte doch, wie er sich sah: Gott schuf Voltaire und ruhte aus. Sollte es sich dennoch nicht verhindern lassen, daß er vor ihre Staffelei drängte, dann mußte von Anfang an klargestellt werden: Es war nicht sein Bild, sondern ihr Bild von ihm. Sie malte ihn nicht so, wie er sich sah; sie malte ihn so, wie sie ihn sah. Andernfalls blieb die Leinwand leer. Nur weißer Kreidegrund. Daran änderte auch der berühmteste aller Berühmten nichts. Aber glücklicherweise war es noch nicht spruchreif.

Lebrun lud seine neue Hausbewohnerin und Meisterkopistin zum *Barbier von Sevilla* in die Comédie Française ein. Das Stück erhitzte seit Monaten die Gemüter, und da neuerdings auch noch gemunkelt wurde, daß es verboten werden sollte, nahm der Ansturm auf die Theaterkasse lawinenartig zu. Vigée freute sich, daß er Karten bekommen hatte, denn nun konnte sie sich selber überzeugen, ob das Stück tatsächlich so aufrührerisch war, wie alle behaupteten, und Beaumarchais sich zu Recht als Rächer der unterdrückten Menschheit feiern lassen durfte. Jetzt konnte sie ihre Neugier stillen und bei den Diners ganz anders mitreden.

Vigée hatte für den Abend ein besonderes Kleid gewählt, sogar mehr Zeit als sonst mit der Toilette verbracht und war zugegebenermaßen ein bißchen auf Verführung aus. Ganz in Florentiner Taft und die Figur in bewährter Linie betont: ungerüschter Rock, selbstverständlich fußfrei, enge Taille, seduisantes Dekolleté und bei der geringsten Bewegung ein seidiges Knistern – das hatte was. Sie war in der Stimmung dafür. Grundrauschen mit Fieberton – der beste Sommerabendklang. Es durfte ruhig mal ein bißchen rumoren. Natürlich fehlten nicht die Perlenohrringe, die ihrer Erscheinung diesen gewissen Flor gaben, mit dem sie sich einen Hauch weiblicher fühlte. Strahlend saß sie Lebrun in der Kutsche gegenüber, genoß sich selbst, erprobte ihre Wirkung auf ihn und freute sich geradezu diebisch, daß er so hinreißend sprachlos aussah. So schülerhaft verwirrt und verunsichert, doch er hielt ihr stand. Geriet nicht in Bewegung, strich nicht mit dem Fuß an ihrem Bein entlang, atmete nicht schneller, sobald sich ihr Rock anhob, tastete nicht mit Schmachtblicken ihr Dekolleté ab, griff nicht nach den zierlichen Händchen und patschte nicht nach dem vollen Busen – Lebrun schien das alles nicht nötig zu haben. Er war eben weitgereist und weltgewandt und keiner dieser zappeligen Elégants, die glaubten, bei jeder erstbesten Gelegenheit die Rolle des großen Verführers spielen zu müssen, um wenigstens halbwegs ans Ziel zu kommen. Das war sympathisch. Vor allem fand sie es schön, einmal nicht in Begleitung ihrer Mutter ins Theater zu fahren, ganz ohne Anstandsdame und Aufsicht zu sein.

Voller Stolz und mit so einem Geschäftsleuchten in den Augen sagte er ihr, daß er bereits mehrere Interessenten für die Correggio-Kopie hatte, doch ehe er zu den Details kommen konnte, näherten sie sich schon den Tuilerien, die durch die Reverbèren in einem ganz neuen Licht erstrahlten. Von überall her drängten Equipagen, Karossen, Portechaisen, Fiaker, Kutschen und Cabriolets zum Eingang der Comédie. Ihr Wagen mußte sich in die Warteschlange einreihen. Nur langsam rückten sie zum Eingang des Theaters vor. Als sie dann endlich mit dem Aussteigen an der Reihe waren, wandte sich Lebrun ihr kurz zu und sagte so nebenbei: »Ach ja, ehe ich es vergesse, wollen Sie mich heiraten?«

»Ich könnte es ja mal probieren«, entgegnete sie lachend, raffte fast übermütig ihren Rock, und kaum daß von draußen die Wagentür geöffnet wurde, sprang er heraus und reichte ihr mit formvollendeter Geste die Hand.

Im Foyer herrschte ein dichtes Gedränge. Sie staunte, wie bekannt Lebrun war, denn er grüßte nach hier und dort, wurde auch selbst viel gegrüßt, und als mit einem Mal Professor Gaillard auf ihn zukam, wollte er sogleich Vigée mit dem berühmten Herrn Kunstkritiker bekanntmachen, doch Gaillard sagte nur: »Sieh an, unsere schöne Malerin an der Seite von Lebrun. Meine Gesellschaft hat sie ja verschmäht.«

»Oh, Sie kennen sich!« entgegnete Lebrun.

»Wer kennt sie nicht«, meinte Gaillard und lächelte so betont diskret, als hätte er gerade eine Liaison mit ihr gehabt. Sie fand schon ziemlich dreist, was sich der panierte Weißfisch da herausnahm, und bemerkte bloß trocken: »Er kennt meine Bilder. Wenn er im *Mercure* gegen die Porträtmalerei zu Felde zieht, hat er sie offenbar immer vor Augen.«

»Prinzipielle Betrachtungen in der Kunst sollte man nicht persönlich nehmen, Mademoiselle. Aber ich gebe zu, ich habe kürzlich in London an Sie denken müssen, denn ich war im Drury Lane, wo David Garrick unter dem Beifall des Publikums verkündet hat, daß man den Frauen die Porträtmalerei endlich verbieten soll, weil es eine unschickliche Beschäftigung ist, den Männern ins Gesicht zu starren.«

»Und dabei ist Mister Garrick extra nach Italien gefahren, um sich von Angelika Kauffmann porträtieren zu lassen«, warf Lebrun ein, »aber so sind eben die Schauspieler.«

»Was die Großen dieser Welt privat tun, ist immer etwas anderes«, erwiderte Gaillard, »aber an der öffentlichen Meinung kommt keiner vorbei.«

»Dann bleibt Ihnen ja noch viel zu tun«, meinte Vigée spitz und drängte weiter.

»Sie haben ja schon einen Feind«, bemerkte Lebrun anerkennend.

»Das stört mich nicht. Besser eine negative Wahrnehmung als gar keine Wahrnehmung. Um richtig berühmt zu werden, braucht es ohnehin den Eklat. Bilder mit Paukenschlag, Sie wissen schon. Knall und Krach und ordentlich Skandal.«

»Ich sehe, Sie bringen die beste Stimmung für eine Revolutionskomödie mit«, sagte er amüsiert, »dann kann es ja losgehen!«

Doch als der Vorhang sich öffnete, schaute sie zwar voller Spannung auf die Bühne, aber nahm nichts wirklich von dem Spielgeschehen wahr, denn sie dachte nur noch an die bevorstehende Heirat. Endlich zu Hause ausziehen zu können – es gab keine bessere Aussicht. Allein schon die Gewißheit, Herrn Jacques, den Fehltritt der Frau Mama, keinen Tag länger ertragen zu müssen, tat mehr als gut. Fast ein kleiner Befreiungsschlag. Keine Vorschriften, kein Sparzwang, kein Essigwasser und keinen Sonntag länger mehr in der Kirche bei der Vesperandacht neben ihm stehen und sehen müssen, daß er inzwischen auch noch den Hut und den Mantel ihres Vaters trug – das hielt die frömmste Seele nicht aus. Vor allem mußte sie ihm nicht mehr ihre Honorare abliefern. Vorbei mit dem Fronzwang. Nun konnte Frau Jeanne sehen, wer ihrem Hausgott den Geldbeutel füllte. Vielleicht überwand er dann seinen Geiz und griff auch mal in die eigene Tasche. Vigée hatte genug für alle getan. Klein angefangen mit dem Sonntagsbraten, dann regelmäßig die Haushaltskasse gefüllt und dem Bruder das gesamte Studium finanziert, damit er klug und weise wurde und zur Beruhigung der Mama einen schönen Posten bekam – sie hatte ihre Tochterpflichten erfüllt. Glücklicherweise lebte Lebrun selber in guten finanziellen Verhältnissen, so daß sie nicht für ihn sorgen mußte. Das war beruhigend. Vor allem war er keiner von diesen geldschweren Nichtstuern, die sich faul auf irgendwelchen Landgütern herumwälzten und jeden, der nicht über eine Rente von 500 000 Livres verfügte, als Kanaille bezeichneten. Eine Schmarotzerpflanze war er nicht. Wie sie sah, arbeitete er nicht nur gern, sondern lebte von seiner Arbeit. Das nötigte ihr Respekt ab und war viel wert. Bloß keinen, der den ganzen Tag nutzlos herumhockte, sich langweilte und am Leben litt, weil er von allem zu viel hatte. Zwar war Monsieur Lebrun schon 28, aber noch kein Graubart, und Witwer war er auch nicht. Unverbraucht und ohne solche Vorgeschichten. Eine gute Konstellation. Doch was noch mehr zählte: Er war kein Maler. Nie hätte sie einen Maler geheiratet. Bei zwei Staffeleien stand eine zu viel in der Wohnung. Am Ende wurden seine Bilder gehangen und ihre verschwanden in irgendeiner Spinnwebkammer. So was kam nicht in Frage. Lebrun verstand etwas von der Kunst und das war übergenug. Sich darüber mit ihm auszutauschen nutzte ihr mehr und war unterhaltsamer, als womöglich den ganzen Tag über Geldanlagen, Visiten, Personal oder Festessen reden zu müssen. Und wenn einmal die mageren Bibeljahre für sie kamen und sich keiner mehr für ihre Arbeiten interessierte, dann war sie immerhin mit einem

Kunsthändler verheiratet, der das eine oder andere Bild noch verkaufen konnte. Schaden konnte eine solche Symbiose auf keinen Fall. Vor allem sagte ihr ein Instinkt, daß er sie ungehindert arbeiten ließ, Tag und Nacht und wie sie wollte. Das war die Hauptsache. Ohne Frage, die Gelegenheit mußte beim Schopf gepackt werden. Mit einem radikalen Sprung alles hinter sich lassen, heiraten und dann weitersehen – es kam wie gerufen. Nur ihren Namen gab sie nicht auf. Sie war als Vigée bekannt und diesen Namen behielt sie bei. Wenn, dann wurde der Ehemann mit Bindestrich angehängt. Vigée-Lebrun. Damit konnte so mancher seine stillen Hoffnungen begraben und alle Welt sehen: Da war noch einer im Troß.

Donnernder Beifall riß sie aus ihren Gedanken. Lebrun neigte sich zu ihr und fragte fast besorgt, ob ihr das Stück nicht gefallen hätte, doch sie stimmte sofort in den Beifall ein und sagte rasch: »Brillant gespielt! In dem Stück liegt Zukunft.« Er sah es genauso, war hell begeistert und führte sie anschließend noch ins Café de Vendôme, um auf den vergnüglichen Abend einen Roussillon zu trinken.

So schön der Erfolg auch war, er hatte etwas Tückisches, denn mit ihm stiegen die Erwartungen und erhöhten den Druck, mit jedem neuen Bild sich selbst zu übertreffen. Vigée spürte von Mal zu Mal mehr, von ihr wurde Steigerung erwartet, ja sie hatte sogar den Eindruck, daß an sie besonders hohe Maßstäbe angelegt wurden. Andere leisteten sich suppige Gemälde, die sie zur Ausstellung einreichten, und bekamen dafür sogar noch verständnisvolle Kritiken, nur bei ihr mochte ein Bild hängen, wo es wollte – es konnte nie gut genug sein. Offenbar traute man ihr zu, daß sie das beste Bild immer noch besser machen konnte. Sie fragte sich, woher das rührte und warum die hohen Erwartungen gerade auf sie gerichtet waren. Nie hatte sie auch nur einen Satz in der Öffentlichkeit über ihre Kunst gesagt, nie über ihre Absichten gesprochen, kein Ziel bislang formuliert, keine Theorie in den Raum gestellt und mit keinem Wort etwas vorgegeben, woran sie zu messen gewesen wäre. Darum zweifelte sie nicht, daß die Maßstäbe, die andere an sie legten, nur aus ihren Porträts kommen konnten. Das wiederum war allerdings auch beruhigend, denn sie sah, ihr Erfolg wurde nicht von irgendwem gemacht und nicht mit Trommellärm und Posaunentönen in Szene gesetzt, sondern kam allein aus ihrer Art zu malen.

Gerade war ein Brief von d'Alembert gekommen, der sie darin bestätigte. Vor kurzem hatte sie nach alten Stichen die Porträts von Kardinal Fleury und La Bruyère gemalt, hatte sie der Akademie als Schmuck für den Versammlungsraum geschenkt und hätte doch nie gedacht, wie sehr gerade von der Avantgarde der Gelehrten ihre Art zu malen geschätzt wurde. Die Académie française war schließlich keine verstaubte Denkerscheune und nicht irgendein abgelegener Geistessitz, sie war das größte des Großen, der Olymp an sich, und d'Alembert war nicht nur ihr lebenslänglicher Sekretär, sondern auch Herausgeber der Enzyklopädie, die als Jahrhundertwerk gefeiert wurde. Von einem solchen Mann einen solchen Brief zu bekommen war schon ein Extralorbeer. Sie las ihn mehrere Male, denn jede Zeile hatte einen wohltuenden Nachklang: Mademoiselle! Die beiden Porträts führen der Akademie wieder zwei Männer vor Augen, deren Namen ihr teuer sind und werden sie gleichzeitig an Sie erinnern. Die Gemälde werden der Akademie ein bleibendes Denkmal Ihres hervorragenden Talents sein, das schon in aller Munde ist und das noch durch Geist, Anmut und liebenswürdigste Bescheidenheit gehoben wird. Die Akademie hat mit Einstimmigkeit beschlossen, Sie, Mademoiselle, zu bitten, die Einladung zum Eintritt in alle öffentlichen Versammlungen annehmen zu wollen. Dieser Beschluß ist sogleich in die Register eingetragen, und ich bin beauftragt, Sie davon in Kenntnis zu setzen. Der Auftrag erfreut mich um so mehr, als er mir Gelegenheit verschafft, Sie, Mademoiselle, der ausgezeichneten Hochachtung zu versichern, die ich seit langem für Ihr Talent und Ihre Person hege und die ich mit allen ehrenwerten Leuten und allen Leuten von Geschmack teile.

Das war keine höfliche Phrase und kein diplomatischer Dank, das klang so aufrichtig, daß sie es wie eine Hommage empfand. Und Sonne fürs Gemüt war es außerdem. Aber sie spürte aus diesem Brief auch, wieviel von ihr erwartet wurde. Ein bleibendes

Denkmal Ihres hervorragenden Talents ... Eigentlich hätte ihr bei so viel Lob schwindlig werden müssen. Doch glücklicherweise besaß sie dieses Grundvertrauen, das Lob und Tadel nicht wirklich berühren konnte. Malen wie ein Vogel sein Nest baut – darauf war bei allem Verlaß. Außerdem hatte sie längst die Gewißheit, daß die ständige Veränderung der Farben ein Teil ihrer eigenen Veränderung war und darum mußte sie nicht befürchten, auf der Stelle zu treten und sich zu wiederholen. Sie war ja selber auf Steigerung aus und wußte, nichts war so gut als daß es nicht noch besser werden konnte. Trotzdem fragte sie sich, ob sie diese hohen Erwartungen erfüllen konnte.

Sie holte ihre Ölskizzen und Entwürfe aus dem Schrank, hängte sie zu den nicht abgeholten Porträts, so daß kein Flecken an der Wand mehr freiblieb, ging von Bild zu Bild, von Skizze zu Skizze, verglich ihre früheren mit den jetzigen Arbeiten und prüfte, ob sich nicht doch eine Spur von Routine eingeschlichen hatte, eventuell der gleiche Ausdruck, der gleiche weltoffene Blick, die gleiche Handstellung – es gab viele Tücken und vor allem die Gefahr, sich vom Gefälligen leiten zu lassen. Das Gefällige war eine große Versuchung, denn wer wollte schon seinen Auftraggeber enttäuschen? Schließlich zahlte doch keiner so viel Geld für sein Porträt, damit er sich anschließend vollendet häßlich fand und das Bild in irgendeiner Abstellkammer verschwinden ließ. Sie brauchte bloß an das Lächeln der Mona Lisa zu denken, an dieses gewisse kleine Muskelspiel, das die

Lippen so aufregend in Bewegung setzte, daß alle Welt in Entzücken fiel. Leonardo hatte es von seinem Lehrer Verrochio abgeschaut, Perugino, übernahm es von seinem Lehrer Leonardo und Raffael von seinem Lehrer Perugino, und jeder von ihnen bekam dafür Beifall und Bewunderung. Doch allein auf das Gefällige zu setzen wäre bei der Fülle ihrer Arbeiten zu wenig gewesen. Gerade in ihrem Metier wurde doch sofort von Schablone und Maske gesprochen. Jetzt, da sie all ihre Ölskizzen vor sich hatte, gab es keine Zweifel, daß sie ihrem eigenen Anspruch nur dann gerecht werden konnte, wenn jedes ihrer Porträts aus der Farbe der Individualität entstand. Solange sie die Verschiedenheit ins Bild setzte, konnte es keine Routine und keine Wiederholung geben. In welche Richtung ihre Gedanken auch gingen – immer führte alles zur Frage der Untermalung. Sie ging noch einmal zu ihrer Correggio-Kopie, die sie mehrere Nächte im Mondlicht hatte trocknen lassen, um den Farbenschein zu erhöhen, und sah, dieses Asphaltbraun gemischt mit Beinschwarz war ein so erdig-elementarer Grund, der den Anschein erweckte, als würde aus ihm das Leben selber steigen. Sie überlegte, ob sie damit ihre nächsten Porträts untermalen oder nicht doch einen helleren Ton wählen sollte. Plötzlich war ihr das Braun in so vielen Nuancen und Schattierungen im Kopf, daß ihr der Grundton zu entgleiten drohte und ihr Empfinden für Farbe völlig durcheinandergeriet. Sie fühlte, daß sie auf der Stelle den Druck der Anschauung brauchte, der alles wieder ordnen und in eins fügen konnte, warf sich ihren Mantel über, zog derbe Lederstiefel an, nahm eine Mietkutsche und fuhr zum Pferdemarkt, der gerade eröffnet hatte.

Schon von weitem stieg ihr dieser dunstige Roßgeruch in die Nase, und nach wenigen Schritten war sie inmitten einer geschäftigen Betriebsamkeit, war umgeben von Händlern, Käufern und all den Sachkundigen, diesen Stallmeistern, Roßärzten, Reitlehrern, Gestütsverwaltern, Gutachtern und Schreibern, die sich mit gewichtigen Mienen durch das Gedränge schoben. Zwischen Heuwagen, Strohballen, Wasserkarren und Sackträgern schlug sie den Weg zu den gekiesten Vorführbahnen ein, neben denen all die dichtumlagerten Buden der Hufschmiede, Stellmacher, Zaumflechter und Sattler standen. Von überallher kamen die Rufe der Verkäufer, das Gebrüll der Stallburschen und Sänftenknechte, die Kommandos der Piköre, und irgendwo spielte auch noch eine Musikkapelle einen Reitermarsch, so daß die Pferde in diesem lauten Getriebe sie fast wie ruhende Farbinseln anmuteten, die sich in ihrer ganzen Vielfalt präsentierten: Reitpferde, Handpferde, Kutschpferde, Postpferde, Karrengäule, Ackerpferde, Jagdpferde, Paradepferde; Reiseklepper, Luxuspferde, coupiert und nicht coupiert, gesattelt und ungesattelt; Hengste, Stuten und Fohlen, Schimmel und Rappen – es fehlte an nichts. Doch dann sah sie die Braunen, die Füchse und die Schecken, blieb in einiger Entfernung stehen und betrachtete sie wie Kunstwerke. Vor ihr schimmerten im vereinten Nebeneinander die vielen Facetten des Brauns: das Rehbraune, Schwarzbraune, Rotbraune, Goldbraune, Dunkelbraune, Kastanienbraune, Semmelbraune, Apfelbraune, Kirschbraune – das ganze vertraute Spektrum. Mal schien ihr das Deckhaar wie gebrannter Zucker, wie Karamel, entgegen, mal wie dunkler Zimt, dann plötzlich wie Kupfer oder Bronze, und einige Pferde standen so dicht beieinander, daß sie den Eindruck hatte, die Nuancen des Brauns würden zusammenschmelzen, etwas Klumpiges und Schweres bekommen und wie eine massive Wand anmuten, die sogar die Luft noch dunkel zu färben schien. Der Händler führte einigen Interessenten die Gänge der Pferde vor, und sie sah, daß auch in der Bewegung das dunkle Braun kompakt und seltsam geschlossen blieb, als wollte es nichts von außen aufnehmen und nichts von innen abgeben. Die Anschauung ließ keinen Zweifel: Dunkles Braun taugte nicht zur Untermalung. Doch dann wurde ein Pferd auf die Bahn geführt, das wie ein Flügelroß daherschwebte und mit so vielen Farbflecken übersät war, daß es sofort die Blicke aller Umstehenden auf sich zog. Selbst die Vorübergehenden blieben neugierig stehen. Vigée hörte, daß es sich bei diesem schönen Exemplar um eine Achat-Schecke handelte, war von der Vielfarbigkeit fasziniert, von diesem unruhigen Opalisieren, das vom Kopf bis zum Schweif spielte, und entdeckte einen lichtbraunen Fleck, der so prismatisch schimmerte, daß er sie ganz in seinen Bann zog. Sie stand eine Weile abwartend still, dann schloß sie die Augen, um diesen Farbton in sich hineinzuholen, ihn sich ganz zu eigen zu machen und in Gedanken bereits auf ihrer Palette einzuordnen. Damit, das spürte sie, mußte sie die nächsten Porträts untermalen. Die schöne Achat-Schecke mutete sie auf einmal wie eine kleine Offenbarung an, denn das brave Tier zeigte: Zur sicheren Erkenntnis kam man nur durch Augenschein. Ohne Zweifel, das Lichtbraun war eine Farbe, die in andere Farben spielte, und plötzlich begriff sie, daß sie auf ihrer Suche nach der Color vitae weit vorangekommen war.

Sie wollte sich diesen Eindruck durch nichts zerstören lassen, wollte ihn ungebrochen auf die Leinwand bringen, eilte zur Kutsche, doch als sie einstieg, rief jemand ihren Namen. Vigée drehte sich noch einmal um, sah die Vermieterin ihrer früheren Wohnung vor sich, warf ihr einen Gruß zu, doch sie ließ es sich nicht nehmen, ihr die Hand zu geben. »Mademoiselle Vigée, ich will Sie nicht aufhalten, aber ich freue mich so, Sie zu sehen, denn endlich kann ich Ihnen einmal sagen, wie dankbar ich Ihnen bin!«

»Dankbar?« Vigée stutzte.

»Sie haben doch seinerzeit einen Regenbogen an die Decke der Schlafkammer gemalt, und nun kann ich die Wohnung besonders gut vermieten. Erst kürzlich hat mir ein vornehmer Herr einen schönen Aufpreis geboten, denn er wollte unbedingt unter dem Regenbogen von Mademoiselle Vigée schlafen.«

Das allerdings fand sie dann doch sehr schmeichelhaft, zumal gerade in dieser Gegend die Luft eine so schlechte Akustik hatte, daß jeder gut beraten war, dort keine Wohnung zu mieten. Für sie ein solches Opfer zu bringen schien Vigée ein sicheres Zeichen, daß ihr Name tatsächlich in aller Munde war und d'Alembert nicht übertrieben hatte.

Keiner erfuhr, daß Vigée geheiratet hatte. Es gab keine Feier und kein Fest, sondern nur die stillheimliche Freude, damit alle Erwartungen zu durchkreuzen. Die Umkehr der Dinge hatte ihren ganz eigenen Reiz, ja es war geradezu prickelnd, etwas, das in den Augen der anderen als groß und einmalig galt, ganz alltäglich und nebensächlich zu behandeln, als beiläufigste Sache der Welt. Nein, kein lichtblauer, alles überstrahlender Hochzeitsmorgen mit Verwandtschaftsgeleit, Blumenteppich, weißem Schleier und all dem Kokolores, bloß ein ganz gewöhnlicher grauverhangener frostkalter Januartag, an dem man mal eben zum Aufwärmen in die Kirche huschte, dem Pfarrer kurz die Beichtscheine zeigte und vor den Altar trat, um dem lieben Herrgott zu sagen, daß man es ein Weilchen miteinander probieren wollte – das war schick und zeitgemäß und ganz nach ihrem Geschmack. Auch Lebrun war daran gelegen, jedes Aufsehen zu vermeiden, denn er stand gerade in Verhandlungen über den Ankauf einer Sammlung Flämischer Meister, und der Verkäufer wollte ihm nur dann den Zuschlag geben, wenn er seine Tochter zur Frau nahm. Natürlich hoffte Lebrun, solange er als ledig und Heiratskandidat galt, waren alle Optionen offen. Zwar fragte sich Vigée, ob sie darin mehr das kleine Schlitzohr oder den großen Kaufmann sehen sollte, und dachte, wenn das zu seinem Geschäftsgebaren gehörte, konnte sie sich wohl auf einiges gefaßt machen. Doch im Moment zählte nur das andere: Sie ging auf dem kürzesten Weg nach Hause, packte ihre Bilder, Skizzen und Farben zusammen, und als die Mutter fragte, was das sollte, sagte sie bloß: »Gleich kommen ein paar Männer und räumen das Atelier aus. Den Trousseau nehmen sie auch mit. Ich habe geheiratet und ziehe zu Lebrun.«

Frau Jeanne wußte nicht, war es ein Hieb oder eine Nachricht, ließ sich in den Sessel fallen und konnte ihren Schock nur schwer verbergen. So hatte sie sich das alles nun wahrlich nicht vorgestellt. Schließlich hatte sie immer auf den großen Augenblick gewartet und ihr mehr als einmal gesagt, daß man das Heu mähen mußte solange die Sonne schien, und nun warf sie ihr diese Nachricht wie ein Almosen vor die Füße. Das war arg. Anscheinend sollte sie von der Freude einer Wunscherfüllung ausgeschlossen werden, und das hatte sie nicht verdient. Dann aber sagte sie sich wie zum Selbstschutz, daß bei einer so berühmten Tochter eine Mutter vermutlich einiges mehr wegzustecken hatte als bei jeder anderen und sie wohl dankbar sein mußte, überhaupt noch etwas von dem lieben Kinde zu erfahren. Wahrscheinlich hatte sie sich ganz generell darauf einzustellen, mit ein paar gnädigen Wortbrocken abgespeist zu werden. Hundehäppchen, naja. Gleich, ob sie als Malerin auch weiterhin gefragt war oder nicht – die Angst, sie müßte eines Tages ihre Kinder auf dem Dachboden zur Welt bringen und in Betten schlafen, die mit Eierschalen gefüllt waren – diese Angst war Frau Jeanne jetzt ein für allemal genommen. Auch wenn sie sich um ein schönes Fest betrogen fühlte, sie konnte zufrieden sein: ihre Tochter war in gesicherten Verhältnissen.

Sie umarmte Vigée und rief Herrn Jacques. Als er hörte, daß sie nun die Frau des Hausbesitzers war, gratulierte er ihr in aller Form, sehr höflich und mit einem so untertänigen Respekt, daß Vigée den Eindruck hatte, der Knauser hoffte auf einen Mietnachlaß. Er lud sie zu einer Tasse Tee ein, aber Vigée kannte den Aufguß und bat ihn, sich nicht zu bemühen. Sie war in Eile. Hoher Besuch hatte sich für eine Porträtsitzung angesagt, und sie mußte jede Minute nutzen, um so rasch wie möglich das neue Atelier einzurichten. Dann standen auch schon die Männer in der Tür, und während sie zu räumen begannen, suchte Lebrun mit ihr einen geeigneten Raum. Schließlich konnte es nicht irgendeine Malstube oder irgendein Nebengelaß sein. Ihre Bilder erzielten am Markt hohe Preise und dem mußte selbstverständlich ihr Atelier entsprechen: nicht nur groß und hell, sondern mehr noch – es mußte allen zugänglich sein. Das gehörte zum Erfolg und wurde auch erwartet. Ob sie wollte oder nicht: Wenigstens einmal in der Woche mußte sie ihr Atelier für Besucher und Käufer öffnen. Chardin, Greuze, La Tour, Drouais, Vernet, Ménageot – alle hielten es so. Lebrun meinte sogar, ein Atelierraum sei zu wenig. Ein ganzer Trakt mußte es sein. Zu einem gut geführten Atelier gehörten nicht nur eine Verpackungs-, Farben- und Trockenkammer, sondern vor allem ein Verkaufsraum mit der entsprechenden Galerie von Renommierporträts, dazu ein Vorzimmer, ein Kabinett und ein Dienergelaß. Ohne einen Atelierdiener ging es nicht. Er kannte es von Reynolds in London. Der bestbezahlte Maler der Insel hatte nicht nur ein Atelier, sondern einen modernen Studiobetrieb mit Assistenten, die ihm die Gewänder malten, und Galeriedienern, die Eintritt für die Verkaufsausstellungen nahmen. Großer Stil, großes Publikum. Darauf sollte sie sich einstellen.

Vigée begriff sofort: Er hatte recht. Nicht einfach nur einen großen hellen Atelierraum mit Blick in den Garten und verstreuten Bildernestern in der ganzen Wohnung, sondern ein geschlossener Trakt, wo alles übersichtlich, geordnet und schnell zur Hand war. Wenn sie sich schon neu einrichtete, dann keine Halbheiten und Provisorien. Allerdings wollte sie inmitten der Veränderungen auf eine alte Gewohnheit nicht verzichten: Sie brauchte ihr eigenes Schlafzimmer. Egal ob es eine verwinkelte Kammer oder irgendein Abstellraum war – Hauptsache, sie konnte alleine schlafen. Wenn sie morgens aufwachte, wollte sie niemanden neben sich haben und ohne jede äußere Ablenkung den Tag beginnen. Wollte keine Hand auf ihrem Körper spüren, keinen Mund auf ihren Lippen, wollte keinen Arm und kein Bein bewegen, geschweige denn in irgendwelche Erregungen getrieben werden und sich zu den Lusthöhen hinaufschwingen müssen – morgens wollte sie unbehelligt von allem die Augen aufschlagen, ganz stilliegen, wollte auch hier an der Decke ihren Regenbogen haben, alle Sinne auf die Farben richten und sich auf das Licht einstimmen. Sie mußte sehen, wie es beschaffen war: Kam das Licht gebündelt oder gestreut, wirkte es weich und fließend oder hart kristallig, war es ruhig oder bewegt, klar oder trüb, führte es mehr von der Tageshelle oder dem Nachtdunkel mit sich. Vor allem mußte sie sehen, ob das Licht in die Farben eindrang oder bloß so starr auf ihnen stand, daß es ohne rückstrahlende Kraft blieb. Morgens ließ sie alles auf sich wirken, holte etwas von diesem verborgenen Scheinen in sich hinein, bestimmte in der Farbe des Lichts die Farben des Schattens, mischte die einzelnen Töne bereits in Gedanken auf der Palette und nahm in diesen Aufwachmomenten alles vorweg, was sich auf der Leinwand ereignen sollte. Meist waren es ja nur wenige Augenblicke, um in die richtige Lichtstimmung zu finden, aber sie brauchte diesen Grundklang, aus dem ihr das gesamte Kolorit aufschien. Das mußte sie ihm alles noch sagen. Auch ein gemeinsames Frühstück wie mit Frau Jeanne und Herrn Jacques konnte es mit Lebrun nicht geben, und wäre er der höchste aller Hoheiten dieser Welt gewesen. Sich auf ihr Gegenüber einzustellen, gar noch in ein Gespräch verwickelt zu werden und antworten zu müssen hätte vom Fluß der Farben abgelenkt.

Zwar zweifelte sie, ob diese Art sich zu absentieren für die neue Zweisamkeit taugte, aber der Morgen war nun mal ihre Hauptarbeitszeit, und wenn sie diese Goldstunden nicht in ihrem ganz eigenen Rhythmus beginnen konnte, brachte sie schwerlich Gutes zustande. Dann nahmen die Farben um sie herum so ein trübes horniges Aussehen an, und die kleinste Linie, die sie auf die Leinwand brachte, sah aus, als wäre sie mit dem Pinselstil hingekratzt. Als sie ihm das behutsam erklären wollte, merkte sie schon nach wenigen Worten, daß es nicht nötig war. Lebrun stellte sich ganz auf ihre Gewohnheiten ein.

Eine prächtige Equipage bog in die Rue de Cléry ein. Sechs Apfelschimmel, der Kutscher mit vier Lenkseilen, zwei Beiläufer zur Rechten und zur Linken, auf jedem Trittbrett ein Livreebedienter und hintendrauf stehend der kleine Mohr. Die Leute liefen zusammen, eilten an die Fenster, kamen aus den Häusern und als die Equipage vor dem Hause Lebruns hielt, entstand ein Menschenauflauf. Auch die vorüberfahrenden Wagen hielten an, um zu sehen, wer da ausstieg. Die Straße war mit einem Mal unpassierbar und plötzlich hieß es, *Monsieur* wolle sich von Mademoiselle Vigée malen lassen. Zwar hatten die Anwohner vor ihrem Atelier schon so manche elegante Kutsche halten sehen, aber der Bruder des Königs war hier noch nicht abgestiegen.

Vigée sah kurz auf die Straße hinab und dachte

nur, ein kleinerer Wagen hätte es auch getan. Wußten die Götter, weshalb er hier so protzprächtig vorfuhr, zumal doch gerade *Monsieur* als zurückhaltend galt. Vielleicht wollte er nur mal ordentlich aufdrehen und der Künstlerin Respekt einflößen, schließlich war sie wie er auch gerade erst 21 geworden. Doch *Monsieur* hätte Flügelrösser vor seinen Wagen spannen, mit einem ganzen Rudel von Leibwächtern anrücken oder sich sonstwie großartig gebärden können – so etwas beeindruckte sie nur mäßig. Truthahnspiele, mehr nicht. Anderseits fand sie es sympathisch, daß er sich überhaupt zu ihr begab, um sich malen zu lassen und sie nicht gnädig auf irgendeinen Landsitz bestellte, wo sie mit der schweren Ausrüstung, mit Staffelei, Farbenkasten und Leinwand antraben durfte.

Kaum daß *Monsieur* ausstieg, sprengten plötzlich die Reiter der Maréchaussée heran, um die neugierige Menge zurückzudrängen. Er kam in Begleitung zweier Damen, und Vigée war froh, daß Lebrun sofort die Gelegenheit nutzte, sie durch seine Geschäftsräume zu führen und ihnen die neusten Ankäufe zu präsentieren. Sie mochte es nun mal nicht, wenn ihr beim Malen zugeschaut wurde. Dann fühlte sie sich eingeengt, kontrolliert und war so sehr vom Gegenstand abgelenkt, daß das Blickgespräch mit dem Modell nicht in Gang kam. Aber dies ihrem Auftraggeber zu erklären wäre zwecklos gewesen und ohnehin nur als ein Spleen belächelt worden. Vigée wußte von *Monsieur* nicht mehr, als daß er das Porträt des Grafen Schuwalow gesehen hatte und davon sehr beeindruckt war. Sie ahnte, er war auf einen Partisanenblick aus. Vermutlich gab er sich deshalb besonders unkonventionell, lief flapsig im Raum umher, zog neugierig die Farbenkästen auf und blätterte in ihren Skizzenmappen. Jetzt sah sie, wie richtig es war, daß Lebrun ihr zu einem Atelierdiener geraten hatte, denn Henri brachte für *Monsieur* weiße Handschuhe und bat, die Skizzen nicht mit bloßen Händen zu berühren. Spätestens seit den kostbaren Rötelzeichnungen von Watteau wußte jeder Kunstsinnige, wie mit derlei Dingen umzugehen war. Das war zwar eine ziemlich ungewöhnliche Unterweisung, aber es schadete nicht, wenn *Monsieur* einmal vorgeführt wurde, daß Kunstwerke keine Jagdtrophäen waren.

Sie bat ihn, Platz zu nehmen und ihr etwas von dem zu erzählen, was ihn derzeit am meisten bewegte. Doch er sagte nichts, fläzte sich wie ein Landsknecht in den Sessel und sang rohe Lieder. Rauf und runter, mal laut, mal leise und amüsierte sich köstlich, daß Vigée diese Psalmen der Gasse nicht kannte. Sie bat, damit aufzuhören, doch er meinte, daß Singen für ihn besser als Reden sei, denn erst die Rinnsteinklänge würden seinem Gesicht einen volkstümlichen Ausdruck geben. Vigée sah es ihm an: Er gefiel sich als enfant provocant. Vielleicht wollte der königliche Rhapsode auch nur zeigen, daß ihm der höfische Ton nichts bedeutete. Doch gleich ob er alle Konventionen verachtete oder nicht – sein Geträller war nervtötend und nur in größeren Abständen auszuhalten. Sie entwarf eine flüchtige Skizze und gab ihm zu verstehen, daß sein ungemein bewegter Gesichtsausdruck eine erneute Sitzung nötig machte.

Nach zwei Stunden beendete Vigée die Gesangskünste von *Monsieur* und brauchte die doppelte Zeit, um sich davon zu erholen. Sie setzte sich ans Fenster, schaute in den Garten, überlegte, in welcher Farbe sich seine Volksnähe am besten ausdrücken ließ, und war sich sicher: Sie mußte mit dem Lichtbraun der Achat-Schecke untermalen. Da kam Henri herein und druckste so merkwürdig herum. Er traute sich nicht zu sagen, was er soeben auf der Straße gehört hatte.

»Nur zu«, entgegnete sie müde, »ich bin ohnehin gerade mit dem Volkston befaßt.« Verlegen berichtete er, daß Nachbarn ihn gefragt hatten, ob sie die Maîtressen der hohen Herren nackt malt oder zumindest im Naßgewand und dafür so hoch bezahlt wird. Sie lachte laut auf. So viel freundliche Anteilnahme an ihrer Arbeit hätte sie sich nicht träumen lassen. Sie und das Nackte! Unpassendere Gegenstücke gab es wohl nicht. Ihr allerdings dieses Sujet zuzutrauen war anderseits fast schmeichelhaft, denn einen Akt zu malen war hohe Kunst.

»Lieber Henri, beruhigen Sie sich. Wenn Sie noch mal danach gefragt werden, sagen Sie einfach, man sollte meine Möglichkeiten nicht überschätzen.«

Sie ließ sich einen Kaffee bringen und plötzlich stieg so ein ungutes Gefühl in ihr auf. Betroffen fragte sie sich, wie ein solches Gerede überhaupt zustande kam. Offenbar konnte sich keiner erklären, weshalb

Scharen von Porträtmalern wie Bettler die Stadt belagerten und nach Aufträgen hungerten, während man ihr das Geld ins Haus trug. Sicherlich kam das einigen verdächtig vor. War sie erst einmal Mitglied der Académie royale, hatte sie vor den Dreckschleudern Ruhe. Dann durfte auch sie im *Salon* ausstellen, aber bislang fehlte ihr dieses Forum. Vorerst mußte sie sich damit abfinden, daß ihre Bilder viele nur gerüchteweise kannten, doch kaum einer sie irgendwo gesehen hatte. Kein Wunder, daß Gerede aufkam. Schon hieß es, sie führe einen pikanten Pinsel und bediene die unzüchtigen Regionen. Diskret zusammengerollt würden ihre Bilder auf irgendwelche Schlösser und Sommersitze verbracht, damit sich der Adel in seinen Lasterstuben an den unverhüllten Anblicken berauschen konnte. Keine kleinen Staffeleibildchen, nein, lebensgroß als Ganzfigur, alles hautnah und griffig geformt. Selbstverständlich setzte sie die Geliebten der hohen Herren prächtig in Position, hingegossen im samtbezogenen Fauteuil, die Schenkel geöffnet, das Champagnerglas in der Hand und in den Augen die Erwartung, daß es gleich noch beim Malen tief ins Leben ging. Vor den Blicken der käuflichen Peintresse spielten sich dann genau die Szenen ab, die sie zum Ergötzen dieser abgerittenen Lusthengste auf die Leinwand brachte. Und genau dafür wurde sie von den lustsiechen Auftraggebern mit purem Gold bezahlt.

Dachte sie das Ganze zu Ende, war dieses Rinnsteingeschwätz alles andere als harmlos. Mochte sein, dahinter steckten der schwarze Neid und die blanke Mißgunst. Vielleicht fand man es auch ungerecht, daß der Bruder des Königs zu ihr und nicht zu einem anderen kam. Womöglich war sie einigen auch zu jung, zu selbständig. Was es auch war: Anstatt Gerüchte in die Welt zu setzen, hätten sich die mitteilsamen Zeitgenossen lieber darüber aufregen sollen, daß man den Malerinnen das Aktstudium verbot und sich gleichzeitig in der Öffentlichkeit darüber mokierte, daß sie nichts von der männlichen Figur, dem Idealen, verstanden und eben nur für die bescheidenere Variante, das Porträtfach taugten, wo sie sich mit den schönen Gesichtern beschäftigen konnten. Vor Jahren hatte sie einmal den Rücken ihrer Mutter gemalt. Daß dieser Akt gleich Watteau zugeschrieben wurde, zeigte Vigée nur, sie hätte durchaus für das angesehene Fach der Historienmalerei taugt, aber was nützte es, wenn sie ihr Talent fürs Große nicht ausbilden durfte. Wahrscheinlich hatten die Philosophen recht, daß mit der Unkenntnis alles Übel seinen Anfang nahm.

Nicht ohne Sorge sprach sie zu später Stunde mit Lebrun darüber, doch er ließ einen Haut-Preignac kommen und beruhigte sie. »Jeder Maler, der von der Kirche seinen Auftrag bekommt, ist besser dran als du«, sagte er. »Alle Welt sieht, wofür er sein Geld bekommt. Für Seestücke, Landschaften, Stilleben oder irgendwelche historischen Szenen interessieren sich viele. Aber wer will sich *Monsieur* schon in die Wohnstube hängen? Kennst du einen? Ich nicht. Weder in

Öl noch als Kupferstich. Und warum auch? Womit hat sich der Schwelger verdient gemacht? Seine einzige Leistung ist es, der Bruder des Königs zu sein. Außer sich selbst hat er keinen Verehrer. Begreif doch, du bedienst nicht den Kunstsinn der Auftraggeber, sondern ihre Eitelkeit. Ab in die Ahnengalerie, damit die Urenkel eine Vorstellung von all den munteren Vorfahren bekommen. Mehr steckt nicht dahinter. Und in all den edlen Nischen bleiben sie vor der Öffentlichkeit verborgen, was ständig zu neuen Gerüchten über die Malerin Anlaß gibt. Darum sage ich dir ja: Öffne dein Atelier für jedermann, dann ist Schluß mit der Küchenprosa.«

Mit bedrückter Miene saßen Vernet und Ménageot in Vigées neu eingerichtetem Salon. Sie hatten den offiziellen Auftrag, ihr mitzuteilen, daß sie nicht Mitglied der Akademie werden konnte. Sie sollte um Himmels willen nicht glauben, es hätte etwas mit ihrer Malerei zu tun, aber verheiratete Frauen wurden nach den Statuten unter dem Beruf ihres Mannes geführt, und eine Kunsthändlerin gehörte nicht in die Akademie.

Vigée begriff nicht, weshalb sie mit ihrer Heirat plötzlich keine Malerin mehr sein sollte, und meinte nur: »Wenn ich mich jetzt scheiden lasse, bin ich also nicht mehr die Frau Kunsthändlerin, sondern wieder die Malerin Vigée und kann in die Akademie gewählt werden. Habe ich recht?«

»So ist es«, sagte Vernet, »verrückt, absurd und ganz

von gestern. Die Statuten machen der Akademie wahrlich keine Ehre. Sie müßten längst überarbeitet werden, aber all unser Reden hat bislang nichts genützt.« Allerdings versprach er ihr, sie weiterhin auf der Liste der Kandidaten zu belassen, bis ein Weg gefunden war, sie trotz Heirat als selbständige Malerin aufzunehmen. Schließlich waren alle der Meinung, daß sie mit ihren Arbeiten das Ansehen der Akademie mehren würde.

Vigée versuchte ihre Enttäuschung zu verbergen. Sie wußte natürlich, daß ihr damit jede Chance für regelmäßige öffentliche Ausstellungen im Salon du Louvre genommen war. Darüber konnte sie auch die Mitteilung d'Alemberts nicht hinwegtrösten, daß die andere, die Académie française, ihr das Recht erteilt hatte, an all ihren öffentlichen Sitzungen teilzunehmen. So groß die Ehre auch war, ihre Bilder dort ausstellen durfte sie nicht. Vernet gestand ihr, daß er lieber mit einem anderen Auftrag gekommen wäre, und betonte ständig, wie peinlich ihm diese Mission war. Schließlich zählte er ja nicht nur zu Vigées frühen Förderern, sondern kannte auch Lebrun, schätzte seine Kenntnisse und wußte, daß sein Großonkel einst zu den Gründungsmitgliedern der Académie royale gehört hatte. »Charles le Brun würde sich im Grabe umdrehen, wenn er sehen müßte, daß noch immer uralte Satzungen die Kunst dominieren«, sagte er, doch Vigée wollte nicht länger die bedrückten Gesichter sehen. Schließlich waren Vernet und Ménageot immer auf ihrer Seite, und an dem Reglement konnten sie nichts ändern. Aber solange sie in den Gremien der Akademie ihre Bilder im Gespräch hielten, war es irgendwann vielleicht doch noch möglich, sich über alte Paragraphen hinwegzusetzen. Sie ließ Champagner kommen, um auf diesen Moment einer fernen Zukunft zu trinken, denn sie wollte nicht, daß die beiden womöglich noch mit Schuldgefühlen oder in schlechter Stimmung ihr Haus verließen.

Als sie jedoch gegangen waren, brach die Enttäuschung erneut auf. Lebrun verstand sie nicht. Was versprach sie sich überhaupt von einer solchen Mitgliedschaft? Akademie hin, Akademie her – das bewies gar nichts! Auch wenn sie Mitglied in allen Akademien der Welt gewesen wäre – deswegen malte sie nicht besser und ihre Kunst war um keinen Deut gefragter. Sie mußte es halten wie Fragonard. »Der alte Fuchs hat sich bis heute nicht um die Aufnahme bemüht, geschweige denn ein Bild eingereicht. Im Gegenteil. Er lehnt die Mitgliedschaft generell ab, weil er so sehr mit Aufträgen überhäuft ist, daß ihm keine Zeit bleibt, um an den Sitzungen teilzunehmen«, sagte Lebrun. »Von wegen die große Académie royale! Fragonard weiß doch genau, was ihn da erwartet. Cabaret du Parnasse – mehr nicht. Auch ohne Mitgliedschaft sind seine Bilder virtuos, und er bleibt unverbesserlich gut. Die Akademie erhöht weder dein Ansehen noch dein Talent. Im Salon auszustellen ist zwar recht ehrenvoll, aber viele, die dort ihre Bilder zeigen und regelmäßig von den Kritikern in den Himmel gelobt werden, haben dadurch kein einziges Stück mehr verkauft. Ich weiß, wovon ich rede. Du hast wie Fragonard einen großen Käuferkreis, der deinen Stil liebt und deine Arbeiten schätzt – was willst du mehr?!«

Lebrun mochte ja ein Kenner der Kunstlandschaft sein und den großen Überblick haben, aber trotzdem: ein Trost war es nicht.

Es kostete Vigée Überwindung, das Atelier für Besucher zu öffnen. Malen war schließlich keine Schaubudenveranstaltung. Anderseits hatte Lebrun recht: Sie mußte den Leuten einen Einblick in ihre Arbeit geben, der allen Spekulationen den Boden entzog, vor allem ihnen zeigen, womit sie ihr Geld verdiente und wofür sie es bekam: nicht für nackte Maîtressen, für pralle Busen und geöffnete Schenkel, sondern für die Gesichter der Zeit. Sie hatte ihn schon verstanden: Wer sich wie sie in die Öffentlichkeit begab, auf den richtete sich nun mal die Neugier und das Interesse, und dem mußte sie professionell begegnen. Schließlich war sie kein Laienmaler, der in irgendeiner versteckten Spinnwebkammer sich mit Kolorit und Komposition abmühte, sie war die gefragteste und erfolgreichste Malerin von Paris, und diesem Ruf hatte sie Rechnung zu tragen. Hätte dies ein anderer gesagt, wäre sie skeptisch gewesen, aber bei Lebrun brauchte sie keine Schmeicheleien zu befürchten, und so entschloß sie sich, künftig jeden Sonntagnachmittag ihr Atelier für Besucher zu öffnen. Sie fand, der siebte Tag der Woche eignete sich dafür besonders gut, denn Sonntag war Ruhetag, und sie konnte damit gleich noch vor aller Augen demonstrieren, daß sie sich frommbrav an das Gebot hielt: Sie arbeitete nicht, sondern ließ die Kunstliebhaber in ihre Farbtöpfe gucken.

Auf keinen Fall nahm sie Eintritt. Damit wurden Erwartungen geweckt, die sie nicht erfüllen konnte, denn für den Verkauf hatte sie nichts außer der bewährten Liebhaberreserve, acht Porträts von den Goldknaben mit dem verlorenen Blick, gediegenes Halbprofil, die Augen von ihr abgewandt. Glücklicherweise waren sie weder angezahlt noch abgeholt worden. Die Preise dafür setzte sie so hoch an, geradezu unverschämt hoch, damit von vornherein jeder abgeschreckt war, auch nur mit dem Gedanken zu spielen, eines davon zu erwerben. Sie mußte sich diese Porträtgalerie für die Öffnungstage erhalten, denn sie hatte nicht die Zeit, auch nur ein einziges kleines Tafelbildchen für den Verkauf zu malen. Bis in die letzte Lichtstunde war sie mit Aufträgen überhäuft, und halbfertige Arbeiten wollte sie nicht ausstellen. So etwas hinterließ nur halbfertige Eindrücke und die schadeten dem Namen. Gewandstudien, Zeichnungen, Entwürfe und Ölskizzen blieben unter Verschluß. Leere Wände aber waren dem Ruf einer Malerin erst recht nicht förderlich, und darum blieb ihr nichts weiter übrig, als zusätzlich ihre unverkäuflichen Objekte zu präsentieren: all ihre Selbstporträts, die Bilder von der Mutter, dem Bruder, der Freundin und die Kopien, von denen sie sich nicht trennen konnte. Das Hängen der Bilder wollte sie weder dem Zufall noch dem Atelierdiener überlassen, sondern besorgte es selbst. Gut oder schlecht beleuchtete Bilder wirkten nun mal wie gut oder schlecht gespielte Musikstücke, und darum war gerade bei einer solchen Ausstellung der richtige Platz mit dem richtigen Licht für den Gesamteindruck entscheidend. Mehrere Wände ließ sie mit grünem Tuch bespannen, denn Grün wirkte beruhigend und neutralisierte das Bildlicht. Vor allem achtete sie darauf, welche Porträts übereinander und welche nebeneinander gehängt werden konnten und welches einen Platz für sich allein brauchte, um den höchsten Effekt zu erzielen. Alles mußte bedacht sein. Schließlich gab sie mit diesen Bildern den Betrachtern auch eine Vorstellung von sich selbst. Schon deshalb überlegte sie sehr genau, was sie anziehen sollte. Das Kleid durfte nicht nach Arbeit aussehen, weil Sonntag war, aber auch nicht sonntäglich sein, weil sie ihre Arbeit präsentierte. Die Damen von Stand mochten ja extravagant und mondän daherkommen, sie blieb ohne Aufputz und Schmuck, dafür aber fußfrei. Der Rock bis zum Knöchel und keinen Deut länger. Auf diese Kühnheit wollte sie nicht verzichten. Schließlich war sie keine prüde Tugendschwester und keine Jungfer der Palette. Wenn überhaupt, dann schon eher eine rechtschaffene Venus. Die Leute sollten sehen, hinter ihren Bildern steckte eine Frau, die in jeder Hinsicht die Akzente richtig zu setzen wußte.

So stand sie in einem perlgrauen Mousselinkleid, engtailliert und hochgeschlossen in aufregend weiblicher Silhouette am Sonntag Rogate inmitten ihrer Bilder und ließ pünktlich um zwei Uhr nachmittags die ersten Besucher ein. Schüchtern betrat ein Nachbar den Raum, sah sich gar nicht um, sondern reichte ihr bloß einen Zeitungsausschnitt über die Eröffnung des Ateliers und bat, ihm den Artikel zu signieren. Als sie ihr Schreibzeug holte, stürzte Lebrun mit hochrotem Gesicht herein und sagte im hitzigen Geschäftston, daß in der Toreinfahrt kein Platz mehr war und die Kutschen bereits die Straße verstopften. Vigée signierte in aller Ruhe den Zeitungsausschnitt, wollte sich die Notiz noch durchlesen, doch sie kam nicht mehr dazu, denn um sie herum drängten sich die Besucher. Sie begrüßte Vernet, der mit seinem Freund Grétry gekommen war, sah Ann-Rosalie Arm in Arm mit Vernets Tochter Emilie, winkte von weitem Ménageot zu, entdeckte im Gewühl ihren Bruder und ihre Mutter in leicht peinlicher Takelage mit Rosenhütchen und Pompadourbeutel. Neben ihr stand Herr Jacques, trug schamlos den Lieblingssamtrock ihres Vaters mit den großen versilberten Knöpfen, und Vigée dachte nur, daß es ihr wohl gerade noch rechtzeitig gelungen war, zu Hause auszuziehen, denn dieser Anblick hätte sie krankgemacht. Lebruns Diener versuchten den Strom der Gäste im Vorzimmer mit Kaffee und Getränken aufzuhalten, doch es half nichts – sie drängten ins Atelier, und plötzlich kamen auch noch etliche Leute von der Straße herein, die sie vom Sehen kannte. Dicht umlagert von den lästigen Neugiernasen blieb ihr nicht einmal mehr der Platz hinter der Staffelei. Sie beantwortete gelassen all die Fragen, die auf sie einstürmten. Malte sie das Inkarnat mit reinen oder mit gemischten Farben? Wie lange brauchte sie für ein Porträt? Was waren ihre Lieblingstinten? Von allen Seiten hieb es auf sie ein, Worte, Sätze, Silben im lauten Durcheinander, Stimmen von hier und Stimmen von dort, so daß ihr schien, als würde es im ganzen Raum wie in einem Bienenstock summen. Sie winkte Henri heran, bat ihn, keinen mehr einzulassen und das Atelier wegen Überfüllung zu schließen, da fiel ihr Blick auf einen Mann, der abseits des Gedränges distinguiert am Fenster lehnte und das Treiben beobachtete. Sie hatte diesen Mann noch nie gesehen, wußte nicht, wer er war und woher er kam, ihre Blicke trafen sich, und auf einmal begann ihr Herz zu klopfen. Schlug so ungewohnt aufwärts, so anders, so hell, das Blut floß schneller durch ihre Adern und alles rückte in den Hintergrund. Einen Moment lang überlegte sie, ob dieser Mann vielleicht bloß ein Schattenriß oder nur ein Farbenspiel war, doch plötzlich stand er vor ihr und sagte fast scherzend: »Welches Ihrer Bilder soll ich kaufen?«

Sie sah ihn an, schien losgelöst von allem, wollte ihm sagen, daß er gar nichts kaufen, sondern warten sollte, bis sie etwas anderes ausstellte, ja daß sie etwas ganz Besonderes für ihn malen wollte, doch die Worte fielen ihr nicht ein. Er stand noch immer vor ihr, lächelte, wartete auf eine Antwort, und sie spürte, daß er unbedingt ein Bild von ihr haben wollte. Mit Entsetzen sah sie, daß von der überteuerten Notkollektion bis auf zwei alle bereits verkauft waren, dachte, wenn er schon etwas von ihren Arbeiten besitzen wollte, dann sollte er eines von den unverkäuflichen Selbstporträts haben, wollte es ihm zeigen und für ihn von der Wand nehmen lassen, doch da umringten sie ein paar begeisterte Verehrerinnen ihrer Kunst und redeten auf sie ein, trotz des Gedränges unbedingt ein paar flüchtige Kohlestriche für sie auf die Leinwand zu setzen. Er trat mit einem Zeichen des Bedauerns einen Schritt zur Seite, ließ den Damen den Vortritt, und auf einmal sah sie ihn nicht mehr. Vigée dachte, er würde wieder seinen Platz am Fenster einnehmen, hielt beim Skizzieren mehrmals nach ihm Ausschau, war unruhig und nervös, doch er schien wie vom Erdboden verschluckt. Sie schaute auf die Verkaufsgalerie, erschrak, daß die beiden letzten Porträts abgehängt waren, und konnte das Ende der Öffnungszeit kaum erwarten. Dann stürzte sie ins Vorzimmer zu Lebrun und fragte, wer die beiden Porträts gekauft hatte. »Du wirst es nicht glauben«, sagte er, und das Kaufmannsglück leuchtete aus seinen Augen. »Ein Freund der Kunst. Er hat sogar den astronomischen Preis auf Sicht bezahlt und darauf bestanden, sie sofort mitzunehmen. Glücklicherweise hatten wir noch zwei passende Holzkisten parat, so daß sie den Transport gut überstehen werden.«

»Hast du nach seinem Namen gefragt?«

»Sollte ich ihn beleidigen? Man kennt ihn doch. Graf Vaudreuil. Der erste Falkenmeister des Landes. Le Grand Fauconnier de France.«

Vigée sagte nichts, ging in den Salon, wo für die Gäste ein Empfang vorbereitet war, und dachte nur, diesen Mann mußte sie wiedersehen.

Noch vor kurzem hatte sie Abendgesellschaften gemieden, in denen es stocksteif zuging, doch jetzt nahm sie alle Einladungen an, denn sie hoffte, den Falkenmeister zu treffen. Schon die Vorstellung, dies könnte passieren, versetzte sie in eine solche Spannung, daß sie jeden Abend voller Erwartung das Haus verließ. Nur als La Tour, der Grandseigneur der Malerei, zum Diner bat, vergaß sie das alles. An seinen Tisch gebeten zu sein war eine große Ehre. Lebrun kannte viele, die liebend gerne an ihrer Stelle gewesen wären, und freute sich, Vigée begleiten zu können, um auf diese Weise den Meister des Pastells einmal persönlich kennenzulernen. La Tour hatte nun mal das respektlose Auftreten eines Genies, das ihn für die Jugend und ihre Freunde zum Idol machte. Allerdings war er auch so reich und berühmt, daß er sich mehr als jeder andere erlauben durfte. Als ihm die Pompadour saß, hatte er den König aus dem Zimmer geschickt, weil er Zuschauer beim Malen nicht ertrug. Er hatte das Bild der Dauphine begonnen und nicht beendet, weil das verzogene Geschöpf unpünktlich zur Sitzung erschienen war.

Er hatte den Adelstitel abgelehnt, weil ihm die Ehre, die seine Bilder brachten, genügte. Er hatte die königlichen Himmelsherrschaften den Respekt vor der Kunst gelehrt. Der maître pastelliste war einfach einmalig. Lebrun bewunderte aber auch seine Haltung, denn gerade hatte La Tour drei Preise gestiftet, einen für Anatomie, einen für gemalten Halbakt und einen für Perspektive, und allen war klar, ohne die ständigen Geldspenden des rebelle pastelliste sähe es im Kunstbetrieb ziemlich mager aus.

Vigée hatte La Tour bislang noch nie anders als mit dem fröhlichen Gesicht eines Epikuräers gesehen, und auch heute empfing er sie gutgelaunt und bemerkte heiter: »Sie wissen ja, Michelangelo hat nur ein einziges Bild in Öl gemalt und danach beschlossen, das nie wieder zu tun. Er hielt es für eine Beschäftigung, die man Frauen und Kindern überlassen sollte. Wie Sie sehen, habe ich den Worten der Großen nie getraut und mich längst an Ihre Seite geschlagen.«

So begrüßt zu werden war fast schon eine Auszeichnung, und überhaupt traf sie hier auf eine Umgebung, in der sie sich auf Anhieb wohlfühlte. Alle Räume seiner Wohnung waren prunklos, dafür aber mit venezianischen Kerzen hell erleuchtet und die Gesellschaft locker und ungezwungen, eben ganz anders als die üblichen zurechtgestutzten Salonbesucher mit ihrem gezierten Getue und ihren überheblichen Mienen. Kein Staatshaar, nur kleine Stutzperücken, kein Puder, keine Achselbänder, keine

Degenquasten, keine florettseidenen Strümpfe, keine vergoldeten Kupferschnallen am Kniebund und nirgendwo ein panierter Weißfisch. Das tat gut. Auch Lebrun erschien wie die anderen im einfachen fraque anglais, ohne Spitzenjabot, mit kurzer Weste und offenem Kragen, was ihm ein lässig provokantes Aussehen gab. Da jeder seinen Platz an der Tafel selber bestimmen konnte, setzte sie sich neben d'Alembert und Hofmaler Greuze, wenngleich sie wußte, daß der Ärmste auch diesmal wieder nur über seine Frau herziehen würde, die die Kochtöpfe nicht scheuerte, damit er sich am Grünspan vergiftete. Die Feindin Greuze hatte es nun mal darauf abgesehen, ihn umzubringen. Ihr gegenüber saßen Vernet und Le Moyne, die diese Geschichten auch schon kannten, und in großer Entfernung Lebrun, mit dem sie sich wenigstens per Blick verständigen konnte.

La Tour schien diesmal wenig Lust zu haben, über die Politik Seiner gegenwärtigen Majestät zu scherzen, womit er sonst das Diner so gern würzte, sondern regte sich über die elenden Zustände in den Krankenhäusern auf. »Bloß nicht krank werden in dieser Stadt«, sagte er. »Im Bicêtre kommt man ganz jämmerlich vor Hunger und Kälte um, und im Hôtel-Dieu müssen neuerdings sechs Kranke in einem Bett liegen, das gerade mal für zwei gebaut ist. Männer, Frauen und Tote durcheinander. Wahrscheinlich muß erst eine Revolution kommen, damit in den Pariser Krankenhäusern ein Patient allein in einem Bett liegen darf.«

Jeder wußte plötzlich ein Beispiel dafür, daß die Krankenhäuser keine Heilanstalten, sondern Orte der Pestilenz waren, alle redeten durcheinander, und einer berichtete empört von seinem Freund, der sich bloß den kleinen Finger gebrochen hatte, ins Hôtel-Dieu kam und vier Tage später nach nebenan auf den Gottesacker gekarrt und eingescharrt wurde. Die Stimmung war ungewöhnlich aufgebracht. Das Essen wurde serviert und wie immer, wenn mehrere Gänge bevorstanden, empfahl La Tour erst einmal allen vorsorglich seine Wasserdiät. Wer sich an die Wasserdiät hielt, brauchte nicht befürchten, krank zu werden. »Täglich zwei Maß Wasser auf nüchternen Magen getrunken und ihr könnt getrost auf Chinarinde, Aderlässe am Fuß, Tinkturen, Dämpfe, Niespulver, Klistiere mit Aufgüssen von Wundkraut und all diesen Firlefanz verzichten.«

Zwar beruhigte sich die Stimmung beim Essen, woran natürlich der Vin de Bourgogne ganz erheblichen Anteil hatte, doch als anschließend im Kaminzimmer der Kaffee gereicht wurde, waren sich alle einig, daß vieles in diesem Lande verändert werden mußte. »Bis dahin laßt uns erst mal die Despotie durch Spottverse mindern«, rief La Tour fröhlich, trank allen zu, und im Nu war eine Gitarre zur Hand und einer trug aus dem Stegreif freche Lieder vor. Die Diener reichten auf Tabletts Orangenmarzipan und natürlich die obligatorischen Kantharidenbonbons, die so eine herrlich berauschende Wirkung hatten. Lebrun genoß die Atmosphäre, diesen esprit obstiné, suchte

Vigées Nähe, um mit ihr diesen aufsässigen Geist zu teilen, nahm ihren Arm, doch plötzlich war sie wie erstarrt. Inmitten der erhitzten Gemüter stand eine Frau, die ihre Bluse aufgeknöpft hatte und ganz seelenruhig vor aller Augen ihr Kind stillte. Einfach so, als wäre es das Selbstverständlichste der Welt. Vigée hielt den Atem an. Sie kannte die junge Frau nicht, wußte nicht, mit wem sie gekommen war, aber daß sie so gelassen im Raum stand, sich um all die Blicke nicht kümmerte, mit allem brach, was sich in der Öffentlichkeit nicht schickte, alle Regeln von Sitte und Anstand so lächelnd beiseiteschob – das schuf eine ganz neue Wirklichkeit. Vigée sah aufgewühlt zu ihr hin, denn mit einem Mal bekam die Haut der Mutter und des Kindes einen Schimmer, der das Licht im Raum veränderte. Ihr war, als würde in diesem Leuchten die ganze Natur aufscheinen. Aus dieser Haut glänzte ihr etwas entgegen, das sich fortwährend veränderte, das atmete und pulsierte, das Ruhe aber auch Bewegung verströmte und aus dem eine ganz ungewöhnliche Kraft aufstieg. Das Äußere glich dem Inneren, die Übergänge spielten, die Töne klangen zusammen, es flammte sie an, eine Welt tat sich auf, und plötzlich begriff sie, daß sie vor der Farbe des Lebens stand.

Sie sah wieder und wieder hin, fast war es ihr schon peinlich. Sie kam sich mit ihren Blicken so provinziell und neugierig vor, doch sie konnte nicht loslassen, denn es gab keinen Zweifel mehr – die Farbe des Lebens lag in der Haut. Sie hätte es längst sehen, längst wissen, längst fühlen müssen: In der Haut spiegelte sich alles, hier hielt sich der Lauf der Dinge fest, hier kam sogar das Unsichtbare zum Vorschein und eigentlich genügte schon ein Blick, um zu erkennen: Es gab nichts, was hier nicht seinen Ausdruck fand. Wenn sie mit der Farbe der Haut ihre Porträts untermalte, dann war dieser Urgrund geschaffen, der wie ein Lichtkeim in der Tiefe lag, durch die darüberliegenden Farben hindurchschien und sie alle, eine nach der anderen zur Entfaltung brachte. Sie sah dieses aufsteigende Leuchten vor sich, hörte nicht mehr, was um sie herum gesprochen wurde, nahm nichts von dem Spott, nichts von dem Gelächter wahr und fand sich bei Sonnenaufgang an der Staffelei, wo sie wie berauscht von dieser Entdeckung an ihrem Selbstporträt malte.

Allerdings sah sie, die Farbe der Haut, mit der sie untermalte, mußte noch etwas anderes haben als die gewohnten Töne des Inkarnats und sie erinnerte sich, daß der Vater für die Untermalung eines Porträts einmal ein ganz besonderes Pigment verwandt hatte, ein einziges Mal nur, denn es war viel zu teuer. Mumie besaß für ihn eine stillwirkende Kraft, denn so wie das Mondlicht sich in die Farben einschmolz, glättete Mumie die Kontraste und band alles Unruhige. Der hauchfeine Staub von zermahlenen Resten ägyptischer Mumien gab den Farben eine unsichtbare Konstanz, ließ sie geschlossen und beharrend wirken und genau das brauchte sie jetzt. Glücklicherweise hatte sie die Farbvorräte des Vaters gut verschlossen aufbewahrt, fand das Glas mit der fast noch unverbrauchten Kostbarkeit, mischte in die Fleischfarben von Bleiweiß, Gelbocker, Braunrot und Elfenbeinschwarz ein paar Stäubchen von Mumie, wartete ungeduldig, bis die Farben trocken waren, und zog noch einen Bernsteinfirnis darüber, der das Leuchten der Pigmente aufnehmen sollte. Dann stellte sie den großen Augsburger Spiegel vor die Staffelei und begann ihr Porträt. Wie immer, wenn sie sich selbst malte, schaute sie nicht einfach nur in den Spiegel, sie frisierte ihr Gemüt. Das Äußere stand fest: graugrüner Hintergrund, eine Nuance heller das Kleid, das Haar bloß mit einem einfachen Mousselintuch zusammengebunden und alles so schlicht, wie sie täglich an der Staffelei stand – ein Arbeitsporträt, mehr nicht. Der Auftrag der Farben durfte nur eine Andeutung sein, mußte wie hingehaucht erscheinen und leicht über den Untergrund dahinziehen. Als sie zu den Partien von Gesicht, Hals und Händen kam, wirkte die Untermalung so stark, daß sie bloß noch mit Schattentönen den Gesichtsausdruck aus den Farbentiefen hervorholen mußte. Allerdings bemerkte sie noch so einen Taubenton auf ihrer Haut, so einen Schimmer zwischen Rot und Violblau, der durch das feine Geäst der Adern hervorgerufen wurde, über Schläfen und Wangen zog und den Eindruck erweckte, als wäre ihre Haut ganz dünn und durchsichtig. Vielleicht waren es Zeichen von Müdigkeit und Erschöpfung, doch sie arbeitete diesen Taubenton mit einer Spur von Krapp, Ultramarin und Schüttgelb so ein, daß er mehr zu ahnen als zu sehen war, und spürte zum ersten Mal fast körperlich: Die Haut zu malen führte an die Grenzen der Kunst. Die letzten Verfeinerungen mußten festgehalten werden, ohne in Erscheinung zu treten. Das Verborgene zu malen glich einem Jonglieren mit den Farben. Doch es schien, als würde der Untergrund mit dem kostbaren Mumienstaub alles aufnehmen, was mit ihm in Berührung kam, und auf geheimnisvolle Weise in Lebendigkeit umwandeln können.

Vigée betrachtete die aufgespannte Arbeit aus der Distanz und war beeindruckt. So, genau so hatte sie sich das vorgestellt. Wenn sie mit der Farbe des Lebens, dieser Color vitae, untermalte, dann mußte mit den darüberliegenden Farben etwas passieren. Sie mußten in Bewegung geraten, etwas von der Energie aufsaugen und weitergeben, damit dieses Scheinen aus dem Grund aufsteigen konnte, alles ausformte, zur Entfaltung brachte und nichts anderes als ein Bild mit diesem unverwechselbaren Ausdruck der Individualität entstehen ließ. Sie sah, daß sie noch nie mit einem Porträt soviel Ähnlichkeit und soviel Lebendigkeit getroffen hatte. Noch nie schienen die Unterschiede zwischen dem wirklichen und dem gemalten Bild so sichtbar aufgehoben. Sie war ganz durcheinander, fragte sich, ob dieser Gesichtsausdruck tatsächlich ihrer Befindlichkeit entsprach oder nur eine Wirkung war, die aus den durchsichtigen Tiefen des Kolorits kam. Sie stand halb irritiert, halb überrascht vor ihrem Porträt und spürte, daß hier irgend etwas die Grenzen des Gewohnten überschritt. Auf einmal hatte sie den Eindruck, die Farben auf der Leinwand begannen zu atmen, das Gesicht lächelte ihr entgegen, löste sich unmerklich vom Hintergrund, kam auf sie zu, begann zu sprechen, das Abbild wurde zur Realität, sie unterhielt sich mit ihm, überließ sich voller Genuß diesem Frage- und Antwortspiel und plötzlich meinte sie, sich mit den Farben noch einmal selbst erzeugt zu haben. Unwillkürlich begann sie zu summen, stimmte ihr Lieblingslied an, doch da betrat Lebrun den Raum, wollte nicht stören, sondern ihr nur rasch die erfreuliche erste Teilanzahlung von *Monsieur* hereinreichen, die soeben mit Reitendem Kurier gekommen war. Da fiel sein Blick auf das Porträt, er ging näher heran, betrachtete die Arbeit wortlos, hielt ein paar Momente fast andächtig davor inne und fragte dann bloß: »Wem soll ich denn jetzt das Honorar geben – dir oder deinem Bild?«

»Leg's in unsere Kasse«, sagte sie und fiel ihm in Heurekastimmung um den Hals.

Fast täglich ließ der Bruder des Königs nachfragen, wann sie sein Bild beendet hatte. Allweil hielt eine noble Karosse oder einer von der Großen Reiterei vor dem Haus, doch sie wollte sich nicht unter Druck setzen lassen. Im Gegenteil. Obwohl *Monsieur* schon zu zwei Sitzungen und einer Vorbesichtigung gekommen war, verwarf sie die ganze bisherige Arbeit. Selbst wenn es noch Wochen dauern sollte – sie mußte neu beginnen, um mit der Farbe der Haut zu untermalen. Nach dieser Entdeckung war nichts anderes mehr möglich. Auf Steigerung verzichten, bloß um einen Liefertermin pünktlich einzuhalten, wäre ihr jetzt wie ein Schritt gegen sich selbst vorgekommen. Schließlich sollte sich *Monsieur* auch noch in 20 Jahren an seinem Jugendporträt erfreuen und dafür konnte er getrost noch ein paar Wochen Wartezeit in Kauf nehmen.

Glücklicherweise kam sie mit der Arbeit gut voran, ja es schien ihr sogar, als würden sich auf der Farbe der Haut die Töne wie von selber finden und alle Züge der Lebendigkeit zum Vorschein bringen. Als sie ans Fenster trat, um für ein paar Augenblicke die Arme auszuruhen, sah sie den Schornsteinfeger mit zwei Kindern auf ihr Haus zueilen. Dieser Anblick jagte ihr einen Schrecken ein. Sie ließ alles stehen und liegen, rannte aus dem Atelier und stellte sich ihm in der Toreinfahrt in den Weg. Von ihrer Mutter wußte sie, wenn ein Schornsteinfeger mit kleinen Kindern nahte, mußte man auf der Hut sein, denn er nahm die Wichte mit auf das Dach, band ihnen einen Sack über den Kopf und ließ sie in die Esse hinab, damit sie den Ruß abkratzten. Danach gab er den halberstickten Kerlchen fünf Sous und tat noch so, als würde er sie reich belohnen. Auch wenn Lebrun geschäftlich unterwegs war – als Frau des Hausbesitzers nahm sie sich das Recht heraus, auch in seinem Namen zu sprechen. Schließlich mußten sie ja die Kaminreinigung bezahlen, und für Kinderarbeit, das machte sie dem schwarzen Gesellen unmißverständlich klar, für Kinderarbeit bekam er von ihnen keinen Lohn. »Nehmen Sie eine lange Stange, einen Besen oder sonst ein Gerät, aber die beiden werden bei mir nicht in die Kaminröhre gelassen! Merken Sie sich das!«

»Wollen Sie mir den Zutritt verweigern?«

»Da fragen Sie noch?«

»Dann sperre ich Ihnen ab sofort alle Kamine, dann können Sie im Winter im Kalten sitzen und mit Ihrem Temperament einheizen, Madame.«

Daß dieser Halunke auch noch uneinsichtig war und so tat, als würde er den Kindern etwas Gutes tun, empörte sie derart, daß sie den Portier bat, sich sofort um einen neuen Essenkehrer zu kümmern. Von wegen im Kalten sitzen! Die frechen Selbstherrlichkeiten mußten diesen Schornsteinfegerfürsten ein für allemal ausgetrieben werden. Stand vor ihr wie ein feister Sultan, ließ Kinder in die Kaminröhre kriechen, um seine Kosten niedrig zu halten, und wagte es auch noch, ihr zu drohen! Soweit kam es noch! Auch wenn sie gar keine Zeit hatte, sich mit diesen profanen Dingen zu befassen – noch heute ging ein geharnischter Beschwerdebrief an die Gilde ab. Schließlich konnte man sich nicht alles von diesen unverschämten Abkassierern gefallen lassen.

Einige Anwohner kamen aus den Häusern, um den Disput zu verfolgen. Die Nachbarin von gegenüber, eine Amme, die ihre Brüste zu festen Preisen vermietet hatte, pflichtete ihr lauthals bei: Diese Unsitte der

Schornsteinfeger mußte ein Ende haben! Zu zweit setzten sie sich an die Spitze und verfolgten ihn mit einer Gruppe aufgebrachter Bürger. Als Vigée sah, daß er sich mit den Kindern in kein Haus der Straße mehr wagte, war sie sich ganz sicher, ihr Brief würde nicht ohne Wirkung bleiben und der gewichtige Herr Essenkehrer sich unterstehen, ein zweites Mal hier im Quartier aufzutauchen. Vielleicht hatte ihre Mutter sogar recht. Man mußte sich aufregen, vielmehr über die Zustände aufregen. Wütend kehrte sie an die Staffelei zurück, und mit einem Mal war sie in der richtigen Stimmung, um dem Gesichtsausdruck von *Monsieur* den passenden Volkston zu geben: beherzt aufrecht mit wild entschlossenem Kämpferblick, ganz der kleine Straßenpartisan.

Sie ahnte nicht, daß damit all seine Erwartungen übertroffen waren, denn selbstverliebt betrachtete er Tage später sein Porträt, und es war nicht auszumachen, wen er mehr bewunderte – sein Ebenbild oder ihre Kunst. Er stand vor der Staffelei wie vor einem Altar, andächtig still, dann wandte er sich jäh ab, schüttete ein Ledersäckchen voller Münzen auf den Tisch, Livres tournois wie vereinbart, und hatte noch eine ganz besondere Bitte. Es war eine dringende, überaus eilige Angelegenheit. Auch wenn Madame Vigée mit Arbeit überhäuft war – diese Bitte durfte sie ihm nicht abschlagen. Kein anderer, nur sie konnte dieses Bild kopieren. Er zahlte ihr auch ein doppelt schönes Honorar, wenn sie die Kopie in acht Tagen lieferte. Das war die Bedingung. Acht Tage und keine Stunde länger. Noch ehe Vigée fragen konnte, um welches Bild es sich denn überhaupt handelte, ließ er es schon hereinbringen – das Bild seiner Schwägerin Marie Antoinette. »Adolph Wertmüller, ein Schüler von Vien, hat es gemalt und denken Sie daran, es ist eilig, brandeilig.«

Vigée warf einen kurzen Blick auf das Porträt, sah, daß es sich leicht arbeiten würde, und nach der Honorarhöhe von doppelt schön brauchte sie bei ihm nicht zu fragen. Zwar dachte sie an all die Bestellungen, die ihr Auftragsbuch füllten, aber anderseits fand sie es auch sehr ehrenvoll, daß er die Kopie von ihr und keiner anderen Malerin haben wollte.

Kaum daß er gegangen war, stellte sie das Bild auf die Staffelei, betrachtete es in Ruhe und fand es schrecklich. Es sollte wohl ein Jagdporträt sein, aber schon die Komposition schien ihr völlig mißlungen. Die schräge Kopfhaltung machte das ohnehin schon lange Kinn noch viel länger; der Hut saß wie ein umgekippter Eimer auf dem Kopf, und Marie Antoinette schien jeden Augenblick hintenüber aus dem Bild zu fallen. Ob es sich um eine Königin oder sonstwen handelte – so konnte man keine Frau malen. Doch Kopie war Kopie und sie mußte sich an die Vorlage halten. Trotzdem brachte sie am nächsten Morgen bei der Ausarbeitung versteckt kleine Korrekturen an. Sie milderte die schräge Kopfhaltung, verkürzte leicht das Kinn, gab der Haut mehr abgestuftes Rosa und mischte mit viel weniger Weiß, denn Weiß machte die Farben zwar heller, aber gleichzeitig so matt, daß sie an Klarheit und Feuer verloren. Auch den Augen gab sie mehr Glanz. Aber es waren nur Nuancen einer Verbesserung, denn sie mußte vorsichtig sein. Sie wußte ja nicht, was *Monsieur* mit dieser Kopie bezweckte. Im besten Falle brauchte er dringend ein Geschenk, vielleicht war es aber auch ein Wunsch, den er womöglich im Auftrag seiner Schwägerin zu erfüllen hatte, oder man wollte aus purer Langeweile Handschriften von Künstlern vergleichen und sich darüber amüsieren. In diesen Prunkregionen war man ja unentwegt auf neuen Zeitvertreib aus. Vielleicht gefiel aber auch das Bild tatsächlich so gut, daß *Monsieur* es so identisch wie möglich haben wollte. Was auch immer hinter diesem Auftrag stecken mochte und für wen die Kopie bestimmt sein sollte – sie malte nichts, was ihrer künstlerischen Auffassung widersprach. Es ging ja nicht darum, ein Gesicht schöner abzubilden als es war, aber wenn sie etwas vom Wesen eines Menschen auf der Leinwand festhielt, dann bekam das Gesicht seinen Ausdruck, und ein Gesicht mit Ausdruck konnte gar nicht häßlich sein. Wohl deshalb fielen in ihren Porträts dem Betrachter nicht gleich als erstes die unvorteilhaften, häßlichen Züge ins Auge, sondern die schlichte Lebendigkeit, die für sich selber sprach. Selbst wenn Marie Antoinette das matte Kolorit des Originals gefallen sollte – Vigée wollte zumindest behutsam andeuten, daß es noch etwas anderes gab.

Doch viel Zeit zur Ausführung blieb ihr nicht. Kaum war der Schlußfirnis darübergezogen, ließ

Monsieur die Kopie von einem Kammerjunker abholen. Dann hörte sie nichts mehr davon. Tagelang nichts, wochenlang nichts. Sie verstand die Welt nicht mehr. Sie hoffte auf ein Echo, auf irgendeine Reaktion, wartete auf das doppelt schöne Honorar, ärgerte sich über die Eile, in der sie arbeiten mußte, zweifelte, ob es überhaupt richtig war, diese versteckten Korrekturen anzubringen, schwor sich, solche undankbaren Aufträge in Zukunft von vornherein abzulehnen, und plötzlich hielt eine königliche Karosse vor ihrem Haus mit dem Befehl, sie sofort nach Versailles zu bringen.

Vigée war auf das Schlimmste gefaßt. Jeder im Land wußte doch, was die Königin für eine war: auf nichts als sündhafte Verschwendung aus, von Kopf bis Fuß mit Juwelen behangen, hochmütig und unnahbar und in jedem Wort die blanke Verachtung für die Untertanen. Warum um Himmels willen konnte dieses Gewitter nicht an ihr vorüberziehen! Ausgerechnet sie mußte es treffen. Und daß der Hof mit der Bezahlung ewig auf sich warten ließ, hatte sich längst herumgesprochen. Am Ende konnte sie noch froh sein, wenn ihr die Materialkosten ersetzt wurden.

Die Oberhofmeisterin nahm sie in Empfang, ließ ihr die Malutensilien abnehmen und unterwies sie im Zeremoniell der Begrüßung: die Art der Anrede und natürlich der Hofknicks, wie tief sie das Knie zu beugen hatte und vor allem wie oft – bei Betreten des Saals, dann in der Mitte und schließlich vor Ihrer Majestät höchstselbst. Selbstverständlich das Ganze im Habitus der Ehrfurcht: einen Moment an der Tür verweilen, langsam auf die Königin zuschreiten und in gebührendem Abstand vor ihr verharren. Vigée wartete bloß darauf, daß ihr auch noch die Anzahl der Schritte vorgegeben wurde und sie vielleicht auch noch ein Dankgebet zu sprechen hatte. Ach ja, und noch eins: »Niemals als erste das Wort an die Königin richten, sondern warten, bis Sie dazu aufgefordert werden und die Antwort so kurz wie möglich halten, um die kostbare Zeit Ihrer Majestät nicht über Gebühr in Anspruch zu nehmen.« Dieses ganze Theater reichte ihr so sehr, daß sie am liebsten auf dem Absatz umgekehrt wäre. Sie wußte ihre Zeit nützlicher zu verbringen, als sich in solche trostlosen Palastübungen zu schicken. Schließlich war sie keine von Geblüt, die sich darin auskennen mußte. Sie gehörte nicht in diese Himmelskreise und hatte sich auch nicht danach gedrängt, hier erscheinen zu dürfen. Sie wollte keinen Posten, keine Beförderung, keinen Titel, keine Empfehlung und überhaupt – wer wollte denn hier etwas von wem? Das war schon eher die Frage, die sie sich inmitten der Pracht stellen mußte, doch plötzlich ging die Tür auf, und Marie Antoinette kam freudig auf sie zu. »Wie schön, daß Sie schon da sind«, sagte sie und führte sie ohne alle Etikette gleich ins Kabinett.

Vigée war nun doch etwas durcheinander und glaubte ihren Augen nicht zu trauen, denn so hatte sie sich die Königin nicht vorgestellt. Marie Antoinette war schlicht gekleidet, ohne Reifrock und irgendein Fischbeinpanier, ohne Schmuck, das Gesicht ungepudert, das Haar ganz profan gesteckt und hochmütig kam sie ihr auch nicht vor. Im Gegenteil. Sie unterhielt sich völlig ungezwungen mit ihr, erkundigte sich geradezu teilnehmend nach ihren neusten Arbeiten, gratulierte zu der gelungenen Wertmüller-Kopie, die sie viel besser als das Original fand, ließ einen Podeststuhl kommen und bat Vigée um ein Porträt. Keine ganze Länge, keine halbe Länge, kein Kniestück, nur etwas fürs Kabinett. Vigée hatte verstanden: ein unverbindliches Probestück. Die Königin wollte sehen, wie diese Malerin sie ins Bild setzte. An Auswahl unter den Künstlern fehlte es ihr ja nicht.

Vigée spannte die Leinwand auf, hielt mit ein paar raschen Kreidestrichen die Umrisse fest und begann gleich mit dem Ölbozzetto. Marie Antoinette sollte nicht länger als nötig mit der Sitzung gelangweilt werden. So wie sie vor ihr saß, ohne allen Aufputz, in schlichter Landfrauenart, ließ sich das Porträt schnell arbeiten. Das längliche Gesicht, der schmale Hals, die freien Schultern erforderten das ganze Spiel der Fleischfarben, und sie sah das fertige Bild bereits vor sich. Wenn sie mit ihrer neuen Entdeckung, der Color vitae untermalte, dieser Farbe der Haut, die in sich das Sichtbare und Unsichtbare vereinte, die Ruhe und Bewegung barg und voller Übergänge und Spannungen war, dann stieg aus diesem lebendigen Urgrund das Gesicht der Königin wie ein leibhaftiges

Gegenüber auf. Mehr an Wirkung konnte es nicht geben. Allerdings traute sich Vigée nicht, in bewährter Weise zu verfahren und Marie Antoinette zu bitten, ihr von dem zu erzählen, was sie derzeit am meisten bewegte, damit beim Sprechen etwas vom Wesen zutage trat und das Gesicht seinen eigentlichen Ausdruck bekam. Sie hatte Sorge, diese Aufforderung könnte mißverstanden werden, so als wollte sie die Königin aushorchen. Sie mußte vorsichtig sein. Am Ende geriet sie noch in den Verdacht, sich in ihr Vertrauen einschleichen zu wollen. In dieser Umgebung, wo überall die Hintertreppenlauscher hockten und jeder wie ein Luchs auf seinen Vorteil lauerte, hielt sie alles für möglich. Trotzdem überlegte Vigée, wie sie ihr den Wunsch nahebringen konnte, als unerwartet eine junge Frau hereinrauschte und der Königin eine Auswahl von Masken präsentierte. Marie Antoinette stellte ihr die Intendantin des Hauses, Prinzessin Lamballe vor, hielt sich vergnügt die unterschiedlichen Masken vor das Gesicht, fragte Vigée, welche ihr am besten stand, wartete die Antwort nicht ab, sondern meinte voller Feuer, daß es nichts Aufregenderes als einen Maskenball gab. Nichts war schöner, als sich hinter einer Maske verstecken zu können, von keinem erkannt zu werden, in eine andere Identität zu schlüpfen, sich jenseits aller Vorschriften zu bewegen, so zu sein, wie man war, zu reden, wie man wollte, zu lachen, wann man Lust hatte, tanzen mit dem Kavalier seiner Wahl, ohne Zwang, ohne Etikette, einfach einmal keine Königin sein müssen – herrlich!

Das Gesicht von Marie Antoinette begann zu sprechen, alles geriet in Bewegung, die Augen leuchteten, das Blau bekam Tiefe, Vigée bestimmte rasch das Volumen, notierte die Farbwerte, markierte Licht und Schatten und hatte den Punkt gefunden, von dem aus sich alles wie von selber malte. Jetzt war sie im Gespräch mit ihr, sagte auch, welche Maske ihr am besten stand, und merkte gar nicht, daß die Prinzessin Lamballe neben ihr stand und voller Bewunderung jeden Pinselstrich verfolgte. Es wurde viel gelacht, als wären sie bereits mitten im Maskenball, und als die Sitzung zu Ende war, wollte Marie Antoinette von Vigée unbedingt noch ein Porträt ihrer Freundin, nicht morgen, nicht übermorgen, sondern sofort. Vigée wagte zu bemerken, daß sie gar nicht so viel Leinwand bei sich hatte, doch Marie Antoinette meinte fast übermütig: »Dann malen Sie doch auf Kapaunenhaut!«, und ehe Vigée noch etwas einwenden konnte, führte die Lamballe sie zur Gräfin Polignac.

Erneut stellte sie die Staffelei auf, griff müde, mehr aus Pflicht denn aus Neigung zum Skizzenblatt, und plötzlich stockte ihr der Atem. Für einen Moment geriet sie aus der Balance. Vaudreuil stand vor ihr. Kein Schattenriß, kein Farbenspiel, der Falkenmeister in seiner leibhaftigsten Leibhaftigkeit, greifbar nah im Haus der Polignac. Vigée fragte sich nicht, ob hier der Zufall oder die Notwendigkeit spielte, ob er der Bettkumpan oder nur der Vertraute der femme du monde war, der Abgelegte oder der Momentane – sie sah ihn nur an und wieder begann ihr Blut schneller zu fließen, wieder durchzuckte sie so ein coup de foudre, der aus allem herausriß und sie in eine Spannung versetzte, die auch beim Zeichnen anhielt und sich zum kleinen Fieber steigerte, als er sie in seinem Wagen nach Hause fuhr.

Der Weg von Versailles nach Paris schien ihr auf einmal wie eine Sonnenroute. Sie hätte es nicht für möglich gehalten, daß es so etwas gab, doch dieser Mann saß ihr gegenüber und alles war plötzlich ganz anders. Alles glitzerte, funkelte und sprühte. Alles in ihr lag auf dem Sprung, straffte und dehnte sich, sie kam sich schöner, witziger, frecher, größer und einmaliger vor, hatte Spaß daran zu rätseln, wer von ihnen der Falke und wer die kleine weiße Taube war, verwandelte das beiläufigste Wort in pures Gefühl, genoß seine Nähe, genoß sich selbst und fand die Welt nur noch schön.

»Ihre Bilder haben in meinem Haus einen Ehrenplatz«, sagte er.

»Ich hoffe, nicht nur meine Bilder«, entgegnete sie anzüglich kokett und war fast ein wenig erschrocken, ihn mit soviel Lust herauszufordern, doch er antwortete mit einem Blick, der alles in ihr aufwühlte und die unbekannten Töne zum Klingen brachte. Die Farben begannen zu musizieren, hohe helle Akkorde, Halbtöne, Ganztöne, ein prismatisches Schimmern und sie spürte, für den Falkenmeister hätte sie auch mit geschlossenen Augen die schönsten Bilder malen können.

Lebrun konnte sich nicht erklären, weshalb Vigée wie ausgewechselt vom Besuch bei der Königin zurückkam und befürchtete, daß sie das Ganze mit falschen Erwartungen verband. Sie sollte sich bloß nicht von dieser Dame auf dem Thron blenden lassen und sich irgendwelche Illusionen machen! Marie Antoinette hatte sich schon von vielen Künstlern malen lassen: Liotard, van Meytens, Ducreux, Charpentier, Drouais und jetzt war Madame Lebrun an der Reihe. Sie mußte die Dinge nüchtern sehen. Diesen Machtmenschen ging es doch gar nicht um die Kunst, sie wollten sich bloß von den besten Malern so vorteilhaft wie möglich ins Bild setzen lassen. Sie konnte froh sein, daß sie nur im kleinen Porträtfach reüssierte, denn so mancher große Meister hatte sich mit den Repräsentationsschinken für das Königshaus um seinen Namen gebracht. Nein, Vigée sollte dieser Audienz um Himmels willen nichts Besonderes beimessen und deswegen womöglich die Wünsche ihrer Kundinnen vernachlässigen. Marie Antoinette konnte auf ihr Porträt warten wie alle anderen. Dann bekam sie gleich mal eine Vorstellung davon, was eine gefragte Malerin war.

Vor allem fand er, daß es für Vigée höchste Zeit wurde, sich Schüler zu nehmen. Schüler vermehrten das künstlerische Ansehen, und sie mußte an später denken. In den Biographien klang das allemal bedeutend: Fragonard, der Schüler von Boucher, Falconet, der Schüler von Le Moyne, Drouais, der Schüler von Natoire, David, der Schüler von Vien. Oder sie sollte an die ganz Großen denken: Raffael, der Schüler von Perugino und Giulio Romano, der Schüler von Raffael. So stellten sich die Traditionen in der Kunst her, und es konnte nicht schaden, wenn sie das frühzeitig ins Auge faßte.

Vigée saß wie so oft mit ihm noch abends bei einem Glas Wein, doch allmählich ging ihr sein ständig guter Rat aufs Gemüt. Wußte alles, kannte alles, hatte den großen Überblick und spielte sich als ihr Hausprophet auf. Soweit kam es noch! Vom Verkauf der Kunst mochte er ja eine Menge verstehen, nur wie sie entstand, davon hatte er nicht die geringste Ahnung, und darum ließ sie sich auch keinerlei Vorschriften machen oder gar hereinreden, was zu tun war. Sicherlich klang es respektabel, Schüler zu haben, alles belle et bonne, aber es fehlte ihr an Geduld und pädagogischem Talent. Außerdem ließ sich das Kolorit nicht erlernen. Da konnte sie auf einen Schüler noch so viel einreden, entweder die Farben waren in ihm oder es gab sie nicht. So was war angeboren. Gleichsam eine zweite Natur. Malen wie ein Vogel sein Nest baut – davon ließ sie sich nun mal nicht abbringen. Das war es doch! Selbst mit dem größten handwerklichen Können ergab sich noch kein lebendiges Kolorit. Es kam aus dem intuitiven Schwung. Das mußte er endlich begreifen. Letztlich waren Farben und Formen doch nur Symbole für eine Idee, die von keinem anderen als dem Maler selber kommen konnte. Fehlte sie, mangelte es den Bildern an Ausdruck und Eigenart. Das konnte ihm auch der beste

Lehrer nicht beibringen. Es war wie mit der Poesie. Auch die ließ sich nicht erlernen. Sie war eben nicht nur eine schöne Sprache, sie war ein Wesenszug. Man hatte ihn oder hatte ihn nicht. Da konnte das Versmaß noch so korrekt und jede Silbe genau ausgezählt sein – wenn der Azur der Worte nicht aus dem Empfinden hervorschien, blieb alles platt und stumpf. Andere mochten mit der Anzahl der Schüler ihr Ansehen vergrößern, aber sie war nicht andere, und was sie zur Kunst zu sagen hatte und was sie weitergeben konnte, lag allein in ihren Bildern. Alles darüber hinaus entsprach nicht ihrer Natur. Und jetzt wollte sie kein Wort mehr davon hören!

Die entschiedene Antwort beeindruckte Lebrun so sehr, daß es ihm für einen Moment fast die Sprache verschlug. Sie hatte doch mehr Eigen-Sinn als erwartet. Er wagte kaum, sie noch mit einem Sonderwunsch zu behelligen, der gerade an ihn herangetragen worden war. Einer seiner besten Kunden hatte in Rom von Angelika Kauffmann ein Gemälde erworben und wollte unbedingt, daß Vigée es kopierte. Leichtsinnigerweise hatte Lebrun schon zugesagt, aber jetzt sah er ein, es wäre besser gewesen, sie vorher zu fragen. Auf keinen Fall wollte er künftig in den heiklen Dingen der Kunst in ihrem Namen sprechen. Zwar sah alles bei ihr so leicht und mühelos aus, aber sie machte sich offenbar mehr Gedanken über die Materie, als er ahnte. Fast ein wenig beschämt gestand er sich ein, daß er sie in den Fragen der Analyse unterschätzt hatte. Zwar hatte er das Honorar für die

Kopie bereits als Vorauszahlung angenommen, aber er hütete sich, darüber ein Wort zu verlieren, denn das hätte seine grundgeniale kleine Farbenfrau erst recht aufgebracht. Dennoch ließ er zu vorgerückter Stunde das Gemälde hereinbringen, stellte es vor ihr auf, bat um ihr Urteil und fragte ganz nebenbei, ob sie sich eventuell vorstellen könne, es zu kopieren.

»Klio, die Muse der Geschichtsschreibung, passabel gearbeitet, gefällt mir«, sagte sie. »Irgendwann wenn Zeit ist, mache ich es. Aber nicht jetzt! Nicht alles auf einmal und alles zugleich.«

Eigentlich hätte sie ihm etwas ganz anderes sagen müssen: Sie war schwanger. Doch sie wußte, wenn sie ihm das jetzt verkündete, hatte sie keine ruhige Minute mehr. Dann kam seine fürsorgliche Natur zum Vorschein, und er achtete vielleicht noch darauf, daß sie nicht zu lange an der Staffelei stand, mehr schlief als sonst und morgens ausgiebig frühstückte. Sie wollte nicht, daß er jeden ihrer Schritte umsorgte und ihr am Ende gar untersagte, mit grünen Farben zu malen, weil sie angeblich giftig waren, daß sie Bleiweiß benutzte, weil es Atemnot hervorrief und mit schädlichem Firnis umging. Dazu kam: nichts heben, auf keine Leiter steigen, sich nicht recken und nicht bücken, am besten gar nichts tun, sich auf das Ereignis vorbereiten und schöne Mützchen stricken – das fehlte ihr gerade noch.

Natürlich freute sie sich auf das Kind, aber sie wollte nicht täglich daran erinnert werden. Schließlich befand sie sich in keinem Ausnahmezustand, war nicht behindert, nicht krank und Rat suchte sie ganz bewußt nicht. Am Ende lief alles doch nur auf die üblichen Katastrophengeschichten hinaus, und mit derlei Schauerballaden wollte sie sich nicht belasten. Was zur Natur gehörte, dem brauchte man nicht entgegenzuzittern, und Angst war ihr ohnehin fremd. Nein, alles sollte normal wie immer sein, nur mußte sie von Anfang an eines sehr deutlich machen: Das Kind gehörte ganz selbstverständlich dazu und darum änderte sie ihren Arbeitsrhythmus nicht. Nicht jetzt, da sie spürte, daß mit der Farbe des Lebens, die sie gefunden hatte, etwas Aufregendes begann.

Ann-Rosalie war empört. Gaillards erneuter Angriff gegen die Porträtmalerei überstieg alles, was sie bisher gelesen hatte. Aufgebracht steckte sie die Zeitung ein, fuhr zu Vigée und meinte schon auf der Türschwelle, daß man sich von diesen selbsternannten Geschmacksrichtern nicht alles gefallen lassen durfte. Es war höchste Zeit, sich zusammenzutun, um diesem Kunsthenker gründlich das Handwerk zu legen. Sie stürmte ins Atelier, schlug die Zeitung auf und las ihr Satz für Satz mit Empörung vor: »Für Kenner besteht schon seit langem kein Zweifel, daß der Porträtmalerei der Charakter der Kunst abgesprochen werden muß. Im Gegensatz zu den Alten Meistern sind die Porträts, die uns heute geboten werden, nichts weiter als das Kopistengepinsel einiger Modemaler, die sich ihre Tapezierware hoch bezahlen lassen. Ob unsere geschätzten Porträtisten mit Seife oder mit Schnupftabak malen – es sieht alles gleich aus, und wer Maskenbilder liefert, sollte sich nicht Künstler nennen. Um so mehr, da es kein Geheimnis ist, daß der Porträtmaler ohne Phantasie arbeitet und sich keinerlei Gedanken über Pose und Hintergrund zu machen braucht, denn dafür hat er seinen Motivkatalog. Gelehrtenpose – nachdenklich ernst mit Prachtband und Globen. Musenpose – verschwebt heiter vor arkadischer Landschaft. Würdepose – erhaben hoheitsvoll mit Säulenplinthe und roter Draperie. Kontemplationspose – weibliche Sitzfigur, traumverloren weltentrückt oder männliches Staatsporträt, stehend mit Orden und Ehrenbändern vor wetterschwerem Horizont. Die Gewänder selbstverständlich nach Absprache und Kundenwunsch und auch in Stichvorlagen kann geblättert werden, denn der schlechte Geschmack soll nicht aus der Mode kommen. Darum werden noch immer die gräßlichen van Dyck-Kostüme bevorzugt, großer weißer Spitzenkragen mit weißen Spitzenmanschetten, natürlich reichlich Uniformen, Farbton jagdgrün und die Damen je nach Geldbeutel attisch elegant oder zeitlos antik. Ob Bruststück, Kniestück, ganze oder halbe Länge – alles ist Standard, Routine und der Rest nichts weiter als ein gutes Geschäft.«

Am liebsten hätte Ann-Rosalie die Zeitung in den Kamin geworfen, doch Vigée fand das übertrieben und dachte vielmehr, wenn das die allgemein herrschende Auffassung von Porträtmalerei sein sollte, dann war sie geradezu eine Revolutionärin dieses Fachs, läutete einen ganz neuen Stil ein und durfte sich getrost für bahnbrechend halten. »Wenigstens weiß ich jetzt, was ein Motivkatalog ist«, sagte sie. »Man lernt eben immer etwas dazu.«

»Sieh das nicht so harmlos«, entgegnete Ann-Rosalie, »diese Herren können sich doch solche Frechheiten nur erlauben, weil ihnen niemand widerspricht! Mag ja sein, daß es die Meinung eines einzelnen ist, aber sobald sie in der Zeitung steht, ist es eine öffentliche Meinung, und die sickert unwillkürlich in die Köpfe ein und bestimmt wie von selbst die Richtung, in die gedacht werden soll. Einer betet vor, alle beten nach und schon steht die ganze Kunst am Pranger.«

Vigée verstand ihre Aufregung nicht. »Gaillard weiß doch gar nicht, wovon er spricht«, sagte sie. »Laß ihm doch sein Geiferlätzchen. Er braucht das eben.« Vigée fand es nicht nur sinnlos, sich damit auseinanderzusetzen, sondern grundverkehrt, denn wenn sie sich jetzt öffentlich darüber empörte, glaubte am Ende jeder noch, sie fühlte sich persönlich angegriffen. Aber mit Kopistengepinsel, Maskenbild und Motivkatalog hatte sie nichts zu tun und konnte auch gar nicht gemeint sein. »Es gibt Leute, die würden sich auch im Schweinestall wälzen, um Aufsehen zu erregen«, sagte sie, »darum ist es am besten, so etwas gar nicht erst zur Kenntnis zu nehmen, dann verläuft sich das Geträller im Sande, wo es hingehört.«

Um an dieses leidige Thema keine Minute länger zu vergeuden, führte Vigée ihre Freundin nach nebenan in die Trockenkammer und ließ sie einen Blick auf das Porträt von Marie Antoinette werfen. Zwar wollte Ann-Rosalie noch entgegnen, daß sie trotzdem die Anmaßungen eines Gaillard nicht so ohne weiteres hinnehmen sollten, aber jetzt war sie sprachlos. Sie hatte ja schon viele Arbeiten von Vigée gesehen, doch dieses Bild war anders. Sie stand wie gebannt davor und täuschte sich nicht: Alles an ihm atmete. Es hatte mehr Leben als ihre bisherigen Porträts und kühn war es auch noch. Niemand stellte sich so eine Königin vor und schon gar nicht diese österreichische Verschwenderin. Ganz ohne Schmuck, nicht die kleinste Perle im Ohr, ohne jede Draperie, keine Prachtbordüren, keine Goldvolants, nichts, gar nichts. Nur Kopf und Hals und freie Schultern. Ann-Rosalie faßte es nicht. »Du hast recht«, sagte sie nach einer Weile, und fast klang es wie eine Entschuldigung, »Gaillard weiß gar nicht, was ein Porträt ist. Ein Jammer, daß so etwas nicht öffentlich ausgestellt wird, sondern hinter den Schloßmauern von Versailles verschwindet.«

Vigée nahm die Begeisterung fast beiläufig auf. Sie sagte nichts von der neuen Untermalung und auch nicht, daß sie in das Blau der Augen eine Spur von Perlmuttstaub gemischt hatte, um ihnen den natürlichen Glanz zu geben. Selbst für die Gesichtszüge hatte sie diesmal etwas Neues probiert und den allerschmiegsamsten Pinsel verwandt, ein rares Exemplar, nicht vom Fuchs, nicht vom Dachs, nicht vom Marder, sondern von den Flaumfedern des Schwans.

Mit ihm konnte sie die feinsten Hauttöne einarbeiten und noch die Schatten eines Schattens sichtbar machen. Auch mit dem Mond hatte sie Glück gehabt. Nächtelang ein klarer, heller Vollmondschein, der das Bild gleichmäßig trocknete, der tief in die Farben eindrang, in ihnen weiterschien, ihr Eigenlicht spielen ließ und dem ganzen Kolorit so einen verborgen samtenen Schimmer gab. Das alles ließ Vigée unerwähnt und drängte die Freundin bloß ungeduldig vom Bild fort, als gäbe es Wichtigeres für sie. Ann-Rosalie wollte zwar noch wissen, wie es bei der Königin gewesen war, wie sie sich gab, was sie gesagt hatte und wie es in diesem Trianon aussah – ob die Räume wirklich mit goldenen Leisten tapeziert waren und die Königin tatsächlich ein Gewächshaus mit lauter Porzellanblumen hatte –, alles von da draußen, von der Weltinsel Versailles interessierte sie, aber Vigée mochte nicht über ihr Porträt und nicht über die Königin reden. Sie hatte nur ein Thema: Vaudreuil. Er, nur er beschäftigte sie.

Marie Antoinette bestellte ein neues Porträt mit der Maßgabe, sich am kommenden Vormittag in Versailles einzustellen. Vigée fiel aus allen Wolken. Sie hätte sich nicht träumen lassen, daß es noch einen zweiten Auftrag geben könnte. Nicht nach diesem schmucklosen Landfrauenporträt, dieser ganz und gar unköniglichen Darstellung einer Königin. Kein Staatsputz, keine Prachtrobe, lediglich das Gesicht einer

25jährigen, das für sich selber sprach: mit einem so strahlenden Teint, wie sie ihn noch bei keiner Frau gesehen hatte; mit einer Haut, die so durchsichtig war, daß sie keine Schatten zeigte, und einer Frische, die so viele feine Töne nötig machte, daß ihr fast die Farben dazu gefehlt hätten. Jetzt erneut zu einer solchen Herausforderung gebeten zu sein war für Vigée mehr als nur ein zweiter Auftrag. Es war die Bestätigung dafür, daß Marie Antoinette einen Bezug zu ihrer Art zu malen hatte, ihren Stil und ihre Farbgebung schätzte und sich überzeugend dargestellt fand. Vigée atmete auf.

Lebrun war mit seinem Wagen zum Ankauf einer Sammlung nach Holland gereist, doch mit einem Mietfiaker wollte sie auf keinen Fall nach Versailles fahren. In diesem Rippenbrecher halb gerädert und erschöpft anzukommen war nicht gerade eine gute Voraussetzung für das Gelingen eines Porträts. Vigée schickte Henri zum Kutschenvermieter, um für den kommenden Morgen eine Carrosse de remise zu bestellen. Zwar waren 15 Livres Tagesmiete ein kleines Vermögen, aber sie hatte die Garantie, in einem sauberen geräumigen Wagen fahren zu können und nicht als Stückgut transportiert zu werden. Zudem fand sie es wichtig, gerade vor diesen herumlungernden Geldreichen und Müßiggängern ihren Erfolg auch äußerlich zu dokumentieren. Schließlich war sie nicht durch eine große Erbschaft, sondern durch die eigene Arbeit zu Ansehen gekommen. Falsche Bescheidenheit hätte ihr nur geschadet.

Da sie in aller Herrgottsfrühe losfahren mußte, um pünktlich in Versailles zu sein, nahm sie gleich ihr neustes Straßenkostüm aus dem Trousseau, damit es über Nacht aushängen konnte und keine Knitterfalte den guten Eindruck minderte. Auch die Strümpfe und den passenden Hut legte sie sich zurecht und ließ noch einmal die Schuhe putzen. Natürlich nicht mit dem billigen ölgepanschten Kaminruß, der das Leder stumpf machte, sondern mit der teuren englischen Wichse, die nicht fleckte. Von Kopf bis Fuß mußte alles perfekt sein. Tadellos und makellos und kein Anlaß für irgendein geringschätziges Gerede, womit man sich in Versailles so gern die Zeit vertrieb.

Kurz nach Sonnenaufgang fuhr die Carrosse de remise vor. Der Wagen war sauber, der Kutscher gepflegt, die Pferde gestriegelt – ganz wie erwartet. Henri lud die Malutensilien ein, Vigée stand reisefertig im Salon, nahm rasch noch einen Schluck Kaffee, doch plötzlich bekam sie ein so heftiges Ziehen im Bauch, daß sie sich nicht von der Stelle wagte und sich ganz langsam auf einen Stuhl niederließ. Mit fiebernder Unruhe wartete sie darauf, daß die Attacke vorüberging, aber dann wurde ihr speiübel, das Ziehen nahm zu, und es blieb ihr nichts anderes übrig, als sich kurz auf das Bett zu legen. Sie nahm den Hut ab, zog die Kostümjacke aus, öffnete den Rock und löste das Mieder. Doch der Druck verstärkte sich so sehr, daß sie meinte, es würde sich eine Frühgeburt ankündigen, und nach der Hebamme schicken ließ. Vigée sah zur Uhr und war verzweifelt. Der Sitzungstermin ließ sich nicht mehr halten. Sie hätte heulen können. Ausgerechnet jetzt mußte das passieren und ausgerechnet ihr, die selbst auf Pünktlichkeit und Zuverlässigkeit den allergrößten Wert legte und es als eine Zumutung empfand, wenn die Kundinnen auch nur fünf Minuten später als vereinbart kamen, denn Zeit war Licht und Licht war kostbar. Und nun das!

Vor dem Haus wartete geduldig die Karosse, Stunde um Stunde. Der Vormittag verging, der Mittag kam, der Nachmittag brach an. Die Hebamme schaute kurz herein, gab ihr ein Stück Brot getränkt in Malaga und dazu eine Tasse Fliedertee. Vigée lag noch immer auf dem Bett, war so unglücklich und so zerknirscht, daß sie gar nicht merkte, wie die Schmerzen allmählich nachließen und plötzlich ganz verschwunden waren. Die Übelkeit wich, ihr Gesicht bekam wieder Farbe, und sie hatte nur noch den einen Gedanken: die mißliche Situation, in die sie gegenüber der Königin geraten war, zu mildern und wenigstens der Oberhofmeisterin ihr Ausbleiben zu erklären.

Gleich am nächsten Morgen ließ sie erneut die Carrosse de remise kommen. Wie selbstverständlich trug Henri die Malutensilien zum Wagen, dabei war es diesmal ganz unnötig. Sie fuhr zu keiner Sitzung, aber sie sagte nichts, um die Abfahrt nicht zu verzögern. Ihre Mutter, die sie vorsorglich als Begleiterin mitnahm, saß bereits hochfrisiert im Wagen und konnte es kaum erwarten, endlich einmal dieses Versailles zu sehen.

Statt der Oberhofmeisterin empfing Vigée der Kammerdiener der Königin. Seine Miene war trokken und kalt. Sie hatte kaum den ersten Satz ihrer Entschuldigung vorgebracht, da fiel er ihr mit wütender Stimme ins Wort: »Ungeheuerlich, was Sie sich erlauben! Wegen einer kleinen Unpäßlichkeit Ihre Majestät warten zu lassen!« Das war ihm noch nicht vorgekommen. Für ein solches Verhalten gab es keine Entschuldigung! Wenn Madame Vigée schon die außerordentliche Gnade widerfuhr, die Königin malen zu dürfen, dann war es doch nicht zuviel verlangt, dafür einmal ein körperliches Unwohlsein hintanzustellen. Er hatte schon große Gelehrte gesehen, die trotz ihrer gichtigen Gelenke den Schmerz überwanden und vor Ihrer Majestät niederknieten! Die Königin war gewiß nicht gewillt, sich ein zweites Mal auf ein so unsicheres Unternehmen einzulassen. »Schreiben Sie sich hinter die Ohren: Ihre Majestät hat eine natürliche Abneigung gegen Künstlerlaunen jedweder Art.«

Vigée war empört. Was bildete der sich ein, wer er war! Ein Hofhanswurst wie all die anderen Hofhanswürste! Spielte sich als Kammerherrgott vor ihr auf und meinte, sie damit beeindrucken zu können! Aber von so einer Buckelwanze derart abgekanzelt zu werden – das ließ sie sich nicht bieten. Sie war andere Behandlung gewohnt. Wenn Monsieur Campan meinte, er hätte es mit einer kleinen Farbenfee aus dem Krötenpfuhl Paris zu tun, die dem Himmel danken durfte, ins weltprächtige Versailles gebeten zu sein, dann hatte er sich gründlich geirrt. Allein schon dieser Inquisitionsblick – einfach lächerlich! Fehlte nur noch, daß er darauf bestand, seine geliebte Brotherrin kniend zu malen. Er mochte ja am Hof einen wichtigen Posten haben, aber Einsicht und Verständnis gehörten offenbar nicht zu seinen Aufgaben. Wenn ihr übel war, war ihr übel und selbst vom größten Genie konnte niemand erwarten, in einem solchen Zustand auch nur einen halbwegs stimmigen Lokalton auf die Leinwand zu bringen. Schließlich sollte es ein Bild werden und kein Ölfleck.

Vigée bat, der Königin das Nötige auszurichten, und verabschiedete sich so eisig wie sie empfangen worden war. Sie wollte nur weg von hier, eilte in stiller Wut durch den Park hin zu ihrer gemieteten Karosse und merkte gar nicht, daß sie der Königin in die Arme lief. Marie Antoinette war in Begleitung ihrer Hofdamen, blieb stehen und fragte, wo sie gestern geblieben war. »Ich habe Sie den ganzen Morgen erwartet. Was ist denn passiert?«

Sichtlich erschrocken über diese unverhoffte Begegnung, entschuldigte sich Vigée in aller Form, sprach nicht umständlich und diskret von Übelkeit, sondern sagte ganz direkt, daß sie liegen mußte, weil sie Angst vor einer Frühgeburt hatte.

»Warum haben Sie mir nicht gesagt, daß Sie schwanger sind? Ich hätte Ihnen nie zugemutet, nach Versailles zu kommen. Ist alles wieder in Ordnung?«

Vigée nickte.

»Dann lassen Sie uns die Sitzung nachholen. Malen Sie mich gleich so wie ich bin.« Marie Antoinette ließ die Hofdamen stehen, nahm Vigées Arm und führte sie in ihr Privat-Kabinett. Das Malzeug wurde geholt, Vigée ließ ihrer Mutter ausrichten, daß sie im Park spazierengehen und sich gedulden möge. Marie Antoinette setzte sich an den Tisch und steckte Blumen in die Vase, denn in dieser Pose wollte sie ins Bild. Vigée stellte die Staffelei auf und spannte die Leinwand. Sie griff nach dem Malkasten, faßte ihn aber so ungeschickt, daß er ihr aus der Hand fiel und die vielen großen und kleinen Pinsel verstreut auf dem Boden lagen. Vigée wollte sie aufheben, doch Marie Antoinette war schneller. Sie sammelte die Pinsel ein, reichte sie Vigée und bat, bis zur Geburt alle Anstrengungen zu meiden und sich zu schonen. »Tun Sie es mir zuliebe. Ich will noch viele schöne Bilder von Ihnen haben.«

Das zu hören klang schon anders als die Zischlaute ihres Kammerzwergs. Überhaupt war Marie Antoinette in einer so aufgeschlossenen Stimmung, daß Vigée mit nur wenigen Strichen eine Skizze gelang, an der nichts mehr verändert werden mußte.

»Seien Sie glücklich, daß Sie zu Hause entbinden können. Geradezu beneidenswert. Ich darf gar nicht an meine Geburt denken. Tag und Nacht hatte ich mich darauf gefreut, Monat für Monat, aber als es soweit war, mußte ich öffentlich entbinden.«

Vigée sah, daß eine starke Bewegung ins Gesicht der Königin kam und was sie sagte, ließ den Fluß der Farben ins Stocken geraten.

»Das müssen Sie sich einmal vorstellen! Sie liegen auf Ihrem Bett, kämpfen mit den Wehen, glauben, Sie müßten zerplatzen, wissen nicht, sind Sie noch in der Welt oder doch schon im Jenseits, denken nur noch, daß alles vorbei sein möge, und plötzlich der Ruf des Accoucheurs: Die Königin entbindet!, und schon stürzt die ganze Hofmeute ins Zimmer, drängt sich um das Bett, drückt so heftig gegen die Wandschirme, daß fast die Spannseile reißen, und balgt sich um die besten Plätze. Am Fußende des Bettes werden Fauteuils aufgestellt, mit Sitzordnung nach Rang, damit die höchsten Würdenträger den besten Blick auf die geöffneten Beine der Königin haben. Angeblich wollen sie sich vergewissern, daß der Thronfolger tatsächlich leibhaftig aus ihr kommt und nicht untergeschoben wird, aber in Wirklichkeit wollen sie nur die Qual sehen und sich am Schmerz berauschen. Da liegt man vor all diesen neugierigen Gesichtern wie auf einer Schlachtbank, fühlt sich gefoltert und gedemütigt, ist nicht mehr die Frau, die ein Kind zur Welt bringt, sondern nur noch das Objekt der Voyeure. Man kann nicht mehr unterscheiden, ist es der Ekel vor den anderen oder der Ekel vor sich selbst, man blutet wie ein Tier, das Kind kommt, der Kopf geht nicht durch, alles stockt, die Beine werden naß, ist es Wasser, ist es Schweiß, man sieht nichts, der Accoucheur sitzt fast auf dem Bauch, drückt mit, die Zange wird gereicht, der Eingriff steht bevor, alles drängt noch gieriger heran, am liebsten hätten sie noch nach Vergrößerungsgläsern gerufen; auf das große Schrankmöbel gegenüber dem Bett klettern junge Männer, um einen noch besseren Blick in die Eingeweide der Königin zu haben und sich nur ja keine Zuckung und keinen Blutspritzer entgehen zu lassen. Alle wollen sehen, wie man schreit und stöhnt, wie man vor Schmerz fast ohnmächtig wird und beinahe erstickt, wie man preßt und drückt, und sicherlich hätte die Meute ihren vollen Genuß gehabt, wenn einem dabei die Adern geplatzt und die Augen herausgetreten wären. In dieser Lage öffentlich vorgeführt zu werden, das ist Folter. Für mich waren es sieben Stunden ärgste Folter. Einen Schmerz mit sich allein auszumachen ist noch zu ertragen, aber in diesem Schmerz öffentlich präsentiert zu werden, das ist die tiefste Erniedrigung. Wer das ertragen hat, für den kann nichts Schlimmeres mehr kommen.«

Vigée merkte plötzlich, daß sie über dem Zuhören das Malen vergessen hatte und mitten in der Skizze stehengeblieben war. Auch Marie Antoinette schien das nicht entgangen zu sein, denn auf einmal änderte sich ihre Stimme, und sie sagte in einem aufmunternden Ton: »Aber Sie haben das alles nicht zu befürchten. Sie können sich noch richtig auf das Ereignis freuen.«

Die Oberhofmeisterin betrat den Raum und es kam Unruhe auf. Marie Antoinette wurde zum König gerufen und mußte die Sitzung abbrechen. Sie warf einen flüchtigen Blick auf die Skizze und schien schon jetzt davon angetan. »Machen Sie daraus ein Porträt, so wie Sie meinen, daß ich bin. Nach Ihrer Entbindung sehe ich Sie wieder. Mein Wagen steht für Sie bereit. Er ist gut gefedert und für eine schwangere Frau kein Risiko.« Dann winkte sie Vigée zu, schwebte aus dem Raum, und mit einem Mal war alles Protokoll.

Die Karosse der Königin hielt direkt vor dem Eingang des Trianon, überprächtig und mit sechs Pferden Vorspann. Die Kammerkreatur Campan mußte sie zum Wagen geleiten und den Gast der Königin mit mehreren Verbeugungen verabschieden. Selbstverständlich knietief, wie es die Vorschrift verlangte. Das tat gut und war eine Wandlung, für die ihr im Moment nicht einmal die passende Farbe einfiel. Vor Stunden noch aufgeplustert wie ein Puter, ganz der allmächtige Palastwächter, der meinte, mit Untertanenschelte ihr den nötigen Respekt vor all den Erlauchten und Gekrönten beibringen zu müssen, und jetzt schlich er neben ihr mit kratzfüßigen Blicken. Er wagte kein Wort, keinen Mucks, gab nicht den kleinsten Laut von sich, ging bloß reuig gebückt, als säße ihm nichts als die Angst im Genick, sie könnte sich über ihn beschweren. Vigées Malzeug wurde in die gemietete Karosse geladen und der Kutscher angewiesen, dem Wagen der Königin zu folgen. Die Mutter nahm auf den weichen samtenen Polstern Platz und fühlte sich wie auf dem Thron.

Kaum daß sie in die breite Allee nach Paris einbogen, war die Wirklichkeit eine andere. Sie fuhren nicht, sie schwebten. Schwebten auf die Hauptstadt zu und überall liefen die Menschen zusammen, eilten an die Kutsche, zogen den Hut, grüßten, riefen und winkten. Und dann, im Zentrum von Paris, im dichten Verkehrsgewühl von Fiakern, Postkutschen, Droschken, Ochsenkarren, Pferdefuhren, Bretterwagen, Chaisen, Equipagen und Cabriolets rauschten sie wie durch ein Spalier. Alle Fahrzeuge wichen aus, fuhren zur Seite und blieben stehen, um der königlichen Karosse Platz zu machen. »Wer in so einem Wagen sitzt, muß wirklich denken, daß die Welt nur für ihn erschaffen worden ist«, sagte Frau Jeanne, lehnte sich weit aus dem Fenster, grüßte nach allen Seiten, genoß die Aufmerksamkeit und fand es wunderbar, einmal im Leben sich wie eine Königin fühlen zu können.

Vigée dagegen hätte sich am liebsten tief in den Polstern versteckt. Es war ihr unangenehm, einen Platz einzunehmen, der ihr nicht gebührte. Sie schob ein wenig die Gardine vor, schloß die Augen, dankte Henri im stillen für seinen Eifer, denn ohne die Malutensilien hätte der Tag ganz gewiß keinen so glücklichen Ausgang genommen, und dachte an Vaudreuil. Auf dieser Allee war er vor kurzem in einem Parforceritt zu ihr gejagt, auf seinem besten Pferd keine anderthalb Stunden von Versailles nach Paris galoppiert, um sich für das Selbstporträt zu bedanken, das sie ihm geschenkt hatte. Am allerkältesten Dezembernachmittag stand er schwitzend und frostrot an ihrer Tür, sagte wie zur Entschuldigung: »Nur Brieftauben sind schneller«, und kam ihr aufregend nah. Hätte er jetzt neben ihr gesessen, wäre sie wieder auf der Sonnenroute gefahren, alle Sinne in Bewegung, alles in Flammen, alles in Lust. Statt dessen mußte sie das überdrehte Gehabe der Mutter ertragen. Fehlte nur noch, Frau Jeanne hätte sich auf das Karossendach geschwungen, um sich von den Parisern bewundern zu lassen. Aurora mit Fackel und Rosenarm verkündet den Tag. Peinlich, alles nur peinlich. Vigée konnte es kaum erwarten, diese Jubelfahrt hinter sich zu bringen, und als der Prachtwagen endlich vor ihrer Toreinfahrt zum Halten kam, sprang sie rasch heraus, huschte ins Haus und verschwand in ihrer Arche. Frau Jeanne dagegen ließ sich mit dem Aussteigen Zeit, sehr viel Zeit, zögerte jeden Schritt genüßlich hinaus, denn sie wollte von möglichst vielen in der Straße gesehen werden. Erst als sie von einer stattlichen Traube neugieriger Nachbarn umringt war, schien sie am Ziel und beantwortete das aufgeregte Durcheinander der Fragen gelassen und ganz im Tone einer Verlautbarung. »Meine Tochter hat soeben die Königin gemalt, und Ihre Majestät war so begeistert, daß sie uns ihre Karosse überlassen hat.« Dann sonnte sie sich in den staunenden Blicken und schritt erhaben ins Haus.

Lebrun freute sich so sehr über das bevorstehende Ereignis, daß er fürsorglich einen neuen Ofen setzen ließ. Nicht den üblichen Holzspar-Ofen, dessen enge Züge ständig verstopften und mit dem jeder Winter zum Schrecken wurde, sondern einen eleganten

Fayenceofen mit modernem Rost und einer Technik, die den Rauch wirklich abziehen ließ. Er hatte ihn auf seiner Reise in Holland schätzengelernt, und das Kind sollte bei seiner Ankunft in der Welt wenigstens zu Hause einen gutgeheizten Raum vorfinden, in dem die Luft nicht ständig zum Husten reizte.

Vigée fand das zwar eine aufmerksame Begrüßungsgeste, hätte aber lieber auf die Handwerker und die Unruhe in der Wohnung verzichtet, denn sie dachte über eine gesteigerte Wirkung des Farbenscheins nach. Sie zog sich in ihre Arche zurück, schloß sich ein, verbat sich jede Störung, wollte weder durch lästige Eilkuriere noch Postboten und auch nicht durch das leise Doppelklopfzeichen von Lebrun unterbrochen werden, selbst wenn er noch so schöne Honorarsendungen hereinreichte. Sie wollte in Ruhe für die neuen Porträts neue Verfeinerungen ausprobieren. Auch wenn sie die Farbe des Lebens in der Farbe der Haut gefunden hatte und die Untermalung mit diesem Hauch von Mumie die darüberliegenden Töne genau so zur Entfaltung brachte, wie sie es sich vorgestellt hatte, sah sie doch, daß die Effekte des Farbenscheins um winzige Nuancen erhöht werden konnten. Der Schimmer hinter dem Schimmer mußte zum Vorschein kommen. Sei es als Gefühl, sei es als Ahnung. Einem Freund von d'Alembert, der von einer Forschungsfahrt aus Mexiko zurückgekehrt war, hatte sie nach längerem Verhandeln eine Sammlung von Trichtermuscheln abgekauft, schöne Exemplare mit schneckenartigem Gehäuse und einer prächtig schimmernden Perlmuttschicht. Für jede einzelne hatte sie einen luftdichten Korkverschluß fertigen lassen, hatte sie tagelang immer wieder mit Essig ausgewaschen und füllte nun in die neuen Behälter all die Farben, die für die Karnation unerläßlich waren. Sorgfältig verschloß sie die Muscheln, beschriftete sie und legte sie in den Farbenschrank, der sich auf einmal wie ein Juwelentresor ausnahm. Bislang hatte sie ihre Farben stets in Ochsenblasen aufbewahrt, damit sie nicht austrocknen konnten, aber inzwischen gab es für sie keinen Zweifel mehr, daß es mit den Farben der Haut gar nicht anders zugehen konnte als mit der Haut selber, die ja immerzu etwas von den Einflüssen ihrer Umgebung in sich aufnahm und sich immerzu dabei änderte. Inzwischen war sich Vigée sicher, wenn sie ihre Farben in solchen Perlmutthüllen lagerte, dann mußten auch sie etwas von ihrer Umgebung, von diesem natürlichen Glanz in sich aufnehmen und die Farbkörper so ein unmerkliches Opalisieren bekommen. Wer wie sie mit einer solchen Materie umging, der wußte längst, daß alles mit allem zusammenhing, alles mit allem in Beziehung stand und die Oberfläche jedes undurchsichtigen Körpers etwas von der Farbe seines Gegenübers an sich hatte.

Für die neuen Porträts rieb sie die Farben nicht mit Nußöl, sondern dem viel feineren Lavendelöl an, das nicht gelb wurde, die Pigmente noch streichfähiger machte und vor allem das Weiß und das Blau nicht verblassen ließ. Allerdings ließ sie das Öl vorher noch durch ein sandgefülltes Säckchen laufen, damit auch kein letztes Stäubchen die Reinheit trübte. Obwohl das Lavendelöl an sich schon dünnflüssig war, nahm sie trotzdem nur eine Spur davon, denn das hatte ihr der Vater als erstes beigebracht: Je weniger Öl die Farben enthielten, um so unveränderter blieben sie, schrumpften nicht, rissen nicht und sprangen nicht. Außer dem Honig und dem gebleichten Bienenwachs gab sie diesmal noch ein stecknadelkopfkleines Körnchen Kandiszucker dazu, um die Bindung zu verbessern. Tag für Tag saß sie bis spät in den Abend an ihren Staffeleien, grundierte, übermalte, probierte Firnisse und Lasuren aus, rieb zwischendurch in immer neuen Mischungen die Farben an, wusch die beiden fertigen Porträts mit Rosenwasser ab, um die Klarheit der Farben um einen winzigen Schein klarer zu machen, wollte die Bilder an das geöffnete Fenster stellen, um sie wie immer im Mondlicht gleichmäßig und langsam trocknen zu lassen, da stürzte plötzlich das Kind auf die Welt. Noch ehe sie sich auf die Geburt einstellen konnte, lag sie schon hinter ihr.

Vorsichtshalber hatte Lebrun in aller Heimlichkeit die Accoucheuse für ein paar Tage in seinem Hause einquartiert, so daß sie sofort zur Stelle war und Vigée ganz verwundert auf das kleine Bündel schaute, das da zu später Stunde in Tücher gehüllt auf einmal neben ihr lag. Lebrun atmete auf, in so unkomplizierter Weise Vater einer Tochter geworden zu sein, und blieb die ganze Nacht an Vigées Bett sitzen. Erleichtert stellte er fest, daß sie noch nie so gut, so tief und so lange geschlafen hatte. Allerdings war er wenig erbaut davon, daß sie nach ein paar Tagen schon wieder an der Staffelei saß und sich die Tochter nur zum Stillen bringen ließ, um anschließend sofort weiterzuarbeiten. Fast wäre es darüber zum Streit gekommen. Aber was um Himmels willen sollte sie tun? Ihr blieb doch gar nichts anderes übrig. Die Bestellungen nahmen derart überhand, daß sie sich bereits ein zweites Auftragsbuch zulegen mußte und auch das war fast schon bis auf die letzte Seite gefüllt. Natürlich hätte sie auch Aufträge ablehnen können, doch sie wollte niemanden enttäuschen. Eine solche Zurückweisung minderte nur das Ansehen, und am Ende hieß es gar noch, sie sei arrogant, überheblich und hatte es nicht mehr nötig. So was verbreitete sich schneller als das Fleckfieber. Außerdem wollte man von ihr und keiner anderen Malerin ein Porträt. Das war ehrenvoll und gab fortgesetzt die Möglichkeit, das zu tun, was ihrer Natur gemäß war und sich in der Sprache der Farbe den anderen mitzuteilen.

So sehr sie die Nachfragen auch unter Druck setzten – mehr Bestätigung konnte es für eine Künstlerin nicht geben. Was hätten ihr denn Bilder gebracht, die ungesehen und unbewundert blieben?! Ohne Öffentlichkeit hätte sie ewig im stillen Winkel vor sich hin pinseln können; von den Konkurrenten nicht gefürchtet, die Bilder nur brav belächelt als häuslicher Zeitvertreib und kleines Laienglück. Auch wenn sie im verborgenen nicht anders gemalt hätte – Kunst brauchte nun mal eine Bühne. Sie sah es ja bei den verehrten Kollegen: Der Radius der Wahrnehmung bestimmte den Grad der Professionalität. Sie brauchte kein Mathematiker zu sein, um für sich die richtige Schlußfolgerung zu ziehen: Je größer die Wahrnehmung, um so ernster wurde man genommen. Talente und Begabungen gab es genug, es fehlte ihnen meist nur an Energie und Ausdauer. Doch Kunst war nun mal ernsthafte Arbeit. Einbilden konnte sich jeder so ziemlich alles, sich für den größten aller Meister halten, ein Genie der Palette, ein Poet des Regenbogens, ein Magier des Kolorits und auch ihr blieb es unbenommen, sich als weiblicher Raffael zu fühlen und zu glauben, die Farben ganz neu erfunden zu haben – erst wenn die anderen davon überzeugt waren, kam der Erfolg und war er dann da, mußten die Kräfte mit ihm wachsen. Hielt sie dem nicht stand, war sie so schnell vergessen wie sie bekanntgeworden war. Nein, sie konnte sich keine Pause gönnen und vor allem – sie wollte es auch nicht. Gut ging es ihr nur inmitten Farben und so mußte es bleiben. Die Kinderfrau kümmerte sich um Julie, dafür wurde sie hoch bezahlt und Vigée war froh, ohne Unterbrechung ihre Arbeit fortsetzen zu können. Jetzt mußte sie in einem Kraftakt die Auftraggeber zufriedenstellen, vorrangig diejenigen Porträts, die bereits angezahlt waren.

Sie nahm ein Blatt Papier und schrieb auf, wen sie wann in den nächsten Wochen zu den Sitzungen bestellte, suchte einige Bilder aus, die sonntags zu den Öffnungszeiten des Ateliers den Besuchern als Anschauungsobjekte präsentiert werden konnten, da meldete Henri einen Sonderkurier der Königin. Augenblicke später hielt sie ein Billett von Marie Antoinette in der Hand und überflog die Zeilen: ein Auftrag von allerhöchster Dringlichkeit. Diesmal in Gala und davon drei Kopien. Eine für ihren Bruder Kaiser Joseph, eine für Katharina, die russische Zarin, und eine für Fontainebleau. Vigée hatte begriffen: Kniestück mit drei Originalkopien, die vierfache Arbeit.

Lebrun war ungehalten, äußerst ungehalten. Gewiß war es ein Privileg, die Königin zu malen, aber er fand, diese Dame nahm Vigée viel zu sehr in Beschlag, verlangte ständig Neues und hatte noch kein einziges Bild bezahlt. Wenn sie Vigées Stil derart bevorzugte, konnte sie ihr ja den Titel einer Hofmalerin verleihen, mit der dazugehörigen lebenslänglichen Pension. *Peintre de la Reine* – das wäre schon etwas anderes gewesen. Ein angemessenes Äquivalent und eine Entschädigung dafür, daß sie wichtige Arbeiten zurückstellen mußte. Die Königin brauchte ihr ja keine der begehrten Atelierwohnungen im Louvre zu geben, wie ihrer geliebten Stillebenmalerin Anne Vallayer, die dadurch unentwegt zu den besten Ausstellungen kam und zu deren Hochzeit sich Majestät bereits als Trauzeugin angekündigt hatte. Soweit mußte es nicht gehen. Selbst Labille-Guiard, die immer nur die drei alten Tanten des Königs malte, wurde mit Preisen und Titeln verwöhnt. Daran sollte Vigée denken, wenn sie wieder nach Versailles fuhr. Gegen andere war man dort durchaus großzügig und generös. Wenn die große Dame sie wirklich so sehr schätzte, gab es viele schöne Möglichkeiten: »Nach oben offen, versteht sich.«

Vigée hörte sich das seelenruhig an, dachte, daß ihr Tagesorakel wieder einmal gesprochen hatte, und sagte nur: »Apropos Versailles. Ich brauche dringend einen eigenen Wagen. Dazu Kutscher und Pferde. Du bist viel unterwegs, und ich will nicht jedesmal mit einer Mietkarosse ankommen. Das sieht ja so aus, als würde ich keinen Standard haben und mir nichts leisten können. Du kannst mir beim Aussuchen helfen und mich beim Kauf beraten.«

Lebrun geriet sichtlich in Verlegenheit und gestand in einem holprigen Ton ziemlich kleinlaut, daß er all ihre zuletzt eingetroffenen Honorare in den Ankauf einer Sammlung Flämischer Meister gesteckt hatte. Im Moment war die Kasse leer. So leid es ihm auch tat, sie mußte sich bis zu den nächsten Anzahlungen gedulden.

Vigée glaubte sich verhört zu haben. Das war doch wohl nicht sein Ernst! Sie arbeitete so viel, daß ihr nicht einmal die Zeit blieb, die Honorare auszugeben, und jetzt, wo sie einen Wagen brauchte, wie es ihr Status und ihr Ansehen erforderten, erfuhr sie ganz zufällig, daß er alles Geld in Holland verjubelt hatte. Großartig! Unter gemeinsamer Kasse stellte sie sich etwas anderes vor. Offenbar hatte er da etwas gründlich mißverstanden. Auch wenn noch immer im Gesetz stand, daß alles, was die Frau in der Ehe verdiente, dem Ehemann gehörte, hieß das noch lange nicht, daß er ohne zu fragen ausgeben durfte, was sie verdiente! Das war gegen alle Vereinbarungen!

Wütend sprang sie auf, warf die Zimmertür hinter sich zu und nahm sich vor, ab sofort ihre Honorare in einem Bankhaus zu deponieren. Wenn sie schon so viel arbeitete, wollte sie wenigstens das Geld auch zur Verfügung haben und nicht warten müssen, bis Kunsthändler Lebrun mit ihren Honoraren die Kasse wieder aufgefüllt hatte. Sie war noch von Herrn Jacques bedient. Da läuteten alle Glocken. Solche Erfahrung machte sie nur einmal im Leben. Darauf konnte sich ihr Hausprophet verlassen!

Tage später ging sie zum Stellmacher und suchte sich einen Wagen aus. Nichts Übertriebenes, nichts Mondänes und schon gar kein Cabriolet zur Selbstdarstellung oder eine luxuriöse Carrosse coupé, um am Ende vielleicht noch mit einer Herzogin verwechselt zu werden. Vigée wollte eine bequeme, unauffällig elegante Kutsche. Sie bat, ihr den Wagen zu reservieren, weil sie ihn frühestens in acht Wochen bezahlen konnte, doch der Stellmacher war so erfreut, die berühmte Malerin zu seinen Kunden zählen zu dürfen, daß er ihr den Wagen auf der Stelle überließ und auch noch anbot, einen verläßlichen Kutscher und gute Pferde zu besorgen. Dieses spontane Entgegenkommen nahm Vigée gerne an. Es schien ihr mit einem Mal sogar das beste an dem Kauf, denn es machte ihr bewußt, wie gut es war, noch einen Kredit jenseits des Merkantilischen zu haben.

Kurz entschlossen kündigte sie Lebrun an, ihren eigenen Salon zu führen. Sie fragte nicht, ob ihm das paßte oder ob sie das durfte, sie stellte ihn bewußt vor die vollendete Tatsache, schon um ihm vorzuführen, daß sie sich in ihrer Selbständigkeit nicht einschränken ließ.

Einem erprobten Geschäftsmann wie ihm, der unablässig irgendwelche Zahlenspiele im Kopf hatte, mußte einmal sinnlich-konkret vor Augen geführt werden: Sie verdiente viel Geld und damit es so blieb, mußte sie das tun, was ihr guttat. Nicht morgen und nicht übermorgen, sondern sofort. Den ganzen Tag an der Staffelei, Stunde um Stunde in ihrer Arche, immer im Dialog mit sich selbst, immer den Blick auf die Farben – da hatte sie abends ganz einfach das Bedürfnis, alles hinter sich zu lassen und in einen anderen Aggregatzustand zu wechseln. Da brauchte sie um sich herum Trubel und Bewegung, Begegnungen und Gespräche, wollte etwas anderes sehen und etwas anderes hören – abends war sie auf Kontrast aus. Dafür aber jedesmal in vollem Ausgeh-Ornat das Haus verlassen zu müssen, hatte sie nicht mehr die Lust. Es brachte zuviel Unruhe und zuviel Aufbruch. Nicht nur daß sie sich besser fühlte, wenn sie trotz Kinderfrau bei Julie blieb und ab und an nach ihr sehen konnte, sie war es einfach leid, der 101sten Einladung zum 101sten Souper zu folgen, zur Freude irgendeines Gastgebers die Tafel zu schmücken, damit er sich hinterher vor aller Welt damit brüsten konnte, daß in seinem Hause nur berühmte Personen verkehrten. Lud sie selber ein, konnte sie sich genau die Leute aussuchen, die sie um sich haben wollte und bei denen sie sicher war, daß sie weder zu den berufsmäßigen Schwatzeköpfen noch zu den langweiligen Tafelhockern gehörten, deren bloße Anwesenheit in der Regel schon genügte, um dem Abend wie einem mißglückten Gemälde den Charakter steigender Trübung zu verleihen.

Sie erhöhte den Lohn der Köchin, stockte das Personal auf, vermied jedoch von »Salon« zu reden, um jegliche Erwartungen an einen Gesellschaftsabend mit gediegener Robe und entsprechender Etikette von vornherein auszuschließen. Sie wollte bewußt das andere: nichts Braves, nichts Steifes, immer mit einer Überraschung aufwarten, und schon der erste Abend war Aufregung pur. Unverhofft kamen mehr, als sie eingeladen hatte. Die Stühle reichten nicht. Lebrun setzte sich kurzerhand auf den Fußboden. Niemand nahm Anstoß daran, im Gegenteil. Wer keinen Platz mehr fand, hockte sich einfach neben ihn, und Vigée wußte schon jetzt, der Abend war gelungen. Es wurde Portorico geraucht, Carotte geschnupft, Schüsseln mit Salat, Geflügel und Fisch gereicht und dazu weißer Burgunder getrunken. Vigée schwebte wie ein Schmetterling zwischen ihren Gästen und wäre auch noch der Falkenmeister gekommen, hätte sie sich ganz gewiß an der Nektarquelle gefühlt, doch Vaudreuil war in England, um durch Herschels neues Spiegelteleskop den Ring des Saturn zu betrachten.

Eigentlich hatte Vigée gehofft, ihr Bruder würde ein paar Szenen aus den »Vampiren von Versailles« zum besten geben, aber Etienne hatte seine Verlobte mitgebracht und gestand der Schwester, daß er momentan darauf verzichtete, das Stück irgendwo aufführen zu lassen, denn das schöne Diplomatenkind wollte keinen Ärger mit dem Herrn Papa und um nichts auf der Welt ihre Mitgift gefährden. Daß der kleine Reimeschmied einmal eine so gute Partie machen würde, hätte Vigée ihm nie zugetraut. Aber offenbar schien er zu den Männern zu gehören, die mehr Glück als Verstand besaßen, was wohl überhaupt die sicherste Voraussetzung für eine Karriere war. Die gute Stimmung steigerte sich noch, als zwei Sänger die neusten Duette von Grétry vortrugen und der Meister es sich nicht nehmen ließ, selbst zu dirigieren. Vernet flüsterte ihr zu, daß sie jetzt einen historischen Moment erlebten, die Weltpremiere der allerneusten Variante von Gewittermusik, und tatsächlich hatten die Lieder ein ganz ungewöhnliches Feuer. Auf einmal klangen Marschrhythmen durch den Raum, weckten so ein Gefühl von Aufbruch und Tatlust, die Gäste sangen und klatschten mit, und Vigée rückte vorsichtshalber ein paar Stühle zur Seite, weil sie meinte, daß gleich getanzt werden würde. Doch da sprang der neue chevalier servant von Ann-Rosalie auf, zog vor aller Augen ein blaues Heft aus der Westentasche, schwenkte es im Takt der Melodie und hielt es wie eine Siegestrophäe in die Höhe. Jeder im Raum wußte, es war »Das blaue

Heft«, das seit Tagen in Paris die Gemüter erhitzte und nun diesen Abend zur Sensation machte. Wollten doch alle die größte Skandalbroschüre, die je gedruckt worden war, besitzen. Vergeblich wurden die Buchhandlungen gestürmt, doch das blaue Heft war ausverkauft und selbst zu Schwarzpreisen nicht mehr zu haben.

Kaum waren die Lieder verklungen, erzählte Ann-Rosalie, wie sie in der allerdunkelsten Morgenstunde bei lausiger Kälte mit einer großen Menschenmenge vor der Druckerei gewartet hatte, um wenigstens auf diese Weise ein Exemplar des *Compte rendu* zu ergattern. Sie erntete Beifall und Bewunderung, und nun gab es nur noch ein Thema: die Geldverschwendung der Regierung. Es war atemberaubend, was der neue Generalkontrolleur der Finanzen mit diesem Rechenschaftsbericht enthüllte. Erstmals legte er der Öffentlichkeit die Einnahmen und Ausgaben des Hofes vor, und jeder konnte jetzt schwarz auf weiß sehen: Frankreich stand vor dem Staatsbankrott. Dieser Joseph Necker war todesmutig. Mit dem *Compte rendu* riskierte er Kopf und Kragen. Einige Gäste ließen das blaue Heft begierig von Hand zu Hand gehen, doch die Mehrheit wollte, daß Ann-Rosalie für alle daraus vorlas.

Schon nach den ersten Passagen schien es Vigée, als würde aus den Gesichtern das Leben weichen. Im Raum war es auf einmal totenstill und alles erstarrte, als plötzlich die Zahl von 80 Millionen genannt wurde. 80 Millionen Defizit! Selbst Lebrun, der große

Rechner, rang für Augenblicke nach Luft. Daß am Hofe reichlich und regelmäßig verschwendet wurde, war zwar für keinen im Raum etwas Neues, aber diese Dimension überstieg dann doch das Maß aller Vorstellungen. Es war gigantisch. Schandbar gigantisch. Auf einmal standen die Ausgaben für all die prächtigen Zuwendungen im Raum, mit denen sich der Hofklüngel Jahr um Jahr satt versorgte: Landgüter, Titel, Domänen, Abteien, Ehrenämter, Posten und Pensionen. Nicht enden wollende Luxuspensionen. Für den größten Nichtsnutz Traumpensionen. Als die Abfindungen für die scheidenden Minister verlesen wurden und das Jahreseinkommen für einen aus der Clique der Noailles mit 700 000 Livres beziffert war, gerieten die Gemüter in Gärung. Ann-Rosalie mußte die Zahl mehrmals wiederholen, denn keiner konnte diese Ungeheuerlichkeit fassen.

»Von wegen Regierung! Ein Raubgesindel ist das!« rief Etienne und vergaß Verlobte und Mitgift. »Was leisten denn diese Minister! Helfen sich gegenseitig mit Lügen aus, passen auf, daß ihnen keiner den Posten wegnimmt, und nutzen ihr Amt, um sich selbst zu bedienen. Große Worte, krumme Wege! Das ist das einzige, worauf sich dieses Pack versteht! An den Galgen mit ihnen!« Er glühte vor Zorn. Ménageot pflichtete ihm bei. Nein, es konnte nicht sein, daß es nur noch zwei Sorten von Menschen gab! »Die einen, die arbeiten, Steuern zahlen und leiden, und die anderen, die nichts tun, raffen und genießen. Die einen fressen Viehrüben, um ihren Hunger zu stillen, und die anderen schlecken Pasteten, um den Gaumen zu kitzeln. Das kann nicht gutgehen!«

Auch Lebrun fand diese Zustände einen einzigen Skandal. »Wenn der Staat uns weiter so ausplündert, bis wir alle in unseren Existenzen ruiniert sind, dann bleibt nur die indische Methode. In Indien zahlen die Armen ihre Steuern in Gestalt von Läusen: Sie geben, was sie haben!« sagte er, doch keinem war nach Lachen zumute. Es wurde so laut und so heftig durcheinandergesprochen, die Mienen hochrot, die Worte siedheiß, daß Vigée plötzlich meinte, aus diesem Raum müßten jeden Moment die Flammen schlagen. Sie überlegte, ob es zur allgemeinen Beruhigung der Gemüter nicht besser war, jetzt Madame Todi zu bitten, einige Arien von Gluck vorzutragen. Doch dann fiel ihr ein, daß Gluckisten und Piccinnisten noch immer im Streit miteinander lagen. Zwar wußte sie nicht, wer im Raum zu welcher musikalischen Fraktion gehörte, aber sie spürte, daß es der Harmonie nicht dienen würde, und über Geschmack zu streiten, hatte sie partout keine Lust. Vor allem aber wollte sie nicht, daß ihre Gäste zu guter Letzt noch verärgert ihr Haus verließen. So was fiel nur auf die Gastgeberin zurück und war kein gelungener Auftakt für ihre abendlichen Gesellschaften. Dann doch lieber die Empörung über die kriminelle Geldverschwendung der Regierung weiter brodeln lassen. Die einte wenigstens die Gemüter.

Daß Lebrun keine Ruhe gab und schon wieder damit anfing, wie gut es wäre, wenn seine vielgefragte Farbengattin den Titel einer Hofmalerin bekommen würde, regte Vigée auf. Sie verstand seine Wandlung nicht. Statt sich zu freuen, daß er eine Tochter hatte, war er nur noch in Sorge um sie, sah die Welt voller Abgründe und Gefahren, und es verging kein Abend, an dem er nicht sein ganzes Repertoire an Befürchtungen vor Vigée ausbreitete. Er wußte nicht, wie lange er noch als selbständiger Kunsthändler sein Geschäft aufrechterhalten konnte. Derzeit arbeitete er nur für die Steuer und wenn es so weiterging, war mit keinem Gewinn mehr zu rechnen. Jetzt, da das Land auf ein finanzielles Fiasko zuging, jetzt sollte auch Vigée eine andere Haltung an den Tag legen, gezielt an später denken und sich nicht mehr so selbstverständlich und unbekümmert auf die schönen Honorare verlassen. Jetzt mußte sie ihre Konjunktur als Malerin nutzen und für die Zukunft vorsorgen. Würde sie den Titel einer Hofmalerin der Königin bekommen, hätte sie Anspruch auf eine gediegene Pension, und die würde wenigstens einem in der Familie ein festes Einkommen bescheren, wenn eines Tages die Aufträge ausbleiben sollten. Und auch Julie wäre abgesichert. Nicht daß sie am Ende noch ihr Haus verkaufen mußten, um leben zu können!

Vigée wollte seine Schauerballade nicht mehr hören. Irgendwie kam ihr das alles bekannt vor. Fatal bekannt. Das Heu mähen, solange die Sonne scheint, und sich um die königliche Pension kümmern, solange man als das Farbenwunder von Paris galt. Früher war es die Versorgungspanik der Frau Mama und jetzt war es das Absicherungsdenken von Lebrun, das sie unausstehlich fand. So was verleidete alles. Mit diesem Abenddämpfer durfte ihr Tag nicht enden, und sich vom Ehemann mit Schwarzsehereien traktieren zu lassen, kam nicht in Frage. Er tat ja geradeso, als ob er nur eine kleine Krambude hätte! Den ganzen Laden voll der schönsten und wertvollsten Gemälde, aber im Genick die nackte Angst, der geliebten Tochter nichts von all dem erhalten zu können. Mit dieser Einstellung nahm er sich selbst die Geschäftsgrundlage. Eine gesicherte Pension! Wenn das sein empfohlenes Zukunftsziel war, dann konnte sie gleich ihren Beruf aufgeben. Noch vor kurzem waren sie sich einig, daß nichts einen Künstler unfreier machte, als hochdekoriert mit dem Status eines Königlichen Hof- und Staatsmalers sein Geld zu verdienen, und nun diese Kehrtwende! Vigée war enttäuscht. Mächtig enttäuscht. Von einem Unternehmer wie Lebrun hatte sie anderes erwartet. Mehr Selbstvertrauen und nicht, weil er Vater geworden war, in einem Wahn falscher Fürsorge plötzlich von all dem abzurücken, was ihm bis vor kurzem noch als Grundsatz galt. Das konnte es doch wohl nicht sein! Ihr zuzumuten, sich in eine selbstzerstörerische Abhängigkeit zu begeben, damit die Tochter einmal im Wohlstand leben konnte!

Für Vigée war es höchste Zeit, ihren Hauspropheten einmal ganz grundsätzlich wissen zu lassen, wie sie über derlei Dinge dachte. Auch wenn Julie noch Geschwister bekommen sollte, änderte sie ihre Prinzipien nicht, schon damit der liebe Nachwuchs von Anfang an sah: Der Wohlstand der Eltern konnte für sie kein Ruhebett sein. Das, was sie erreichen wollten, mußten sie sich schon selber erarbeiten. Alles andere war sowieso kein Fundament, machte nur träge und antriebslos, und geschätzt wurde ohnehin nur das, was man sich selber schuf. Wenn sie demnächst ihre Honorare in einem Bankhaus festlegte, brauchte er um die Zukunft nicht zu fürchten, und eine solche Rücklage war allemal ehrenvoller und motivierte tausendmal mehr, als auf die gesicherte Pension einer Hofmalerin zu spekulieren. Schon die Vorstellung, in Versailles im großen Vorzimmer, im Ochsenauge, mit all den geschniegelten und gebügelten Menschen in tiefster Ergebenheit auf eine Audienz warten zu müssen, um dann endlich vorgelassen zu werden und demütig Seiner Großartigkeit das Ersuchen um Beförderung vortragen zu dürfen, schon diese Vorstellung war so jenseitig, daß sie im Œil de boeuf nicht mal als Schatten erscheinen wollte. Da konnte er die Zukunft als pechschwarze, rußschwarze, erdschwarze oder sonst eine Finsternis sehen und ihr Tag und Nacht von der schönen Pension einer Hofmalerin vorschwärmen – sie begab sich in keine Abhängigkeit. Von nichts und niemandem. Sie stand im Dienst der Kunst und das genügte. Mehr Sicherheit brauchte sie nicht und die erhielt sie sich, weil sie vor nichts Angst hatte. Nicht Angst vor der Zukunft, nicht Angst vor Krankheit, nicht Angst vor Unglück, und mit einem schweren Schicksalsschlag befaßte sie sich dann, wenn er sie traf. Bis zum Armwerden war es jedenfalls noch eine Weile hin. Vor allem hatte sie nicht die geringste Lust, sich die Tage mit einer Zukunft zu verdüstern, die sie nicht kannte und ohnehin nicht beeinflussen konnte. Würde sie damit ihren Kopf belasten, hätte sie keinen Funken Phantasie für die Farben mehr, kein Feuer, keine Idee, keinen Blick, kein nichts und es gäbe wohl auch keinen Sinn, den Pinsel überhaupt noch in die Hand zu nehmen.

Doch eines wollte sie ihrem Göttergatten und Großneffen des berühmten Le Brun ein für allemal deutlich sagen: Selbst wenn ihr Marie Antoinette irgendwann den Titel *Malerin der Königin* anbieten sollte, würde sie ihn höflich dankend ablehnen, denn sie war niemandes Malerin und hatte nicht vor, sich damit in die Schar der Hoflieferanten einzureihen. Die Modekünstlerin Madame Bertin lieferte der Königin die prachtvollen Kleider. Der Haarkünstler Léonard lieferte ihr die phantasievollen Frisuren, und die Porträtkünstlerin Madame Vigée lieferte die schönen Bilder. Auf diese Weise ihren Ruf und ihr Ansehen aufs Spiel zu setzen war kein noch so einträgliches Fixum wert. Sie wollte nichts von der Königin und sie erwartete nichts von ihr, was sie als Künstlerin frei und unabhängig machte. Souveräner konnte man diesen Himmelsherrschaften nicht begegnen. Von einer solchen Haltung profitierte Julie vielleicht eines Tages weit mehr als von irgendeiner königlichen

Pension ihrer Mutter, und nun wollte sie von diesem leidigen Thema kein Wort mehr hören!

Vigée atmete auf. Endlich im eigenen Wagen fahren zu können war eine große Erleichterung. Auf kein freundliches Entgegenkommen mehr angewiesen sein, nicht mehr am Straßenrand auf einen freien Mietfiaker warten müssen, vorbei die Sorge, unpünktlich anzukommen, vorbei der Zwang, sich nach den festgelegten Routen und Zeiten zu richten – einfach nur einsteigen und losfahren, wie und wann und wo sie wollte, das gab ein ganz neues Gefühl von Unabhängigkeit. Natürlich hätte der Wagen ein bißchen größer und vielleicht auch prächtiger sein können. Sie wußte ja, wie es die gefragten Porträtmaler andernorts damit hielten. Reynolds Equipage kannte ganz London: ein Läufer voraus, als Vorspann vier Apfelschimmel, auf den Trittbrettern zur Rechten und zur Linken je zwei Livreebediente und hintendrauf stehend der goldbetreßte Mohr. Reynolds fuhr wie ein König durch die Stadt. Doch Vigée wollte keinen Auftritt. Ihr genügte eine gutgefederte Karosse ohne Rosengirlanden und Goldleisten, dafür aber im Vorspann zwei wohlgenährte Pferde und keine dieser halbverhungerten Pariser Karrengäule. Auf dem Bock nicht einen Saufwanst und Rüpel, sondern einen freundlichen Kutscher, der sie sicher von einem Ort zum anderen brachte – mehr brauchte es nicht.

Vigée lehnte sich in die Polster zurück, genoß das

leichte, fast geräuschlose Dahinrollen des Wagens wie einen großen Lebenskomfort und freute sich, nie mehr halb gerädert in Versailles ankommen zu müssen, sondern sich ausgeruht an die Staffelei setzen zu können. Hochgestimmt hätte sie in ihrem neuen Wagen sitzen können, denn schließlich war nicht jeder gebeten, die Königin zu malen. Andere hätten Luftsprünge gemacht, sich für berufen und auserwählt gehalten, für die größten Könner ihres Fachs und sich gleich mit dem entsprechenden Nimbus umgeben. Nicht einmal ein kleiner Selbstrausch wäre verwunderlich gewesen, denn ihr Erfolg stieg von Bild zu Bild. Fast schien es so, als wollte jeder, der auf seine Reputation Wert legte, von Elisabeth Vigée gemalt werden. Gerade hatte Gräfin Polignac sie fürstlich honoriert und war so begeistert von ihrem Stil, daß sie eine Ausstellung ihrer Porträts plante. Alles lief aufsteigend gut, atemberaubend gut, dennoch wollte sich keine rechte Freude einstellen.

Kurz vor der Abfahrt hatte Ménageot ihr von der jüngsten Akademiesitzung berichtet, und Vigée fragte sich, weshalb ein gewisser Kreis von Kollegen ausgerechnet immer sie zur Zielscheibe der Kritik nahm. Sie begriff es nicht. Sie legte sich mit keinem aus der Gilde an, äußerte sich bewußt nicht zu ihren Werken, hielt sich von all den parteiischen Geschmacksstreitereien fern, aber trotzdem wühlten sie unablässig im Hintergrund gegen sie. Zwar hatte Ménageot besorgt gemeint, sie solle sich die Angriffe nicht zu Herzen nehmen, sondern allein ihrem Erfolg zuschreiben, denn ganz eindeutig traf sie der Metierneid. Zugegeben, es war in seinen Augen die schlimmste Form des Neides, weil sie Methode hatte und den unliebsamen Konkurrenten negativ im Gespräch hielt. Und sei es nur über die freundliche Zuordnung, ob er der letzte unter den Malern zweiten Ranges oder der erste unter den Malern dritten Ranges war oder ob er so hoch über allem stand, daß man ihn lieber gleich ganz totschwieg. Gewiß, der Metierneid war von Übel, aber – auch das wollte Ménageot ihr nicht verhehlen – immer noch besser als gar keine Wahrnehmung.

Eigentlich sollte im Plenum ja nur darüber beraten werden, ob es nicht an der Zeit war, Madame Vigée-Lebrun trotz ihrer Heirat als Mitglied in die Akademie aufzunehmen, berühmt genug war sie allemal, doch da sprang Gaillard auf und hielt eine flammende Rede gegen jede Form von Auftragskunst. Auftragskunst war Lohnarbeit und das Porträtieren stand für ihn ganz obenan. Porträtieren war keine Malerei, sondern ein Abschreiben von Gesichtern und damit ein gutbezahlter Lohndienst, und Vertreter dieses Genres brauchten die Akademie nicht als Wärmestube. Von etlichen soll er kräftigen Beifall bekommen haben, doch Vigée sah bei ihm weniger den Metierneid, sondern dachte nur, wäre sie damals gefällig gewesen und mit dem großen Herrn Kunstkritiker ins Bett gestiegen, hätte sie jetzt keinen solchen Feind gehabt. Aber Vorsorgeübungen dieser Art lagen nun mal nicht in ihrer Natur. Doch ob sie von einigen seiner Apostel für eine Malerin ersten, zweiten oder dritten Ranges gehalten wurde, vielleicht nur für eine schöne Kleckserin oder irgendeine Ölkusine – sie ärgerte sich nur, daß offenbar keiner den Mut hatte, dem Kunstpapst an Ort und Stelle gehörig zu widersprechen. Sie wäre ihm schon ganz anders in die Parade gefahren und hätte dem Plenum deutlich gemacht, was für einen Humbug ihr Lieblingsfeind da von sich gab, denn alle Maler haben von Aufträgen gelebt, ja erst durch die Aufträge ihr ganzes Können entfaltet. Hätten die Benediktinermönche von San Sisto in Piacenza kein Bild für ihren Hochaltar bestellt, hätte Raffael nicht seine *Sixtinische Madonna* gemalt, und hätte Leonardo nicht den Auftrag bekommen, den Speisesaal des Dominikanerklosters in Mailand zu schmücken, hätte die Welt nicht das *Abendmahl,* und auch das *Jüngste Gericht* von Michelangelo wäre ohne den Auftrag von Papst Clemens nicht entstanden. Tizian, van Dyck, Poussin, Rubens, Mengs – alle großen Maler haben auf Kauf gemalt. Und das war bis heute so. Reynolds und Gainsborough erstickten fast in Aufträgen, und die Porträts, die sie lieferten, waren Meilensteine der Kunst. Was hieß da schon Lohnarbeit! Greuze hatte jüngst erst vom Grafen Falkenstein für ein kleines Staffeleibildchen 4000 Dukaten und noch dazu das Freiherrndiplom bekommen, weil der Auftraggeber wußte, daß Greuze mit jedem Porträt ohnehin etwas Unbezahlbares lieferte. Aber davon hatte Gaillard keine Ahnung, und es brauchte schon eine Portion Genialität, um in Sachen Kunst anders zu denken als ein Uhrwerk tickte.

Natürlich hatten die Auftraggeber immer wieder besondere Wünsche und wollten von sich ein schönes Bild. Sie konnte ein Lied davon singen, denn eitel waren sie alle. Eitel bis zur Halskrause. Die einen rissen während der Sitzung ständig die Augen weit auf, in der Hoffnung, sie würde sie dann größer malen, andere wollten auf ihrem Porträt mit vollen Armen, leuchtendem Blick und frischem Teint erscheinen, Klosterteint versteht sich. Der Herzog von Brissac stopfte sich Baumwollkugeln in den Mund, um keine eingefallenen Wangen zu haben, und die Marquise de Montesson wollte auf einer olympischen Wolke gemalt werden, erst einmal mit Schneckenlocken und wenn die ihr nicht standen, dann mit Muschellocken, sie konnte aber auch probieren, ob sie mit Rosettenlocken womöglich noch viel besser aussah. Soweit kam es noch! Von Fassung zu Fassung die Locken abkratzen und so oft übermalen, bis die Dame sich endlich gefiel. Dafür rührte eine Vigée die Palette nicht an. Da mußten die Herrschaften schon zu einem Kulissenmaler gehen, der sich aufs Dekorieren verstand. Bei ihr waren sie fehl am Platze. Hätte sie sich auf all diese Wünsche eingelassen, hätte es nur endlose Diskussionen gegeben, die Kundinnen wären nie zufrieden gewesen und hätten am Ende das Bild zurückgebracht. So was beschädigte bloß den Ruf. Wer von ihr gemalt werden wollte, wußte, worauf er sich einließ und was ihn erwartete: gemalt wie empfunden. Anders entstand für sie kein Bild. Da mochten sich ihre Auftraggeber für noch so jung, noch so schön und noch so bedeutend halten, ja sich so aufführen, als stammten sie in direkter Linie von einem Halbgott ab – beim Porträtieren zählte nur ihr Eindruck, nur ihre Sicht auf das Gegenüber. Klang der Ton der Farben in ihr nicht an, ging alles daneben. Aber offenbar lag gerade hier das Ärgernis. Offenbar war es nicht ratsam, einen Ton zu treffen, den die Konkurrenten auch gerne getroffen hätten, doch dafür konnte sie nichts. Es war nun mal ihre Art zu malen. Sie mischte nun mal die Farben nicht auf der Palette, sondern im Gemüt und dafür brauchte sie sich wohl hoffentlich nicht auch noch zu entschuldigen. Die geschätzten Meister der Gilde hätten doch längst für sich selbst hinter das Geheimnis aller Wirkung kommen können und wissen müssen: Wenn den Betrachter beim Betrachten des Bildes genau die Empfindung bewegt, die sie als Malerin beim Malen gehabt hat, war die Arbeit gelungen und auf ihre Art vollendet. Wenn das Stil genannt wurde, dann war das ihr Stil. Sie malte weder aristokratisch noch plebejisch, sie malte lebendig. Daß sich das nicht so ohne weiteres herstellen ließ, mochte ja den Metierneid oder sonst ein finsteres Empfinden wecken – auf keinen Fall war es erfreulich, besser als andere zu sein.

Während der ganzen Fahrt ging ihr das Gespräch mit Ménageot nicht aus dem Kopf, nahm ihr den Blick für alles Hellgrundige, und es stieg eine seltsame Schattenstimmung in ihr auf, die sie ganz unerwartet auf dem Gesicht der Königin wiederfand. Marie Antoinette schien offenbar wenig Lust zu haben,

Modell zu sitzen, erkundigte sich eingehend, wie sich Vigée als Mutter fühlte, und sagte dann plötzlich in einem bitter kühlen Ton: »Wissen Sie, daß man mich neuerdings abfällig ›die Rote‹ nennt? Und das nur, weil ich angeblich ungepudert rote Haare habe! Ich kann hier machen was ich will – Worte, Gebärden, Blicke –, alles wird mir übel ausgelegt!«

Vigée begriff sofort, daß man Marie Antoinette damit etwas Hexenhaftes und Dämonisches andichten wollte, die große königliche Viper, sah sie umzingelt von diesem üblen, lästersüchtigen und intriganten Hofdamengeschwader, dieser Schar von Scheusalen, mit der sie es keinen Tag ausgehalten hätte, und meinte nur, daß sie sich mit den Nuancen des Rot bestens auskannte und bisher keine davon für das Haar Ihrer Majestät verwenden mußte. Doch das schien Marie Antoinette nicht zu trösten. Sie machte einen unglücklichen, zerknirschten Eindruck, und es war, als zeigte sich plötzlich ihre ganze Seele im Gesicht. Vigée dachte bloß, daß so keine Schlange und kein Satan aussah und ihr Bruder mit seinen »Vampiren von Versailles« die Königin unmöglich gemeint haben konnte. Nein, so sah keine Blutsaugerin aus, die sich am Bösen berauschte.

Jetzt erst bemerkte Vigée, daß Marie Antoinette nicht im Staatszeremonienkleid vor ihr stand, obgleich ein Galaporträt vereinbart war und Vigée sich bereits Gedanken gemacht hatte, wie sich ein Rest von Lichtglorie im Glanz des Goldbrokats verstecken ließ. Doch Marie Antoinette schien sich alles ganz anders überlegt zu haben und sagte nur: »Bevor das Offizielle auf die Leinwand muß, malen Sie mich erst einmal so, wie mich keiner sehen will!« Dann stellte sie sich an den Schreibtisch, warf in leicht trotziger Geste den Kopf in den Nacken und wartete darauf, daß Vigée die Leinwand aufspannte.

So wie die Königin vor ihr stand, mit Strohhut und weißem Mousselinkleid, als wäre sie gerade vom Markt gekommen, wußte Vigée, daß es ein Hieb gegen die Vorschriften der Etikette sein sollte. Ein Gegenbild auf höchsten Wunsch, grandios! Ihr kam es wie gerufen, denn auch sie war in der Stimmung dafür. Ja, sie freute sich, daß der Ärger jetzt sogar noch etwas Gutes für sie hatte, und begann ohne Vorzeichnung, denn sie spürte, daß ihr dieses Porträt auf Anhieb gelang.

Vaudreuil lud zum aerostatischen Schauspiel ins Lustschloß La Muette ein. Am liebsten hätte sich Vigée auf der Stelle in ihren Wagen geschmissen und wäre ihm entgegengejagt, doch schon das Äußere des Einladungsschreibens sagte ihr, daß es sich um keine Mondscheinpromenade handelte. Mit Courier als billet doux war das Briefchen leider nicht gekommen. Zwar interessierte sie sich nicht für technische Spektakel, aber sie wollte Vaudreuil unbedingt sehen. Selbstverständlich erschien sie zu einem so hochoffiziellen Anlaß in Begleitung des Ehemannes. Gerade in solchen Situationen fand sie es beruhigend, über derlei gesellschaftliche Grundausstattung zu verfügen, denn jeder andere Auftritt wäre ihrem Ansehen wenig zuträglich gewesen. An der Seite von Vaudreuil zu erscheinen hätte sie doch gleich in den Verdacht gebracht, die neue femme tendre des Grafen zu sein, und das wollte sie nicht riskieren. Sie wußte ja noch immer nicht, in welchem Verhältnis er zur Polignac stand. Ob Vertrauter, Schwanenritter oder sonstwas Lustbetontes – auf jeden Fall tauschten sie mehr als nur ihre Gebetbücher aus. Vigée mußte vorsichtig sein. Erst vor kurzem war die Polignac in den Herzogsstand erhoben worden, war die engste Freundin von Marie Antoinette, schön und einflußreich wie keine zweite am Hof, Wortführerin in Fragen der Kunst und des Geschmacks, und bei einer solchen Cäsarin womöglich noch die Eifersucht zu wecken wäre die pure Selbstvernichtung gewesen. Bloß nicht wegen so einer Geschichte die Kreise ihrer Auftraggeber verprellen. Andere Käufer hatte sie nicht. Auch nur einer einzigen von ihnen den Liebhaber zu nehmen, machte sie doch im Verein zu Hyänen. Noch waren sie voller Bewunderung, aber über Nacht konnte die auch ins Gegenteil umschlagen. Zeit genug hatten sie alle, um genausogut im Haß ihr Vergnügen zu finden. Regelmäßig abfällige Bemerkungen über ihren Porträtstil – und sie war ins Abseits gestellt. Was konnte sie denn tun, wenn es auf einmal hieß, ihre Bilder seien an Fastentagen gemalt, die Farben todmüde und das flache Gepinsel nur magere Kost? Mit jeder Rechtfertigung hätte sie sich nur lächerlich gemacht.

Nein, sie durfte nichts riskieren, was ihre Reputation als Malerin aufs Spiel setzte. Ihre Auftraggeber waren Leute von Rang und Stand, hatten jede Menge stolzer Ahnen, dazu Geld, Posten, Besitz und Einfluß und alles in Hülle und Fülle. Sie aber hatte nichts als ihr Talent, und wenn keiner ihre Bilder mehr haben wollte, war sie um ihre Existenz gebracht. Die graue Maus Vigée. Nicht mal farblos, sondern entfärbt.

Und doch – als sie an der Seite von Lebrun im Garten des Schlosses stand, wo sich bereits Tausende von Menschen versammelt hatten und Vaudreuil plötzlich auf sie zukam, waren diese Gedanken schlagartig verflogen und alle Sinne in Bewegung. Nicht daß sie ihn für einen Farnesischen Herkules gehalten hätte, aber dieser Mann hatte etwas, das wie ein Funke auf sie übersprang, so ein Knistern durch die Adern laufen ließ und Lust auf die Lust weckte. Es war verrückt: Sie sah ihn und ihr Herz begann zu klopfen. Aber mehr als einen kurzen fieberheißen Blick wagte sie diesmal nicht. Vaudreuil führte sie als erstes zur Bühne, einer wuchtigen Bretterempore, die in einem sorgfältig abgegrenzten Areal in der Mitte des Gartens stand und über der an riesigen Stangen ein schlaffer Stoffsack hing. Daß ihr Grand Fauconnier zum Organisationskomitee des Spektakels gehörte, wunderte sie nicht, denn sie kannte seine Liebe für alle technischen Neuerungen. Voller Begeisterung erklärte er Lebrun das Prinzip der aerostatischen Maschine. Bereits vor zwei Monaten hatte er im Beisein des Erfinders die erste Montgolfiere in den Himmel steigen sehen, unten angehängt in einem Weidenkäfig ein Hammel, ein Hahn und eine Ente, und die Tiere waren nach zehn Minuten Flug unversehrt in einem Gebüsch nahe Versailles gelandet. Doch diesmal hatte der König nach langem Zögern zwei tollkühnen Männern die Lizenz erteilt, und Vaudreuil konnte es kaum erwarten, Zeuge eines historischen Augenblicks zu werden und den ersten bemannten Ballonflug zu erleben.

Auf den Stuhlreihen, die rings um die Bühne für die Ehrengäste reserviert waren, hatten bereits Gelehrte und Mitglieder der Akademie der Wissenschaften Platz genommen, Gesandte, Herzöge und Grafen und es schien Vigée, als hätte sich hier der halbe Hof versammelt. Sie begrüßte die Herzogin von Chartres, auch die Prinzessin Lamballe, Marie Antoinettes Intendantin, und etliche der Damen, die sie schon gemalt hatte. Kaum daß die schöne Cäsarin erschien, stellte sie ihr sehr artig Monsieur Lebrun vor und atmete auf, als die Polignac ihn ganz ungezwungen ins Gespräch zog.

Vigée war froh, daß die Plätze streng nach Protokoll geordnet waren und sie nicht in den ersten Reihen sitzen mußte. Sie wollte das Ereignis lieber aus der Ferne betrachten und vor allem stehend, um notfalls ein paar Schritte auf und ab gehen zu können, denn es war ein kalter Novembertag und ihre Liebe zu der neuen Maschine war nicht so groß, als daß sie dafür noch hätte frieren wollen. Auch Lebrun hoffte, daß der anschließende Empfang im Warmen nicht allzulange auf sich warten ließ. Vaudreuil nahm neben dem Erfinder Montgolfier und dem Herzog von Polignac Platz, setzte sich aber so, daß er Vigée sehen konnte.

Ein Trommelwirbel eröffnete das Spektakel. Auf der Empore wurde das Feuer angezündet. Das Gemisch aus nassem Stroh und gehackter Wolle sorgte für eine riesige Rauchwolke, der Stoffsack füllte sich mit heißer Luft, nahm Gestalt an und stand nach wenigen Minuten als ein gigantischer Luftball vor aller Augen. Groß und übermächtig, leuchtend blau mit goldener Kuppel und rotem Zierat. Vigée meinte, auf ein prächtiges buntbemaltes Riesen-Ei zu schauen, und war überwältigt von dem Anblick. Die beiden Luftschiffer kletterten auf die Galerie des Ballons. Jubel brauste auf, ein Kanonenschuß kündigte das Lösen der Auslaufleinen und Haltestricke an, und dann stieg der Ballon mit großer Schnelligkeit zum Himmel auf. Als er hoch über der Menschenmenge schwebte, nahmen die beiden Luftfahrer ihre Hüte ab und grüßten die Zuschauer. Begeistert riefen sie die Namen der neuen Himmelshelden – Pilâtre de Rosier, Marquis d'Arlandes –, aber schauten doch voller Angst zu ihnen hinauf. Auch Vigée ließ kein Auge von dem Ballon, der höher und höher stieg und einen wunderbaren Anblick bot. Wie herrlich wäre es gewesen, wenn sie jetzt mit Vaudreuil da oben auf der Galerie der Montgolfiere hätte stehen können, vielleicht im Federkleid, vielleicht im Flügelkleid, einfach nur abheben und davonschweben, irgendwo ankommen oder auch nirgendwo ankommen – ein Traumwunsch. Er mußte wohl denselben Gedanken gehabt haben, denn ihre Blicke begegneten sich, und es war als würden sie sich in den Armen liegen. Sie sah abwechselnd zu ihm und zum Ballon, der sich immer weiter entfernte und nur noch wie ein kleiner Lampion in den Wolken hing. Wind kam auf, der Luftball wurde abgedrängt und war mit einem Mal nicht mehr zu sehen. Um sie herum breitete sich eine Totenstille aus. Die Menschen starrten zum Himmel. Auf den Gesichtern lag das blanke Entsetzen. Niemand zweifelte daran, daß der Ballon mit den beiden Luftfahrern für immer im Jenseits verschwunden war. Die Augen der Zuschauer füllten sich mit Tränen. Auch Vigée wurde von dieser Abschiedsstimmung erfaßt. Sie ließ keinen Blick von Vaudreuil, sah ihn neben den Polignacs sitzen, dachte, daß dort wohl auch in Zukunft sein Stammplatz war, und spürte, wie sich dieses Bild in ihr eingravierte und alle Sinne auf eine kühle Nüchternheit herabstimmte. Nein, sie durfte sich in nichts hineinsteigern. Gefühle machten zwar alles feurig und schön, aber wenn sie in Teufels Küche führten, waren sie nicht gerade die beste Empfehlung. So sehr er ihr auch gefiel – sie mußte sich selbst den Rücken kehren und mehr die sachliche Seite sehen. Vaudreuil war der Liebhaber ihrer Kunst und die Kunst war immerhin ein Teil von ihr. Und was hieß ein Teil! Die Kunst war ihre Natur und wer die liebte, der berührte sie. Mehr konnte es momentan nicht sein. An ihn zu denken und dabei Lust zu empfinden und überhaupt jemanden zu haben, der diese Spannung in ihr wachhielt, war ja auch nicht wenig. Zwar nur das halbe Programm, aber besser als nichts und das Spiel der Vorstellungen war ihr durch die Farben ohnehin vertraut.

Noch immer standen die Menschen wie gebannt an ihren Plätzen, die Gesichter voll banger Unruhe. Die Ehrengäste umringten Montgolfier und ließen sich von ihm die Flugroute erklären. Vaudreuil kämpfte sich zu Vigée durch, um Monsieur Lebrun und Gemahlin Mister Franklin vorzustellen, den großen alten Mann, dessen Blitzableiter auf allen modernen Dächern zu finden waren und der eigens zu diesem Ereignis angereist war. Lebrun fragte ihn nach der Tragweite einer solchen Luftfahrt, und Benjamin Franklin antwortete behutsam lächelnd: »Ein neugeborenes Kind.« Doch plötzlich kam Unruhe auf, alles wich zur Seite und es bildete sich eine Gasse, durch die Marquis d'Arlandes auf seinem Pferd heransprengte. Unter tosendem Beifall schwang er sich auf die Bühne und gab der wartenden Menge die glückliche Landung bekannt. Ja, sie waren über die Dächer von Paris geflogen, viele Menschen waren auf die Türme von Notre-Dame geklettert, um den Ballonfahrern näher zu sein, und weil die ganze Stadt auf den Beinen war, ließen sie sich jenseits Montmartre zwischen dem Bicêtre und dem kleinen Chantilly auf freiem Felde nieder.

Kaum hatte er diese Nachricht verkündet, gab es eine dreimalige Salve der aufgestellten Garden, dann erschallten Trommeln und Trompeten, und auch die gingen im großen Jubel unter. Die Türen zum Schloß wurden geöffnet, und die Ehrengäste begaben sich sichtlich erleichtert zum Empfang. Vaudreuil und Franklin unterzeichneten mit dem Herzog von Polignac feierlich das Protokoll, und alle waren sich einig, daß es schon in den nächsten Wochen die erste Luftreise über das große Wasser von Calais nach Dover geben würde.

Am Büfett entstand ein so dichtes Gedränge, daß Vigée den Falkenmeister nicht mehr sehen konnte und unruhig nach ihm Ausschau hielt. Der Herzog von Chartres wandte sich ihr zu und fragte, ob sie wenigstens mit den malerischen Effekten des Schauspiels zufrieden war, wartete aber die Antwort nicht ab, sondern erklärte voller Stolz, er werde an der Stelle der Landung eine Pyramide aus Marmor errichten lassen, damit die Nachwelt im Gedächtnis behielt, daß es zwei Franzosen waren, die als erste gewagt haben, sich in die Lüfte zu erheben. Euphorisch trank der Herzog auf das geglückte Experiment und fragte den vielbeneideten Gemahl der gefeierten Künstlerin ganz nebenbei, ob er nicht in Zukunft seine Kunstsammlungen betreuen wolle. Da es offenbar ein Tag war, an dem das Neue in der Luft hing, ließ sich Lebrun nicht zweimal bitten, nahm Vigée zur Seite und sagte: »Unbestritten, im Fortschritt liegt das Glück! Meinetwegen könnte jede Woche so ein aerostatisches Maschinchen in den Himmel steigen, vor allem wenn es unsere Hofgrößen so gutgelaunt und weitsichtig macht.«

Vigée schwieg. Sie dachte an Vaudreuil, sah ihn wie den Ballon in den Wolken entschweben, weit von ihr weg, himmelweit weg, hin zur Polignac, die wohl ewig seine Vorzugsfrau bleiben würde.

Wieder einmal stand Vigée an einem Übergang, hatte das Gefühl, sich von etwas zu entfernen, was sie kannte, und gleichzeitig auf etwas zuzubewegen, was noch verborgen war, und wie immer in solchen Situationen drängte es sie, ein Selbstporträt zu malen. Diesmal natürlich mit Tochter. Die kleine Brünette gehörte dazu. Mutter und Kind, weiblich vollendet.

Sie probierte eine neue Flachsleinwand mit besonders hoher Webdichte aus, die einen glatten festen Maluntergrund bot und einen gleichmäßigen Farbauftrag garantierte – ein sehr teures Tuch, doch schon bei der Grundierung sah sie, daß die hohe Ausgabe nicht umsonst gewesen war. Zwar trockneten auf lockerem Leinengewebe die Farben schneller, aber sie hatte mit dem Bild keine Eile. Wachs beizumischen, kam für sie nicht in Frage. Denn Wachs, das wußte sie inzwischen, machte die Farben nur trübe. Daß derzeit über die Grau-in-Grau-Untermalung der Alten Meister wie über die Entdeckung der Leuchtkraft diskutiert wurde und die rubenssche Leinwandgrundierung, Perlgrau mit Braun als warmem Schattenton, allerorts auf den Bildern Einzug hielt – diese Mode ließ sie unberührt. Sie untermalte mit ihrem ureigenen Grundton, dieser Color vitae, die in die darüberliegenden Farben hineinschien, sie zur Entfaltung brachte und eine Bewegung in die Tiefen trug, die dem Bild eine greifbare Lebendigkeit gab. Vigée sah aber auch die besondere Herausforderung, das Gesicht von Julie zu malen, mit dieser Haut, die so zart war, als lebte sie von Ambrosia, und auf der sich so deutlich wie nirgendwo spiegelte, daß das Äußere das Innere war. Sie sah, sie mußte das Unberührte malen, dachte an ein Destillat des Taus, an frischgefallenen Schnee, an ein aufblühendes Tausendschönchen – dachte sich Farben, die nur der Hauch einer Empfindung sein konnten, nur der Flug eines Blütenstaubs, unsichtbare Töne, die sie sichtbar machen mußte, dachte sich das Ineinanderscheinen von Innen und Außen und wußte, daß es ein Balanceakt war, denn es durfte kein Überbild werden. Von wegen Madonna mit Engelssproß, nein, bloß die Darstellung einer neuen Befindlichkeit: lächelnde Mutter mit Kind.

Glücklicherweise lagerten schon seit geraumer Zeit die Farben für die Karnation gut verschlossen in den Trichtermuscheln, diesen kostbaren Meeresjuwelen, für die sie eigens Holzständer hatte bauen lassen. Sie war sich ganz sicher, daß die Farben etwas vom Schimmer des Perlmutts angenommen hatten, denn schon bei der ersten Probe, die sie behutsam entnahm, kam ihr der Auftrag weicher, fast seidiger vor und in seiner Wirkung so rein, als seien die Pigmente bis in die Tiefen entschlackt und vom Glanz gesintert. Wie immer begann sie das Porträt in der Mitte des Bildes. Die Mitte war nun mal der Blickpunkt. Sobald sie hier den Pinsel ansetzte, hatte sie das sichere Gefühl, den Keim zu legen, aus dem sich das Bild wie ein Blütenblatt entfaltete. Draperien und anderer Dekorkram kamen ohnehin nicht in Frage. Maler, die solche Lückenbüßer nötig hatten, waren für sie wie schlechte Poeten, die alles mit Füllreimen ausflickten und ihr edles Poem damit nur noch schlechter machten. Das hatte schon der Vater gesagt: Bloß kein Beiwerk, denn nur ein unverstellter Blick steigert die Wirkung.

Unerwartet gut kam sie mit der Arbeit voran. Julie hielt still und hatte Spaß daran, sich im großen Spiegel zu betrachten und sich zuzuwinken, während Vigée beim Malen unwillkürlich nach Ähnlichkeiten zwischen ihr und der Tochter suchte. Plötzlich klopfte es an der Tür, dreimal kurz hintereinander, wie es mit Henri für die allerdringlichsten Fälle vereinbart war. Da er sich bislang akribisch an diese Regel gehalten hatte, ahnte sie, daß es etwas Wichtiges sein mußte, rief ihn herein, und er meldete einen Kurier aus Versailles, der sie persönlich sprechen wollte und im Vorzimmer wartete.

Solche Situationen waren ein Übel. Herausgerissen werden aus dem Malstrom, dieses Fließen der Farben vom Kopf in die Hand auf die Leinwand unterbrechen zu müssen, kam ihr jedesmal so vor, als wäre der Farbenfaden mittendurch geschnitten, was sie dermaßen irritierte, daß sie sich oftmals gezwungen sah, von vorn zu beginnen. Zwar hielt der umsichtige Henri ihr vieles fern, trotzdem blieben solche lästigen Überraschungsmomente nicht aus, ja nahmen derart zu, daß sie sich eigens dafür einen eleganten Hausmantel hatte machen lassen, den sie auch jetzt rasch über den Malerkittel zog. Niemand sollte sie in dem Arbeitskleid mit der bekleckstein Leinenschürze sehen. Am Ende hieß es gar noch, die Wundervigée kam aus dem Öltopf. Wer so herumlief, dem war guter Geschmack fremd, und eine solche Frau konnte auch keine schönen Bilder malen. Erfolg brauchte nun mal ein entsprechendes Äußeres. Nicht aufgeputzt, aber ansehnlich und apart. Schließlich erzielten ihre Bilder inzwischen auch außerhalb Frankreichs Spitzenpreise.

In diesem Bewußtsein ging sie ins Vorzimmer und begrüßte den Kammerkurier von Madame Elisabeth, der Schwester des Königs, die sie vor einiger Zeit gemalt hatte. Er kam mit dem Auftrag, der verehrten Malerin höchstpersönlich ein Feigenholzkästchen zu überreichen. Vigée nahm es höflich dankend entgegen und merkte bereits am Gewicht, daß es sich nur um das vereinbarte Honorar handeln konnte. Sie ließ ihm Kaffee servieren, eilte in ihre Arche und öffnete das Präsent. Obenauf lag eine Edelsteinagraffe und darunter viele schöne Münzen, blankes bares Geld. Sie dankte dem Himmel und dem Zufall, daß Lebrun zum Ankauf unterwegs war und sie die Chance hatte, ihr Honorar selber in Empfang zu nehmen. Nach langer Zeit gab es für sie wieder mal einen Advent, so einen schönen Ankunftstag. Doch je mehr sie diesen Moment genoß, um so mehr stieg ein stiller Ärger in ihr auf, daß sie sich über etwas freute, was eigentlich längst selbstverständlich hätte sein müssen. Aber noch immer nahm ein anderer das Geld für sie entgegen. Nirgendwo, nur beim Erhalt des Honorars war stets ein Stellvertreter für sie da. Erst die Mutter, dann Herr Jacques und jetzt der Eheherr, ihr maître du ménage.

Die Gewißheit, daß Lebrun auch dieses Honorar in seinen Geschäftstiefen versickern ließ, stand ihr auf einmal so klar vor Augen, daß sie auf der Stelle die Arbeit abbrach, nur noch rasch die Pinsel auswusch, Julie der Gouvernante übergab, sich in ihr Straßenkostüm warf, den Kutscher rufen ließ und mit dem Kästchen in größter Eile zu ihrem Bruder fuhr. Fast kam sie sich wie eine Diebin vor, die gestohlenes Geld in Sicherheit bringen mußte. Wütend, daß die Umstände sie dazu zwangen, fragte sie sich, wo sie hingeraten war, doch dann zählte sie Etienne in aller Ruhe 5000 Francs auf den Tisch und bat ihn, das Geld unter seinem Namen auf dem Bankhaus zu deponieren. Sie sah ihren rebellischen kleinen Verseschmied angesichts eines solchen Betrags nach Worten ringen und meinte so ganz nebenbei: »Wie du siehst, man bezahlt mir nicht nur Leinwand und Farben.«

Ja, es war viel Geld. Nicht daß sie sich dafür rechtfertigen wollte, aber der Blick des Bruders ließ es ihr dann doch geraten erscheinen, ihn an seine eigenen Worte zu erinnern: Es war ein Unterschied, ob man zu Wohlstand kam, weil man Tag und Nacht arbeitete und nicht auf der faulen Haut lag, oder ob man zu Reichtum kam, weil man aus der Not anderer Gewinn schlug, mit fremdem Geld spekulierte oder seine fetten Pfründe aus erpreßten Steuereinnahmen bezog. Er wußte ja: Für sie begann der Tag nicht erst um 11 Uhr hell zu werden. Sie hatte sich die 5000 Francs redlich verdient. Die Herzogin von Chartres zahlte ihrer Hofdame 1000 Francs weniger als Jahrgehalt. Damit ließ sich schon ein Weilchen leben, und Vigée fand, daß dies ein guter Grundstock für eine gediegene Rücklage war. Eben deshalb wollte sie kein Risiko eingehen und erklärte dem Bruder ihre Situation: Würde sie das Geld unter ihrem Namen im Bankhaus deponieren, war es laut Gesetz das Geld des Ehemannes, auf das er jederzeit Zugriff hatte. Aber das entsprach nicht ihrer Vorstellung von Gerechtigkeit. Wer das Geld verdiente, dem sollte es auch gehören.

Etienne gab der Schwester recht, nahm das Kästchen an sich und schien ohnehin dankbar für jede Gelegenheit, ihr zeigen zu können, daß auf ihn Verlaß war. Schließlich hatte Vigée ihm das Studium finanziert, und jetzt hatte ihm auch noch Graf Vaudreuil einen Posten als Sekretär bei der Schwägerin des Königs verschafft. Ohne sein Goldschwesterherz hätte es für ihn schlecht ausgesehen, denn mehr als Brot und Wasser ließ sich mit Literatur nicht verdienen. Da mußte man variabel sein. Doch so sehr er sich auch für Vigée über das robuste Honorar freute, das sie vom Hof bekommen hatte, er blieb dabei: In Versailles hausten die Vampire und ruinierten das Land. Jetzt hatte der König auch noch den tapferen Nekker davongejagt, und das nur, weil er gewagt hatte, dem Volk reinen Wein über die Staatsverschuldung einzuschenken. »Ich sag dir ja, wir werden von privilegierten Scharlatanen regiert. Dieses ganze Gesindel von Rang, das auf unsere Kosten lebt, muß endlich zum Teufel. Sollen sie sich doch in der Hölle ihre Lustschlösser bauen«, rief er und regte sich bei diesem Thema wieder so sehr auf, daß sie meinte, ihm müßten vor Wut gleich die Adern platzen. Sie redete beruhigend auf Etienne ein, beschwor ihn, gelassen zu bleiben und um Himmels willen nicht zu guter Letzt noch krank zu werden an Verhältnissen, auf die er keinen Einfluß hatte. Aber mit ihm jetzt lange zu diskutieren und die allgemeine politische Lage zu erörtern, dazu fehlte ihr die Zeit, denn sie war in Eile und mußte zurück zu den Farben.

Er brachte sie zum Wagen, und ehe sie sich versah, hatte er noch einen Sack eingeladen. »Für die Mutter«, sagte er. »Ausrangierte Staatsröcke, Galauniformen und all dieses bestickte Zeug.« Jetzt erst erfuhr Vigée, daß die Mutter als Parfileuse arbeitete, aus den Epauletten, Tressen und Degenschleifen die Goldfäden auszupfte und dafür 100 Louisdor im Jahr bekam. Zwar war das Auszupfen derzeit groß in Mode, aber daß Frau Jeanne sich auf diese Weise zusätzlich etwas Geld verdienen mußte, zeigte ihr nur, daß an der Seite des Geizjuweliers ihr Leben um keinen Deut besser geworden war. So konnte es gehen, wenn man auf nichts als die gute Versorgung setzte.

Wie sehr Vigée sich auch beeilte, wieder in ihr Atelier zu kommen – als sie vor ihrem Selbstporträt stand, spürte sie, daß es unmöglich war, dort weiterzumalen, wo sie aufgehört hatte. Sie sah keine lächelnde Mutter mit Kind mehr. Die Stimmung war zerstört, die Komposition kam ihr mißlungen, die Anlage der Farben schülerhaft vor. Julie hatte keine Lust, ein zweites Mal stillzusitzen, und weil plötzlich sich alles in sein Gegenteil zu wenden drohte und Vigée nichts von der Hand ging, floh sie ins Praktische, nahm den Sack und brachte ihn ihrer Mutter.

In lockerer Schankstubenstimmung kehrte Lebrun von seiner Geschäftsreise zurück, lief mit tänzelnden Schritten und halboffenem Hemd durch die Wohnung, pfiff ein Jagdlied, gab sich wie Herkules, der erfolgreich den Augiasstall ausgemistet hatte, machte seiner Goldkatze schöne Komplimente und versprühte eine Heiterkeit, aus der mehr als nur das übliche Kaufmannsglück lachte. Schon seit längerem hatte Vigée einen gewissen Verdacht, aber diesmal zweifelte sie nicht: So sah ein Mann aus, der gerade irgendwo erfolgreich sein Lustpensum abgearbeitet hatte. Vielleicht eine nette kleine Holländerin, vielleicht ein Abstecher ins Bordell, vielleicht irgendwo eine knusprige Grisétte. Einen Beweis brauchte es nicht. So was fühlte sich. Aber sie sagte nichts und fragte nicht. Ihr lag nichts daran, sich irgendwelche dummen Ausreden anzuhören oder gar noch für ein angeblich angeborenes weibliches Mißtrauen belächelt zu werden. Waren die Dinge erst einmal ausgesprochen, standen sie unmißverständlich im Raum, bekamen eine noch stärkere Wirklichkeit, und einen Mißklang konnte sie nicht gebrauchen. Schlechte Stimmung hielt nur von der Arbeit ab. Am Ende aus der Ehe gar ein Schlachtfeld zu machen lohnte die Anstrengung nicht. Zu Hause mußte alles so laufen wie der Zwirn auf der Haspel, ohne Störung, ohne Knoten, im überschaubaren, verläßlichen Gleichmaß. Anders brachte sie nichts auf die Leinwand.

Außerdem – was sollte sie ihm vorwerfen? Zwar sah sie in ihnen beiden schon etwas mehr als zwei gleichgültige Leute an einem kalten Herd vereint, aber ihr Herzensmann war er trotzdem nicht. Sie hatte Lebrun geheiratet, weil er sympathisch war und sie uneingeschränkt arbeiten ließ. Mehr konnte es nicht geben. Tag um Tag von Sonnenaufgang bis zur Dämmerung zurückgezogen in ihrer Arche, anwesend und trotzdem abwesend sein – das auszuhalten war für ihn ja auch nicht wenig. Aber er stellte sich ganz auf diesen Rhythmus ein. Das verband und schuf eine Gemeinsamkeit, die guttat. Sicherlich hätte es ihm besser gefallen, wenn sie morgens in seinen Armen aufgewacht wäre, anschließend das gemeinsame Frühstück, er ihr liebes Murmeltier, sie seine kleine Schwebfliege, dann gemächlich den Tag angehen, sich um sein großes Anwesen kümmern, mit ihm die

Verkaufskataloge erstellen – vieles hätte seinen Alltag sonniger gemacht. Vor allem eine pikante Spannung in den Tag bringen und Bereitschaft zu körperlichem Einsatz signalisieren. Am besten zu wechselnden Zeiten am wechselnden Ort: vor der Staffelei, hinter der Staffelei, im Weinkeller, auf dem Dachboden, in der Abstellkammer, beim göttlichen Correggio oder den anderen Meistern – an Platz im Hause mangelte es ja nicht. Hauptsache schön dreist und knabbersüß.

Nicht daß sie sich eine Stockflöte als Ehemann gewünscht hätte oder einen abgemüdeten Haushahn, aber bei Lebrun hatte sie inzwischen den Eindruck, daß er von einer ständig steigenden Sinnlichkeit beherrscht wurde und als grundgescheiter Mann selbst die Vernunft nur noch dann liebte, wenn sie nackt war. Wenigstens machte er keinen Hehl daraus und war kein Tugendheuchler. Es genügte ja schon zuzusehen, wie er Bouchers Aktskizzen zu den Schäferszenen betrachtete. Einmal am Tag nahm er sie aus der Schublade seines Schreibsekretärs, breitete sie auf dem Tisch wie kostbares Jungfernpergament aus, zog sich seine weißen Handschuhe über, strich behutsam mit den Fingern über die Körperlinien, holte die Lupe, um alles noch größer, tiefer und schärfer zu sehen, lehnte sich in das Stuhlposter zurück und schloß die Augen, als warte er darauf, daß ihm knisternd warm das Blut durch die Adern zu rieseln begann. Das zu malen hätte sein wahres Bild ergeben: Lebrun, ihr Hausfaun. Nein, sie täuschte sich nicht: Es zog ihn magisch zu den Quellen der Lust.

Zwar gehörte er nicht zu denen, die wie ein Luchs durch die Gemäldegalerien schlichen, um irgendwo ein Stück nacktes Fleisch zu entdecken, an dem sie ihre Augen weiden konnten. Das hatte er nicht nötig. Aber intern Höchstpreise bieten, um eine Karikatur von der Pompadour, nackt auf dem Nachtstuhl, zu ersteigern – das war seins.

Vigée fragte sich, was ihn zu den diskreten Auktionen trieb. War es die Freude an der erotischen Malerei, war es ein Hang zum ferkelnden Zeichenstift oder wollte er die Objekte bloß mit sattem Aufschlag an gut zahlende Kunden weiterreichen – sie wußte es nicht. Sie wußte nur, sein Lustbedarf nahm stetig zu. Aber sie war nun mal nicht die Frau zum täglichen Gebrauch. Gerade das hatte er an ihr ja vom ersten Tag an bewundert und konnte nicht oft genug betonen, wie stolz er war, eine Ehefrau, eine süße kleine femme mariée zu haben, deren ganzes Vergnügen in den Farben lag. Und nun das! Aber vielleicht war es für ihn eine ganz besondere Delikatesse, sich in den Armen des Lasters von der Tugend zu erholen. Was wußte sie schon von seinen Seelentiefen. Einen Stein, der ihr zu schwer war, hob sie nicht auf. Sich jetzt den Kopf darüber zu zerbrechen, was in ihm vorging, war umsonst und änderte an den Tatsachen nichts. Wenn es so blieb mit seinen Bettvisiten – nun gut. Ideal war es nicht. Doch was war schon ideal? Vielleicht Rosen, die im Himmel blühen. Deswegen nach einem Ehegehilfen Ausschau zu halten, hätte nichts gebessert, denn das Gute blieb unberührt:

Sie konnte ungestört arbeiten. Immerhin hielt er es nicht so wie der Herzog von Chartres, der sich direkt vor seiner Haustür, unter den Augen seiner Frau im Palais Royal von den Damen umhuren ließ. Wenigstens war Lebrun so rücksichtsvoll, seine galanten Bekanntschaften fern der Stadt zu suchen. Solange er sie nicht brüskierte, sollte er es damit halten wie er wollte. Dennoch nahm sie sich vor, von jetzt an besonders vorsichtig zu sein. Nicht daß er ihr noch eine Krankheit anschleppte. Auf diese Art der Galanterie konnte sie liebend gerne verzichten.

Nachlässig ausgestreckt lag Lebrun im Lehnstuhl, glich einem zufriedenen Tabaksschwelger, blies ihr lächelnd Rauchwölkchen ins Gesicht und wollte sie auf seinen Schoß ziehen, doch für derlei erotische Nachsorge war sie nicht ansprechbar. Vigée ging zum Briefkorb, sah die Post durch und hielt plötzlich ein hochoffizielles Schreiben der Académie royale in den Händen, in dem sie zur Mitgliedschaft beglückwünscht wurde und unverzüglich ihr Aufnahmebild einreichen sollte. Vor Jahren hätte sie sich gefreut darüber, riesig gefreut, doch jetzt nahm sie diese Nachricht fast gleichgültig zur Kenntnis. Überraschend fand sie nur, daß Gaillard und sein neuer Abgott, der Herr Akademiedirektor Marie Pierre, der so stolz den Titel *Maler des Königs* trug und für seine Historiengemälde hoch bezahlt wurde, offenbar überstimmt worden waren. Mehr als einmal hatte sie gehört, daß Monsieur Pierre die Porträtmalerei für flaches Gepinsel hielt und sich gegen ihre Aufnahme heftig zur

Wehr setzte. Wahrscheinlich verkraftete er es nicht, daß sie die bevorzugte Malerin von Marie Antoinette war. Doch was sich in den Dienstzimmern und Hinterstuben des Parnasses abgespielt haben mochte und wer jetzt für wen votiert oder nicht votiert hatte – inzwischen ließ es sie herzlich kalt. Ihr Aufnahmebild war längst gemalt. Es stand gut verpackt in der Holzkiste, aufgeheftet am Rahmen ein extra schönes Messingblättchen mit dem Titel *Der Friede bringt den Überfluß zurück*.

Ohne es noch einmal anzusehen, bat sie Henri, das Bild in die Akademie zu bringen und sich die Abgabe vom Sekretär quittieren zu lassen. Damit war die leidige Angelegenheit endlich beendet, und sie wollte nichts mehr davon hören. Allerdings ab jetzt im *Salon* ausstellen zu können und ihren Bildern eine ganz neue große Öffentlichkeit zu schaffen – das war schon schön, und sie setzte sich nun doch auf seinen Schoß und las ihrem Lustgänger still triumphierend den Brief vor.

Nein, ihr Bruder konnte sich das Leben am Hofe gar nicht vorstellen. Ihr genügten schon die kurzen Einblicke, um zu wissen, daß sie es hier keinen Augenblick länger als nötig ausgehalten hätte. Die Damen ersten Ranges, die sie bislang in Versailles porträtiert hatte, taten ihr alle nur leid. Sie brauchte bloß ihre Schminktische zu sehen, und die ganze Öde kam ihr geballt entgegen. Furchtbar, dieser Zwang zur Verwandlung und diese Pflicht zur Fassade! Dutzende von Fläschchen und Flakons mit Salben, Pasten und Parfüms. Töpfe mit Versailler Rouge für den Tag, Töpfe mit Demi-Rouge für die Nacht, Töpfe mit Rouge végétal, Töpfe mit Zinnober, Töpfe mit mineralischem Rot, Töpfe mit vegetabilischem Weiß, Töpfe mit chemischem Weiß, Töpfe mit Adernblau und in Bergkristallflaschen der Mailleessig gegen die Runzeln. Daneben all die Wässerchen zur Verschönerung des Teints. Wasser, um die Gesichtshaut hochrot zu färben, Wasser, um sie weiß zu machen, Wasser für den rohen Teint, Wasser für den zerbeizten Teint, das Wasser zum Bleichen und auf einem Rubinwürfel unübersehbar das Fleischwasser, das auf gelben oder galligen Gesichtern immer seine Wirkung tat, und daneben das eau de beauté, das dem angewelkten Dekolleté ein glattes Aussehen geben sollte. Rings um den Rand des Tisches wie ein Girlandenschmuck die Fläschchen mit dem weißen Balsam: Milch gegen die Falten, die Finnen und die Flecken, Milch gegen die Sommersprossen und die Hitzblattern, dazwischen die in jungfräuliches Wachs getauchten Bänder, die die Stirn reinigten und glätteten, und in einem gut verschließbaren Porzellangefäß die Pomade zum Ausfüllen der Pockennarben. Von den Essenzen für die Haare, Nägel und Zähne ganz zu schweigen.

Zwar hatte Vigée längst bemerkt, daß der Toilettentisch der Altar der Damen und das Schminken ihre Andachtsübung war, doch es wollte ihr nicht in den Kopf, wie man fast die Hälfte des Tages damit verbringen konnte, sich derart zuzukleistern, bis alles Natürliche unter der Tünche verschwand und vom eigenen Wesen im Gesicht nichts mehr zu finden war. Nie wäre sie auf die Idee gekommen, im Schminktisch die Wiege ihrer Existenz zu sehen und ihre kostbare Zeit mit dem Auflegen des Rouge zu verbringen. Kein Wunder, daß der Tisch immer in einem Zimmer mit Fenstern nach Norden stand, damit ihnen das reine Licht mit seiner reflexlosen Klarheit bei der Arbeit zu Hilfe kam, denn das Rouge durfte nicht lilafarben, nicht grell und nicht schreiend sein. Es mußte wie hingehaucht erscheinen. Aber Rouge war nicht gleich Rouge. Ob das Rot auf die Haut oder auf die Leinwand aufgetragen wurde – allein als Malerin war ihr die Qual mit den Nuancen mehr als vertraut: rostrot, blaurot, rosarot, hellrot, braunrot, goldrot, fahlrot, zinnoberrot, indischrot, karmesinrot, dunkelrot, mattrot, kirschrot, fuchsrot, gelbrot, ziegelrot, weinrot, bordeauxrot, krebsrot, krapprot, kokkusrot, purpurrot, granatrot – es war eine Tortur. Rot lag irgendwie immer an der Grenze zum Wahnsinn. Und selbstverständlich brauchten die Damen zu jedem Anlaß ein anderes Rouge. Mal hatte die Haut einem zartwollenen Pfirsich zu gleichen, und das Rouge durfte nur als eine Idee von Rouge erscheinen, in großen Gesellschaften aber mußte das Rouge schon von weitem leuchten, damit es die Blicke auf sich zog, und sei es nur, sich ganz à la mode mit einer scheußlichen Apfelbäckchen-Maske zu präsentieren und sich zum Entzücken aller in einen Pavian zu verwandeln.

Natürlich fehlte auf keinem Schminktisch das kostbare Serkis, das den Sultaninnen im Serail diese samtweiche jugendliche Haut verlieh und von dem sein Erfinder behauptete, daß damit die himmlischen Huris genährt wurden. Serkis trugen die Damen des Hofes nicht einfach nur auf, mit Serkis brillantierten sie sich. Da aber ein pikantes Aussehen erwartet wurde, setzten sie auf ihre rougebemooste Haut noch die Schönheitspflästerchen, die in kleinen Schachteltürmen nach Farbe und Form sortiert waren: Mouches als Sterne, Halbmonde, Fische, Kometen, Sicheln, Herzen oder Blumen, die symbolisch im Gesicht verteilt wurden: die majestätische auf der Stirn, die schelmische in der Lachfalte, die galante auf der Wange, die kokette neben den Lippen und jedes von ihnen ein diskretes Signal. Schrecklich!

Tag für Tag so lange am Schminktisch zu hocken, bis man endlich einer Fastnachtsschwalbe glich, wäre für Vigée kein Leben gewesen und sie war sich ganz sicher: Wer da nicht seinen Verstand verlor, der hatte keinen. Denn anschließend zwängten sich die Damen in den Panzer des Korsetts, und es kam der Coiffeur, der selbst aus den dünnsten Locken noch einen Haarturm zu bauen wußte und dem ganzen Aufputz seine Vollendung gab. So gerüstet blieb gerade noch Zeit, ein paar Worte mit dem Papagei zu wechseln und den geliebten Wickelschwanzaffen zu füttern, dann mußten sich die Geplagten zum Diner begeben, wo tagtäglich all die Leute am Tisch saßen, die sie nicht leiden konnten und denen auch nur die zwei Beschäftigungen blieben: entweder das Vergnügen oder die Langeweile. Nein, ihr Bruder hatte keine Ahnung, wie trostlos es in diesen Regionen zuging.

Selbst mit der Königin hätte sie nicht tauschen wollen. Vor Tagen hatte sie sich ganz spontan bei Marie Antoinette melden lassen, damit sie noch einmal einen Blick auf das Bild mit dem schmucklosen weißen Mousselinkleid warf, das kurz vor dem Abschluß stand, denn Vigée war sich nicht sicher, ob Marie Antoinette sich wirklich in diesem Habit sehen wollte oder ob es nicht doch nur eine Laune gewesen war und sie das Ganze übermalen mußte. Aber Marie Antoinette war begeistert. Hell begeistert. Vigée hatte sie genauso gemalt, wie sie sich selber sah und wie sie sein wollte: schlicht und natürlich. Als würde sie nicht zur großen Gala gehen, sondern von einem Feldspaziergang kommen. Herrlich! Keiner hatte ihre wahre Natur so gut ins Bild gesetzt, denn nichts war ihr unerträglicher als der Zwang zum Zeremoniell. Und dann sagte sie mit leuchtenden Augen, daß vor kurzem ihre Karosse auf dem Weg nach Paris einen Radbruch gehabt hatte und sie die Gelegenheit nutzen konnte, um sich gegen jedes Protokoll in den erstbesten Mietfiaker zu schwingen und pünktlich in die Oper zu kommen. Es klang so triumphierend, als feierte sie einen großen persönlichen Sieg. Nein, um nichts auf der Welt hätte Vigée mit der Königin tauschen wollen.

Schon die Vorstellung, morgens aufzuwachen und von da an keinen Augenblick mehr sich selbst gehören zu dürfen, wäre für sie der Vorhof zur Hölle gewesen. Grausam, wenn jeder Schritt eingeteilt und alles minutiös vorgeschrieben war! Da konnten die Seidenröcke noch so schön rauschen und alles im überirdischen Glanz erstrahlen, was nützte es, wenn man im Käfig der Vorschriften saß und sich ihrem Zwang unterwerfen mußte! Die Augen aufschlagen und statt ans Fenster zu springen und den Tag zu begrüßen, als erstes diskret die Nachtschüssel unter die Bettdecke geschoben zu bekommen, damit hinterher das Personal über den allerhöchsten Stuhlgang detailliert im Bilde war – eine Heimsuchung. Die Prozedur des Ankleidens – ein Anschlag aufs Gemüt. Alles in Rangfolge und jede Handreichung ein Ritual. Erst das Leibchen, dann die Schnürbrust, dann die Tafeln mit den Stoffmustern vor dem Bett aufgestellt, um die Robe entsprechend den Tagesereignissen in Farbe und Form festzulegen, dann das Wasserschüsselchen zum Benetzen der Fingerspitzen und endlich das Negligé, denn draußen warteten schon die Besucher, die zum Lever eingelassen werden wollten und einen Anspruch darauf hatten, beim Morgenkaffee der Königin zugegen zu sein. Ein Elend, immerzu an die Etikette angeschmiedet zu sein; immerzu einer Abfolge gehorchen zu müssen, nichts tun zu können, ohne nicht gesehen zu werden, nichts sagen zu können, ohne nicht gehört zu werden, und mit der kleinsten Geste unter größter Beobachtung zu stehen. Furchtbar, wenn das Leben nur eine Rolle war, die man im Staatsschauspiel zu geben hatte. Wäre

Vigée das zugemutet worden, hätte sie sich längst einen Goldbatzen um den Hals gebunden und in der Seine versenkt.

Natürlich konnte sie sich die Antwort des Bruders schon denken: Die Gekrönte brauchte sich bloß um das Elend im Lande zu kümmern, dann hätte sie schon beim Ankleiden gewußt, wozu sie auf der Welt war! Stattdessen verschwendet sie Unsummen, um sich neben ihrem Trianon ein Attrappendorf zu errichten mit Bauernhöfen, Kuhställen, Scheunen, Misthaufen, Schobern und Taubenschlägen, um ihren Luxusspaß an der Natur zu haben, läßt Kuhmägde, Mäher, Schnitter und Schäfer wie Statisten agieren und schafft sich ihren Bauernspielpark. Dabei hätte sie bloß mal ein echtes Dorf besuchen müssen, um zu sehen, wie die Landbevölkerung wirklich lebte und sich zu Tode hungern mußte. Da hätte sie einen authentischen Einblick in die wunderschöne Natur gehabt, und den Fiskus hätte es keinen Sou gekostet!

Freilich hatte ihr Bruder recht, daß das Hameau ein ganz absurder Luxus war, aber Vigée fürchtete, in die echten Dörfer zu fahren wäre Marie Antoinette vom Protokoll gar nicht erst gestattet worden. Auf jeden Fall aber wollte sie Etienne bei nächster Gelegenheit einmal von der anderen Seite des Hoflebens berichten. So klar er die Dinge auch sah – sie von zwei Seiten zu betrachten konnte alles nur glaubhafter machen und seinem Versailler Vampirestück nutzen.

Der sonntägliche Andrang im Atelier war wieder so groß, daß es fast schien, als würde sich die ganze Straße in eine Kutschenauffahrt verwandeln. Die Nachbarn standen neugierig an den Fenstern und in den Haustüren, um zu sehen, wer aus der großen Welt bei der Malerin der Königin vorfuhr. Für Lebrun war es ein erfreulicher Anblick, denn der wachsende Ruhm seiner Frau kam auch seinem Geschäft zugute. Der heutige Andrang allerdings stimmte ihn besonders froh, weil gerade im *Salon* die große Ausstellung mit Bildern von Labille-Guiard eröffnet worden war. Begeisterte Besprechungen in den Zeitungen änderten aber nichts daran, daß sie bislang, wie er gehört hatte, nur wenige Besucher zählte. Das bestätigte ihm einmal mehr, daß seine Purpurgattin alle Konkurrentinnen hinter sich ließ und in ihren Porträts tatsächlich einen neuen Gesellschaftston getroffen hatte: weltgewandt, offen und transparent. Nichts Verspieltes, nichts Verschwebtes, nur der hellwache Blick eines aufgeklärten Bürgers. Porträts, die ansprachen, weil sie ins Gespräch zogen – das war gekonnt und unverwechselbar seine große VLB. Hätte sie dafür allerdings täglich etwas weniger lang in ihrer Arche gehockt – er wäre auf die Poetin des Kolorits nur noch stolz gewesen. Aber an der Seite einer solchen Frau mußte er sich wohl auf die Rolle eines Empfangsmeisters einstellen.

Julie litt unter dem sonntäglichen Trubel und floh zur Großmutter, was Vigée nicht unlieb war, denn diesmal mußte sie besonders aufpassen, daß kein Gedränge im Atelier entstand, weil sie die großen Originalkopien von den Porträts der Königin aufgestellt hatte, diese zeitaufwendigen Kopien erster Hand, die für den Transport nach Versailles bestimmt waren und heute noch einmal betrachtet werden konnten. Henri und das gesamte Hauspersonal achteten darauf, daß sich die Besucher in gebührender Entfernung hielten, dieweil Vigée detailliert auf ihre Fragen einging. Nur einmal bat Lebrun sie kurz ins Vorzimmer. Hier wartete ein Mann, der es offenbar sehr eilig hatte, seinen Namen nicht nennen wollte und sie in einer dringenden Angelegenheit zu sprechen wünschte.

Er stand in einem prächtigen Pelz vor ihr, entschuldigte sich, die Bilder ihrer Ausstellung nicht anschauen zu können, denn er war auf der Durchreise und hatte noch einen wichtigen Termin beim Generalinspekteur des Handels. »Es geht um meine Frau«, sagte er, »sehen Sie, ich habe vor kurzem dieses Bild gekauft.« Er packte es aus einer Kutscherdecke, ging zum Fenster und reichte es ihr. »Ein Watteau. Das hat mich einen Batzen Geld gekostet. Der Händler hat mir auch den Titel genannt: Der ängstliche Liebhaber. Unten links ist es von Watteau unterschrieben.«

Vigée betrachtete das Bild. Ein schüchterner Mann auf der Erde sitzend und neben ihm eine junge Frau, die erwartungsvoll zu ihm hinschaut. Im Gesicht dieser spannungsvolle Ausdruck, wie ihn nur Watteau malte.

»Sie sehen ja, ein wunderbares Bild!« sagte er, »aber meiner Frau würde es noch viel mehr gefallen, wenn sie sich selber darauf entdecken könnte, denn genau diese Szene erinnert an unsere erste Begegnung. Einer so berühmten Porträtistin macht es doch gewiß keine Mühe, den Watteau zu verbessern und seiner jungen Dame das Gesicht meiner Frau zu geben. Es braucht ja bloß übermalt zu werden. Ich zahle selbstverständlich jeden Preis, den Sie fordern, auch im voraus und wenn Sie wollen – sofort.«

Vigée sah auf seinen Prachtpelz, dachte, entweder Seifenfabrikant oder Großimporteur, auf jeden Fall ein Barbar, blieb aber betont verbindlich und sagte nur: »Lassen Sie den Watteau wie er ist. Original muß Original bleiben, sonst können Sie es nicht mehr verkaufen. Geben Sie lieber ein neues Bild Ihrer Frau in Auftrag, daran wird sie bestimmt viel mehr Freude haben.« Und dann entschuldigte sie sich, weil sie wieder zu ihren Bildern mußte, atmete auf, als sie ihn enttäuscht davoneilen sah und sie endlich den Besuchern die restlichen Fragen zur Technik des Kopierens beantworten konnte, da betrat plötzlich der Finanzminister den Raum. Charles Alexandre de Calonne, der neue Mann, der das Land aus den Schulden führen sollte. Daß er unangemeldet und spontan zu einer öffentlichen Atelierstunde erschien, war für die Anwesenden eine so große Überraschung, fast so, als würde sich darin ein neuer Regierungsstil ankündigen, und ließ sie respektvoll verstummen. Lebrun war sofort an seiner Seite.

Calonne blieb lange vor den Bildern stehen, nahm eins nach dem andern in Augenschein, dann ging er strahlend auf Vigée zu, gestand ihr, daß er für keine Künstlerin mehr Bewunderung hatte als für Elisabeth Vigée und gratulierte zu den Porträts, die Marie Antoinette in ihrer wahren Natur nicht besser hätten treffen können. »Die Italiener würden Sie eine Pittrice Dei grátia nennen«, sagte er so laut und vernehmlich, daß die Umstehenden in seinen Beifall einstimmten. Mit sicherem Geschäftsinstinkt begriff Lebrun die Dimension dieses Augenblicks, ließ sofort seinen besten Champagner kommen, um die glückliche Konstellation zu nutzen und gleich auf alle drei zu trinken – auf Vigée, den Minister und die Königin. Jeder sollte sich durch jeden geehrt fühlen. Wenn schon der Herr des Geldes mit seiner Anwesenheit sein Haus beehrte, mußte das natürlich entsprechend gewürdigt werden. Wer in der Stadt konnte schon von sich sagen, daß der Finanzminister bei ihm mal eben vorbeikam! Außerdem war Calonne nicht irgendeiner aus der Regierungsriege, er war ab jetzt der Knabe, der an der Quelle saß, und Lebrun hoffte, an der Quelle einer neuen Gerechtigkeit.

Auch Vigée war beeindruckt. Daß ausgerechnet der Generalkontrolleur des Geldes derart begeisterte Worte für die Kunst fand, war so ungewöhnlich und gegen alle Erwartung, daß es ihr fast ein wenig die Sprache verschlug. Gerade von einem Finanzminister hatte sie bislang eine ganz andere Vorstellung: ein stocktrockener Schulmeister und hausbackener Zahlenkrämer, mit einer Phantasie, die gerade noch dazu reichte, die Bilanzen zurechtzurücken und von dem nichts als immer nur die große Berappungsarie kam. Und nun das! Offenbar ein Schöngeist. Jedenfalls als Minister aus der Art geschlagen. Am liebsten hätte sie ihn auf der Stelle porträtiert, trank ihm zu, überlegte, wie sie das Porträt anlegen müßte, suchte nach einem neuen Farbton für ihn und bemerkte plötzlich auch bei sich selbst ein Novum: Es war der erste Mann, der ihr trotz seiner Perücke gefiel.

Calonne genoß sichtlich die lockere ungezwungene Atmosphäre. Schließlich schauten auch noch Vernet, Grétry und Ménageot herein, um wenigstens auf diese Weise die Bilder der Königin noch einmal zu betrachten, denn sie waren sich einig, solche Meisterporträts durften nicht für immer hinter irgendwelchen Schloßmauern verschwinden. Und dann, als die Öffnungsstunden sich dem Ende nahten, bat Lebrun alle, die gekommen waren, noch zu einem kleinen Essen in den Salon. Sein Prunkstück, der Straßburger Fayenceofen, ließ den klirrenden Winter vergessen. Im Raum lag eine wohlige Wärme, der Wein tat sein übriges, und Calonne schien es Vergnügen zu bereiten, in diesem erlesenen Kreis seine ersten Amtsmaßnahmen bekanntzugeben. »Sie dürfen mich beim Wort nehmen: Jeder, der mit Kunst und Literatur zum Ansehen Frankreichs beiträgt, soll keine finanziellen Sorgen mehr kennen. Ab sofort führe ich Renten für Künstler und Schriftsteller ein, damit sie auch im Alter gesichert sind, und werde mich darum kümmern, daß ihre Werke angemessen belohnt werden. Die Präsenzgebühren für sämtliche

Akademiemitglieder sind bereits erhöht. Ich hatte eine lange Unterredung mit allen Sekretären und bin mit Marmontel einer Meinung: Wir haben großartige Talente im Lande. Sie sind unser Kapital, und darum werde ich nicht den Beamten, sondern den Künstlern die Tresore öffnen.«

Begeistert erhoben alle auf ihn das Glas, und Lebrun war stolz, daß so bahnbrechende Vorhaben ausgerechnet in seinem Hause verkündet wurden, was sein Ansehen hob und den Ruf einer ersten Adresse noch festigte. Vigée hingegen sah schon das Porträt von Calonne vor sich, hatte ein stilles Vergnügen daran, die Licht-Schatten-Linien für die Karnation zu bestimmen, und war sich ganz sicher, bei ihm müßte sie mehr Bleiweiß verwenden, um die hellfarbigen Stellen im Bild zu kräftigen. Den ganzen Abend wich sie nicht von Calonnes Seite und spürte, er war nicht nur von ihren Bildern, er war auch von ihrer Person entzückt. Diese doppelte Wahrnehmung tat natürlich besonders gut, hatte einen doppelten Reiz und erhöhte den Selbstgenuß. Irgendwie fand sie es aufregend, von einem Finanzminister bewundert zu werden. Als er ging, blieb er einen Moment fast verlegen vor ihr stehen und fragte, ob er vielleicht irgendwann darauf hoffen dürfte, von ihr porträtiert zu werden. »Jederzeit, wann Sie wollen«, antwortete sie und vergaß alle Auftragsbücher und Wartelisten.

Daß ein Theaterstück einmal so viel Aufsehen erregen konnte, hätte sich Vigée nicht träumen lassen. Wo sie auch hinkam, mit wem sie auch sprach – alle wollten wissen, wie die Aufführung gewesen war, denn sie gehörte zu den Ausgewählten, die *Figaros Hochzeit* sehen durften. Und jetzt sprach sie auch noch der Prinz aus Deutschland darauf an, das schmächtige Männchen, Prinz Heinrich von Preußen, der Bruder des Musterkönigs, der schon zur zweiten Porträtsitzung kam und unbedingt von ihr ein Tafelbild haben wollte – in Oval, wie sie bereits seine Freundin Gräfin Sabran gemalt hatte.

Die Gräfin saß im Nebenzimmer und las in einem Almanach, während Vigée diesmal mit dem Porträtieren mühsam vorankam, denn die Ohren des Prinzen machten ihr zu schaffen. Nicht daß sie Schwierigkeiten mit dem Übergang vom Knochen zum Knorpel gehabt hätte, aber bei den Deutschen saßen die Ohren höher als bei allen anderen, da stimmte die Proportion nicht, und darum mußte sie auch bei Prinz Heinrich das Haar korrigierend so ansetzen, daß ein Teil davon das Ohr bedeckte und kein Mißverhältnis die Wirkung des Porträts minderte. Bei der ersten Sitzung hatte sie den kleinen steifen Herrn als sehr unterhaltsam empfunden, der ideale Mann für Regentage, aber diesmal wollte er partout nicht reden. Er wollte nur still auf seinem Podestuhl sitzen und ihr zuhören. Sie sollte ihm sagen, was an *Figaros Hochzeit* so aufregend war. Aber reden und gleichzeitig malen, das konnte sie nicht. Das brachte dieses Fließen der

Farben nicht in Gang. Außerdem gehörte es zu ihrer bewährten Technik, stets die Modelle reden zu lassen, damit Bewegung ins Gesicht kam und etwas von ihrem Charakter sichtbar wurde. Doch der kleine Herr von Preußen beharrte auf seinem Wunsch, so daß ihr gar nichts anderes übrigblieb, als für ein paar Augenblicke die Arbeit zu unterbrechen und ihm von der Aufführung zu berichten, zumal inzwischen fast jeder so tat, als käme allein die Teilnahme an dem Ereignis einer höheren Weihe gleich. Hätte der Falkenmeister sie nicht eingeladen, wäre wohl alles an ihr vorübergegangen, aber ihn zu sehen nahm sie jede Gelegenheit wahr, gleich was noch kam und wie die nächste große Sensation heißen würde.

Natürlich war es kühn von Graf Vaudreuil, auf seinem Schloß in Grennevilliers ein verbotenes Stück zur Aufführung zu bringen. Denn in den Augen des Königs verhöhnte *Die Hochzeit des Figaro* alles, was an einer Regierung zu respektieren war, ja Ludwig meinte sogar, wenn er dafür die Spielerlaubnis gab, müßte er die Bastille einreißen lassen. Marie Antoinette allerdings hatte schon mehrmals im kleinen Kreis das Stück zur Vorlesung gebracht und auch Vaudreuil bei der Aufführung unterstützt. Schließlich mußten die Schauspieler der Comédie Française, die er dafür engagiert hatte, bezahlt werden.

»Leider war die Königin krank und konnte nicht zur Aufführung kommen«, sagte Vigée, »aber die Brüder des Königs, Graf von Artois und Graf von Provence, die Herzogin von Polignac, Prinzessin Lamballe, der

Herzog von Chartres, Minister und Generäle – der halbe Hof kam angereist. Der Theatersaal brechend voll und mittendrin Beaumarchais. Sie wissen ja: Autor, Rebell und Schiffsreeder. Man sagt, bei ihm moussiert der Esprit wie Champagner. Sie können sich die Stimmung nicht vorstellen! Alles in gebannter Erwartung und bei jedem gepfefferten Sätzchen ein großes Hallo. Und dann solche locker hingeworfenen Bemerkungen vom Figaro: Adel, Reichtum, Rang, Ämter, was haben Euer Gnaden denn getan, um das zu verdienen? Sie gaben sich Mühe, geboren zu werden. Zwar verließ *Monsieur*, der Bruder des Königs, an dieser Stelle den Saal, doch die anderen hatten einen Heidenspaß, und das Gelächter nahm kein Ende. Die Luft im Raum wurde so warm und stickig, daß Graf Fronsac zu den Fenstern eilte, um sie zu öffnen. Doch die klemmten. Kein Wunder bei dem alten baufälligen Schloß. Da sprang Beaumarchais auf und schlug kurzerhand mit seinem Stock die Fensterscheiben des Theatersaals ein, um die frische Luft der Freiheit einzulassen, wie er sagte. Es krachte und klirrte, auf dem Boden ringsum nur noch Scherben und Splitter, und irgendwie wurde alles im Raum vulkanisch.«

Mit einem Mal bemerkte Vigée, daß das Gesicht des preußischen Prinzen vom Zuhören eine solche Spannung und einen so starken Ausdruck bekam, daß sie ihre Schilderung jäh abbrach und zum Pinsel griff. Die Züge des kleinen Alemannen hatten das Steife und Starre verloren und waren in einer so subtilen

Bewegung, daß sie fast im Allegro-Tempo das Porträt beenden konnte.

»Wenn Sie einmal nach Preußen kommen«, sagte er, »müssen Sie mich unbedingt auf Schloß Rheinsberg besuchen. Da geht es garantiert gediegener zu.«

Zwar wußte sie, daß ihr keine Zeit zum Reisen blieb, aber sie fand die Einladung dennoch eine nette Geste, dankte in aller Form und fühlte sich gedrängt, über ihre Eindrücke hinaus noch einmal auf die wahre Dimension des Ereignisses zurückkommen. »Graf Vaudreuil hat mit dieser Aufführung den Bann der Zensur gebrochen«, sagte sie. »Jetzt gibt es kein Halten mehr, jetzt ist der Weg frei, daß das Stück auf die große Bühne kommt. In ein paar Monaten wird sicher ganz Paris *Figaros Hochzeit* sehen können.« Sie wollte nicht deutlicher werden, denn ein Mann von Geist wußte schon selber, daß die Zensur ein Frevel gegen die Öffentlichkeit war und daß es viele Helden brauchte, um dagegen anzugehen. Vaudreuil, ihr Falkenmeister, war einer von ihnen und plötzlich spürte sie, irgendwann lag sie diesem Mann in den Armen. Irgendwann nahm sie auf die Polignac und all die großmächtigen Damen keine Rücksicht mehr.

Summend brachte sie auf die warme Untermalung kühle Lasuren auf, war zufrieden mit der Wirkung und ließ Prinz Heinrich einen Blick auf das Porträt werfen. »Sie sind wie Ihre Bilder«, sagte er. »Sie können begeistern.«

Der Skandal war da. Im *Salon* wurde das Porträt von Marie Antoinette ausgestellt, und die Wellen der Empörung schlugen hoch. Die Königin im Leinenkleid – das war unerhört! Statt Staatsrobe in Unterwäsche! Das hatte es noch nicht gegeben. So hatte sich noch keine Königin ihrem Volk gezeigt und keine Malerin hatte es je gewagt, eine Repräsentantin des Throns derart schmucklos ins Bild zu setzen.

Aufgeregt saß der Ausstellungsleiter in Vigées Atelier, wollte nichts essen und nichts trinken, sondern sagte nur: »Sie glauben gar nicht, was sich vor Ihrem Porträt abspielt! Die Leute haben keine Achtung vor der Königin mehr! Sie beschießen das Bild mit Brotkügelchen und sobald mehrere davorstehen, gibt es ein feindseliges Gezischel. Gestern hing ein großer Zettel dran, auf dem in leuchtenden Lettern MADAME DEFICIT stand. Kaum hatte ich ihn beseitigt, hing er Stunden später schon wieder da. Und jetzt protestieren auch noch die Seidenweber aus Lyon!« Nein, er mochte gar nicht mehr die Zeitungen aufschlagen. Die Seidenweber meinten, es sei kein Wunder, daß sie arbeitslos waren, wenn die Königin sich im einfachen Leinenkleid darstellen ließ. Mit diesem Bild gab sie eine Moderichtung vor, die die Seidenweberei überflüssig machte. In Lyon waren schon viele Manufakturen geschlossen, und 3000 Seidenweber bekamen bereits ihr Geld von der Stadt, damit sie nicht verhungerten, aber die erste Dame hatte eine neue Spielart des Luxus entdeckt: die Einfachheit. Doch genau damit trieb sie die Weber und ihre Familien in den Ruin. Der *Mercure* regte sich besonders auf: Das Kostüm einer Königin hatte der hohen Würde des Throns zu entsprechen. Sie hatte sich gefälligst in robe de cour, in Staatsrobe zu zeigen, die Stoffe gold- und silberstreifig aus Atlas oder schwerer Seide, der Reifrock prachtvoll gerüscht, mit breiten Volants, anständig viel Girlanden und Falbeln, wenigstens der Rocksaum nicht unter drei Ellen, dazu eine gehörige Menge von Blumen, Bändern, Schleifen, Spitzen, Schnüren und Quasten. Das war königlich. So mußte sich eine Repräsentantin des Throns kleiden, und solche Bilder mußten gezeigt werden, denn so etwas fand Nachahmung und gab den Seidenwebern Arbeit.

Vigée hörte fassungslos zu. »Viel schlimmer ist, daß die Proteste gegen das Bild von Tag zu Tag zunehmen«, sagte er. »Jetzt hat die Stadt Lyon bereits eine offizielle Klage bei der Regierung über den Geschmack der Königin eingereicht, und es kursiert das Gerücht, Marie Antoinette hätte sich nur darum im einfachen Leinenkleid porträtieren lassen, weil sie das ganze französische Gold ihrem Bruder, Kaiser Joseph schickt, damit er seine österreichische Kriegskasse auffüllen kann. Das Ganze nimmt bedrohliche Formen an. Damit die Lage sich nicht weiter zuspitzt, muß ich Ihr Porträt abhängen lassen. So leid es mir auch für Sie als Künstlerin tut. Der Hof ist bereits informiert.«

Vigée ließ nun doch Kaffee kommen und dachte, daß Marie Antoinette wohl recht hatte: Sie konnte machen was sie wollte, alles wurde ihr übel ausgelegt. Hätte Vigée die Königin in glanzvoller Gala gezeigt, wäre von Luxus und Verschwendung die Rede gewesen; zeigte sie Marie Antoinette im schlichten Mousselin, hieß es, sie bringe die Weber um Lohn und Brot. Vor allem aber sah sie jetzt, wie aussichtslos es für die Königin war, sich der Etikette widersetzen zu wollen.

Der Ausstellungsleiter war sichtlich bedrückt, eine solche Entscheidung treffen zu müssen. Zwar hatte er schon einiges mit der Malerei erlebt, aber ein derartiger Skandal war im *Salon* noch nicht vorgekommen. Er wagte kaum zu fragen, ob er eventuell dafür ein anderes Bild von ihr hängen konnte, denn er wußte ja, daß man ihr die Arbeiten aus der Hand riß. Um so überraschter war er, als sie ihm das Selbstporträt mit Tochter Julie brachte. Sie hatte es gerade beendet. Alles andere war bestellt und der Rest nur Kopfstudien. Ein Blick auf das Bild genügte, und er begriff, es war ein Geschenk des Himmels. In dieser aufgeheizten Stimmung genau das richtige Motiv – Mutter mit Kind, ein Ruhepunkt für die gesamte Ausstellung. »Wenn ich schon das Porträt der Königin abhängen muß, sollen die Besucher wenigstens sehen: Eine Elisabeth Vigée-Lebrun kann malen, was sie will. Ihre Porträts sind von unübertroffener Meisterschaft.«

In jeder anderen Situation wären ihr solche Worte wie eine große Auszeichnung erschienen und sie hätte ihren Echowert still genossen, aber diesmal hielt sie sich nicht dabei auf. Sie ließ das Bild sehr sorgfältig einpacken, und kaum hatte er damit das Haus verlassen, stürzte sie zu Lebrun, um ihm von dem Eklat zu berichten. Doch ihn wunderte nichts mehr. Nicht in diesen Zeiten. Fest stand nur eines: Die Stimmung im Lande hatte sich verändert. Er kam gerade vom Herzog von Chartres, der jetzt den Namen seines Vaters trug und Herzog von Orléans hieß und im Palais Royal alle um sich scharte, die mit dem König unzufrieden waren, weil Seine babylonische Majestät nichts entschied und nicht handelte. »Der Orléans ist gegen den Hof und schürt die Revolte«, sagte Lebrun. »Dein Porträt von Marie Antoinette ist dort Tagesgespräch. Alle in diesem Kreis sind sich einig, daß es eines der schönsten Bilder ist, das du von der Königin gemalt hast, sie meinen aber auch, daß sie dich nur benutzt hat. Sie wollte mit diesem Bild eine Reform einleiten, wollte mit den Hochfrisuren und den Reifröcken Schluß machen und zu einem einfachen, natürlichen Stil kommen. Darum hat sie sich von dir als Landfrau porträtieren lassen. Strohhut und weißgetupftes Mousselin. Duftig luftig. Doch zu spät. Die Leute glauben ihr nicht mehr.«

»Sie hat sich zu viele Feinde am Hof gemacht«, sagte Vigée. »Mit ihrem Kampf gegen die Etikette hat sie die untertänigen Kriecher gegen sich aufgebracht. Vor allem sind sie empört, daß sie sich vom Hofbetrieb zurückgezogen hat und fern von den Protokollzwängen in ihrem Trianon lebt.«

Lebrun ließ ihren Einwand nicht gelten: »Wer jahrelang von Böhmer und Bassenge mit den teuersten

Juwelen beliefert wird und sich die schön gemalten Fächer von Fragonard auch noch in Diamanten fassen läßt – wie soll man so einer Frau glauben, daß sie über Nacht bescheiden geworden ist?!«

»Du hast nicht das Gartenhaus der Dubarry in Louveciennes gesehen. Die drei Porträtsitzungen dort haben mir genügt. Gemessen an diesem Luxus, wo jeder Türgriff in Gold geschmiedet ist, nimmt sich Marie Antoinette in ihrem Trianon geradezu bescheiden aus. Und außerdem: Besser späte Einsicht als gar keine.«

Lebrun wollte nicht streiten. Mochte schon sein, daß auch eine Königin sich ändern konnte, aber für seine Begriffe war die Stimmung gegen sie nicht mehr aufzuhalten. Er sah es ja an den Karikaturen. Sie schossen wie Pilze aus dem Boden und hatten Konjunktur. Je frecher desto besser. Beim letzten Besuch in der Oper war sie sogar ausgezischt worden. Für ihn stand fest: »Vorbei mit Vive la Reine!«

»Dann werde ich wohl kein Porträt von ihr mehr ausstellen können«, sagte Vigée.

»Na wenn schon. Du setzt sie ins Bild, und Madame Defizit hat noch nicht mal bezahlt. Nimm bloß keine Aufträge von ihr mehr an.«

»Das Honorar für das Galaporträt mit den Kindern plus der drei Kopien müßte jeden Tag eintreffen«, warf Vigée ein, doch er meinte nur: »Der Herrgott erhalte dir deinen schönen Glauben. Du mußt jetzt aufpassen. Es mag ja ehrenvoll sein, eine aus der königlichen Familie zu malen, aber wenn sie zur Zielscheibe allgemeiner Verachtung wird, kann sich das schnell auf dich übertragen. Es ruiniert deinen Ruf.«

»Und dabei hast du mich ständig gedrängt, nach dem Titel *Malerin der Königin* zu schielen: schöne Pension, gesicherte Zukunft, du weißt schon.«

»Stimmt. Ich gebe zu, der weibliche Instinkt ist nicht zu übertreffen.«

»Darauf können wir uns einigen«, sagte sie, ließ einen Bordeauxwein kommen und fand es ganz hilfreich, in brenzligen Situationen einen Ehemann zu haben.

Ann-Rosalie schneite mit einer großen Neuigkeit herein: Sie war jetzt Kastellanin des Schlosses de la Muette, hatte ein regelmäßiges Einkommen und brauchte bei dieser bedrohlichen Teuerung keine Sorge zu haben, den Mietzins nicht mehr zahlen zu können. Auch um Aufträge brauchte sie nun nicht mehr zu bangen. Vor allem hatte sie inzwischen erkannt, daß es in der Kunst nur zwei Existenzformen gab: entweder groß oder gar nicht. Im Gegensatz zu Vigée besaß sie für den Weg an die Spitze keine Ausdauer, keine Selbstdisziplin, und an einer Pflichtlust konnte sie sich nicht berauschen. Sie war mehr ein spontaner Mensch, wollte ihr Vergnügen haben und leben, nicht irgendwann und nicht später, sondern jetzt, im Augenblick. »Brühwarm heute, wenn du weißt, was ich meine.«

Seit neustem nahm Ann-Rosalie Reitunterricht,

ließ sich einmal in der Woche, donnerstags zum Modetag, ein schönes Pferd satteln, ließ seine Mähne in ganzer Länge mit bunten Bändern durchflechten, den Schweif mit einer Rosette schmücken und galoppierte ins Bois de Boulogne. Das Reitjackett aus flohbrauner Pekingseide mit drei Kragen, der Rock knöchellang und mit rosafarbenem Band gesäumt, dazu rosafarbene Lederschuhe mit flachem Absatz, die Krawatte aus weißer Gaze, auf dem Kopf einen Wollfilzhut, zeisiggelb mit einem grünen Federbukett und die Haare wie die Männer zu einem Zopf geflochten – das genügte, um als Amazone Aufsehen zu erregen. Selbstverständlich ritt sie sittsam und trug Beinkleider, genoß die Verwirrung der Damen, ihr Staunen, ihr Tuscheln, genoß die Blicke der Männer und wenn einer plötzlich sein Pferd herumriß und neben ihr herritt, machte sie sich einen Spaß daraus, ihm davonzugaloppieren. Jagte er ihr hinterher, fühlte sie nur noch, wie ihr der Zopf auf den Rücken schlug und dann vibrierte das Leben. »Lust pur, verstehst du, alles in Spannung, alles in Aufruhr.«

Vigée hörte vergnügt zu, dachte zwar, diese Phase müßte Ann-Rosalie eigentlich hinter sich haben, merkte aber auch, wie sehr sie sich selber durch Julies Existenz verändert hatte. Die kleine Brünette gab ihr mehr Bodennähe und für die alltäglichen Dinge einen zusätzlich praktischen Blick. Natürlich fuhr auch Vigée donnerstags, am Modetag, zu den Boulevards, aber nicht um sich mit irgendwelchen Kavalieren zu kreuzen, sondern um Julie die Kutschen zu zeigen. »Kutschen gucken« mit der Mama war ihr das allerliebste. Reisewagen, Zweisitzer, Einsitzer, Allemanden, Prachtchaisen, Cabriolets, Faulenzer, Droschken, Eilwagen, Gondelwagen, Berlinen mit einem Affensteiß, Phaetons, Whiskeys, Rollwagen, Diables, und dazwischen die Blumenmädchen, die auf die Trittbretter sprangen, um ihre Sträuße zu verkaufen – für Julie war es ein aufregendes Treiben, für Vigée ein aufregender Farbenstrom, und immer richtete sie jetzt alles so ein, daß möglichst zwei etwas davon hatten. »Doppelt denken«, sagte sie, »ist eine nützliche Erfahrung.«

Die Schloßkastellanin hatte es aber diesmal sehr eilig und war nur gekommen, um sich den Wagen der Freundin für den abendlichen Opernbesuch auszuleihen. Vigée überließ ihn ihr, bereitwillig wie immer, doch als sie am nächsten Morgen in aller Herrgottsfrühe ins Atelier ging und Henri ihr wie gewohnt einen Tee brachte, deutete er an, daß ihr Wagen nicht in der Remise stand. Das war ungewöhnlich, denn sie kannte ihren Kutscher als zuverlässig. Sie befürchtete, daß er einen Unfall hatte, war voller Unruhe, aber als sie dann ihren Wagen in den Torweg einfahren hörte, atmete sie auf, daß ihm nichts passiert war. Sie lief hinunter und fragte, weshalb er jetzt erst kam, doch er meinte nur brummig: »Früher ging es nicht. Die Dame hat mich die ganze Nacht warten lassen.«

Vigée stutzte. Der Kutscher erzählte, daß er Ann-Rosalie in die Oper und anschließend nach Hause gefahren hatte, nur ihre vornehme Begleiterin wollte noch weiter zu einem Empfang bei Minister Calonne. Und da ja wohl alles so abgesprochen war, fuhr er die Dame zum Finanzministerium. Sie bat, kurz zu warten, gab ein anständiges Trinkgeld, doch die Rückkehr zog sich bis in die Morgenstunden hin. Als sie dann endlich besäuselt herauskam, fuhr er sie nach Hause. Und dann sofort hierher.

Vigée rannte ins Haus, schloß sich in ihre Arche ein und kochte vor Wut. Die Konzentration für die Arbeit war dahin, von Lichtstimmung keine Spur mehr. Nicht einmal der Schatten eines Farbtons wollte in ihr noch aufscheinen. Sie wußte, ihr Ruf war ruiniert. Und so was nannte sich gute Freundin! Setzt sich in die Kutsche, die ihr nicht gehört, und verleiht sie großzügig weiter! Am Mittag kündigte sich Lebrun mit dem gewohnten Doppelklopfzeichen an und las ihr aus der Zeitung eine Notiz vor, die er soeben entdeckt hatte. »Der Wagen der Malerin Elisabeth Vigée-Lebrun war die ganze Nacht vor dem Finanzministerium zu bestaunen. Es scheint sich zu bestätigen, daß die schöne Muse ihre von einem kürzlichen Ausstellungsskandal eingetrübte Gemütsstimmung von Monsieur de Calonne, unserem obersten Finanzarzt, intim behandeln und aufhellen läßt. Wir werden weiter darüber berichten.«

Vigée hätte Ann-Rosalie würgen können. Furchtbar, wenn eine Frau nichts anderes mehr im Sinn hatte, als sich an den Mann zu bringen! Das hatte sie nun von ihrer Gefälligkeit! Verleumdung und Spott. So klein war sie in der Öffentlichkeit noch nicht gemacht worden. Die Affäre eines Mannes! Noch dazu des Finanzministers! Sie, die nie die Affäre eines Mannes war und keine Bettbeziehung nötig hatte, um zur Geltung zu kommen. Sie war die Vigée und niemandes Beiwerk. Und nun das! Die Reihenfolge war doch klar: Erst wurde sie als Person diffamiert und dann ihre Kunst. Ann-Rosalie kam ihr nicht mehr über die Schwelle.

»Verklagen müßte man die Zeitung«, rief Vigée aufgebracht, »und allen vorführen, daß sie die Unwahrheit teuer zu stehen kommt«, doch Lebrun meinte nur: »Bloß das nicht! Damit bringst du dich nur noch mehr ins Gerede. Am besten ignorieren, einfach ignorieren.« Eine wirksamere Antwort gab es für seine Begriffe nicht, denn es wußte doch jeder, daß sich in den Zeitungen für die seichte Rubrik genügend abgewetzte Schreiberseelen fanden, verstopfte Köpfe, bei denen es gerade noch dazu reichte, schlüpfrige Spuren zu legen, um halbwegs gutes Geld zu verdienen. »Mach dir keine Sorgen«, sagte er. »Morgen bin ich wieder beim Orléans und werde das klarstellen. Was im Palais Royal die Runde macht, wird schon eher geglaubt, auch wenn dort gilt: Das Laster lieben heißt Menschen lieben. Und jetzt laß uns in aller Ruhe essen, damit du wieder zu Farbe kommst.«

Doch die Aufregung setzte sich fort, denn kurz darauf ließ sich Minister Calonne bei ihr melden. Er war untröstlich, sie in eine derart peinliche Lage gebracht zu haben. Gerade sie, deren Werk er so schätzte. Hätte er gewußt, daß seine Bekannte in Vigées Wagen kam, hätte er den Kutscher sofort nach Hause geschickt, denn diese Zeitungsleute schnüffelten ihm überall hinterher, als lauerten sie darauf, daß er irgendwo heimlich doch noch den großen Staatsschatz ausgrub oder mit der Wünschelrute nach einer Geldader suchte. »Ich weiß, Sie werden mir das nie verzeihen«, sagte er, aber Vigée sah ihn nur an, sah die Bewegung in seinem Gesicht und sagte: »Bitte bleiben Sie so sitzen.« Sie holte ihre Malutensilien, stellte rasch die Staffelei vor ihm auf und warf eine flüchtige Skizze auf die Leinwand. Zwar hatte sie seit der ersten Begegnung das Porträt von ihm im Kopf längst fertig, aber dieser Gegensatz, der plötzlich in seinem Gesicht lag, dieser spannungsvolle Ausdruck zwischen einem hohen Amt und einer großen Hilflosigkeit, der Minister für Finanzen so kindlich zerknirscht – das war so einmalig und kam so tief von innen, daß sie diesen Moment festhalten mußte, denn sie wußte, die starken Momente malten sich wie von selbst. Sie bat ihn, weiterzureden, doch plötzlich hielt er ein und sagte schüchtern wie ein Firmling, aber mit rauchiger Stimme: »So leid mir alles tut, lieber wäre mir gewesen, die Zeitung hätte recht gehabt.«

Zugegeben, einen Augenblick lang dachte sie dasselbe, doch sie strahlte ihn an und entgegnete kokett: »Auch wenn die Zeitungsnotiz meinen Ruf ramponiert hat – mehr als ein schönes Bild gibt es nicht.«

Plötzlich hatte sie die Öffentlichkeit gegen sich. Wenn es nur der Metierneid gewesen wäre – mit ihm hätte sie leben können. An den Neid der verehrten Kollegen war sie fast schon gewöhnt und hatte sich damit abgefunden, daß einige von ihnen ihr die vollen Auftragsbücher mißgönnten und immer Neues gegen sie in Umlauf brachten. Erst der Lieblingsrefrain, daß die Porträts gar nicht von ihr stammten, sondern von Ménageot. Er malte ihr die Bilder und leckte ihr die Stiefel. Dann das dunkle Gesumse, sie sei auf Drängen von Marie Antoinette Mitglied der Akademie geworden, auf Druck von oben und nicht durch allgemeine Wahl, und jetzt war sie auf einmal der Liebling der Gerüchteköche. Jetzt hieß es, sie feierte wilde Feste, Orgien der Verschwendung, war sozusagen das bürgerliche Pendant der Königin. Plötzlich stand sie in der Öffentlichkeit als die exzentrische Glamour-Malerin da, die von goldenem Getäfel aß, mit Paradiesholz heizte und mit Kassenscheinen ihr Kaminfeuer anzündete. Sie faßte es nicht. So viel Niedertracht verschlug ihr dann doch die Sprache.

Nachts lag sie wach und dachte über ihre Situation nach. Es war, als kehrte sich der Erfolg auf einmal gegen sie. Die Luft bekam eine schlechte Akustik. Der Ausdruck der Mutter war plötzlich wieder präsent, nur mit dem Unterschied, daß sie diesem Gassengestank nicht ausweichen konnte. Was hieß denn wilde Feste! Schon der Plural regte sie auf. Ja, sie hatte ein Fest gefeiert, natürlich perücken- und pomadefrei.

Denn die Bälle mit großer Robe und Tanzschrittdressur empfand sie als fossile Dämmerstündchen und diese öden Soupers mit den obligatorischen Gängen als stocklangweilige Stallroutine. Dieser abgetakelte Gesellschaftskram mußte einmal beendet werden, und weil das Griechische gerade in Mode war, improvisierte sie spontan ein anakreontisches Fest. Stellte hinter den Stühlen im Speisezimmer ihre hohen spanischen Wände auf, behing sie mit weißem Nesseltuch, borgte sich von ihrem Nachbarn, der Antiken sammelte, einige etruskische Vasen, und Bildhauer Chaudet installierte rasch eine Hängelampe, die ein warmes Licht auf den Tisch warf. Polster, Kissen, Tischdecken und aller Zierat verschwanden, so daß der Raum in seiner Schlichtheit sich wie eine antike Kulisse ausnahm. Klassisch antik. Jeder Gast bekam ein langes weißes Gewand, ein Bettlaken in Falten gelegt, das wie eine Tunika aussah und die Damen in schöne Athenerinnen verwandelte. Sie lud einen Dichter ein, der sich auf Verse von Pindar verstand, hing ihm einen roten Mantel um und setzte ihm einen Lorbeerkranz auf, dieweil ihr Bruder seine Gitarre geschickt zur Lyra umfunktioniert hatte. Julie, Schwägerin Susanne und Vernets Tochter reichten aus antiken Schalen den Wein. Der Honigkuchen und die Schüsseln mit Salat wurden auf dem blanken Holztisch serviert, was bisher noch in keinem der ersten Pariser Häuser gewagt worden war. Löffel aus Buchsbaum hätte man dort als blanke Zumutung empfunden. Sie waren nur zu zwölft, aber sangen heiter sonnige Liebeslieder von Anakreon, tranken dazu einen Zypernwein, und es stieg so ein Air auf, das über die Zeit hinaustrug und allen das Gefühl gab, auf der Insel der Seligen gelandet zu sein.

Tagelang wurde von dem Fest geschwärmt, einige bedauerten, nicht dabeigewesen zu sein, etliche erbaten sich die Requisiten, um es nachzufeiern, und dann plötzlich der empörte Aufschrei in der Zeitung: »Das rauschende griechische Atelierfest der Madame Vigée hat nach vertrauten Quellen 20 000 Francs verschlungen.« Nein, es lohnte nicht, daran auch nur einen halben Gedanken zu verschwenden, geschweige denn sich zu ärgern. Aber sie tat es doch. Bei soviel übler Verleumdung konnte sie einfach keinen Schlaf finden. Der Regenbogen an der Decke schien verschwunden. Seine Farben zeigten sich nicht. Alles blieb dunkel und nachtschwarz. Nur die Gedanken drehten sich wie ein buntes Karussell in ihrem Kopf herum. Jetzt fragte auch noch Gräfin Stroganoff in einem Brief an, ob sie wirklich 60 000 Francs für das Fest ausgegeben hatte und bei ihr tatsächlich die Vögel aus der Pastete geflogen waren. Vigée war nahe daran zu glauben, wenn es so weiterging, kratzte sie nur noch ein paar Schattentöne auf die Leinwand hin. Erst 20 000 und jetzt schon 60 000 Francs und wer weiß, in welche astronomischen Höhen die Zahlen demnächst noch getrieben wurden! Dabei hätten die Herren Zeitungsschreiber an diesem Fest demonstrieren können, daß eine Idee billiger als Geld war. Allerdings mußte sie einem einfallen, und eine Spur von Gestaltungssinn brauchte es auch. Gerade mal 15 Francs hatte sie der Abend gekostet, aber das wäre wohl keine Zeitungsmeldung wert gewesen und paßte nicht in das Bild, das man von ihr haben wollte. Offenbar hatte sie jetzt die eitle, ruhmsüchtige Malerin der verschwenderischen Königin zu sein, die sich einen Spaß daraus machte, aller Welt vorzuführen, daß sie hoch im Preis stand und darum ihr Geld mit beiden Händen zum Fenster hinauswerfen konnte.

Sie für so dumm zu halten hätte als Beleidigung schon vollauf genügt, aber Scharfsinn als Kampfmittel war in Zeitungskreisen wohl unbekannt. Alles Windbeutel vom Dienst. Doch sie konnte nichts machen und mußte sich damit abfinden, daß der Erfolg sich gegen sie kehrte. Fest stand nur, eher würde es kriechende Tiere regnen, als daß der Neid aus der Welt ging. Statt sich zu freuen, daß jemand mit der Kunst Geld verdiente! Als ob das nicht tausendmal redlicher und ehrenvoller war, als in so mageren Bibeljahren mit Kornschiebereien zu Wohlstand zu kommen oder fürs Nichtstun bezahlt zu werden! Für sie war nun mal die Malerei nichts anderes als Leben mit den Mitteln der Farbe, und sie freute sich über jeden Kollegen, der das auch so sah und gleichfalls gute Honorare erhielt. Das hätte so manch einem gepaßt – sich am Ende gar noch dafür zu schämen, mit der Kunst Geld zu verdienen! Dieser Vorwurf kam ohnehin nur von denen, die das Geld so sehr liebten, daß sie keinen leiden konnten, der es besaß. Ja, sie verdiente viel. Sogar so viel, daß sie keine Zeit hatte, es auszugeben. Sie saß ja auch nicht am Spieltisch, sondern an der Staffelei und geerbt hatte sie keinen einzigen Sou, weil es die noble Ahnenreihe mit gefüllter Kasse in ihrer Familie nicht gab. Gleich, was die Neidgemeinde demnächst noch alles in Umlauf bringen sollte – sie war stolz, von ihrer Arbeit leben zu können. Es war nicht nur ein gutes Gefühl, es war eine Bestätigung ihres Talents. Diese Gewißheit hatte dann doch etwas Beruhigendes und ließ die ganze gärige Küchenprosa vergessen.

Calonne brach das Schweigen und gab die Regierungsschulden der letzten zwölf Jahre öffentlich bekannt. Die Summe schlug wie ein Blitz ein und überstieg alle Vorstellung. Eine Milliarde 250 Millionen. Die Gemüter standen in Flammen, und es gab nur noch helle Empörung. Von morgens bis abends bei allen und jedem nichts als Empörung. Vigée war doppelt froh, gerade jetzt ihre Kunst zu haben und sich damit eine eigene Wirklichkeit schaffen zu können. Eigentlich hätte sie zweihändig und vierfüßig malen müssen, um all die Aufträge zu bewältigen, doch kaum schaute sie von der Staffelei auf, begegnete auch ihr nichts als Empörung.

Etienne war empört, daß dieses unfähige Regierungspack noch immer nicht an der Laterne hing. Der Marschall von Frankreich, den sie gerade porträtierte, war empört, daß die Bauern nicht mehr den Hut vor ihm zogen, und gab den Lumpenvertretern des Adels die Schuld, die immer neue Schmähschriften gegen den König verfaßten. Der Farbenhändler war empört, daß die kleinen Leute stets ausbaden mußten, was die Großen verbockten, und er zum Monatsende darum sein Geschäft schließen mußte. Die Farbenfirmen gaben keinen Rabatt mehr und für importierte Pigmente wurden astronomische Preise verlangt. Allerdings gab er Vigée zu verstehen, daß er in einem kleineren Laden fortbestehen könnte, wenn er ihr die Farben demnächst fertig gemischt liefern dürfte. Sämtliche Fleischfarben grammgenau nach ihren Angaben. Sie sparte damit für die Karnation viel Zeit, und er konnte überleben. Sie fragte sich, weshalb in jedem Händler so ein durchtriebener Filou stecken mußte. Die Geschäftspleite zu benutzen, um ihr auf diese Weise das Geheimnis der Untermalung abzuluchsen – das war schon ein dreistes Bubenstück. Dieses Schlitzohr glaubte doch wohl nicht, sie sei so naiv, ihn diesen ureigenen Grundton, ihre Color vitae, mischen zu lassen und gar noch preiszugeben, daß das Ganze erst durch ein Staubkorn kostbarster Mumie zur Entfaltung kam. Wenn er meinte, sie würde ihn in ihre Rezepturen schauen lassen, damit er sie dann mit einem speckfetten Aufpreis fröhlich an Kollegen weiterreichen konnte, stand er zu Recht vor dem Aus.

Die Mutter empörte sich, daß Léonard, der Friseur der Königin, jeden Morgen sechsspännig von Paris nach Versailles fuhr, sein Handwerk nie ordentlich gelernt hatte, aber von Madame Defizit mit Geld überschüttet wurde, nur weil er ihr Frisuren bauen konnte, die 36 Zoll hoch waren. Und sie, die ein Leben lang redlich gearbeitet hatte, konnte jetzt nur noch Weihnachten und Ostern einen Braten auf den Tisch bringen. Jacques hatte sein Geld in Schiffe gesteckt, doch die waren gekapert worden, und nun hatten sie alles verloren, weil die Regierung der kriminellen Seeräuberkanaille tatenlos zusah, statt sie an den Galgen zu bringen. Vor allem aber war Frau Jeanne unzufrieden, daß die Enkelin so selten zu ihr kam. Doch darauf ging Vigée nicht ein, denn sie hatte längst mitbekommen, daß die Mutter Julie aushorchte. Von wegen: Frühstücken deine Eltern gemeinsam, wer kommt abends zu Besuch, schläft deine Mama noch unter ihrem Regenbogen – diese Kochtopfgukkerei paßte ihr nicht. Julie war nicht dazu da, Frau Jeanne einen Anlaß zu liefern, sich in Dinge einzumischen, die sie nichts angingen.

Lebrun war empört, daß er bei seinen Geschäftsreisen jedesmal stundenlang an den Mauthäusern aufgehalten und durchsucht wurde, während der Adel unkontrolliert passieren durfte. Henri regte sich auf, daß im Rathaus nichts gegen die tägliche Plünderung der Bäckerläden unternommen wurde und kein Mensch mehr wußte, in welchem Laden er morgens noch Brot bekam.

Nur einer war nicht empört, nur ein einziger, der einzig Eine, Joseph-François de Vaudreuil. Er hatte aus Skandinavien zwei herrliche Jagdfalken bekommen, einen Geierfalken und einen Großen Blaufuß.

Zwei Prachtexemplare mit Farben, die sie unbedingt gesehen haben mußte und die sich auch die beste Malerin nicht ausdenken konnte. Auf der Oberseite ein Dunkelgraublau, schwarz gebändert, die Unterseite gelbweiß und dunkel längsgefleckt und die Wachshaut so leuchtend lichtblau als hätte sich der Himmel auf ihr abgefärbt. Selten hatte sie ihn so schwärmerisch von Farben reden hören und natürlich gleich ihre Malutensilien eingepackt. Doch als sie dann vor den prächtigen Raubvögeln stand, mußte sie an ihren Vater denken, der stets voller Bewunderung für Oudry, den großen Tiermaler, war und der ihm einmal gesagt hatte, daß nichts auf der Welt schwieriger zu malen sei als ein Taubenhals. Erst wem der Taubenhals glückte, der durfte sich Maler nennen. Sie sah auch hier dieses Changieren der Farben, sah, wie sich in den Übergängen die Konturen herausbildeten, die zwar nur behutsame Andeutungen waren, aber doch so kräftig ineinanderspielten, daß eine Bewegung der Farben entstand, die den Falken etwas bedrohlich Ruheloses gaben. Vigée wollte ihrem Grand Fauconnier eine Freude machen und wenigstens den Großen Blaufuß malen, holte ihre Staffelei, spannte die Leinwand auf, hielt mit wenigen Strichen eine erste Skizze fest, doch auf einmal kam Vaudreuil auf sie zu, nahm ihr den Stift aus der Hand, legte den Arm um sie, berührte ihren Mund und plötzlich wußte sie nicht mehr, stand sie noch an der Staffelei oder lag sie schon neben ihm; sie dachte nicht mehr, sie fühlte nur, schwebte davon, raus aus der Zeit, raus

aus der Welt, herrlich weit weg, hinauf zum Purpur, hinunter zum Goldgrund, quer durch ihren Traum, himmlisch aerostatisch.

Obwohl Marie Antoinette das große Galaporträt samt den Kopien noch nicht bezahlt hatte, nahm Vigée gegen den Rat ihres Hauspropheten den neuen Auftrag an und fuhr nach Versailles, um den Dauphin zu malen. Vorsichtshalber führte sie aber diesmal das Goldschnittbriefchen der Königin mit, weißes, geripptes Papier und in der Ecke die Lilie der Bourbonen, denn die Zeiten hatten sich geändert, und die Wachen im Schloß wurden täglich verstärkt. Natürlich hatte sie auch ihr obligatorisches Rettungssäckchen mit den Silbermünzen dabei. Falls sie überfallen wurde, konnte sich das Raubgesindel mit Bargeld bedienen und hoffentlich dafür Farben und Leinwand unberührt lassen. Ihrem Kutscher hatte sie inzwischen den Lohn beträchtlich aufgestockt, um ihn für Zusatzverdienste weniger anfällig zu machen und vor allem keinem dieser Zeitungsmenschen Auskunft zu geben.

Marie Antoinette empfing wie gewohnt die Malerin persönlich und führte sie gleich in ihr Privatkabinett. Doch diesmal erschrak Vigée und glaubte die Königin nicht wiederzuerkennen. Sie war über Nacht gealtert. Das Leichte und Tänzelnde war aus ihr gewichen, sie hatte nichts Strahlendes mehr an sich und es schien, als hätte sich über ihre ganze

Erscheinung ein düsterer Schleier gelegt. Ein Blick in das Gesicht von Marie Antoinette genügte, und Vigée sah, daß die Haut, die sonst immer wie Tau schimmerte und ihr alles Können abverlangte, auf einmal ganz matt, welk und ohne alle Lebendigkeit war. Vigée dachte sofort an den Halsbandprozeß, der monatelang die Zeitungsseiten gefüllt hatte. Auch wenn die Beweise eindeutig ergeben hatten, daß die Königin Opfer von Betrügern war, die ihr das Diamantenhalsband andrehen wollten, so glaubte doch jeder im Lande, daß sie es gerne gehabt hätte, und jeden Tag gab es neue Pamphlete, die forderten, daß nicht nur die Betrüger, sondern auch die Königin auf die Anklagebank gehörten. Bislang hatte sie gedacht, eine Marie Antoinette stand über den Anfeindungen, doch jetzt sah sie, der Haß drückte sie zu Boden.

Vigée hatte Mühe, ihre Betroffenheit zu verbergen, suchte krampfhaft nach Worten, doch Marie Antoinette kam ihr zuvor und sagte nur: »Ich weiß, es ist mir anzusehen, daß mich in letzter Zeit das Unglück nicht mehr verlassen will.« Sie ließ Kaffee und Zukkerblumen kommen, bat Vigée Platz zu nehmen und gestand ihr, daß sie immerzu ihr herrliches Pastellbild von der Prinzessin betrachten mußte. Nein, sie kam nicht über den Tod ihres jüngsten Kindes hinweg. Sie dachte Tag und Nacht daran und begriff nicht, warum dieses kleine Geschöpf sterben mußte. Auch wenn der Hof keinen Anteil daran nahm, weil es sich nur um eine Tochter und nicht um einen Thronerben handelte – fest stand: Es war gegen die Natur, wenn

Kinder vor ihren Eltern ins Grab gingen. »Ich gebe nichts mehr auf die Herren der hohen Fakultäten«, sagte sie, »ob sie nun nach hypokratischer, galenischer oder paracelsischer Art heilen oder sich gar auf alle drei Methoden verstehen – wenn es darauf ankommt, tappen sie im dunkeln. Sie sind mit den neusten Instrumenten gekommen, haben sogar mit goldener Ligatur zur Ader gelassen – es hat alles nichts geholfen. Alles umsonst, alles vergeblich. Ich sage Ihnen – alles nichts. Wirklich alles nichts.«

Vigée überlegte einen Moment, was darauf überhaupt noch zu erwidern war, ohne nicht alles nur schlimmer zu machen oder das Falsche zu sagen, doch da ging die Tür auf, und der Vorleser der Königin brachte mit mehreren Verbeugungen den kleinen schmächtigen Dauphin herein. Als hätte Marie Antoinette Sorge, ihr Sohn könnte etwas von ihrem Kummer bemerken, streckte sie ihm heiter die Arme entgegen und sagte aufmunternd: »Abbé Vermont kann ihm ein paar Geschichten vorlesen, damit er beim Porträtieren stillhält, denn Geduld ist nicht seine Stärke.« Auf einmal kam Unruhe in den Raum. Es gab ein Kommen und Gehen. Die Oberhofmeisterin meldete, daß soeben Minister de Calonne eingetroffen war. Marie Antoinette sprang nervös auf, bedauerte, daß sie nicht bleiben konnte, bat Vigée, ihr sobald wie möglich das Bild zu bringen, und noch ehe sie etwas zum Format des Bildes fragen konnte, hatte die Königin schon den Raum verlassen.

Vigée reichte dem Dauphin die Zuckerblumen und

ließ ein Podest kommen. So wie das Königskücken vor ihr stand, erinnerte es an Gainsboroughs *Blauen Knaben* und sie entschied sich für das Ganzfigurenformat. Die Kammerfrau brachte das Holzpferdchen, sein Lieblingsspielzeug herein, doch die erste Gouvernante meinte, der Dauphin könne nur mit seinem Vogelbauer gemalt werden, für Abbé Vermont jedoch kam als Accessoire nur die Bibel in Frage. Es entstand ein Streit, wie der Thronfolger ins Bild zu setzen war. Vigée hörte mit still steigender Wut zu. Was maßten sich diese Protokollfiguren an! Standen wie aufgeschirrte Zirkusgäule herum, taten wichtig und glaubten, ihr Vorschriften machen zu können! Es mußte sich doch langsam herumgesprochen haben, daß sie sich von niemandem sagen ließ, wie sie zu malen hatte, und wenn es der Herrgott selber wäre!

Sie ging zum Dauphin und flüsterte ihm zu: »Bevor ich male, müssen Sie laut rufen: RUHE und RAUS.« Das muntere Bürschchen schien den Wink sofort begriffen zu haben und schrie die beiden Worte so freudig heraus, daß alle erschrocken den Raum verließen. Danach hatte der Dauphin viel Spaß daran, gemalt zu werden. Seinetwegen hätte die Sitzung noch Stunden dauern können, doch Vigée war heilfroh, so schnell voranzukommen, denn sie wollte unbedingt vor Einbruch der Dämmerung zu Hause sein. Allerdings wusch sie diesmal die Pinsel nicht aus, sondern zog rasch ein Stückchen Probeleinwand auf und ließ mit den Farbenresten den Thronfolger selber etwas malen. Mit ein paar Pinselstrichen deutete er einen

Maulesel an und überreichte ihr das Bildchen wie ein königliches Geschenk.

Vigée eilte zum Wagen und bemerkte nicht die ungewöhnlich hektische Betriebsamkeit. Doch als sie zu Hause in den Torweg einbog, stieg gerade Lebrun aus der Kutsche und rief ihr zu: »Stell dir vor, die haben den Calonne entlassen!«

Über Nacht hatte die Zeit ihr Gleichmaß verloren. Es gab kein Nacheinander mehr. Sturzbachartig brachen die Ereignisse herein und sie glaubte, nicht genug Sinne zu haben, um all das wahrzunehmen, was geschah. Alles kam ihr so zusammengedrängt vor, daß sie abends nicht wußte, hatte sie einen Tag, einen Monat oder ein Jahr erlebt, war sie hinter die Zeit zurückgeworfen oder bloß weit nach vorn geschleudert – das Land stand Kopf und Paris war in Aufruhr. Ständig wurden die Sturmglocken geläutet und die Bürger vor dem Rathaus versammelt. Im Palais Royal riefen erhitzte Redner zur Abschaffung des Königtums auf. Mauern, Häuser und Bäume waren übersät mit Anschlagzetteln, Aufrufen, Karikaturen, Pamphleten, Kupferstichen, Haßgedichten und Todeslisten mit den Namen all derer, die sofort an den Galgen mußten. Kolonnen von Menschen zogen täglich durch die Straßen und trugen Stangen, auf denen die Wachsköpfe der Regierungsvertreter aufgespießt waren. Stündlich gab es neue Gerüchte und plötzlich hieß es, die königlichen Garden wollten Paris niedermachen. Das Pulvermagazin des Rathauses wurde gestürmt, die Waffenschmiede geplündert, die Straßen aufgerissen, die Wagen mit Pflastersteinen beladen, Fässer mit Erde gefüllt, und jedermann schmolz zu Hause Phosphor in kochendem Wasser, um aus den Fenstern das unauslöschliche Feuer auf die Köpfe der Feinde zu kippen. Überall standen die Menschen in Grüppchen zusammen, jeder sprach mit jedem, um zu erfahren, was er gesehen und gehört hatte, denn in der Vorstadt St. Antoine hatte es bereits Tumulte mit vielen Toten gegeben. Ausrufer mit Handglocken forderten die Bürger auf, zu Hause zu bleiben und ihr Eigentum zu beschützen, und von irgendwoher kam die Nachricht, daß es im Palais Royal Waffen gab. Die Schauspielhäuser schlossen, die Geschäfte ließen die Jalousien herunter, die Handwerker stellten ihren Betrieb ein, nur die Kugelgießer arbeiteten ohne Unterlaß. Alles lag auf der Lauer, alles ging in Deckung und nachts gab es nur noch eine gespenstige Stille mit gespenstigen Patrouillen. Männer bewaffnet mit Stöcken, Stangen, Bratspießen, Mistgabeln, Sicheln, Messern und Dolchen, und eine Tüte Schießpulver gehörte mit einem Mal in jede gute Küche.

Vigée vergrub sich in ihrer Arche, malte wie besessen, malte gegen die Zeit an und sah, wie die Nachbarn hinter den Häusern fieberhaft Erdlöcher aushoben, um ihre Wertgegenstände zu verstecken. Alles kam ihr fremd und unwirklich vor. Da erhielt sie die Nachricht, daß der Dauphin gestorben war. Gerade acht Jahre alt, ein Jahr jünger als Julie. Sie hatte keine

Worte dafür und war sich inmitten des Geschehens nur in einem noch sicher: Marie Antoinette gehörte zu den Menschen, die magisch das Unglück an sich zogen. Vigée dachte sofort an das kleine Mauleselbild, ließ es rahmen und wollte es der Königin bringen, doch Lebrun beschwor sie, dies auf später zu verschieben und nicht ihr Leben zu riskieren. Die Allee nach Versailles war mit Batterien von Wagen verstopft, die kontrolliert werden mußten. Die Kavallerie hatte alle Mühe, gerade noch den Weg der Kuriere zu sichern, damit die Abgeordneten der Nationalversammlung nicht von den Nachrichten abgeschnitten waren, und selbst der Königin war vom Pariser Bürgermeister geraten worden, nicht ihren Wohnsitz zu verlassen, weil niemand mehr für ihre Sicherheit garantieren konnte. Fuhr Vigée jetzt nach Versailles, mußte sie damit rechnen, daß ihr die Pferde ausgespannt wurden, der Wagen umgekippt, alles angezündet und damit auch das Bild vom Dauphin zerstört wurde.

Das leuchtete ihr ein und sie wartete Tag um Tag, bis sich die Lage beruhigt hatte, doch da stürzte Etienne mit der Nachricht ins Haus, daß soeben die Bastille gestürmt worden war. Dem Gouverneur Launay hatte man den Kopf abgeschlagen, auf eine Stange gesteckt und im Triumphzug zum Palais Royal getragen. »Überall sind schon Reisigbündel aufgeschichtet, heute nacht wird ganz Paris im Freudenfeuer erstrahlen. 14. Juli 1789 – das ist kein gewöhnliches Datum, das ist die Zeitenwende«, rief er begeistert und legte

Vigée eine Flinte auf den Tisch. Er war stolz, diese Kostbarkeit für seine Schwester ergattert zu haben. Eine Flinte war schließlich derzeit ein goldwerter Besitz. Er erklärte ihr hastig die Funktion von Hahn, Zündpfanne, Ladestock, Lauf, Kolbe, Korn und Visier, zeigte ihr, wie sie laden, spannen und abdrücken mußte, doch sie merkte sich nichts und hörte auch nicht richtig zu. Zwar fand sie das alles sehr aufmerksam und fürsorglich, aber gab ihm zu verstehen, daß sie mit derlei Werkzeugen der Gerechtigkeitspflege nichts anfangen konnte. Gleich was noch kam: Wenn sie sich verteidigen mußte, dann nicht mit einer Waffe. Etienne bestand trotzdem darauf, daß sie die Flinte im Haus behielt, denn sicher war sicher und allein schon der Anblick konnte für manch einen abschreckend sein. »Revolutionen, liebes Schwesterchen, werden nun mal nicht mit Rosenwasser gemacht«, sagte er fröhlich, umarmte Vigée und rannte zum Palais Royal, um an einem so historischen Tag nicht die kleinste Neuigkeit zu verpassen.

Am nächsten Morgen brannten alle Mauthäuser und in der Provence standen Dutzende von Schlössern in Flammen. Vigée stand mit Lebrun am Fenster und hörte nur noch Pferdegetrappel. Dumpfes, nicht enden wollendes Pferdegetrappel. Wie dunkle Schatten rollten Tag und Nacht die Wagen durch die Straße und verließen turmhoch bepackt einer nach dem andren die Stadt, bis plötzlich die Sturmglocken am Rathaus läuteten und allen verkündet wurde, daß ab sofort kein Vermögen mehr außer Landes geschafft werden durfte. Bürgersoldaten hatten die Fluchtwege abgeriegelt. Lebrun brachte aus dem Palais Royal die Nachricht mit, daß die Polignac als Kammerfrau verkleidet gerade noch rechtzeitig ins Ausland entkommen war und die Grafen Vaudreuil und Artois auf einem Frachtsegler nach England übergesetzt hatten.

Vigée saß wie benommen vor ihrer Staffelei. Es war, als wäre das Licht aus dem Raum gewichen. Die Sonne stand still, die Farben wollten nicht mehr fließen, alles setzte aus, und sie konnte nicht mehr unterscheiden, ob der Riß durch die Leinwand oder durch die Zeit ging. Doch ehe sie begriff, daß sie jenseits der Ordnung der Dinge stand, hing schon der ungeliebte Finanzminister Foulon an der Laterne – einen Augenblick nur, dann wurde auch ihm der Kopf abgeschlagen, auf die Stange gesteckt und als Siegestrophäe durch die Stadt getragen. Schwangere Frauen bekamen Gelbsucht vor Angst, Adelige flohen ins Rathaus, legten öffentlich ihre Titel ab und schenkten ihr Vermögen der Stadt, und in den Straßen hallte nur noch der Ruf: À la lanterne! An die Laterne! In Panik kam Henri aus der Stadt und berichtete aufgeregt, daß in der Rue St. Honoré ein Bild von Marie Antoinette unter großem Jubel verbrannt worden war.

So sehr sich Vigée innerlich auch dagegen wehrte – unwillkürlich kam das Gefühl einer persönlichen Bedrohung auf. Erst zerstach man das Bild der Königin und dann knüpfte man die Malerin auf, hing sie an die Laterne oder warf sie in die Seine. Doch selbst nur ins Gefängnis zu kommen hatte sie wenig Lust. Diesen

Gefallen wollte sie keinem tun. Sie war 34 und mit ihrer Kunst noch lange nicht zu Ende. Sie hatte noch viel vor. Die Farbe des Lebens vertrug mancherlei Verfeinerung. Anderseits fragte sie sich, was ihr vorzuwerfen war. Sie gehörte nicht zum Adel, hatte keinen Titel, keinen Orden, kein Amt, keine Pension von niemandem, sie hatte sich nicht bereichert und nichts erschlichen, sie hatte die Gesichter der Gesellschaft gemalt. Hunderte von Gesichtern und Marie Antoinette war eines davon. Aber gleich ob ein Modell für den lieben Gott oder für den Teufel gehalten wurde – zuallererst mußte es ein gutes Bild sein. Ein Werk der Kunst. Darauf kam es Vigée an und das verband sich mit ihrem Namen. Sie hatte Marie Antoinette nicht schöner gemalt als sie war, nicht mit Lichtglorie und Goldgrund, ohne Überglanz und Staatspracht, sondern so, wie sie war, ungepudert und fern der steifen Etikette. Sie hatte ihr auch nichts zugetragen, sich über niemanden geäußert, gegen keinen intrigiert, geschweige denn einen Rat gegeben oder die Nähe zu ihr für irgendeinen persönlichen Vorteil genutzt. Sie hatte sie gemalt wie sie all die anderen auch gemalt hatte. Nein, ihr war nichts vorzuwerfen und sie wußte auch nicht, wo ihre Schuld liegen sollte, sei denn die Kunst selber war das Vergehen.

Doch plötzlich wurde Schwefel in die Luftlöcher ihres Kellers geworfen, und ein Blick genügte, um sich mit Lebrun zu verständigen: Er blieb in Paris und sie fuhr nach Italien. Wer konnte dagegen etwas einwenden? Eine Studienreise ins Mutterland der

Farben, wie sie es immer gewollt hatte. Eilig besorgte er die Pässe, legte die Route fest, Paris–Lyon–Turin–Rom, und sie packte mit Henri den Wagen. Hinten auf einer Stange aufgereiht die Ochsenblasen mit den Farbvorräten, in einer Kiste die Trichtermuscheln mit den Pigmenten fürs Inkarnat, dazu mehrere Rollen mit Flachsleinwand und die beiden Staffeleien, alles gut in Holzwolle verstaut und mit Riemen befestigt. Ein Nachbar, der jetzt bei der Nationalgarde war und ihr eine Weile zugeschaut hatte, eilte auf sie zu und meinte: »So kommen Sie nicht durch. Nicht im eigenen Wagen. Nehmen Sie lieber die gewöhnliche Post, da vermutet Sie keiner. Niemand kommt auf den Gedanken, daß ausgerechnet Sie in einer so elenden Schüttel reisen. Und lassen Sie Ihr Malzeug zu Hause, sonst weiß gleich jeder, wer Sie sind. Das muß ja nicht sein.«

Sie begriff, daß dies mehr als der Wink eines freundlichen Nachbarn war, wollte ihm für die fürsorgliche Warnung danken, doch er war auf einmal wie vom Erdboden verschluckt, was sie als ein zusätzliches Alarmzeichen empfand. Sie ließ den Wagen wieder ausräumen und bestellte eilig drei Plätze in der Diligence, aber die öffentlichen Postwagen waren auf Wochen im voraus belegt. Es blieb ihr nichts weiter übrig, als sich in die Vorbestelliste eintragen zu lassen und zu warten, bis sie an der Reihe war. Von Stund an verließ sie nicht mehr das Haus, saß auf gepackten Koffern und wurde von Tag zu Tag unruhiger. Da kam plötzlich die Nachricht, daß die königliche

Familie aus Versailles abgeholt und in den Tuilerien festgesetzt worden war. Es brauchte keine Deutung und keiner Details, sie begriff: Marie Antoinette war verhaftet. Vigée wollte nur noch fort. So schnell wie möglich fort. Weit außer Landes, himmelweit weg. Sie saß wie im Fieber. Das Warten wurde zum Alptraum. Am späten Abend erhielt sie Bescheid, daß überraschend drei Plätze frei geworden waren und die Diligence um Mitternacht nach Lyon abfuhr. Sie zweifelte, ob das tatsächlich auch stimmte, bangte bis zur letzten Minute und erst als sie mit Julie und der Gouvernante in den Postwagen stieg, wußte sie, daß es wirklich so war, und fühlte sich von einem großen Druck befreit.

Sie trug ein schlichtes, fast ärmliches Straßenkostüm, hatte Bares im Wert von 80 Louis bei sich, kaum Gepäck, nur in ihrer Reiseapotheke zwischen ein paar nutzlosen Arzneien das Fläschchen mit der kostbaren Mumie aus den Beständen des Vaters. Gott sei Dank sah es wie ein Gesundheitspülverchen aus, so daß nichts an die Malerin erinnerte. Lebrun, Etienne und Henri begleiteten sie vorsorglich bis ans Stadttor, um sicher zu sein, daß sie ohne Zwischenfälle durch die nächtlichen Tumulte in der Vorstadt kam, freuten sich, daß wenigstens diesmal alles in den Straßen ruhig blieb, und gingen fest davon aus: In ein paar Monaten, wenn der Sturm sich gelegt hatte, sahen sie sich wieder.

Beim Überschreiten der Grenze nach Italien atmete sie erlöst auf, stieg sofort in einen Mietfiaker um und ließ auf den Berghöhen immer wieder anhalten, um die Aussicht zu genießen und sich die Bilder einzuprägen. Sie hätte es nicht für möglich gehalten, aber je länger sie unterwegs war, desto mehr begriff sie, was es mit dem Mutterland der Farben auf sich hatte. Es gab keine harten und keine schwarzen Schatten. Alle Farben kamen ihr gesteigert vor. Sie hatten mehr Licht, mehr Kraft, mehr Tiefe. Alles schien voller, reifer und stark getont. Trotzdem wirkten die Farben nicht schwer und kompakt, sondern lagen leicht und luftig wie Keime auf allem. Ein Blick genügte, und sie entfalteten sich. Wohin sie auch schaute – alles blühte unablässig vor ihren Augen auf und spielte sich sonnenhell in die Sinne hinein. Es war überwältigend. Selbst wenn ihr das ein Kollege mit den schönsten Worten geschildert hätte – es gab Dinge, die mußte man selber gesehen und selber erlebt haben, um sie als einen unwiederbringlichen Besitz in sich hineinzuholen. Sie sah aber auch, dieses Blühen der Farben hatte mit dem Himmel zu tun, denn auch der Himmel war hier anders. Er stand nicht wie ein geschlossenes Dach über allem, sondern kam ihr wie staubfein gestoßener Lapislazuli vor, wie blauender Tau, der auf alles niederfiel und die Grenzen verschwimmen ließ, so daß sie nicht wußte, wo die Erde aufhörte und wo der Himmel begann. Sie sah nur zwischen allen Dingen immerzu dieses Blau der Ferne schimmern, das die Farben trotz ihrer Fülle so herrlich durchsichtig machte. Unwillkürlich mußte sie an den Correggio denken, den sie seinerzeit kopiert hatte, und als sie dann in Parma vor dem Original stand, begriff sie, weshalb unter so einem Himmel selbst die Nacht nur als Licht gemalt werden konnte.

Soviel Kunst und soviel Landschaft gleichzeitig aufzunehmen war eine so ungewohnte Anstrengung, daß sie die Eindrücke fast wie eine Last empfand und erschöpft in Bologna ankam. Sie mietete zwei Zimmer im ersten Hotel am Markt, doch als sie die Koffer auspacken wollte, gab ihr der Wirt zu verstehen, daß sie als Französin nur eine Nacht bleiben durfte und er sich an die neue Vorschrift halten mußte. Sie war zu müde, um nachzufragen, und wollte auch nicht an den nächsten Tag denken, sondern bestellte erst einmal einen geschmorten Truthahn, um wieder zu Kräften zu kommen. Augenblicke später betrat ein düster blickender, schwarzgekleideter Mann den Raum, den sie sofort als einen Boten der päpstlichen Behörde erkannte. Er übergab ihr einen Brief, und sie sagte abwinkend: »Ich weiß schon, Sie bringen mir den Befehl abzureisen«, doch er antwortete mit unbewegter Miene: »Im Gegenteil, Madame, dieses Schreiben erteilt Ihnen die Erlaubnis, so lange zu bleiben wie Sie nur wollen.«

Einen Moment lang war sie irritiert, doch dann schien sie sich ganz sicher, diesen päpstlichen Amtsraben hatte der Himmel gesandt. Allerdings wurde ihr jetzt auch deutlich, daß schon bei Betreten des Landes jeder Franzose genau registriert und der Regierung gemeldet wurde, ob er mit seinem Hab und Gut auf der Flucht war, oder sich wie sie mit kleinem Gepäck auf einer Kunstreise befand und in ein paar Monaten wieder zu Hause sein wollte. Nicht umsonst war sie auf der großen Zollstation in Turin von einem Offizier ausführlich über den Grund ihres Aufenthalts befragt worden, aber glücklicherweise hatte er sofort verstanden: Für jeden Maler war Italien ein Muß.

Sie freute sich, nun in aller Ruhe die Werke der Bologneser Schule betrachten zu können, denn ein Original von Reni, Carracci oder Domenichino sah sie so schnell nicht wieder, ging mit Julie in die Paläste und verzichtete bewußt auf den obligatorischen Museumsführer, um sich den Genuß an den Bildern nicht zerstören zu lassen, da erschien überraschend eine Abordnung der Akademie im Hotel. Direktor Bequetti stellte sich ihr in aller Form vor, sagte, daß er in vielen Ländern Europas unterwegs war und allerorts in den Residenzen auf Bilder von Madame Vigée traf: beeindruckende Porträts in Wien, beeindruckende Porträts in München, und jüngst war er zu Gast beim Lordkanzler in London, an dessen Tafel man sich lange über ihren lebendigen Stil unterhalten hatte. Auch von den Herren Kollegen aus Warschau und Krakau wußte er, daß in Polen inzwischen sogar die Kopien ihrer Porträts gefragte Objekte waren. Eine so berühmte Malerin in Bologna begrüßen zu können bereitete ihm eine große Freude, und es war ihm eine Ehre, sie als Mitglied in die Akademie aufzunehmen. Mit einer tiefen Verbeugung überreichte er ihr die Ernennungsurkunde und lud sie zu einem Festessen ein.

Vigée sah verblüfft auf das Dokument, fand keine Worte und fühlte nur, sie war im Mutterland der Farben angekommen.

Wo immer sie Station machte – sofort wurde sie zu den Sehenswürdigkeiten des Ortes geführt: alles Prachtbauten, alles Meisterwerke und überall so viel davon, daß sie fast fürchtete, den Blick dafür zu verlieren. Jeder Stein antik, jede Säule bedeutsam, jedes Fresko unsterblich, jede Kuppel ewig. Sie war so von Eindrücken übertäubt und hatte schon so viel Grandioses bewundert, daß sie kaum noch aufnahmefähig war. Schon darum richtete sie es so ein, daß sie erst spät am Abend in Rom ankam und wenig sah, um nicht gleich von der ganzen Pracht der Tiberstadt erdrückt zu werden. Sie fuhr direkt zum Palazzo Salviati, dem Sitz der Académie de France, wo Ménageot sie erwartete. Seit zwei Jahren war er hier Direktor, was sie jetzt als ein wahres Glück empfand. Allein die Tatsache, ihn hier zu wissen, hob jedes Gefühl von Fremde auf und seine Gegenwart ließ gleich die ganze Umgebung vertraut erscheinen. Es gab ein bewegtes Wiedersehen, eine große Bewirtung und sie sprachen fast die ganze Nacht über die Ereignisse in Paris, die immer dramatischer wurden.

Ménageot brachte sie provisorisch in der kleinen

Gästewohnung der Akademie unter und freute sich, daß Kardinal de Bernis sie bereits für den kommenden Abend zum Souper geladen hatte. Er war ein wichtiger Mann, zog die Fäden nach vielen Seiten, kannte alle Leute von Rang und Einfluß, und einige waren darunter, die unbedingt von ihr gemalt werden wollten. Die Einladung war vielversprechend, brachte Vigée aber in Bedrängnis, weil sie nicht wußte, wo sie in der Kürze der Zeit das passende Kleid für einen solchen Anlaß auftreiben sollte. In ihrem Reisegepäck hatte sie ja bewußt auf jegliche Gesellschaftsrobe verzichtet, um an der Zollkontrolle nicht gar noch in den Verdacht zu geraten, eine Herzogin zu sein. Aber in einem ärmlichen Reisekostüm an der Tafel des Kardinals sitzen zu müssen war ihr peinlich. Schließlich hatte sie in Frankreich mit ihren Bildern ein Vermögen verdient und dem sollte auch ihr äußeres Erscheinungsbild entsprechen, schon damit jedermann sah: Gleich was in Paris auch passierte – sie hatte es nicht nötig, um Aufträge zu buhlen. Anderseits konnte sie es sich nicht leisten, eine solche Einladung auszuschlagen. Es wäre ein Affront gewesen, mit dem sie sich nur selbst geschadet hätte. Und warum sollte sie eigentlich nicht im dürftigen Aufzug erscheinen? Die Zeit hatte sich geändert. So kam man eben jetzt aus der Hauptstadt Europas: Bürgerin Vigée im Revolutionskostüm. Vielleicht mußte man sich bald überhaupt an diesen Anblick gewöhnen. Auf jeden Fall war es besser, so zu erscheinen als gar nicht. Allerdings wollte sie auf eines nicht verzichten:

auf elegante Schuhe. Egal wie – ob Revolution oder nicht –, ein eleganter Schuh mußte sein. Ohne ihn fühlte sie sich nicht wohl. In einem ausgetretenen alten Schuh kam sie sich selber alt und abgelegt vor. Nicht daß ihr nach den allerneusten Stiefelchen aus weißem golddurchwirkten Drogett zumute gewesen wäre, aber ein schöner Schuh gab ein ganz anderes Auftreten. Irgendwie trug er die ganze Erscheinung. Das Kleid konnte noch so billig sein – schaute unter dem Rock ein elegant gearbeiteter Schuh hervor, bekam alles ein gehobenes Aussehen. Selbst im armseligsten Straßenkostüm fühlte sie sich damit noch gut angezogen.

Ménageot hatte ihr einen guten Schuhmacher am Corso genannt, sie ging sofort hin, sah in einer Vitrine ein Modell, das ihr gefiel, und wurde zur Anprobe in einen Raum geführt, der einem kleinen Salon glich: die eine Wand voller Innungsbriefe, Urkunden und Diplome, die andere Wand geschmückt mit einer stattlichen Anzahl von Frauenporträts, und plötzlich entdeckte sie mittendrin ihr Porträt der Herzogin von Orléans in recht passabler Kopie. Sie sprach den Meister der Schuhe gleich auf die Ausstellung an, und er sagte voller Stolz, daß dies alles Kundinnen von ihm waren. Alle hatten schon Schuhe bei ihm gekauft, und er hatte viel Zeit darauf verwandt, sich nach und nach die Kopien ihrer Porträts zu beschaffen.

Daß Vigée einmal mit einer ihrer Arbeiten dazu beitragen würde, das Renommee einer Schuhmacherwerkstatt aufzubessern, hätte sie sich nicht träumen lassen, fragte ihn aber nicht weiter über den Kopisten aus, sondern achtete beim Kauf der Schuhe bloß peinlichst darauf, keinen Hinweis auf ihre Identität zu geben, um nicht auch noch mit einem Selbstporträt in diese Galerie aufgenommen zu werden. Darum verzichtete sie darauf, ihren Namen zu nennen und anschreiben zu lassen, kratzte ihr letztes Bares zusammen, zahlte es ihm auf den Tisch und ging am Abend wenigstens mit einem guten Schuhgefühl zum Kardinal.

Jäh wurde die Freude über den Empfang durch einen Brief Lebruns getrübt. Er schrieb, daß ihr Name auf die Proskriptionsliste gesetzt worden war. Der Satz ging wie ein Hieb auf sie nieder. Sie wurde kreidebleich, denn sie wußte, was das bedeutete: Wer auf dieser Liste stand, galt als Feind des Vaterlands und war verbannt. Seine Güter wurden eingezogen und sein Vermögen beschlagnahmt. Heftiger konnte es nicht kommen. Bis vor kurzem noch die größte Porträtistin Frankreichs und jetzt die Feindin des Vaterlands – das mochte begreifen, wer wollte. Ihr fehlte es dazu an Verstand. Vielleicht war es Zufall, vielleicht Denunziation. Neider hatte sie ja viele und über Mangel an Verleumdung konnte sie nie klagen. Vielleicht schaffte sich damit jemand auch nur die Konkurrenz vom Hals. Möglich war alles und sicher nur ihr Gefühl, daß hier etwas nicht mit rechten Dingen zuging.

Lebrun mußte es offenbar genauso empfunden haben, denn er fügte hinzu, daß er sofort eine Petition an die Nationalversammlung gerichtet hatte, weil es sich hier nur um einen Irrtum handeln konnte, doch die Antwort stand noch aus. Um so eifriger berichtete er über den Fortgang des Hausbaus in der Rue Gros-Chenet. Wenn sie zurückkam, sollte alles fertig sein. Dann hatte sie zwei große Ateliers und zur Präsentation ihrer Bilder im oberen Stockwerk eine Galerie, für die er vom Architekten Raymond gerade die allerneuste Konstruktion eines Oberlichts einbauen ließ, ein lanterneau vitré, damit ihre Bilder wie bei der Neugestaltung des Louvre im Tageslicht gezeigt werden konnten.

So schön das auch klang, lieber wäre ihr gewesen, er hätte dem Brief einen Wechsel beigelegt, denn sie brauchte dringend Geld. Aber daran hatte er ja nie gedacht. Anderseits mußte sie fast froh sein, daß Lebrun jetzt all ihre Rücklagen in den Hausbau steckte und die Immobilie auf seinen Namen schreiben ließ. Immer noch besser als die Aussicht, daß ihr gesamtes Vermögen vom Staat eingezogen wurde. So blieb wenigstens noch die Chance, daß Julie eines Tages das Haus ihres Vaters erben konnte, wenn er es nicht schon vorher verkaufen mußte, um neue Geschäftsschulden zu tilgen. So oder anders – ihr Vermögen war dahin und einreisen durfte sie auch nicht mehr. Die Vorstellung, jetzt auch nur mit der Pantoffelspitze Frankreichs heiligen Boden zu berühren und gleich verhaftet zu werden, war wenig ermutigend. Sie hätte ja noch nicht einmal gewußt, wofür sie hinter Gitter mußte, und für die Kunst war das Gefängnis auch nicht gerade ein verlockender Ort.

Sie legte den Brief beiseite, doch je länger sie darüber nachdachte, um so mehr spürte sie auf einmal, daß zwischen ihnen Welten lagen. Es waren Zeilen aus einem anderen Universum. Lebrun beschäftigte sich mit einem hochmodernen Oberlicht, und sie saß hier in der Ewigen Stadt, ohne eigene Wohnung, ohne ihre Arche, ohne Farben und mußte sich von Ménageot auch noch Geld borgen, um wenigstens den Lohnkutscher auszuzahlen. Eine komfortable Lebenssituation hätte anders ausgesehen. Immerhin besaß sie noch ein Vermögen, das ihr keiner beschlagnahmen konnte: einen Kredit beim Bankhaus Talent. Zwei große Aufträge hatte sie bereits am Abend beim Kardinal bekommen, und Gräfin Potocka aus Polen gab keine Ruhe, kam mehrmals am Tag und brachte einmal sogar einen wertvollen Goldstuckrahmen mit, ein seltenes Sammlerstück, wie sie betonte, und wollte unbedingt passend dafür ihr Porträt.

Normalerweise hätte sich Vigée nie auf eine Formatvorgabe eingelassen, aber normal war jetzt nichts mehr, und in Zeiten von Umwälzung und Chaos mußte man die Dinge nüchtern sehen und sich an das Naheliegende halten. Die Gräfin zahlte ein so stattliches Voraushonorar, daß Vigée erst einmal Farben kaufen konnte und das war schließlich das allerwichtigste. Sie hätte die schöne Polin, die sich gerade von ihrem dritten Ehemann scheiden ließ, um wieder den ersten zu heiraten, auch als Jungfrau Maria gemalt, wenn sie es für ihren Prachtrahmen so gewünscht hätte. Hauptsache, Vigée bekam erst einmal das Geld, um sich wieder mit dem Notwendigen auszustatten. Schließlich konnte sie ja hier nicht untätig herumsitzen, unter den schattigen Zypressen am Monte Mario spazieren, von den vergangenen Zeiten träumen oder wie ein Pilger die sieben Hauptkirchen besuchen und anschließend in einer Osteria hocken, sich freuen, wie die Flasche Orvieto kursierte, und dabei die rotmiedrigen Frauen studieren. Sie dachte nicht daran, hier die große Kunstpause einzulegen, brav abzuwarten und voller Angst dem Tag entgegenzuzittern, bis sie endlich gnädig von der Verbannungsliste gestrichen war. Glücklicherweise hatte sie noch eine andere Heimat und war in den Farben zu Hause. Sollte ihr doch der neue Bürgerrat oder sonst ein Großgremium der Nationalversammlung alles wegnehmen, was sie sich erarbeitet hatte, und ihr Vermögen beschlagnahmen – sie schuf sich ein neues. Das Wichtigste, ihre Tochter, hatte sie bei sich und alles, was sie für ihre Arbeit brauchte, gab es hier noch in weit größerer Auswahl.

In diesem Bewußtsein ging sie mit Julie zum Pigmentarius und kaufte bei ihm Farben, Firnisse, Öle und sämtliche Malutensilien. Sie nutzte die Neuausstattung gleich zur Verbesserung, wählte keine Palette aus Elfenbein, sondern nahm eine noch glattere aus Schildkrötenschale und ließ nichts liegen, was die Wirkung eines Porträts eventuell noch steigern konnte: eine Elle türkischen Taft, um durch ihn den Firnis laufen zu lassen, damit er noch klarer wurde und den Farben eine noch stärkere Leuchtkraft gab; ein Fäßchen Venetianisches Ambraöl, um die bereits gemischten Farben noch glänzender zu machen; ergänzte das gewohnte Palettenspektrum mit Auripigment, einem schönen Gelb, mit dem sie nach dem Trocknen die Lichter noch wirksamer zu setzen hoffte, nahm für den dunklen Fleischton noch Terra di Campana, Glockenerde, und für den Hintergrund Verde eterno, dieses einmalige Immergrün, das sich hier unübersehbar mit dem Blau des Himmels mischte.

Doch bevor sie überhaupt nur einen einzigen Pinselstrich für ein bestelltes Porträt auf die Leinwand setzte, malte sie zuallererst sich selbst, denn es war wieder diese Spannung des Übergangs in ihr: Sie entfernte sich von dem, was sie kannte, und bewegte sich auf etwas zu, was noch verborgen war. Jetzt mußte es sein: in den Spiegel blicken und das Gemüt frisieren. Ménageot stellte ihr einen Atelierraum in der Akademie zur Verfügung, und Vigée malte sich ganz schlicht und unspektakulär vor der Staffelei, dem Ort, wo sie hingehörte. Endlich war sie wieder in den vertrauten Gefilden der Kunst. Von wegen gedrückt und gedämpft, verbannt und verzweifelt – sie malte sich so, wie sie sich fühlte: unverändert inmitten der Veränderung, weltfroh, hellwach und mit frischen Farben.

Julie stand vor dem Bild und begann auf einmal derart laut zu weinen, daß Vigée erschrak. So hatte sie die Tochter noch nicht erlebt und konnte sich den Tränenausbruch nicht erklären. Die kleine Brünette war nie krank, ihr fehlte nichts, sie kam mit der Gouvernante gut zurecht, sah mehr von der Welt als andere Kinder und plötzlich dieses Schluchzen. Vigée versuchte sie zu beruhigen, nahm sie in die Arme und fragte behutsam, was denn passiert sei, da sagte Julie: »Weil ich nicht so gut malen kann wie du.«

Vigée stutzte. »Und deswegen weinst du?«

»Ja, deswegen. Es ist so furchtbar, ohne Talent geboren zu sein.«

Plötzlich kam aus den Augen der Tochter ein so vorwurfsvoller Blick, daß Vigée gar nicht wußte, wie ihr geschah, und meinte, eine kleine Anklägerin würde vor ihr stehen. Vielleicht war es Heimweh, vielleicht wollte sie auch nur mehr Aufmerksamkeit. Was immer der Grund sein mochte – aber als Zehnjährige sich einzureden, ohne Talent geboren zu sein, das war entschieden zu früh. Da konnte doch wohl hoffentlich noch einiges kommen. Allerdings war Vigée ein Interesse bei der Tochter bislang noch nicht aufgefallen. Oft genug hatte sie Julie gebeten, ihr beim Malen zuzusehen, so wie sie selbst einst ihrem Vater zugeschaut hatte, doch Julie fehlte es an Geduld und sie wollte sich nichts beibringen lassen. Vor allem nicht von ihrer Mutter. Aber vor ihrem Bild stehen und weinen, daß sie nicht so gut malen konnte! Vigée sah keinen wirklichen Grund, die Tränen ernstzunehmen, denn Julie hätte alles von ihr lernen können. Wenn sie nur gewollt hätte. Offenbar lag hier das Problem. Doch wo kein Interesse war, ließ sich nichts erzwingen. Am Ende hieß es gar noch, sie wollte als ehrgeizige Mutter ihrer armen Tochter ein Talent einreden, das sie nicht besaß und sie gegen ihren Willen in eine Richtung drängen, die ihr nicht lag. Zu guter Letzt war die Frau Mama noch daran schuld, daß sich die Tochter nicht nach eigenen Vorstellungen entfalten konnte.

Allerdings merkte Vigée jetzt auch, daß sie nicht alles der Gouvernante überlassen konnte und sich selber mehr um Julie kümmern mußte. Sie brauchte klare Aufgaben. Vom nächsten Honorar mußten sofort Lehrer engagiert werden, um den abgebrochenen Unterricht wieder aufzunehmen. Beim lieben Töchterlein mußte dringend mehr in den Kopf, damit das gute Kind zu seinen Fähigkeiten fand, statt der Mutter vorzuwerfen, ohne Talent geboren zu sein. Sie war gewarnt. Um den Luxus des Selbstmitleids gar nicht erst einreißen zu lassen, nahm Vigée die Tochter auf Wohnungssuche mit. Es war zwar strapaziös, aber die kleine Brünette sollte ruhig sehen: Nichts tat sich von allein. Wenn man etwas wollte, mußte man sich dafür in Bewegung setzen.

Woche um Woche waren sie unterwegs. Vigée brauchte kein nobles Logis mit großem Atelier, Vorzimmer, Salon, Kabinett und Dienergelaß, sondern nur ein ruhiges Schlafzimmer. Nachts gut schlafen, um mit Sonnenaufgang ausgeruht an der Staffelei zu stehen – auf diesen Komfort konnte sie nicht verzichten. Darum blieb sie gegen ein Handgeld zur Probe stets ein paar Tage über Nacht, merkte aber gleich, die Wohnungen im Zentrum mochten noch so günstig liegen – sie waren alle zu laut. Zuviel Kutschen, zuviel Verkehr, zuviel Menschen und nachts auf allen Straßen Musik und Gesang bis in die frühen Morgenstunden. Zum Mittanzen das Paradies, zum Arbeiten die Hölle. Weit ab vom Corso besichtigte sie eine Wohnung, in der alles optimal schien, doch dann wurde sie plötzlich von einem gleichmäßig schlagenden Geräusch aus dem Schlaf gerissen und erfuhr am Morgen von der Wirtin, daß unter dem Fenster im Hof eine Pumpe stand, die die Wäscherinnen stets nur nachts bedienten, weil sie am Tage wegen der Hitze nicht arbeiten konnten. In der nächsten Adresse, einer geräumigen Wohnung im Schloß, stand ein ungewaschener Fettwanst an der Tür, stank infernalisch und trug einen so verfilzten Weichselzopf, daß ihm die Läuse bereits am Stirnrand krabbelten. Den Schmutz in den Räumen hätte sie noch hingenommen, auch die Feuchtigkeit und die Kälte, aber dann hörte sie nachts plötzlich polternde Geräusche, schreckte auf und sah, wie riesengroße Ratten im Zimmer umherliefen und an den Holztäfelungen nagten.

Sie verzweifelte fast an der Wohnungssuche. Soviel lausige Quartiere hatte sie nicht erwartet, aber dann fand sie doch noch, was ihr zusagte, und mietete ein Haus, das von Pinien umgeben war. Das Schlafzimmer war ganz still, und auch die Luft hatte am Rande der Stadt eine gute Akustik. Mehr brauchte es nicht. Als sie den Vertrag unterzeichnete und wenig später erschöpft mit Julie in ihrem Akademiedomizil ankam, fand sie einen Brief von Etienne mit der Nachricht, daß er Vater geworden war, und vorsorglich hatte er einen Wechsel beigelegt, damit das Schwesterherz noch etwas vom Geld sah, bevor die Währung gänzlich verfiel. Sie wußte nicht, worüber sie sich mehr freuen sollte, über den rettenden Betrag von ihrem Guthaben oder die Tatsache, Tante geworden zu sein und eine Revolutionsnichte zu haben. Sie wußte nur: Alles war doppelt schön, wenn es zum richtigen Zeitpunkt kam.

Im Handumdrehen hatte sie das Haus mit dem Nötigsten etabliert und wollte gleich mit der Arbeit beginnen, doch Ménageot riet zur großen Ateliereröffnung. Die schuldete sie ihrem Ruf. Schließlich war sie als Pariser Zelebrität in Rom eingeführt und eine Berühmtheit konnte sich nicht irgendwo still und heimlich an die Arbeit setzen. Eine Berühmtheit wollten die Leute sehen, die wollten sie hautnah erleben, eine Berühmtheit mußte sich zeigen, und zu bewundern war sie bei ihrer schönen Erscheinung doch sowieso.

Vigée fand es zwar ziemlich dürftig, nur ein einziges Bild, nur ihr neues Selbstporträt präsentieren zu können, überlegte, ob sie lieber noch warten sollte, bis sie mehr Bilder beisammenhatte, aber als dann überraschend der ganze Garten voller Menschen war und sie nur schubweise ins Atelier eingelassen werden konnten, waren ihre Zweifel beseitigt. Ihr Selbstporträt zog die Betrachter ins Gespräch. Sie sah es schon an der Art, wie es angeschaut wurde. Da war Teilnahme und Bewegung in den Augen, und sie täuschte sich nicht: Vor ihrem Bild hellten sich die Gesichter auf. Ein Gast kam auf sie zu, drückte ihr beide Hände und sagte begeistert: »Dieser heitere Ausdruck, dieser muntere Blick in die Welt hat etwas Ansteckendes und trägt Sonne ins Gemüt. Mille grazie! Dieser Blick zieht ins Leben!«

Etliche drängten zu ihr heran, wollten das Bild auf der Stelle erwerben, zückten schon das Geldsäckchen und als sie hörten, daß es ein unverkäufliches Ausstellungsobjekt war, belagerten sie Vigée wegen einer Kopie. Eine Kopie von ihrer Hand. Vigée pinxit! So glücklich, so lächelnd, so heiter! Grandioso! Hätte sie jetzt allen zugesagt, wäre sie in den nächsten beiden Jahren mit den Kopien ihres Selbstporträts satt beschäftigt gewesen. Sie brauchte eine Weile, um zu begreifen, daß sie nicht im italienischen Zauberhimmel schwebte und nicht unter einem Triumphbogen stand. Nein, sie träumte diese Begeisterung nicht, es gab sie wirklich, denn schon am nächsten Tag wurde sie in allen großen Gazetten als Madame Rubens gefeiert.

Ménageot trank mit ihr darauf einen Bordeaux, denn eine bessere Ankunft im Farbenland gab es nicht, doch Vigée sagte nur: »Bloß gut, daß Julie noch nicht weiß, wer Rubens ist, sonst würde es wohl neue

Tränen geben«, und dann erzählte sie ihm von dem Vorwurf der Tochter, ohne Talent geboren zu sein.

Ein Blick in das neue Auftragsbuch genügte und sie sah: Es blieb keine Zeit mehr, darüber nachzudenken, weshalb sie noch auf der Verbannungsliste stand und die Rechte einer französischen Bürgerin verloren hatte. Sie mußte sich wichtigeren Fragen widmen.

Im neuen Domizil verzichtete sie darauf, einen Regenbogen an die Decke zu malen, denn in ihrem Schlafzimmer gab es eine Besonderheit: ein bleiverglastes Fenster mit bunten Scheiben. Wenn sie morgens aufwachte, schaute sie auf farbige Bahnen, was sie gleich in die Materie zog und auf die Arbeit einstimmte. Sie war sich nicht sicher, fiel hier das Licht als Farbe oder die Farbe als Licht ein. Sie sah nur, dieses Rot, dieses Grün, dieses Gelb und dieses Blau hatten einen so opalisierenden Schimmer, als würde jeder Ton mit Glasstaub gemischt sein. Doch nach längerem Hinsehen spürte sie, die Farben hatten hier einfach nur mehr Eigenlicht als anderswo, was alles viel duftiger und durchsichtiger machte. Deshalb mußte sie die Untermalung mit ihrer ureigenen Mischung, der Color vitae, unbedingt eine Nuance heller wählen, um diesem Eigenlicht mehr Raum zu geben. Vor allem durften Licht und Schatten nicht einfach ineinander übergehen, sondern mußten sich durchscheinen, um gerade in den Fleischtönen diese Transparenz zu erreichen. Sie zweifelte nicht, daß ihr das gelang, denn sie wußte aus Erfahrung, daß auf der Farbe der Haut, dieser Farbe des Lebens, auch nicht die kleinste Veränderung unsichtbar blieb. Fest stand: Unter dem kunstgeweihten Himmel Roms durfte sie mit keinem noch so flüchtigen Pinselstrich hinter die natürliche Wirkung der Farbe zurückfallen. Sie mußte sich steigern. Die Erwartungen an sie waren groß, die Voraushonorare vielversprechend und jeder, der ein Porträt bei ihr bestellte, wußte, worauf er sich einließ und was er bekam: Sie malte nicht monarchistisch und nicht jakobinisch, sie malte lebendig.

Gerade hatte die Kunstakademie in Rom, die Accademia di San Luca, sie zu ihrem Mitglied ernannt, und die Uffizien in Florenz baten um ihr Selbstporträt. In diesem Ruhmestempel sich mit einer Arbeit präsentieren zu können war wohl der Traum eines jeden Malers. Urbi et orbi für alle sichtbar. Wer es bis in die Uffizien geschafft hatte, dem war ein Plätzchen neben den Unsterblichen sicher. Hier kam dann wohl auch der heimische Metierneid endgültig zum Verstummen und die Frage, ob man der letzte unter den Malern ersten Ranges oder der erste unter den Malern dritten Ranges war, hatte sich damit erübrigt.

Eigentlich hätte sie taumeln müssen vor Freude, doch tief im Innern gestand sie sich ein, es fehlte der Genuß, ihrem Hauspropheten diese Neuigkeiten präsentieren zu können. Ihr Selbstporträt in den Uffizien! Sein Gesicht hätte sie sehen mögen! Erst das ungläubige Staunen, dann der bewundernde Respekt und schließlich mit Geschäftsglühen in den

Augen sofort die Analyse ihres gestiegenen Marktwerts – das wäre jetzt ein Extravergnügen gewesen. Zugegeben, das fehlte ihr. Auch wenn sich Lebrun vermutlich gerade in irgendeinem Lotterbett wälzte und eine von den leichten Damen hintenüberbeugte – die Gespräche mit ihm vermißte sie. Mit einem Hauspropheten den Tag beenden zu können war nicht das schlechteste. Nein, zum Freudentaumel wollte es einfach nicht reichen. Gar nicht zu reden von Vaudreuil. Der Gedanke an ihn ließ sie nicht schlafen. Noch immer hatte sie nichts von ihm gehört, wußte nicht, wo er war, wußte nicht, wie es ihm ging. Es gab kein Lebenszeichen, nichts, gar nichts, als wäre aus diesem so greifbar nahen Mann plötzlich eine ferne Erinnerung geworden. Vielleicht reiste er im Ballon, vielleicht war er mit seinen Falken schon wieder zu Hause, vielleicht klopfte er aber auch schon morgen an das Bleiglasfenster. Alles war möglich. Ob verschollen oder nicht – das Gefühl für ihn war präsenter denn je. Nachts lag sie wach, kringelte sich im Bett zusammen und spürte, wie die Lust langsam in ihr aufstieg, sich bis in die letzte Pore verströmte und die Seele zum Fiebern brachte. Nachts kamen die Momente, in denen sie sich einsam und unbehaust fühlte, angeliebt und liegengelassen und sich alles nur trostlos ausnahm. Und gerade hier hätte die Stunde der Fledermaus so schön sein können!

Aber morgens stand sie wieder an der Staffelei, lebte auf inmitten der Farben und war glücklich, im

Land der Kunst als Madame Rubens gefeiert zu werden.

Natürlich ließ sie es sich nicht nehmen, Angelika Kauffmann zu besuchen. Sie hatte von ihr ja seinerzeit das Klio-Porträt kopiert und die koloristische Schönheit bewundert. Außerdem wußte sie von Lebrun, daß die Kauffmann als die reichste Malerin Europas galt, was Vigée noch zusätzlich neugierig machte. Nicht etwa, daß sie keine Vorstellung vom Reichtum unter den lieben Gildemeistern gehabt hätte und nicht wußte, was verdient werden konnte. Sie brauchte bloß an Boucher, den Lieblingsmaler der Pompadour, zu denken, der seinen beiden Töchtern vor Jahren ein so riesiges Vermögen hinterlassen hatte, daß sie als reiche Erbinnen Männer ihres Herzens heiraten konnten. Oder an Chevalier La Tour, der sein Barvermögen zu 8 % angelegt hatte und allein von den Zinsen Kunstpreise für den Nachwuchs stiften konnte. Nicht zu reden von Joshua Reynolds, der für ein kleines Porträt 50 Guineas und für ein Kniestück 100 Guineas nahm – für eine rechtschaffene Familie ein Jahreseinkommen. Sie wußte durchaus, was Reichtum unter den Malern bedeutete, und sie selber hatte ja immerhin auch schon eine Million Francs verdient, was gewiß nicht wenig war, wenngleich ihr Eheschatullier das Geld verwaltete und hoffentlich noch Reste davon retten konnte. Ohne Frage war sie auf einen komfortablen Lebensstil der

Kauffmann eingestellt, doch was sie dann sah, übertraf alles. Nein, kein Haus – ein Palazzo oben auf Trinità dei Monti, kein Garten – ein Park, dazu Hausverwalter, Geschäftsführer, Atelierdiener, Gärtner, Köche, Kutscher und livriertes Personal, eine Flucht von Zimmern und jeder Raum ein Tempel der Kunst. Ein Salon mit Statuen, Gipsen und Antiken, ein zweiter mit herrlichen Gemälden von Tizian, Tintoretto, Bordone, Veronese und dazwischen Landschaften von Canaletto, ein dritter Salon mit dem *Heiligen Hieronymus* von Leonardo da Vinci, ein paar Schritte weiter die *Grablegung Christi* von Daniele da Volterra – Vigée mußte nun doch ein wenig schlucken und gab sich größte Mühe, ihre Verblüffung zu verbergen. Wo sie auch hinsah, nur Kostbares und Schönes, herrliche Pultsekretäre, Sessel mit Beauvaiser Brokat, Mamorkamine, Kandelabervasen, teure Porzellane und mittendrin die kleine, fast ärmlich wirkende Frau, die scheu und verhuscht auf sie zukam, aber gleich französisch sprach und sie einlud, zum Essen zu bleiben.

Vigée nahm sich vor, strikt das Thema Arbeit zu meiden, um bloß nicht den Eindruck zu erwecken, sie wolle Madame Kauffmann nach Ideen, Maltechniken oder Kontakten ausfragen, doch die kam gleich auf das Haus zu sprechen, das sie von Anton Raphael Mengs erworben hatte, der leider vor Jahren an Schwindsucht gestorben war und dem Katharina die Große ein prachtvolles Grabmal in der Peterskirche setzen ließ, das sie sich unbedingt ansehen mußte. Sie fragte Vigée nach den Vorgängen in Paris, erkundigte sich nach ihrer Familie, und als sie hörte, daß sie eine Tochter hatte, bekam sie plötzlich einen so traurigen, melancholischen Gesichtsausdruck, daß Vigée fast meinte, etwas Falsches gesagt zu haben, und sich die Wandlung nicht erklären konnte. Aber beim Souper erfuhr sie, daß Madame Kauffmann lange in London gelebt hatte und dort an einen Heiratsschwindler geraten war, ein schwedischer Graf, mit dem sie sich heimlich trauen ließ, doch kaum war er ihr Ehemann, besaß er die Verfügungsgewalt über ihr Vermögen und verschwand damit. Dann meldete sich auch noch die Frau, mit der er verheiratet war, und sie, die Malerin, stand da – eine Betrogene, ein Gespött für alle. Die Blamage hätte nicht größer sein können und jetzt war sie fast 50, hatte keine Erben, nur ein ganzes Dorf mit armen Verwandten, denen sie allen regelmäßig zum neuen Jahr Geld schickte, was einigen zwar noch immer nicht genug war, aber Dankbarkeit konnte man nicht erwarten und besser solche Verwandte als keine.

Je länger Vigée ihr zuhörte, um so mehr spürte sie, daß aus allem etwas tief Melancholisches sprach. Zwar waren auch für Vigée die düsteren Momente nichts Fremdes, diese nächtlichen Wetterstürze, wo alles schwarz hereinbrach, aber es waren nur Augenblicke, nur ein paar Lidschläge. Mehr Zeit – das hätte sie jetzt am liebsten Madame Kauffmann gesagt –, mehr Zeit sollte man der Traurigkeit nicht einräumen. Aber als Jüngere der Älteren einen Rat zu geben gebührte ihr nicht und hätte nur vorlaut gewirkt. Trotzdem, sie verstand Madame Kauffmann nicht. Wer sich eine solche Sonnenresidenz der Kunst geschaffen hatte, der konnte doch den Mann getrost als Zubehör betrachten und in allem Herrin der Lage sein. Natürlich war es extrem herb, ausgerechnet an einen Heiratsschwindler zu geraten, aber abends mit einem Mann ins Bett gehen und morgens aufwachen und merken, daß es der falsche war – das passierte doch jeder Frau irgendwann einmal. So ein Herzenslehrgeld zahlten doch fast alle, deswegen mußte man ja nicht noch jahrelang so schwer daran tragen. Das war in ihren Augen kein Mann wert und für einen Betrüger, so einen dreisten Tellerlecker und Lumpenhund ohnehin zuviel der Ehre.

Madame Kauffmann führte sie in das neue Atelier, das sie sich im Innenhof des Hauses hatte bauen lassen. Jetzt gab es doch noch den Anflug eines Lächelns und die fast entschuldigende Bemerkung: »Wie Sie sehen, bleibt mir nichts anderes als die Kunst; sie ist die einzige Leidenschaft, die täglich in mir zunimmt.«

Vigée glaubte in einem Lichtwürfel zu stehen und wußte gar nicht, wo sie zuerst hinschauen sollte. An den Wänden die Kopfstudien und Porträts, auf den Staffeleien die Ölbozzetti, überall Draperien, Kostüme, Gipsbüsten und zwei riesengroße Gliederpuppen, Mann und Frau, handgefertigt in Paris. Im Licht funkelnd eine Sammlung von Edelsteinen – Türkise, Rubine, Achate, Saphire, Smaragde und Bergkristalle, die ihr eine Ahnung gaben, wie leicht sich bei solchen Vorlagen der Glanz malen ließ. In einem Glasschrank daneben eine Sammlung prachtvoller Purpurmuscheln, kostbarer Perlen und Korallen – Vigée stand für Augenblicke neben sich. Bislang hatte sie ja immer gedacht, daß sie mit ihren paar Meeresjuwelen schon einen großen Luxus trieb, aber hier fragte sie sich plötzlich, was sie falsch machte. Schließlich lieferte sie ja auch nicht gerade Tapezierware. Doch in diesem Atelier hatte sie auf einmal das Gefühl, Einblick zu bekommen in das, was ihr fehlte und spürte, wie sie an sich selbst zu zweifeln begann und gegen einen aufsteigenden Verdruß ankämpfte. Aus Sorge, die Frau Kollegin könnte ihr das ansehen und womöglich noch denken, sie fühlte sich künstlerisch unterlegen, zwang sie sich zu einem Lächeln, aber konnte trotzdem nicht verhindern, daß sie sich mit ihr verglich.

Sicherlich war es ein Unterschied, ob man immer an einem Ort bleiben und sich ganz ungestört seine Welt bauen konnte oder ob man wie sie aus allem herausgerissen wurde, aus dem Nichts wieder beginnen und sich auf Provisorien einstellen mußte. Aber das allein war es nicht. Ein Blick auf die Porträts genügte und Vigée sah: Madame Kauffmann hatte einen anderen Stil und eine andere Sicht. Sie schmückte alles lieblich aus und malte in allegorischen Bildern. Frauen als Musen, als Grazien, als Göttinnen, immer verkleidet, immer irgendwie ins Schöne und Sinnbildliche verwandelt, so daß ihr keiner vorwerfen konnte, bloß eine Porträtmalerin zu sein, ein routinierter Handwerker, der nur Gesichter kopierte und nichts zu erfinden brauchte. Pittrice Angelika hatte den Sprung in die Historienmalerei geschafft. Bei ihr mußte das Gekreisch der Kunstzwerge verstummen, denn schließlich sprach aus einem allegorischen Porträt die eigene Idee, und Handlung war auch zu erkennen.

Als Madame Kauffmann ihr dann die dicken Ledermappen mit all den Arbeiten ihrer Stecher zeigte, empfand Vigée dies nur noch als Bestätigung: Um solche Bildmotive rissen sich die Stecher. Frauen als Symbolfiguren und Sinnbilder waren gefragt. Kein Wunder, daß die Bilder von Madame Kauffmann als preiswerte Kupferstiche die Wohnstuben schmückten und in die Bücher und Almanache wanderten, während Vigée noch so lebendige Charaktere ins Bild setzen konnte – sie eigneten sich nicht für den Kupferstich. Sie hatte das falsche Motiv. Das Porträt eines Zeitgenossen war nun mal kein begehrter Zimmerschmuck. Viel zu nüchtern, viel zu konkret, viel zu authentisch. Die Kauffmannschen Bilder dagegen bekamen durch die Stiche eine ganz andere Präsenz und gaben der Frau Kollegin eine ganz andere Popularität. So sehr sich Vigée auch dagegen wehrte: Sie fühlte sich ohne Erfolg, ohne Fortune und es kam ihr so vor, als hätte sie sich bislang nur auf Irrwegen getummelt. Vielleicht mußte sie auch mehr mit dem Schönen und Gefälligen arbeiten, mit Allegorien von Liebe, Tod und Trauer, doch da fiel ihr ein Porträt auf, das sich von allen anderen unterschied und sie faszinierte. Der Schlußfirnis fehlte zwar noch, aber es war ganz schmucklos, ganz ohne alles Beiwerk, und in diesem Gesicht, das sie da anschaute, lag eine Bewegung, die sich allein aus einem genialen Helldunkel ergab. Plötzlich stand Madame Kauffmann neben ihr. »Ich sehe, es gefällt Ihnen«, sagte sie. »Es ist Herder. Ein deutscher Philosoph. Er hat mich vor kurzem besucht. Goethe war auch schon hier. Aber Herder ist außergewöhnlich.«

Als müßte sie etwas mit sich selbst klären, fragte Vigée, ob dieses Porträt auch gestochen wurde, und Madame Kauffmann meinte, das glaube sie ganz sicher nicht, denn ein Philosoph war kein populäres Bildmotiv. Das allerdings machte Vigée den Unterschied deutlich und rückte dann doch wieder alles zurecht. Trotzdem spürte sie, es brauchte eine Weile, bis sie all diese Eindrücke geordnet hatte.

Tage später besuchte sie überraschend der Erzbischof von Nizza, Monsignore Maury. Er kam gerade aus Paris, wo er vor der Nationalversammlung gesprochen hatte und ihr die neusten Tollheiten aus dem Vaterland nicht vorenthalten wollte. Es gab jetzt patriotische Taufen und den Ehrentitel »Überwinder der Bastille«, Gott hieß nur noch »Das höchste Wesen«, der erbliche Adel war abgeschafft, Livreebediente gehörten der Vergangenheit an, der Herzog von Orléans war Mitglied des Jakobinerclubs und nannte sich jetzt Philipp Egalité, Volksgraf Mirabeau kühlte mit seinen Reden die Köpfe, die er vorher erhitzt hatte, täglich gab es neue Gesetze und neue Beschlüsse, aber die Lage war chaotisch und unberechenbar und keiner wußte, wo das alles noch enden sollte.

»Seien Sie froh, daß Sie hier in Rom sind«, sagte er, »den Künstlern in Frankreich geht es miserabel. Sämtliche Posten in den Akademien sind gestrichen, alle sind entlassen und Pensionen werden nicht mehr ausgezahlt. Von den Ersparnissen kann keiner leben, denn das Geld verliert täglich an Wert. Es sind schon Papierscheine in Umlauf. Die meisten Künstler haben Zuflucht in London gesucht. In Paris gibt es für sie nichts mehr zu tun. Vorbei mit dem Stammsitz der Musen. La Tour und Vernet sind gerade noch rechtzeitig gestorben, um dieses Desaster nicht mehr erleben zu müssen.«

Stundenlang hätte er mit ihr die Ereignisse in Frankreich erörtern können, aber deswegen war er nicht gekommen. »Ich bringe Ihnen eine freudige Nachricht«, sagte er, »es wird Ihnen eine große Ehre zuteil. Der Heilige Vater wünscht von Ihnen gemalt zu werden.«

Vigée war plötzlich so, als würde sie auf einen Thron katapultiert. Ganz nach oben auf die Siegerwolke. Ein Premiumssitz in Himmelshöhe und die Kokarde der Kunst im Lorbeerkranz – einen besseren Platz hätte sie sich momentan nicht denken können. Aufregend und zeitgemäß. Die Freunde der Revolution durften ruhig mal staunen, auf welcher Ebene sie sich bewegte. Den Papst zu malen war schließlich nicht jedem vergönnt. Fromm oder nicht fromm, ein solcher Auftrag war doch selbst für die Großmeister der Gilde die Krönung eines Malerlebens. Auf jeden Fall ließ er die Gesellschaft der Neider kräftig wachsen. Vigée sah schon jetzt die Wirkung eines solchen Porträts vor sich. Ob nun Pius VI. als Würdegreis oder bloß als gealterter Sünder gesehen wurde – er war noch immer ein gutaussehender Mann und natürlich ein populäres Motiv. Damit kam sie dann gewiß auch in den Kupferstich. Es war großartig.

Auch Monsignore Maury freute sich, daß der Summus pontifex sich speziell von ihr porträtieren lassen wollte, denn er schätzte ihren Stil. Er war ohne diese fade Süßlichkeit, die sich jetzt überall auf der Leinwand ausbreitete, diese modo vago, diese unerträglich flaue Art zu malen. Sie dagegen hatte einen klaren, empfindsamen Stil, malte Gesichter und kein Amt und das hatte der Heilige Vater mehr als einmal bewundernd verlauten lassen.

Vigée begriff noch die ganz andere Dimension eines solchen Auftrags: Wenn sie das Porträt des Papstes beendet hatte, konnte jeder sehen, sie war niemandes Malerin und stand in niemandes Diensten. Wenn, dann war es umgekehrt: Die Großen wollten von ihr gemalt werden. Sie schmückten sich mit ihrem Talent. Erst die Königin und jetzt der Papst. Vielleicht spürten sie, daß ihre Porträts etwas hatten, was andere nicht hatten, und aus dem Kolorit diese Farbe des Lebens sprach.

Monsignore Maury vereinbarte maximal drei Sitzungen, nannte ihr Zeit und Ort, erwähnte auch das Honorar, das schön wie ein Halleluja klang, und fügte hinzu: »Natürlich mit Schleier.«

Sie stutzte, doch er meinte, ohne den ging es nicht, denn das Protokoll schrieb vor, daß eine Frau nur mit einem Schleier im Gesicht vor Seine Päpstliche Heiligkeit treten durfte. Mit Schleier! Wie stellte er sich denn das vor! Sie malte doch keine Gipsbüste, sondern einen lebendigen Menschen, und auch beim Heiligen Vater atmete schließlich die Haut. Ein Flor vor den Augen und dann noch die feinsten Farbverästelungen erkennen – ganz ausgeschlossen. Nicht mit einem Gitterblick. Und was hieß Protokoll! Sie kam nicht zur Andacht, sondern zur Arbeit. Es war doch wohl ein Unterschied, ob man als Gottesbraut selig vor Seiner Heiligkeit niederkniete und ein paar stille Vaterunser betete, oder ob man das Gesicht des obersten Hirten zu malen hatte, und zwar so, daß er sich als Charakter wiedererkannte! Das Protokoll konnte ja vieles festlegen und meinen, mit einem Schleier den Papst vor dem verführerischen Antlitz einer Frau schützen zu müssen. Wie sie zu arbeiten hatte, ließ sie sich von keinem vorschreiben und wenn es der Herrgott selber wäre.

»Die Gaze vor den Augen mag noch so durchsichtig sein«, sagte sie, »beim Arbeiten verschleiert sie mir den Blick auf den Mann und den Charakter und das kann der Heilige Vater bestimmt nicht wollen.«

Monsignore Maury schien konsterniert. »An den

Vorschriften läßt sich nichts ändern, Madame Bürgerin, aber ich darf daran erinnern, von Seiner Heiligkeit geht ein Licht aus, das jedes Gewebe durchdringt.«

Vigée dachte nur, das konnte er ja gerne glauben und damit selig werden, aber wenn ihr das Bild mißlang, fragte hinterher keiner, unter welchen Bedingungen es entstanden war. Schließlich hatte sie einen Ruf zu verlieren und am Ende hieß es gar noch, sie war den Großen dieser Welt nicht gewachsen. Sie erstarrte in so tiefer Ehrfurcht vor ihnen, daß die Komposition stocksteif und das Kolorit ganz käsig blieb. Und ausgerechnet das Porträt des Papstes als gequältes Farbgestammel präsentieren zu müssen – diese Blamage wollte sie sich dann doch ersparen. So sehr sie es auch bedauerte, aber unter diesen Bedingungen mußte sie leider ablehnen.

Anscheinend war dem Monsignore so etwas noch nicht vorgekommen, denn als er ging, sagte er nur: »Ich werde Ihre Entscheidung dem Heiligen Vater zum Vortrag bringen, aber Sie müssen ja wissen was Sie tun.«

Jetzt freute sich Vigée erst mal auf Neapel. Mittlerweile kannte sie den Charme der Mietkutschen und ihrer harten Sitzbänke, aber Julie fand es furchtbar, auf den holprigen Wegen mehr geschüttelt als gefahren zu werden. Sie vertrug die Sonne nicht, die heiß auf das Kutschendach brannte, das Parfüm der

Mama bereitete ihr Kopfschmerzen, weshalb sie ständig aussteigen wollte, und ein Friggitore, ein Ölbäcker, war auch nicht in Sicht. An allem hatte die kleine Brünette etwas auszusetzen, doch als sie dann den Vesuv sah, aus dem eine mächtige Rauchsäule aufstieg, gab sie endlich Ruhe. Es war ein Anblick, der für alle Strapazen entschädigte. In Neapel stiegen sie vor dem Hotel de Maroc ab. Der Gasthof war so elegant, daß sich Vigée fast schämte, ein Säckchen mit Nußblättern zum Schutz gegen Wanzen eingepackt zu haben. Zwei Hoteldiener kamen an den Wagen, um das Gepäck hereinzutragen, doch plötzlich wurde sie kreidebleich. Die beiden großen Mantelsäcke, hinten am Wagen mit Lederriemen angeschnallt, waren abgeschnitten. Schuhe, Kleider, Röcke, Mäntel, die gesamte Garderobe, alles dahin. Alles gestohlen.

Vigée stellte den Kutscher zur Rede, der Empfangschef eilte herbei, Empörung flammte auf, Passanten blieben stehen, gestikulierten und sprachen wild durcheinander, doch sie verstand kein Wort und wollte auch nichts verstehen. Sie hatte Hunger, war müde und gründlich bedient. Der Kutscher hatte keine Erklärung dafür. Er war bei jedem kurzen Halt auf dem Bock geblieben. Er hatte damit nichts zu tun. Das Gepäck konnte nur vom Wagen gefallen sein. Er riet ihr, beim Polizeipräfekten nachzufragen. Verloren! Eine so dumme Ausrede hatte sie schon lange nicht mehr gehört. Jeder konnte sehen, daß die Lederriemen zerschnitten waren! Hier mußte klipp und klar ein Diebstahl zur Anzeige gebracht werden, nicht mehr und nicht weniger, und darum ließ sie auf der Stelle zur Präfektur fahren. Sie schilderte, was passiert war, und noch ehe sie den Satz beendet hatte, standen die beiden Mantelsäcke vor ihr. Ein ehrlicher Finder, ein Vater vieler Kinder, braver Bambinos, hatte sie hier abgegeben. Gegen ein Entgelt konnte sie ihr Gepäck zurückbekommen. Als ihr der stattliche Betrag genannt wurde, wußte Vigée, daß hier ein berufsmäßiges Straßenräubergesindel Hand in Hand arbeitete. Dreckskäfer im Sonnenschein. Sie zweifelte nicht, daß schon der Mietkutscher an seine Leute das entsprechende Signal gegeben hatte: Wer jetzt aus Frankreich kam, hatte soviel schwere Louisdors bei sich, daß es keine Sünde war, ihn davon zu erleichtern. Für diese gute Tat zahlte sie dem Polizeipräfekten wortlos die Scudis auf den Tisch, ließ die Mantelsäcke direkt neben sich in die Kutsche laden und wandte keinen Blick mehr von ihnen, bis sie in ihrem Hotelzimmer standen.

Wenigstens ihre Malutensilien mußte sie nicht zurückkaufen. Fast erleichtert packte sie den Malkasten und die Ochsenblasen mit den Farbvorräten aus, dann ging sie zum Fenster, öffnete es und atmete tief durch. Alle Aufregung fiel von ihr ab. Vor ihr lag das Meer und in der Ferne die Insel Capri. Sie glaubte am Sonnenufer der Welt zu stehen. Die Farben schienen wie in einem Pastell mit Blütenstaub gemalt und waren so durchsichtig, so aufsteigend hell, so ohne jede Erdenschwere, daß sie auf einmal zu singen begann. Da klopfte es an die Zimmertür. Ein eleganter junger Mann trat ein. Er kam im Auftrag des Grafen Skawronskij, der zu seiner Freude von ihrer Ankunft gehört hatte und sich die Ehre gab, ihr ein Diner servieren zu lassen. Noch ehe sie begreifen konnte, wie ihr geschah, öffnete sich die große Flügeltür, Tische wurden hereingetragen, Köche, Kellner und Diener brachten die erlesensten Speisen, dazu roten und weißen Wein und eine Pyramide aus Zuckerblumen. Augenblicke später stürzte sie hungrig mit Julie und Madame Charrot an die Prachttafel und hatte nur noch das himmlische Gefühl, an der wunderbaren Speisung teilzunehmen.

Noch am gleichen Abend bedankte sie sich bei Graf Skawronskij, von dem sie inzwischen wußte, daß er der russische Gesandte in Neapel war und im Hotel nebenan residierte, doch die robuste Exzellenz wollte von Dank nichts hören. Eine so berühmte Künstlerin in seiner Nachbarschaft zu haben war ihm eine besondere Freude. Er hatte schon mehrere Bilder von ihr gesehen und jedes verdiente nur das eine Wort: Grandissime!

Es war seltsam, aber Vigée spürte auch jetzt wieder: Der Ort konnte noch so neu, die Stadt noch so fremd sein, traf sie einen Verehrer ihrer Kunst, kam ihr alles ganz anheimelnd vor und sie fühlte sich wie zu Hause. Graf Skawronskij lud sie ein, jederzeit Gast an seiner Tafel zu sein, und ließ sofort einen Wein kommen. »Lacrimae Christi, die Tränen des Herrn«, sagte er. »Eigens für Sie, teure Freundin. Hätte Christus ein bißchen mehr geweint, wäre der Wein um etliches preiswerter.« Er erhob das Glas und trank freudig auf ihr Wohl. »Wenn Ihnen der Heularsch zusagt, lasse ich Ihnen gern zwei Kisten bringen.« Dann sagte er, daß sich ihre Ankunft unter den Gesandten bereits wie ein Lauffeuer herumgesprochen hatte. »Es sind bereits Wetten abgeschlossen, wem es am schnellsten gelingt, von Ihnen in Neapel ein Porträt zu bekommen. Ich hoffe, Sie erweisen mir die Gunst, der erste zu sein.«

Fast hörte es sich so an, als läge die ganze Ehre Rußlands darin. »Wenn Sie wollen, gleich morgen früh«, sagte sie, zumal sie ja von Orlow und Schuwalow wußte, wie großzügig die Russen ein Porträt honorierten, das ihnen gefiel, und wie begeistert sie für seine Verbreitung sorgten.

»Morgen früh, das klingt ausgezeichnet«, entgegnete er und öffnete die Tür zum Nebenzimmer. Da lag auf dem Diwan ein blutjunges Geschöpf, hingegossen wie Giorgiones *Schlummernde Venus*, mit nichts als einem prächtigen Pelz bedeckt. »Jekatarina. Meine Frau«, sagte er strahlend. »Die Nichte des großen Potemkin. Ein Modell wie für Sie geschaffen.«

Schon ein müdes Winken schien dem schönen Engel lästig, und Vigée sah sofort, Frau Jekatarina wußte offenbar nicht, was sie tiefer in die Polster drückte, ihre Trägheit oder ihr Reichtum, und dies bestätigte sich schon am nächsten Morgen beim Skizzieren. Sie sollte etwas von sich erzählen, doch Jekatarina öffnete lediglich gelangweilt ihren Schmuckkasten, ließ die Diamantringe, Colliers, Diademe, Brillantarmbänder und Perlenketten gleichgültig durch die Finger gleiten und sagte nur tonlos: »Wozu? Für wen? Warum?« Dann schob sie den Schmuckschrein verdrossen zur Seite. Mehr wollte die müßige Schöne offenbar nicht sagen, aber aus diesen drei Fragewörtern ein Charakterporträt auf die Leinwand zu setzen, schien Vigée viel zu zeitaufwendig. Sie dachte auf einmal an Madame Kauffmann, die die Frauen in höhere Wesen verwandelte und mit ihren allegorischen Porträts großen Erfolg hatte. Warum sollte sie dieses reizvolle Diwangeschöpf nicht als Göttin der Liebe malen? Eine Potemkinsche Aphrodite gefiel dem Grafen ganz gewiß gleich doppelt so gut, und mit dem Honorar konnte sie bestimmt dreifach zufrieden sein. Russisch fürstlich, der Spitzensatz.

Lebrun lief unterdes von Pontius zu Pilatus, damit der Name seiner Frau endlich von der Proskriptionsliste gestrichen wurde. Ein paarmal war es ihm bereits versprochen, dann aber immer wieder vergessen worden. Doch als er von den neuen Karrieren hörte und erfuhr, daß ein Gaillard jetzt Abgeordneter der Nationalversammlung war, sogar im Bürgerrat saß und dort das große Kunstwort schwang, kam ihm der dunkle Verdacht, daß nur ein einzelner die Namenslöschung aus der Liste so erfolgreich hintertreiben konnte. Auch den Herzog von Orléans hatte er darauf angesprochen, denn er besaß beste Verbindungen zu den derzeitigen Männern der Macht, vor allem zu Anwalt Robespierre, dem zuliebe er sogar das Palais Royal in Palais Egalité umbenannt hatte. In aufwendiger Arbeit hatte Lebrun dem Orléans mehrere Gutachten für etliche Gemälde seiner Kunstsammlung erstellt, die er jetzt nach England verkaufen mußte, hatte keinen einzigen Sou dafür verlangt, immer in der Hoffnung, der Egalité würde diese Gefälligkeit goutieren und sich dafür einsetzen, daß Vigées Name von der Liste gestrichen wurde, aber es rührte sich nichts. Irgendwo gab es eine hartnäckige Blockade, und Neid als Motiv schloß er längst nicht mehr aus.

Zwar hatte er all ihre Bilder und Originalkopien in Sicherheit gebracht und gut verpackt bei Freunden untergestellt, aber er rechnete stündlich damit, daß zwei Herren an der Tür standen und ihn im Namen der Assemblée Législative aufforderten, das Vermögen seiner Frau aufzulisten, damit sie es beschlagnahmen konnten. Abgesehen davon, daß die Honorare vom Hof noch immer ausstanden und Marie Antoinette seiner Frau keines der großen Bilder bislang bezahlt hatte, konnten sie sich gerne bei seinem Bankhaus erkundigen und davon überzeugen, daß seine Geldvorräte restlos erschöpft waren. Pluto, der Gott des Reichtums, stand nicht auf seiner Seite. Darum mußten etliche Honorare seiner Frau in sein Geschäft fließen und in den Neubau seines Hauses, mit dem er sich leider unerwartet übernommen hatte. Fast hätte es beruhigend sein können, unter diesen Umständen Schulden zu haben, aber Lebrun war sich nicht sicher, ob sie ihm nicht kurzweg das neue Haus beschlagnahmten oder ob er ihren Anteil ihnen auszahlen mußte. Auch sein Geschäft konnten sie ihm wegnehmen, um an das Vermögen seiner Frau zu kommen. Selbst wenn zur Zeit niemand mehr in seinen Laden kam und sich kein Mensch für Kunst interessierte, auch wenn allen das große Geld fehlte, um ein Gemälde als eine Wertanlage zu betrachten, und der Kunstmarkt völlig am Boden lag – die Schließung seines Geschäfts wäre der komplette Ruin gewesen, die Zerstörung dessen, was er war. Um nichts auf der Welt durfte das passieren. Aber so war das nun mal, wenn ein untätiger König an der Spitze einer Regierung stand und sich vor jeder Entscheidung fürchtete. Wäre ihm und seiner unglückseligen Habsburger Madame wenigstens die Flucht nach Varennes geglückt, säßen die Majestäten jetzt nicht wie zwei Staatsgefangene in den Tuilerien und die Lage im Land hätte sich nicht derart zugespitzt. Aber sie mußten ja in voller Pracht und mit Etikette fliehen. Jetzt war nichts mehr kalkulierbar. Trotzdem wollte Lebrun keine Ruhe geben, bis nicht endlich Vigées Name von der Verbannungsliste gestrichen und ihr Vermögen gesichert war, denn das mußte er sich eingestehen – es trug die ganze Familie. Da kam Etienne, der seit kurzem in den Reihen der Girondisten kämpfte, in heller Aufregung zu ihm, um von dem allerneusten Beschluß zu berichten. Er konnte die Worte kaum herausbringen, doch er hatte es schwarz auf weiß: Alle Emigranten, die nicht bis zum 1. Januar 1792 nach Frankreich zurückkehrten, galten als Hochverräter und wurden zum Tode verurteilt.

Lebrun begriff sofort den Ernst der Lage. Wo es Geld und Vermögen zu kassieren gab, stand auch der Fortschrittsmann in der ersten Reihe. Die Avantgarde war eben immer vorn. Sie brauchte jeden Sou und spaßte nicht lange. Die Vorstellung, Vigée würde zum Tode verurteilt, wenn sie nicht bis zum Jahresende zurückkehrte, trieb ihm den Angstschweiß auf die Stirn. Gleichzeitig wußte er aber auch, selbst wenn sie zurückkam, konnte sie nicht sicher sein, ob es dann nicht einen neuen Beschluß gab, der den alten aufhob und sie trotzdem aufs Schafott mußte. Er spürte nur: Sie war in Gefahr. So sehr er es sich auch wünschte, sie und Julie endlich wieder um sich zu haben, fest stand: Im Vaterland konnte Vigée ihres Lebens nicht sicher sein, denn in diesem Chaos ließ sich kaum noch unterscheiden, was Gesetz und was Zufall war, und ein Ende der großen Konfusion war nicht abzusehen.

Schon zur eigenen Absicherung hielt er es für geraten, diesen Beschluß Vigée sofort in vollem Wortlaut mitzuteilen. Gerade weil er im Land geblieben war, um Haus und Hof zu hüten, mußte er deutlich zeigen, daß er die Interessen seiner Frau den Beschlüssen der neuen Revolutionsherren ohne Wenn und Aber unterordnete. Darum forderte er sie im offiziellen Ton auf, bis spätestens Ende des Jahres wieder in

Paris zu sein, und schrieb mit roter Tinte die Begründung: Wer bis zum 1. Januar 1792 nicht zurückkehrt, wird mit dem Tode bestraft. Zwar zitterte ihm bei diesem Satz die Hand, aber er überwand sich und fertigte eine Abschrift an, die er vom Notar beglaubigen ließ, um jederzeit belegen zu können, im Sinne der revolutionären Beschlüsse gehandelt zu haben.

Auch Etienne schrieb der Schwester einen Brief, forderte sie ebenfalls in einem amtlichen Ton auf zurückzukommen und zweifelte nicht, daß sie es richtig zu lesen verstand.

So schön es auch war, als Madame Rubens gefeiert zu werden und jeden Abend an eine andere Tafel gebeten zu sein, sie brauchte wieder die gewohnte Arbeitsruhe, brauchte ihre Arche, wo die Farben in den Trichtermuscheln auf sie warteten. Es war höchste Zeit, Neues auszuprobieren. Wenn sie sich nicht steigerte, wurde sie von anderen überholt. Sie brannte darauf, eine Öltempera auszuprobieren, eine Kombination, die die Farben nicht nur schneller trocknen ließ, sondern ihnen womöglich auch eine andere koloristische Wirkung gab. Sie mußte sehen, welcher Effekt entstand, wenn sie die Ölfarben mit einem Pfauenei und den zerhackten grünen Trieben eines Feigenbaums magerte, mußte prüfen, ob sie dann tatsächlich frischer und transparenter wirkten, und ihr neues Atelier mit dem Oberlicht erwies ihr dabei ganz gewiß die allerbesten Dienste. Sie konnte es kaum erwarten, im Herbst wieder zu Hause in ihrer Arche zu sein, doch da überraschten sie die beiden Briefe aus Paris. Von Zeile zu Zeile las sie langsamer, als würde sie jedes Wort schlucken müssen.

Beim Abschied hatte Lebrun ihr gesagt, wann immer sich ihre Rückkehr als ein Risiko erwies, würde sein Ton hochamtlich, und sie verstand sofort die Warnung. Bislang hatte sie der Verbannungsliste ja keine große Bedeutung beigemessen und geglaubt, so irrtümlich wie ihr Name dort aufgetaucht war, so rasch verschwand er auch wieder. Aber jetzt begriff sie, das war kein Irrtum und kein Zufall, nein, es war Absicht, ihren Namen auf dieser Liste zu belassen. Dahinter steckte die pure Willkür und der setzte sie sich nicht aus. Sie ließ sich doch nicht von den Bürgerpatrioten an einer Laterne aufknüpfen! Schon die Alternative schien ihr bezeichnend: entweder fristgemäße Rückkehr oder Anklage wegen Hochverrats. Ein Willkommen zu Hause hätte sich anders angehört. Hochverrat! Wie das klang! Sie wußte gar nicht, was das war und vor allem nicht, wessen sie bezichtigt werden könnte. Sie hatte keinen Menschen verraten, kein Gesetz übertreten, kein Prinzip verletzt, kein Land verunglimpft, keinen Vertrag gebrochen, nichts, gar nichts. Vielleicht gehörte es zum Bekenntnis der Brüderlichkeit, eine Schuld auf sich zu laden, die man gar nicht begangen hatte, oder es zählte zum neuen Gleichheitsprinzip, daß jeder der großen Sache ein Opfer bringen mußte, ganz nach seinen Mitteln und ganz nach seinen Möglichkeiten. Eigentlich hätte dafür die Beschlagnahmung ihrer Einkünfte als ein Bürgerbeitrag zur Schuldentilgung des Staates genügt, aber die Kunst auch noch mit dem Leben zu bezahlen wäre eindeutig zu viel gewesen. Diesen Gefallen wollte sie keinem tun.

Und doch ärgerte sie sich, daß man sie so einseitig sah, so als hätte sie Tag und Nacht mit Pinsel und Palette bereitgestanden und gebettelt, Marie Antoinette malen zu dürfen. Schließlich hätte man auch mal in der Öffentlichkeit daran erinnern können, daß sie kein Amt und keinen Titel angenommen hatte, ja es sogar abgelehnt hatte, vom König den Saint-Michel-Orden anzunehmen, auf den die Herrn Gelehrten und Künstler so erpicht waren, weil sie darin die Krönung ihres Lebens sahen. Nichts wollte sie haben, keine Bandschleife, keine Ehrenkette und auch nicht das Geld, das damit verbunden war. Diese Art von Abhängigkeit hätte sie in ihrer Kunst eingeengt und gegen Unfreiheit war sie schon zu einer Zeit angetreten, als die Öffentlichkeit noch gar nicht wagte, dieses Wort überhaupt in den Mund zu nehmen. Doch dafür sich von den Bürgerpartisanen als Hochverräterin abstempeln zu lassen – das tat sie sich nicht an. So gerne, so liebend gerne sie auch zurückgekehrt wäre – unter Zwang und Druck reiste sie nicht ein. Sie hatte nichts verbrochen und brauchte sich darum keine Rückkehrbedingungen auferlegen zu lassen. Wann sie ihre Studienreise zu beenden hatte, ließ sie sich von keinem vorschreiben. Bevor sie es riskierte, vor ein Tribunal geschleppt zu werden, mußte sie eben noch warten, die neue Öltempera auszuprobieren und sich farblich zu steigern. Angesichts einer solchen Aussicht gab es keinerlei Eile. Sollten die Herren Abgeordneten der Nationalversammlung sich ruhig einbilden, an der Erschaffung der Welt einen erheblichen Anteil zu haben, sie wußte jetzt: Zwischen Gesetz und Zufall gab es ein Drittes und das war sie. Sie ganz allein. Sie in ihrer Person, mit ihrem Talent und mit ihrer Kunst. Diesen Raum ließ sie sich von keinem nehmen und keinem zerstören.

Trotzdem schien ihr Vorsicht geboten. Gerade hatte sie gehört, daß die Familie Polignac in Rom eingetroffen war, doch sie wollte den Teufel tun, Kontakt zu ihr aufzunehmen. Die Jakobiner schnüffelten überall herum, meldeten alles in die Heimat, und am Ende hieß es gar noch, sie stecke mit den Polignacs unter einer Decke und schmiede ein Komplott. Sie mußte alles vermeiden, was zu Hause Lebrun, Etienne, Familie und Freunde in Schwierigkeiten bringen konnte. Die beiden Warnbriefe genügten.

Im großen Saal des Schlosses herrschte dichtes Gedränge. Die Königin von Neapel hatte zum Konzert geladen, zur Uraufführung von Paisiellos neuem Klavierkonzert. Hohe und höchste Gäste, Würdenträger, Exzellenzen und Eminenzen nahmen in den Stuhlreihen Platz und mittendrin Vigée an der Seite von Talleyrand, dem französischen Gesandten. Eigentlich mochte sie Streichinstrumente viel lieber, aber sie war neugierig auf Paisiello. Sie kannte ihn bislang nur als Opernkomponist, hatte mehrmals in Paris seinen *Barbier von Sevilla* gesehen und war so begeistert davon, daß sie die Arien auswendig kannte.

Die großen Kandelaber auf der Bühne wurden angezündet, die Musiker kamen, Paisiello nahm am Flügel Platz, die Geräusche verstummten und im Saal lag eine erwartungsvolle Stille. Leider saß Vigée so, daß sie sein Gesicht nicht sehen konnte. Aber schon nach dem ersten Allegro war sie von der Musik so fasziniert, daß sie meinte, ein schönes Hörbild vor sich zu haben, was alles zu ersetzen schien. Die Töne kamen ganz leicht, perlend hell und selbstgewiß entgegen und gaben ihr das Gefühl, sich aus der Zeit zu lösen und weit über sie hinausgetragen zu werden. Von Satz zu Satz ließ sie die Wirklichkeit hinter sich, vergaß die Bedrohungen und all die schlechten Nachrichten von zu Hause, strich aus den Gedanken, was sie ohnehin nicht ändern konnte und worauf sie keinen Einfluß hatte, lehnte sich in den Stuhl zurück und genoß es, die Welt durch die Klänge ganz rein und gefiltert präsentiert zu bekommen. In diesem aufsteigend Hellen und Zuversichtlichen, das aus den Tönen entgegenkam, lag aber auch der Ausdruck einer trotzigen Selbstbehauptung und spätestens nach dem Rondo fühlte sie sich in ihrer eigenen Sicht bestätigt. Sie spürte, auch Paisiello schritt als Künstler seinen Raum aus, der kein Versteck und kein Asyl war, sondern die einzige Möglichkeit, in diesen umbrechenden Zeiten seinen Platz zu behaupten. Ob Komponieren oder Malen – wer in der Kunst stand, war nicht im Abseits.

Diese Gewißheit hob sie plötzlich in eine Stimmung, die ihr sein Porträt bis in die letzten Töne klar vor Augen führte. Aus seinem Gesicht konnte nichts anderes als diese Selbstbehauptung sprechen. Die Inspiration als beste Hilfe gegen die Zeit. Das war es. Jetzt mußte sie ihn nur noch fragen, ob sie ihn malen durfte. Noch nie hatte sie jemandem diese Frage gestellt, aber dieses Porträt mußte sie unbedingt haben. Wie zur Bestätigung für sich selbst wollte sie es in ihre Malstube hängen, direkt gegenüber ihrer Staffelei, damit es immer präsent war, und ahnte nicht, daß es ihr schon am Tag nach der Fertigstellung entführt werden sollte.

Ménageot besuchte seine chère amie, um endlich den versprochenen Ausflug zum Vesuv zu unternehmen. Mit Julie, Madame Charrot, der Herzogin von Fleury, mit dem ganzen Troß wollte er den Berg besteigen, da sah er dieses Bild, schien sich nicht von ihm lösen zu können, betrachtete es aus der Nähe, betrachtete es aus der Ferne und plötzlich rief er: »Das ist es! Ein Stimmungsporträt! Ein ganz neues Genre! Das Bild muß unbedingt in den *Salon* zur Ausstellung. Die Vorbereitungen dafür haben gerade begonnen. In drei Tagen geht unser Akademiekurier nach Paris. Er bringt es unversehrt zum Louvre. Ich sage Ihnen, die Freunde der Freiheit werden jubeln. Das Bild bringt Sie nach Frankreich zurück!«

Vigée war begeistert. Der Gedanke, sich mit diesem Porträt in der Pariser Öffentlichkeit zurückzumelden und vielleicht sogar eine Aufmerksamkeit zu erwecken, die für einige Anlaß sein könnte, sie endlich von dieser elenden Verbannungsliste zu streichen, schon dieser Gedanke löste Vorfreude aus. Überdies konnte mit einer solchen Arbeit jedermann sehen, daß sie auf einer Studienreise war und nicht im Schmollwinkel der Emigranten saß.

Ménageot vergaß alle Ausflugspläne, verpackte das Porträt mit der allergrößten Sorgfalt, stellte es zwischen zwei Matratzen rüttelfest in die Kutsche und fuhr auf der Stelle zurück nach Rom, um noch rechtzeitig den Kurier zu erreichen. Vigée war voller Hoffnung, nur Julie ärgerte sich, daß die Besteigung des Vesuvs verschoben wurde. »An deiner Seite kann man sich auf gar nichts freuen, immer kommt etwas dazwischen«, sagte sie, und diesen Vorwurf mußte Vigée noch tagelang ertragen.

Unterdes räumte sie das Hotel. Was nützte der schönste Blick aufs Meer, wenn sie nachts nicht schlafen konnte. An- und abfahrende Kutschen, Lieder zur Gitarre, Tarantellatänze, Tambourinklänge, Zeitungsausrufer, Feuerwerkskörper – Nacht für Nacht Trubel bis in den Morgen. Schloß sie das Fenster, wurde es im Zimmer unerträglich heiß, öffnete sie es, kam zwar ein kühler Wind vom Meer, aber die schrillen Geräusche von der Promenade drangen wie Glassplitter in sie ein. Es pfiff in den Ohren, der Kopf begann zu schmerzen, sie wälzte sich im Bett, dachte daran, daß sie mit Sonnenaufgang an der Staffelei sitzen wollte, wußte, daß sie übermüdet nichts zustande brachte, versuchte sich in den Schlaf zu zählen und kaum war es soweit, schreckte irgendein Kutschergebrüll sie wieder auf, und das Wiehern der Postgäule war so laut, daß sie meinte, sie würden geradewegs über ihr Bett traben. Keinen Tag länger wollte sie für eine Geräuschfolter mit Meeresblick zahlen. Der Hotelbesitzer wußte glücklicherweise ein ruhiges Haus, das zu vermieten war, und ohne es zu besichtigen packte sie Mantelsäcke und Malzeug und zog dort ein.

Die Zeit war knapp. Sie hatte so viele Aufträge angenommen, daß sie schnellstens einen Diener einstellen mußte. Die Sorge, er könnte nebenbei für die Jakobiner spitzeln, hatte sie nicht. Zwar fiel ihr auf, daß Germain immer dann ein fröhliches Liedchen pfiff, wenn wieder ein Kopf in Frankreich auf der Pike schaukelte und es mit der Revolution voranging, aber was wollte er bei ihr schon ausspionieren? Tagsüber stand sie an der Staffelei, um sich ihren Italienaufenthalt zu finanzieren und für Julie jetzt auch noch einen Musik- und einen Deutschlehrer zu engagieren, und abends erholte sie sich in russischer Gesellschaft. An Skawronskijs Tafel ging es munter zu, es wurde gut gegessen, viel gesungen, viel gelacht und die edlen Tränen Christi getrunken – nein, es gab für Germain nichts zu spionieren. Daß sie seit kurzem an einem größeren Auftrag für die Königin von Neapel arbeitete, war gewiß auch kein Geheimnis. Zumindest unter Künstlern sprachen sich solche Aufträge als erstes herum. Sicherlich rümpften darüber in Paris einige die Nase, denn die Königin war die Schwester von Marie Antoinette. Vielleicht hieß es inzwischen, Madame Vigée frönt im Ausland ihrer Vorliebe, Herrscherkröten und Königsgesindel zu malen, und gehört darum mit ihnen davongejagt. Was auch noch kam, und selbst wenn in Frankreich demnächst ein Sultan regierte – sie suchte sich ihre Auftraggeber nicht aus und verachtete auch in der Zukunft keinen, der für die Kunst Geld ausgab.

Natürlich vermied sie, die Königin von Neapel auf Marie Antoinette anzusprechen. Vigée war sich nicht sicher, ob sich die Schwestern überhaupt leiden mochten, und wollte sich ihre Position mit keiner noch so überflüssigen Bemerkung weder bei der einen noch bei der anderen verscherzen. Allein die Unterschiede festzustellen genügte ihr. Die ältere Schwester ließ sich viel leichter malen, weil sie nicht diese frische Haut von Marie Antoinette besaß und auch mit dem Honorar ging sie anders um. Maria Karolina zahlte ganz unkompliziert im voraus und überdies so großzügig, daß sich Vigée als erstes davon einen Wagen kaufte und sich Pferde und Kutscher hielt, was ihr das Wanderleben über Nacht erleichterte. Julie zuliebe hatte sie eine Kutsche mit Klappverdeck gewählt, damit die kleine Brünette auch an heißen Tagen einstieg und nicht ewig zeterte, in einem Backofen fahren zu müssen. Der Luxus für die Frau Mama dagegen war nur der geräumige Kutschkasten, in dem sich ihre Bilder jederzeit gut transportieren ließen.

Damit brachte sie sicher und zuverlässig das Porträt der Königstöchter zur Abnahme ins Schloß. Maria Karolina sah sich das Bild an und sagte nichts. Vigée ahnte, wo ihre Bedenken lagen, denn die beiden Töchter waren alles andere als schön und sie hatte sie nach der Natur gemalt. Sie war lediglich noch einmal mit durchsichtigen warmen Tönen drübergegangen, um die Kontraste zu mildern und dem Bild eine größere Einheit zu geben. Mehr konnte sie nicht tun. Sie waren nun mal wie sie waren, und wer Engel wollte, mußte den lieben Gott bemühen. Vigée überlegte, ob sie sich auf eine zweite Fassung einlassen sollte, ärgerte sich, daß sie den Vorschuß bereits ausgegeben hatte, statt ihn jetzt generös zurückzahlen zu können, da sagte die Königin: »Bleiben Sie in Neapel! Werden Sie meine Hofmalerin!«

Vigée geriet in Verlegenheit. Auf ein so verlockendes Angebot war sie nicht gefaßt. Es hörte sich traumhaft an: ein herrliches Jahrgeld, eine prächtige Pension und als Geschenk obendrauf eine Villa am Meer. Eigentlich hätte sie Luftsprünge machen müssen. Wer hatte schon das Glück, in so unsicheren Zeiten eine so sichere Position geboten zu bekommen! Aber sie wollte zurück nach Paris. Zurück zu ihren Farben, zu ihrer Familie und ihren Freunden. Vigée wählte die Worte so, daß die Ablehnung einer solchen Ehre nicht kränkend wirkte. Maria Karolina verstand sie, bat aber trotzdem, alles noch einmal zu überdenken.

Vigée blieb dabei. Schon die Vorstellung, in einer Villa am Meer leben zu müssen, schreckte sie. Für die Einsamkeit war sie nicht geschaffen. Sie brauchte die Großstadt. Manchmal, wenn sie spätabends am Strand saß, empfand sie das ganze Dilemma. Das Panorama war schön, überirdisch schön, aber sie fand, eine schöne Landschaft mußte man zu zweit genießen, sonst machte sie schwermütig. Obwohl der Mond schien und dem Meer einen opalfarbenen Schimmer gab, lag es wie eine gespenstig schwarze Masse vor ihr. Es hatte etwas Unheimliches. Die Lichter der Fischerboote und Feluken, die weit draußen wie verstreute Sterne funkelten, gaben ihr das Gefühl einer großen Verlorenheit. Sie kam sich wie Strandgut vor. Losgelöst von allem, was zu ihr gehört hatte. Kein Lebrun, kein Vaudreuil. Nicht mal ein Verehrer wie Calonne war in Sicht, kein Mann, den sie in Erwartung halten konnte, und keiner, der ihr Hoffnung gemacht hätte. Kein prickelndes Spiel, keine Spannung, kein Seelenfieber, nur dieser trostlose Blick auf das Meer, das ihr wie eine Wasserwüste vorkam und die Einsamkeit doppelt zu Bewußtsein brachte. Sie war sich ganz sicher, auch in der schönsten Villa am Strand konnte man elend verkümmern.

Wenigstens gab es noch Briefe. Aber an eine normale Korrespondenz war nicht mehr zu denken. Alle Schriftstücke, die aus Frankreich kamen, wurden geöffnet und längst hatte sich herumgesprochen, daß in den Schwarzen Kabinetten der Post geheime Kopisten saßen, die Tag und Nacht Abschriften fertigten. Niemand konnte sicher sein, daß sie nicht nach Paris weitergeleitet wurden. Briefe an Emigranten zu senden war verboten und darum besonders gefährlich. Zum Glück hatte Madame Charrot eine Verwandte in Neapel, an die sie die Briefe adressieren ließen und bei der Vigée ihre Post abholte. Etienne setzte seit kurzem den Mädchennamen seiner Frau auf den Absender. Diesmal hatte er einen Brief der Mutter eingelegt. Frau Jeanne jubelte. Sie hatte sich im Louvre-Salon das Bild ihrer Tochter angesehen und wollte ihr auf diesem Wege sagen, daß ganz Paris begeistert davon war. Alle lobten das Paisiello-Porträt in den höchsten Tönen. Einiges hatte sie sich aus der Zeitung herausgeschnitten und wie immer in ihr Buch eingeklebt: »Madame Vigée-Lebrun malt die Physiognomie des Geistes.« »Eines der vollendeten Hauptwerke.« »Große Komposition, korrekte Zeichnung, einfühlsamer Ausdruck, kraftvolle Harmonie, feines Kolorit – oh van Dyck, du kommst zurück!«

Diese Nachricht versetzte Vigée in eine so große Aufregung, daß sie den Rest der Zeilen nur noch überflog: Herr Jacques hatte sein Vermögen nun endgültig verloren, lag an Gelenkfluß darnieder, sie mußte ihn pflegen, hatte sich das alles einmal so nicht vorgestellt, aber klagen wollte sie nicht und hoffte nur, daß Vigée mit Julie bald zurückkam.

Tagelang zweifelte sie, ob die Mutter nicht doch ihre Begeisterung leicht übertrieb, doch dann kam ein Brief von Lebrun, der gleichfalls von der großen Wirkung des Porträts berichtete. Vor allem freute es ihn, daß es im *Salon* an prominenter Stelle hing, direkt neben einer Arbeit von Jacques-Louis David, dem neuen ersten Maler Frankreichs. Vigée kannte Davids *Schwur der Horatier*, das Bild, das ihn berühmt gemacht hatte, wußte, daß er inzwischen zu den radikalsten Jakobinern zählte, und war um so erstaunter, was Lebrun ihr schrieb. »David ist so fasziniert von Deinem Porträt, daß er bedauert, neben Dir zu hängen und von Dir überschattet zu werden. Vor großem Forum hat er neulich gesagt: Steht man davor, muß man glauben, meine Leinwand hat eine Frau und das Porträt von Paisiello ein Mann gemalt. Du weißt ja, David ist der Liebling von Danton, wird als Maler der Revolution überall gefeiert und sitzt in vielen einflußreichen Gremien. Daß er ein so großes Lob öffentlich über Dich ausgesprochen hat, ist mehr als ein gutes Omen und läßt mich hoffen, Dich bald in meine Arme zu schließen.«

Das Signal zur Rückkehr hätte nicht deutlicher sein können. Sie fühlte, die Gunst der Stunde war da. In fieberhafter Eile brachte sie ihre Auftragsarbeiten zu Ende, auch das große Porträt von Lady Hamilton, die sie nach dem Kauffmannschen Erfolgsrezept als göttliche Seherin malte, als schöne Sibylle mit

Schreibtafel, Turban und fließendem Gewand. Voller Ungeduld wartete sie, bis die Farben im Mondlicht getrocknet waren, dann brach sie ihre Zelte in Neapel ab, lud das Bild in den Kutschkasten und fuhr nach Rom, um dort ihre Mietwohnung zu räumen.

Auch Ménageot meinte, daß sie zum richtigen Zeitpunkt zurückkehrte. Gerade war das Gesetz über den Hochverrat gemildert worden. Er hatte es aus dem *Mercure*, dem *Moniteur* und dem *Journal*: Gelehrte und Künstler waren von den Einreisebestimmungen der Emigranten ausgenommen und konnten nach Frankreich zurückkehren, ohne daß ihnen die Todesstrafe drohte. Das hörte sich gut an, und sie sagte fast übermütig: »Da faßt man doch gleich wieder Vertrauen zum lieben Vaterland.«

Vigée packte noch etliche ihrer Kopien ein, natürlich auch eine von Raffael, damit jeder zu Hause sehen konnte, daß sie sich auf ihrer Studienreise brav mit den Alten Meistern beschäftigt hatte, kündigte Lebrun mit Kurier ihre Rückkehr an und fuhr über Florenz und Parma nach Turin, dem letzten Ort vor der Grenze, über die sie vor fast drei Jahren eingereist war. Sie fieberte vor Freude. Um keine Zeit zu verlieren, kehrte sie stets in die erstbeste Osteria ein, die gerade am Weg lag, aß, was angeboten wurde, fast immer nur Hammel, schlecht gefüttert, schlecht geschlachtet, schlecht abgelagert, schlecht zubereitet, so schlecht wie er nur sein konnte, aber es störte sie nicht. Die Gewißheit, endlich auf dem Weg nach Hause zu sein, machte alles zum Genuß.

Doch als sie in Turin eintraf, kam der Wagen plötzlich zum Stehen. Es gab kein Durchkommen mehr. Tausende von Menschen drängten sich in den Straßen, müde, erschöpft und in ihren Gesichtern Angst und Verzweiflung. Auf den Plätzen standen dicht an dicht Kutschen und Gepäckwagen aus Frankreich. Sie ahnte, daß etwas Schreckliches passiert sein mußte. Vigée stieg aus und kämpfte sich mit Julie zu Fuß zum Hotel durch. Neben ihnen brachen Menschen am Straßenrand zusammen, auf einem Leiterwagen brachten zwei schwangere Frauen schreiend ihre Kinder zur Welt. Berittene Gendarmerie sicherte am Markt die Trinkbrunnen und teilte Wasser aus. Auch das Hotel war voller Menschen. In der Halle herrschte Chaos. Der Cameriere übergab ihr hastig die Zimmerschlüssel und einen Brief, der bereits vor Tagen eingegangen war. Der Bruder ihrer Schwägerin kündigte an, sie hier zu erwarten. Sie glaubte, er sei von Lebrun geschickt, um sie zur Begrüßung in Empfang zu nehmen, doch als sie Jean Baptiste dann überraschend auf sich zukommen sah, wußte sie, daß auch er aus Frankreich geflohen war. Abgemagert, eingefallen und fieberbleich stand er vor ihr. »Sie können nicht zurück«, sagte er, »im Land ist die Hölle los! Die haben die Tuilerien gestürmt, den König in den Temple verschleppt, die gesamte Schweizer Garde niedergemetzelt, der Lamballe den Kopf abgeschlagen und am Greveplatz ist die Guillotine aufgestellt. Jetzt wird öffentlich hingerichtet. Einer nach dem andern und alles auf Zuruf!«

Vigée war entsetzt. Sie fragte nach Lebrun und atmete auf, daß ihm nichts passiert war. »Und Etienne?«

»Er hat sich mit Frau und Tochter verborgen, denn sie machen jetzt Jagd auf Girondisten. Die bringen alle um. Ich bin gerade noch entkommen.«

Vigée brachte Jean Baptiste im Zimmer der Gouvernante unter, teilte sich mit Madame Charrot und Julie das Nachtlager und fand keinen Schlaf. Es schien, als hätte sich der Lauf der Geschichte gegen sie gewandt. War es das Ende, war es der Anfang, war es der Übergang – sie wußte es nicht und fühlte sich nur in einem großen Vakuum. Sie war enttäuscht, tief enttäuscht, nicht nach Hause zu können. Nicht zu Lebrun, nicht zu ihren Farben. Anderseits sagte sie sich, wenn, dann sollte es schon lebend sein. Mit abgeschlagenem Kopf nützte sie keinem. Zurück nach Rom und Neapel wollte sie nicht. Es hätte wie ein Scheitern oder eine Notlösung ausgesehen. Sie überlegte bis tief in die Nacht, erinnerte sich an eine Einladung des österreichischen Gesandten und brach am Morgen nach Mailand auf.

Obwohl Jean Baptiste Rivière geflohen war, schien es ihr doch so, als wäre sie durch ihn dem Zuhause ein Stück nähergerückt. Daß er auch noch den gleichen Vornamen wie Lebrun trug, gab allem einen zusätzlich vertrauten Klang. Der Flicflac-Schwager machte eine gute Figur, war sechs Jahre jünger als sie, kein

Langweiler und kein Eiszapfen, und schon nach wenigen Tagen spürte sie, daß es etwas ganz anderes war, in Begleitung eines Mannes zu reisen. Kehrte sie jetzt in eine Osteria ein oder betrat ein Hotel, hatte sie den Eindruck, in ihren Wünschen viel ernster genommen zu werden. Offenbar machte die Gegenwart eines Mannes eine weibliche Reisegesellschaft respektabler. Sie täuschte sich nicht, aber der Ton wurde dienstbeflissen und die Schritte beschleunigten sich. Sprach Rivière mit so einem Schlitzohr von Gastwirt, nahm der gleich eine ganz andere Haltung an, so als stände er vor einem Amtsträger, und jonglierte auch viel vorsichtiger mit den Preisen. Zudem war es beruhigend, trotz der Wegewächter in diesen unsicheren Zeiten mit männlichem Begleitschutz unterwegs zu sein. Nicht daß Jean Baptiste irgendwo eine Pistole versteckt hielt, aber allein die Tatsache, daß es ihm zugetraut wurde, genügte. Auch die Straßenräuber wollten kein allzu großes Risiko eingehen. Doch mehr noch zählte für Vigée der Umstand, daß ihr Reisekavalier in Dresden und Paris Malerei studiert hatte und es geschickt verstand, große Gemälde in kleinen Formaten wiederzugeben. Die Arbeitserleichterung lag auf der Hand: Wenn Jean Baptiste ihre Porträts kopierte, sparte sie viel Zeit und er hatte eine gute Einnahme. Die Kombination war günstig. Zwar ging sie davon aus, daß sich die Lage in Paris in einigen Monaten wieder beruhigt hatte und sie dann gemeinsam mit ihm zurückkehren konnte, aber gerade in dieser Übergangszeit mußte sie doppelt viel arbeiten, um in der Kunst einen doppelten Halt zu haben.

Müde und durchgerüttelt erreichte sie Mailand, mietete eine Wohnung im Hotel am Dom, das ihr wegen der guten Küche und der weichen Betten empfohlen worden war, bestellte sofort ein Diner, denn unterwegs hatte sie in den Tavernen nur an mageren Tischen gesessen, und freute sich, endlich gut essen und trinken zu können. Doch vorher achtete sie darauf, daß die Kisten mit den Bildern sorgfältig ausgeladen wurden. Für solche Dienste hatte sie natürlich ihr Säckchen mit den Kupfer- und Silbermünzen parat, denn ohne piccola moneta rührte sich hier keiner vom Fleck. Diesmal blieb sie aber bei der Kutsche stehen, bis alles ins Hotel getragen war, zahlte dem Facchino großzügig zwei Piaster, da hörte sie die aufgeregten Stimmen der Zeitungsverkäufer, die mit einem Extrablatt von der Piazza herüberrannten und im Gewühl von Postwagen, Karren, Fuhrwerken und Fußgängern mit Handglocken die neuste Sensation ausschrien: Frankreich war Republik. Die Monarchie war tot. Dem König wurde wegen Hochverrat der Prozeß gemacht.

Jean Baptiste riß den Trägern ein Exemplar aus der Hand, doch als sie beim Diner saßen und er ihr die Nachrichten vorlas, brachte sie keinen Bissen hinunter: In Paris ging es blutig zu. Es herrschte der Schrecken. Danton brachte alle Anhänger des Königs um. Zweitausend allein in der ersten Septemberwoche und der Monat war noch nicht um. Die

Guillotine, die nationale Rasiermaschine, stand nicht mehr still.

Vigée wollte es nicht glauben. Sie dachte an Lebrun und Etienne, die jetzt in diesem Kessel waren, und an die Mutter, die sich glücklicherweise aufs Land nach Neuilly zurückgezogen hatte. Alles in ihr wehrte sich, diese Schreckensnachrichten als die neue Wahrheit in sich aufzunehmen, doch als sie kurz darauf den österreichischen Botschafter besuchte, stand fest, daß die Zeitungen nicht übertrieben hatten. Graf Wilczek bestätigte Wort für Wort und riet ihr, nach Wien zu gehen. »Ihre Gegenwart würde dort eine große Genugtuung hervorrufen«, sagte er, »ich weiß, daß Fürst Kaunitz ein großer Verehrer von Ihnen ist. Wenn ich ihm schreibe, daß Sie kommen, wird er Sie mit offenen Armen empfangen. Er ist zwar uralt, aber eine lebende Legende, und wer von ihm geschätzt wird, wird von ganz Wien geschätzt.«

Vigée fand, ein deutlicheres Willkommen konnte nicht ausgesprochen werden. Sie wollte sofort aufbrechen, doch ihr Kutscher kündigte mit knapper Begründung seinen Dienst: »Ich bin Mailänder«, sagte er stolz, »und solange die Österreicher Italien besetzt halten, sind sie meine Feinde. Sie brauchen sich gar nicht nach einem neuen Kutscher umsehen, Madame. Kein Mailänder betritt den Boden der Grindsköpfe.«

Dieses Hin und Her war nervenaufreibend. Es blieb ihr nichts anderes übrig, als den neuen Wagen wieder zu verkaufen. Sie kam sich wie der armseligste Wandervogel vor. Gerade hatte sie sich gefreut, in der Fremde etwas Eigenes, eine rollende Herberge zu haben, war es damit auch schon wieder vorbei. Vom finanziellen Verlust ganz abgesehen. Doch Jean Baptiste suchte nicht lange nach einem Käufer. Er ließ den Wagen als Equipage der Madame Rubens im Auktionshaus versteigern und erzielte sogar noch einen Gewinn, was ihre trübe Stimmung allerdings nur wenig aufhellte.

Mailand zu verlassen, ohne Leonardos *Abendmahl* gesehen zu haben, wäre ihr wie ein Frevel erschienen, aber als sie den Speisesaal des Dominikanerklosters betrat und sah, daß das Wandgemälde mit Gips überpinselt war, blieb ihr nur eine Ahnung, wie schön es einmal gewesen sein mußte. Auch die *Scala* besuchte sie noch, doch dann mietete sie sich einen Viersitzer mit einem großen Kutschkasten für den Transport der Bilder, handelte mit dem Vetturini einen festen Fahrpreis für den kürzesten Weg nach Wien inklusive der Zahl der Übernachtungen aus und reiste ab.

Julie fand es unbequem und viel zu eng. Sie sprach die ganze Zeit über kein Wort, quetschte sich demonstrativ in die äußerste Ecke, machte ein trotziges Gesicht und wollte der Frau Mama deutlich zeigen, wie sie sich fühlte: statt auf großer Reise, eingepökelt im Fuhrwerk.

Vor den Toren der Stadt, im lauschigen Tal des Mödlinger Baches ließ sie halten und besuchte Casanova. In Paris hatte sie ihn öfter bei Vernet getroffen. Nicht daß sie sich einen Rat von einem Altmeister holen wollte, aber einfach einmal hören, wie es ihm hier erging, wie er die Dinge sah und die Chancen für die Kunst einschätzte, das gab mehr Auskunft, als stundenlang in den Zeitungen zu blättern, wo eh nur die halbe Wahrheit geschrieben stand.

Als sie Casanova im Atelier sah, war sie nicht sicher, ob sie einen Maler oder einen Schwerarbeiter vor sich hatte. Der Raum glich einer riesigen Halle. Fast bis unter die Decke war auf einem großen Gerüst die Leinwand gespannt. Ringsherum nichts als Chaos und Trödel. Skizzen, Schiffsmodelle, Pferdeköpfe, Waffen, Uniformen, Farbtöpfe, Entwürfe, ausgestopfte Tiere, Trommeln, Helme und oben auf der Leiter der alte Mann, der mit zwei Brillen übereinander ein herabfallendes brennendes Segel malte. Der Diener bat, sich noch einen Augenblick zu gedulden, denn beim Malen des Feuerscheins wünschte Herr Casanova keine Unterbrechung. Vigée stand mit Jean Baptiste ganz still und schaute zu. Neidlos gestand sie sich ein, ihr wäre es nicht gelungen, das Bild so zu komponieren, daß sich die Menschenmassen auf den Schiffen wie von selber ordneten. Aber das hatte ihr schon der Vater gesagt: Schlachten zu malen war eine Kunst für sich.

Casanova bemerkte die beiden schon nach wenigen Augenblicken und war von dem Besuch so freudig überrascht, daß er ihr fast übermütig zurief: »Bürgerin Vigée, ich hoffe, Sie bringen mir die Freiheitsmütze!«, und leichtfüßig von der Leiter kletterte. Sofort ließ er

Wein kommen, den Tisch decken, rief seine Frau, und schon waren sie bei den Ereignissen in Paris. Erst als er erfuhr, daß Vigée wie viele andere auch gegangen war, dankte er dem Himmel, daß ihn seinerzeit der Streit mit Diderot gezwungen hatte, Paris zu verlassen, denn jetzt wäre er dort wohl verhungert. »Ein Glück, daß ich von der russischen Zarin den Auftrag habe, ihre Siege über die Türken zu malen. Schlacht für Schlacht. Eine Lebensarbeit und sehr einträglich. Wenn Sie irgendwann ein Angebot bekommen sollten, an den russischen Hof zu gehen, dann greifen Sie zu! Für die Russen ist die Kunst wie das tägliche Brot und wer es ihnen beschert, wird reichlich belohnt.«

Dann schimpfte Casanova auf seinen älteren Bruder, den Lotterknaben und Abenteurer, der nichts weiter im Kopf hatte, als von Hof zu Hof zu reisen und sich mit Frauen zu vergnügen. »Giacomo fährt vierspännig mit immer anderen Damen spazieren, und ich muß das bezahlen. Von mir will die Mutter ständig Geld, denn der Verführer hat ja nichts außer seinem Charme. Und dafür haben dann alle auch noch Verständnis! Danken Sie Gott, daß Sie eine Frau sind! Künstlerinnen können verdienen soviel sie wollen – es entsteht an sie kein finanzieller Anspruch. Aber wenn ein Mann ein gutes Einkommen hat, wird er gleich als Ernährer der ganzen Sippe gesehen und sei's drum, daß sie sich zum Serail ausdehnt.«

Vigée dachte an Madame Kauffmann, die zu jedem Neujahr ihren armen Verwandten kräftige Geldbeträge schickte, und sie selber hatte ja auch schon stattliche Summen in die Familie gesteckt. Aber sie sagte nichts, denn sie fühlte, Casanova beklagte die Unterstützung seiner Angehörigen nur, um indirekt auf seine komfortable Honorarlage hinzuweisen. Selbstverständlich bewunderte sie ihn dafür sofort, was ihm sichtlich wohltat. Ja, ihm ging es verglichen mit anderen Kollegen noch ganz gut. Die großmächtigen Wiener Herrn bestellten zwar Bilder, aber bezahlten nur zögerlich, und darum riet er ihr, sich unbedingt an das Prinzip Ware gegen Geld zu halten, andernfalls konnte sie malen bis zum Schwarzwerden und sah keinen Heller. Vor allem sollte sie sich nicht wundern, wenn der Kreis um die Wiener Akademie sich gegenseitig die lukrativen Aufträge zuschanzte. »Dieser geschlossene Zirkel sorgt für sich selbst und paßt auf, daß kein Neuer sich reindrängt. Bloß hier kein Zugereister sein«, sagte er. »Die Wiener sind ein schmausiges Volk, da bleibt wenig Geld für die Kunst, sei denn man trifft einen Mäzen wie Kaunitz.«

Bei diesem Namen horchte Vigée auf, denn an ihn hatte sie ein Empfehlungsschreiben und interessierte sich für jedes Detail.

Julie spürte jeden Tag mehr: So wie ihre Mutter war sie nicht, so konnte sie nicht werden und so wollte sie auch nicht sein. Wenn sie das schon hörte: sich zurechtmachen! Sobald sie abends mit ihr in Gesellschaft ging, sollte sie sich die Haare hochstecken und Schleifen reinbinden, damit sie hübsch aussah. Sie wollte aber nicht hübsch aussehen und mit Schleifen im Haar konnte sie sich nicht leiden. Nur um der Frau Mama den Gefallen zu tun, daß sie abends eine niedliche Tochter vorzeigen konnte – um den Preis machte sie sich doch nicht zur Amsel! Nein, sie ließ sich nicht präsentieren wie ein gelungenes Porträt. Sie war nicht gelungen. Das wollte sie der Frau Mama deutlich vorführen. Sie hatte nichts von ihrem Talent und nichts von ihrer Schönheit. Sie war wie sie war, die Tochter ihres unauffälligen Vaters, und die Mutter mußte sich damit abfinden: Nicht alle auf der Welt konnten so großartig sein wie sie. Nicht so berühmt, nicht so beliebt, nicht so perfekt.

Diesmal hatte Julie partout keine Lust, schon wieder in Gesellschaft zu gehen. Ewig vor irgendwelchen Knasterbärten stehen und artig knicksen lag ihr nicht. Die Leute in den Salons langweilten sie. Die Toupets mit Quittenschleim angeklebt, die Hosen eng wie Pistolenfutterale und ein Gehabe, als würden sie mindestens sieben lebende und wenigstens drei tote Sprachen beherrschen. Dann blieb sie doch lieber im Hotel, knackte ein paar Flöhe oder schaute ihrer alten Garrot zu, wie sie den hundertsten Rock mit diesen gräßlichen Rüschen für sie nähte und jeden Schnitt perfekt verhunzte. Auch heute schrieb sie dem Vater. Zweimal in der Woche unterhielt sie sich auf diese Weise mit ihm, schickte allerdings die Briefe nicht ab, weil es viel zu kompliziert und zu heikel war, aber etwas zu tun, von dem die Mutter nichts wußte, machte ihr Freude.

Vigée wunderte es nicht, daß die kleine Brünette plötzlich von Halsschmerzen sprach, nur weil sie mit ihr zum Fürsten Kaunitz gehen sollte. Sie hatte längst bemerkt: Julie konnte keinen leiden, der für sie wichtig war. An jedem hatte sie etwas auszusetzen. Keiner paßte ihr. Überhaupt schien sie ein stilles Vergnügen daran zu haben, das Gegenteil von dem zu tun, was die Frau Mama erwartete, und sei es nur, neben ihr beim Diner zu sitzen und lustlos im Essen herumzustochern. Vielleicht fühlte sich ihre Kleine durch die Anwesenheit von Jean Baptiste ins Abseits gedrängt, vielleicht kam sie in die bockigen Trotzkopfjahre oder es war einfach nur so ein schönes Spiel, der Mutter ein bißchen auf der Nase herumzutanzen, um sich selber besser kennenzulernen. Möglicherweise ging es dem lieben Kind auch nur zu gut. Was es auch war – Vigée konnte sich damit nicht aufhalten. Sie brauchte ihre Nerven für anderes und mußte sehen, wie sie mit der Kunst über die Zeit kam.

Daß ihr Porträt der *Lady Hamilton als Sibylle* schon die zweite Woche im Hause Kaunitz hing, war eine große Ehre. Einen besseren Ort, ihre Arbeit zu zeigen, gab es in ganz Wien nicht. Wunderbar, keine Empfehlungsschreiben zu brauchen und sich nirgendwo vorstellen zu müssen! Ankommen und schon durch die Arbeit bekannt sein nahm ihr das Gefühl der Fremde, und mit dem großen Kanzler der Reformen war sie ohnehin gleich vertraut. Schon bei der ersten Begegnung hatte Fürst Kaunitz ihr gesagt: »Ich bin ein Mann der Aufklärung und schätze Ihre

Bilder ganz besonders. Sie malen die Gesichter der Vernunft. Schlicht und transparent, genau das, was die Zeit braucht.« Diesmal wollte ihn Vigée unbedingt fragen, was er seinerzeit in Paris gemacht hatte, als Rousseau sein Privatsekretär war, doch Fürst Kaunitz hatte sich eine Überraschung ausgedacht und seine Gäste zu einem Gespräch mit der verehrten Künstlerin geladen. »Ich möchte, daß heute nur Sie im Mittelpunkt stehen und über Ihre Malerei sprechen.«

Es kamen so viele, daß Vigée himmelangst wurde. Sie blickte in die Runde und ahnte, daß es nicht lange dauern würde, bis man in Paris erfuhr, was hier an diesem Abend gesprochen wurde. Darum nahm sie sich vor, die Gelegenheit zu nutzen, und bevor sie auch nur irgendein Wort zu ihrer Kunst sagte, allen deutlich zu machen, daß sie sich auf der langersehnten Studienreise befand, gerade aus Italien gekommen war und in Wien ihre Studien beendete, um anschließend nach Paris zurückzukehren. Sie stand zur Begrüßung der Gäste mit dem Fürsten neben ihrer *Sibylle*, die zu beiden Seiten von großen Kandelabern beleuchtet war, und schien sich nicht sicher, ob das Interesse mehr ihrer Person oder ihrem Gemälde galt. Sie war froh, sich so elegant gekleidet zu haben und auch mit 37 Jahren noch eine ansehbare Erscheinung zu sein. Geradezu lustvoll genoß sie die verstohlenen Blicke, die sich begehrlich auf sie richteten. Zu spüren, daß sie sich noch immer ihrer Wirkung auf Männer sicher sein konnte, tat gut, sehr gut. Sie empfand es wie eine verläßliche Konstante in diesen ständig wechselnden Öffentlichkeiten.

Im Handumdrehen war sie auch hier von den kunstfrohen reichen Russen umringt. Baron Stroganow und Graf Rasumowskij wollten unbedingt ein Porträt ihrer Frauen, und weil Vigée schon Übung im Umgang mit den Potemkinschen Aphroditen besaß, sagte sie gutgelaunt zu. Neben ihr konferierte mit dem Hausherrn ein eleganter Weltmann. Aus den Gesprächsbrocken konnte sie entnehmen, daß es Fürst Metternich war. Nach einer Weile wandte er sich ihr zu und sprach sie auf ihre Porträts der Marie Antoinette an, die er leider fast alle nur in Kopien gesehen hatte. Gerne hätte er das Gemälde der *Lady Hamilton als Sibylle* erworben, doch Vigée bat um Verständnis, daß es unverkäuflich war.

»Aber dann darf ich doch wenigstens mit einer Kopie von Ihrer Hand rechnen?«

»Nicht von meiner Hand, aber unter meiner Anleitung«, sagte sie und war froh, den ersten großen Auftrag für Jean Baptiste in der Tasche zu haben.

Fürst Kaunitz ließ Wein und Schmausereien servieren, um die Gäste auf das Kunstgespräch einzustimmen, und bat Vigée in die Mitte des Saals, damit jeder sie gut hören konnte. Sie sah in die erwartungsvollen Gesichter, war froh, in ihrer Muttersprache sprechen zu können und nicht unbeholfen und stotternd vor den Liebhabern der Kunst stehen zu müssen, da wurde die Salontür aufgerissen, ein Offizier in Kurierstiefeln stürzte auf den Hausherrn zu, flüsterte ihm etwas ins Ohr und auf einmal wurde Fürst Kaunitz kreidebleich. Man trug ihm sofort einen Sessel heran, aber er blieb stehen und sagte nur: »Soeben höre ich, daß der König von Frankreich auf dem Schafott hingerichtet wurde.«

Alle erstarrten. Kein Geräusch, kein Laut, keine Regung, nur Stille im Raum und auf den Gesichtern Fassungslosigkeit. Selbst ihre *Sibylle* schien zu erbleichen. Allen war anzusehen, daß dies mehr als eine Nachricht war – sie standen an einer Weltenwende. Vigée verließ ihren Platz, denn jetzt rückte alles in den Hintergrund und es konnte nur noch geschwiegen werden. Fürst Kaunitz ließ sich in den Sessel nieder, sagte lange nichts und meinte schließlich nur tonlos in die Stille hinein: »Wer hätte geglaubt, daß die französische Republik das Blut Ludwigs nötig hat!«

Vigée dachte an zu Hause und ahnte, daß sie damit ihre Hoffnung auf eine baldige Rückkehr begraben konnte.

Für Lebrun war vieles mit der Revolution anders gelaufen, als er es sich gewünscht hatte, aber nun waren sie eine Republik, die Freiheit, Gleichheit und Brüderlichkeit auf ihre Fahnen schrieb, hatten einen Nationalkonvent, der das Land regierte und jeden Bürger ermunterte, sich mit seinen Fähigkeiten in die neue Zeit einzubringen, und er sah ja selbst, wie sehr er plötzlich gefragt war. Zwar konnte er nicht ahnen, daß Jacques-Louis David einmal eine so wichtige Stimme der Revolution werden sollte, aber Lebrun hatte schon sehr früh das Talent in ihm erkannt und seine Bilder zu einer Zeit im Laden zum Verkauf angeboten, als sich kaum jemand für seine Arbeiten interessierte. Jetzt holte David ihn als Kenner der Kunst in die Gremien und beauftragte ihn, Vorschläge zur Umwandlung des Louvre in ein Musée National zu erarbeiten. Er betrieb, daß Lebrun in die Jury für staatliche Kunstausschreibungen gewählt wurde, und neuerdings saß er als Kunstsachverständiger auch noch in dem Ausschuß, der die Académie royale auflöste und in die Commune des Arts überführte. Lebrun hatte so viel zu tun, daß er inzwischen zu den Gutverdienern gehörte, die eine Revolutionssteuer für die Egalité zu entrichten hatten, und wäre der glücklichste Mensch gewesen, wenn er endlich Frau und Tochter wieder um sich gehabt hätte.

Er brannte darauf, Vigée wiederzusehen. Ihre Abwesenheit begann ihn anzustrengen. Allein in dem neuen großen Haus zu sein war ihm allmählich unerträglich. Oft ging er in das Atelier mit dem Oberlicht, das er eigens für sie hatte einbauen lassen, und stellte sich vor, wie sie mit ihrem Arbeitskittel und diesen hochgebundenen zerzausten Haaren aus ihrer Arche kam, sich hungrig auf das Essen stürzte, abends von allem Arbeitsdruck befreit mit ihm ihren Wein trank oder wie ein Nachtfalter unter ihren Gästen herumflatterte. In sein Haus mußte endlich wieder Seele und Farbe kommen. Diese ewigen Briefe an die Behörden, dieses untertänige Bitten und Ersuchen war ihm inzwischen nicht nur lästig, sondern erschien ihm vor allem nicht mehr zeitgemäß. Schließlich hatten sich die Bürger nicht umsonst ganz neue Rechte erkämpft und die galt es souverän zu gebrauchen. Er wollte nicht länger ängstlich abwarten, sondern in die Offensive gehen, lautgeben, mehr Druck machen und die Öffentlichkeit für Vigées Rückkehr mobilisieren. Er fand, daß er sich dies jetzt um so mehr erlauben konnte, weil ihm seine Position dafür gefestigt schien.

In den freien Stunden verfaßte er eine Broschüre über *Das wirkliche Leben der Citoyenne Lebrun*, schrieb mit Bewegung und Leidenschaft und wies nach, daß sie zu einer Studienreise nach Italien aufgebrochen war, um sich in der Anschauung der Alten Meister zu vervollkommnen und nicht, wie böse Zungen und Neider behaupteten, für die Gegenrevolution aktiv zu sein. Sie fühlte keinen Beruf, das Verzeichnis der Märtyrer zu vermehren, sondern stand dem Lager der Volksfeinde fern und war eine Bürgerin der Kunst, die mit ihrer Arbeit in ganz Europa zum Ansehen der Republik beitrug, was nicht nur das Paisiello-Porträt eindrucksvoll bewies. Die Bürgerin Lebrun hatte sich ihren Platz in der Republik mehr als verdient.

Um die Glaubwürdigkeit seiner Worte zu unterstreichen, gab er bei der ersten öffentlichen Sitzung der Commune des Arts demonstrativ den akademischen Titel seiner Frau zurück, erntete dafür stürmischen Beifall und hoffte, daß dies zum Signal für die Bürger-Repräsentanten wurde, Vigée endlich wieder einreisen zu lassen.

Voller Ungeduld wartete er auf eine Reaktion, einen Brief oder den Bescheid, daß die Malerin Lebrun von der Verbannungsliste gestrichen war. Zu später Stunde schlug jemand gegen die Haustür. In freudiger Erwartung stürzte Lebrun hinaus, hoffte vom Spätkurier endlich die gute Nachricht zu erhalten, doch vor ihm standen zwei Bürgersoldaten. Sie fragten nach seinem Namen, forderten ihn auf, Hut und Mantel zu nehmen und mitzukommen. Er wurde beschuldigt, ein Sympathisant der Royalisten zu sein, und war verhaftet.

Nacht für Nacht lag Vigée wach und überlegte, wie es weitergehen sollte. Die anderen mochten ja von ihren Arbeiten begeistert sein – ihr genügten sie auf einmal nicht mehr. Alles schien nur noch Routine. Sie sah keine Entwicklung, keine Steigerung, sie trat auf der Stelle und hatte das Gefühl, Bild um Bild immer dasselbe zu malen. Die Gesichter kamen ihr nur noch wie Grimassen vor, die Farben eine einzige Brühe, das Kolorit leblos und blutarm und sie eine handfertige Schnellmalerin, die hübsche Kabinettbildchen lieferte. Sie spürte, sie brauchte eine Pause. Sie mußte Abstand gewinnen und sich von den Farben ausruhen. Sie hatte sich leergemalt. Wäre sie zu Hause gewesen, hätte sie in Ruhe Neues ausprobieren können und gewiß schon mit der Öltempera gearbeitet. Aber bei diesem ständigen Unterwegssein fehlten ihr die Bedingungen. Das Atelier immer ein Provisorium, immer neue Lichtverhältnisse, immer wieder einpacken, immer wieder auspacken, und morgens aufwachen und gleich in die richtige Farbenstimmung getragen zu werden – alles Illusion in diesem Wanderleben. Schließlich konnte sie sich nicht in jeder neuen Schlafstube einen Regenbogen an die Decke malen und am Ende noch einen Streit mit dem Vermieter riskieren.

Vielleicht mußte sie sich auch nur überwinden, einmal einen Auftrag abzulehnen. Es hätte gutgetan, aber sie konnte sich diesen Luxus nicht leisten. Sie mußte ihre Existenz finanzieren, und Wien war teuer. Ihr Ruf und ihr Ansehen verlangten, wenigstens ein halbwegs standesgemäßes Leben zu führen. Sich ein Haus und einen Wagen mieten gehörte dazu. Und von wem sollte das Geld kommen, wenn nicht von ihr. So gesehen durfte sie eigentlich keinen Augenblick lang sich diesen zerstörenden Selbstzweifeln überlassen, sondern mußte stündlich dem Himmel danken, in einer so halsbrecherischen Zeit so viel Erfolg zu haben. Was sie konnte, hatte sich bewährt und wenn Bewährtes gefragt war, durfte sie sich dem nicht verweigern. Die Russen und die Polen liebten ihren Malstil, bedrängten sie mit immer neuen Porträtwünschen, und solange es so war, hätte sie sich nichts Gutes getan, einen Auftrag abzulehnen.

Womöglich war die Welt in ein paar Monaten ohnehin eine ganz andere. Vielleicht waren dann alle auf dem Schafott und sie wurde mit ihren Porträts unbeabsichtigt zur Chronistin einer untergehenden Zeit. Sie wußte nicht mehr, was sie denken sollte und was auf sie zukam. Sie fühlte nur, sie mußte mit dem Pausieren warten, bis sie wieder zu Hause war und jeden Gedanken an Routine beiseitedrängen. Schließlich trug sie auch Verantwortung für den Troß, der sie begleitete, und wenn sie nichts mehr zu essen hatten oder in den lausigsten Absteigen unterkriechen mußten, sah die Fremde wirklich fremd aus.

In dieser trüben Stimmung begleitete sie ihre polnischen Freundinnen Bistry und Kinsky ins Palais der Gräfin Thun, wo sich das vornehme Wien traf. Die Gräfin winkte ihnen kurz zu, denn sie war gerade von Damen umringt, die über die Hinrichtung des Königs sprachen und Klopstock, den Dichter des Messias, bewunderten, der sein Bürger-Diplom an den Nationalkonvent zurückgegeben hatte, weil er keinen Tag länger Ehrenbürger einer Blutrepublik sein wollte. Vigée hatte wenig Lust auf Gesellschaft. Sie setzte sich von einer Säule verdeckt an den Rand des Saals, wollte nicht gesehen und nicht angesprochen werden, nur Gesichter beobachten, ein paar Bewegungen studieren, sich dann so früh wie möglich aus dem Staub machen, und auf einmal stand Vaudreuil vor ihr. Sie brauchte Augenblicke, um zu begreifen, es war keine geträumte Shilhouette, er war es wirklich. Der Falkenmeister in leibhaftiger Gestalt mit diesem Blick, der wie ein coup de foudre durch alle

Sinne fuhr. Sie sprang vom Stuhl auf, vergaß, wer sie war und wo sie war, fiel ihm um den Hals und fühlte, wie sie über die Welt hinausgetragen wurde, aerostatisch hoch und weit fort im Ballon. Ein paar Sonnensekunden, doch dann besann sie sich auf ihre Umgebung, ließ ihn abrupt los und sagte in einem kokett triumphierenden Ton: »Sie haben mich also gesucht«, und er entgegnete lächelnd: »Ich habe Sie gefunden.«

Plötzlich begannen sie die Menschen im Saal zu stören. Auf der Stelle wollte sie mit ihm das Palais verlassen, sich in die Kutsche werfen und irgendwohin fahren, wo sie ganz allein waren, unbemerkt von aller Welt, am besten hinauf zum Kahlenberg, denn seit dem Sturm auf die Bastille hatten sie sich nicht mehr gesehen. Immerhin lagen mehr als nur vier Jahre, es lag eine ganze Epoche dazwischen. Es gab viel zu erzählen und jetzt hatte sie endlich mit ihm die Zeit, nachzuholen was versäumt worden war, doch da kam die Polignac auf sie zu, herzoglich großartig wie gewohnt, begrüßte Vigée voller Überschwang und lud sie gleich in ihr Haus ein, um das Wiedersehen zu feiern und ihr von Marie Antoinettes Martyrium zu berichten.

Vigée war enttäuscht, tief enttäuscht. Vaudreuil noch immer an der Seite dieser Frau war ein ganz unerträglicher Anblick. Ein Bild zum Davonlaufen. Sie sah jetzt, er hatte nicht nach ihr Ausschau gehalten. Es war purer Zufall, ihm hier gegenüberzustehen. Kein Wunder, daß er in all den Jahren nicht ein einziges Lebenszeichen von sich gegeben hatte. Sie war gar nicht in seinen Gedanken. In seinen Gedanken war die Polignac. Zu ihr zog es ihn hin. Wo sie war, war auch er: das Rührstück einer großen Liebe. Vigée kochte vor Wut und ärgerte sich über sich selbst. Sie hatte sich etwas eingebildet. Hatte umsonst auf ihn gewartet, umsonst nachts wachgelegen. Soviel Naivität mußte ganz einfach bestraft werden. Sie war selber schuld. Wie konnte sie nur annehmen, er hätte sie gesucht! Zwar hatte sie vorhin ein Finderglück in seinen Augen leuchten sehen und es mochte auch sein, sie bedeutete ihm viel, aber viel war eben nur viel und nicht alles.

Sie schämte sich, ihm so spontan um den Hals gefallen zu sein und zu glauben, er würde so empfinden wie sie. Auf einmal war es ihr peinlich, sich derart preisgegeben zu haben und mit ihren Gefühlen danebenzustehen. Schließlich war sie weithin berühmt und hatte es nicht nötig, sich von einem Mann auf den zweiten Platz verweisen zu lassen. Für Aushilfe und Ersatz taugte sie nicht. Wenn, dann wollte sie einzig geliebt sein, ungeteilt und ohne Kompromisse. Sollte die große Dame das Wiedersehen feiern mit wem sie wollte – Vigée hatte nur noch das Bedürfnis, dem Grand Fauconnier de France deutlich zu zeigen, daß sie nicht auf ihn gewartet hatte, entschuldigte sich mit einer dringenden Arbeit und ließ ihn samt seiner Polignac stehen.

Kurz darauf lud Vaudreuil sie zum Hofball ein. Sie geriet in Bedrängnis und überlegte, ob sie ihm absagen sollte. Am Ende tanzte sie noch die Chaconne ihres Lebens mit ihm und alles begann von vorn. Nur das nicht! Bloß keine neuen Illusionen! Anderseits bedachte sie ihre Situation und sah, daß es nun mal ihr Schicksal war, von Leuten geschätzt zu werden, die alle ihr Schäfchen im Trockenen hatten. Doch im Gegensatz zu ihnen mußte sie sich jeden Sou und jeden Heller erarbeiten und darum jede Chance nutzen, die sich dafür bot und sei's drum, präsent zu sein. Auf dem Hofball des neuen Kaisers gesehen zu werden war auf jeden Fall gut für die Reputation. Wenn ihre Kundinnen sahen, sie verkehrte dort, wo auch sie verkehrten, dann wußten sie zumindest gleich, daß sie sich in der Honorarlage im oberen Segment bewegte. Vom Hof selber war ja keine Einladung gekommen, aber das wunderte sie nicht. Vor zwei Jahren hatte sie bereits die Frau des Kaisers gemalt, als sie noch die unverheiratete Tochter der Königin von Neapel war, und hatte sie so ins Bild gesetzt wie sie aussah: ohne alle Vorzüge der Natur. Gewiß nahm sie ihr das im nachhinein übel, denn jetzt war sie kein häßliches Entlein mehr, sondern Regentin von Österreich. Vom Hof geschnitten zu werden und trotzdem zum Ball zu erscheinen war für Vigée ganz ohne Zweifel von Vorteil, und sie sagte Vaudreuil zu.

So nüchtern ihre Überlegungen auch waren – sie ertappte sich dennoch dabei, daß sie sich für diesen Abend besonders herausputzte. Nicht um ihm zu gefallen, sondern nur um ihm zu zeigen, was er versäumt hatte. Den ganzen Tag aß sie nichts, um eine besonders schlanke Taille zu haben, und hatte beim Kauf des Kleides diesmal vor allem auf die Farbe geachtet. Sie hätte in einer Tunika kommen oder sich mit langen Schals drapieren können, die Form konnte noch so verrückt sein, heikel war bei einem solchen Anlaß nur die Farbe. Um keine falschen Assoziationen aufkommen zu lassen oder in den Verdacht eines politischen Bekenntnisses zu geraten, erschien sie selbstverständlich nicht in Goldgelb, der Farbe der Bourbonenlilien, und auch ein blaues Kleid mit weißen Bändern und roten Schleifen konnte als eine Anspielung auf die Republik gedeutet werden. Die neuen Nationalfarben des gelobten Frankreich, diese heilige Kombination von Blau-Weiß-Rot auch nur irgendwo in ihrem Ballkleid auftauchen zu lassen und sei es ganz versteckt in den Farbmustern der Stickerei, wäre sofort als Provokation empfunden worden. Darum hatte sie sich für ein unverfängliches Moosgrün entschieden, ein schlichtes Atlaskleid ohne Blumen und Falbeln, im allereinfachsten Bürgerschnitt, aber raschelnd und knisternd, mit einem frechen fußfreien Rock und einem aufregenden Dekolleté. Noch konnte sie sich das leisten. Noch war ihre Haut glatt und straff und solange es so war, brauchte sie nichts zu verbergen.

Stundenlang stand sie vor dem Spiegel, was sie sonst nur tat, wenn sie für ein Selbstporträt ihr Gemüt frisierte. Diesmal hatte sie einen besonderen

Spaß daran, ihre ganze Weiblichkeit bis in die letzte Haarspitze so verführerisch zu präsentieren, daß er es bereute, sie nicht gesucht zu haben. Wie ein Bettler sollte er vor ihr stehen, klein und zerknirscht, und vor lauter Bewunderung kein Wort mehr hervorbringen. Ganz ohne Rache wollte sie ihn nicht davonkommen lassen.

Schon bei Betreten des Ballsaals ging ihr kleines Strategem auf. Die Fürstin Esterházy, die sie gerade im Ganzfigurenformat als verlassene Ariadne malte, kam freudig auf sie zu; Fürst von Ligne sprach Vigée auf die Hamilton-Kopie an, die einen ausgezeichneten Platz in seinem Arbeitszimmer gefunden hatte, und Graf Rasumowskij umarmte sie stürmisch, dankte der Malerin von Geist und Grazie für das Porträt seiner Frau, das er der Kaiserin von Rußland geschenkt hatte, die hoch entzückt davon war. Vigée kostete diesmal die guten Nachrichten ganz besonders aus und genoß jede Silbe, denn so bekam Vaudreuil gleich mal eine Vorstellung, wie sehr sie in ganz Europa als Künstlerin gefragt war. Sie war in der Emigration nicht vergessen und nicht verarmt, im Gegenteil: Ihr Stil hatte sich durchgesetzt. Sie war berühmt. Keine Nobilität, eine Celebrität. Eine wohltuende Lektion für den Herzensmann.

Die Musik setzte ein, und die Paare nahmen Aufstellung zum Contredance. »Den lahmen Viertritt mute ich Ihnen nicht zu«, sagte Vaudreuil, »Ihre berauschende Erscheinung verlangt nach einem Walzer.«

Vigée erschrak, denn sie hatte noch nie einen Walzer getanzt, wohl aber gehört, daß er zu Schwindsucht und Schlagfluß führte und die Wiener ihn neben dem Staub und dem Wind zu ihren drei häufigsten Todesursachen zählten. Sie kannte die Schritte dafür nicht und wollte sich nicht blamieren, doch als der Walzer erklang und alle ganz spontan ohne einen Tanzordner, geradezu demokratisch, aufs Parkett drängten, konnte sie nicht mehr ausweichen. Vaudreuil hielt sie in seinen Armen, sie spürte seinen Rhythmus, seine Bewegung, überließ sich seiner Führung, fühlte sich leicht wie eine Feder, ganz so, als würde sie vom Boden abheben und mit ihm durch den Saal schweben. Strahlend Blick in Blick. Sie wußte nicht, war sie noch auf dem Parkett oder schon auf Wolkenwiesen, und plötzlich schien alles vergessen, was sich die Vernunft vorgenommen hatte. Da war er wieder ihr Falkenmeister und alles an ihm so überlegen und gewandt, daß sich ihr Herz im Kopf zu drehen begann. Ob hingerissen, ob fortgerissen – sie dachte nicht an Schwindsucht und Schlagfluß, sie fühlte nur, daß der Walzer der Tanz ihres Lebens war.

Als er sie zum Platz begleitete, um kurz zu pausieren, fiel ihr auf, daß sie die Polignac noch gar nicht gesehen hatte, aber sie fragte nicht nach ihr. Sie war in Gedanken schon beim nächsten Walzer und konnte es kaum erwarten, bis die Musik wieder einsetzte, doch plötzlich entstand Unruhe im Saal. Oben auf der Galerie drängten sich die Menschen, die Orchestermusiker verließen ihre Plätze, die Tanzfläche blieb leer, und auf einmal hörte sie, daß Marie Antoinette auf einem Karren mit gebundenen Händen im Nachtkleid zur Guillotine gebracht und hingerichtet worden war. Vigée stand einen Augenblick wie betäubt, dann verließ sie fluchtartig den Saal, nahm sich eine Mietkutsche und fuhr zum Stephansdom, um für die Königin zu beten.

Viele knieten bereits in ihren Ballkleidern in den Bänken und so viele drängten neben ihr ins Kirchenschiff, daß sie gerade noch in der letzten Reihe einen Platz fand. Sie merkte nicht, daß Vaudreuil neben ihr kniete, sah Marie Antoinette vor sich, dachte an ihre öffentliche Entbindung, an den Tod ihrer beiden Kinder, an ihr aufsteigendes Unglück, an dieses »Alles nichts« und weinte. Vaudreuil nahm ihre Hand und auf einmal wußte sie nicht mehr, wem die Tränen wirklich galten: der Königin, der sie den Kopf abgeschlagen hatten, der trostlosen Gewißheit, daß sich die Rückkehr in ihre Arche jetzt erneut hinausschob, oder Vaudreuil, der ihre Hand hielt und vielleicht doch ganz fern von ihr war. Die Tränen liefen ihr über das Gesicht und alles um sie herum verfinsterte sich. Das Malerische schwand dahin. Die Welt war noch viel schlimmer als ein öder Kreidegrund, sie war schwarz untertuscht und ohne Platz für eine helle Farbe.

Aufgeregt stürzte Jean Baptiste in Vigées Malstube, denn soeben war mit Kurier ein Brief von seiner

Schwester gekommen, den er Satz um Satz mit zitternder Stimme vorlas: »Paris schwimmt in Blut. Es herrscht der Schrecken. Die Führer der Gironde sind alle hingerichtet. Neben der Guillotine steht neuerdings eine Holzbank, wo diejenigen warten müssen, die als nächste an der Reihe sind. Der Herzog von Orléans kam letzte Woche unters Fallbeil. Seinen abgeschlagenen Kopf hat der Scharfrichter dem Volk gezeigt. Etienne ist noch im sicheren Versteck, aber Lebrun hat man ins Gefängnis gebracht. Niemand weiß, was ihm vorgeworfen wird. Gilt er als Feind der einen, unteilbaren Republik, wie es neuerdings heißt, müssen wir mit dem Schlimmsten rechnen. Robespierre, der Blutmessias, bringt alle aufs Schafott.«

Vigée mußte sich setzen und ließ sofort einen Kaffee kommen, um ihr Gemüt zu beruhigen. Lebrun verhaftet und Philipp Egalité, vormals Herzog von Orléans, der Schirmherr der Revolution, der sogar noch für den Tod seines Cousins, des Königs, gestimmt hatte, nun selber als Verräter der Republik guillotiniert – das konnte kein Mensch und kein Bürger begreifen. Bislang hatte sie gedacht, genügend Verstand zu besitzen, um über nichts mehr zu erstaunen, doch das überstieg alles. Auf einmal schien es ihr sicher, daß sie Lebrun umbrachten. Schließlich hatte er für den Egalité die Kunstgutachten geliefert. Vielleicht mußte er sogar stellvertretend für sie aufs Schafott. Spätestens jetzt war ihr klar, als Malerin von Marie Antoinette hätte man sie ebenfalls dorthin gebracht. Man hätte ihren Kopf unter das Fallbeil gelegt, auf die Pieke gespießt oder ihr die Galeerenmütze aufgesetzt, sie deportiert und aufs Schiff gebracht, damit nach vier Meilen der Kapitän seinen Befehl ausführte und sich des menschlichen Ballastes entledigte. Nun hatten sie Lebrun gegriffen, und jeder kannte inzwischen den Ablauf: Gefängnis, Revolutionstribunal und Guillotine waren die neuen Stationen auf dem kürzesten Weg zu Gott.

Ihr wurde schwarz vor Augen. Nicht weil sie ein Schwindel überkam und sich alles in ihr drehte, sondern weil die Abwesenheit von Licht plötzlich etwas so Geschlossenes und Kompaktes bekam, daß selbst die trübste Hellung ihrem Blick entschwand. Da, wo sie sonst noch die feinsten Schattierungen unterschieden hatte – ein Erdschwarz, ein Rußschwarz, ein Rebenschwarz, ein Elfenbeinschwarz, ein Asphalto, ein Blauschwarz, ein Samtschwarz –, da breitete sich vor ihren Augen nur noch eine undurchdringliche Schlackenmasse aus, die sie an den Besuch in der Farbenfabrik erinnerte, an diese dunkle Ekelbrühe aus Tierkohle, diesen stinkenden klebrig krätzigen Sud, von dem sie plötzlich überschüttet wurde. Sie war seelisch überfrachtet. Nur Tod, nur Mord, nur Angst, nur Schrecken, Liquidation und Deportation – da stimmte etwas nicht. Damit konnte doch keine Republik beginnen, die die Menschenrechte auf ihre Fahnen geschrieben hatte! Aber wahrscheinlich gab es schon Maler, die daraus ein imposantes Bild machten: die Guillotine als der neue Altar des Vaterlands, vor dem im Namen des Fortschritts gekniet werden mußte. So hatten sich das Voltaire, Rousseau, d'Alembert, Diderot, Vernet, La Tour und all die aufgeklärten Männer ganz bestimmt nicht vorgestellt. Um dem hohen Adel eine Lektion zu erteilen, hätte es doch ausgereicht, ihn die Folter der Gleichheit ertragen zu lassen. Der Tod war keine Lösung und erst recht kein Lehrstück. Er tilgte bloß alle Vorzüge, die an der Revolution zu bewundern waren. Und jetzt auch noch Lebrun in Lebensgefahr. Nie hätte sie gedacht, daß es einmal so schlimm kommen konnte.

Jean Baptiste wollte Vigée nicht zusätzlich ängstigen, aber er hegte schon seit längerem den Verdacht, daß sie sich noch immer Illusionen über das neue System machte, nur das Gute sah und nicht wahrhaben wollte, daß inzwischen im Vaterland die Barbaren das Zepter in der Hand hielten. Darum gab er ihr eine Notiz zum besten, die er am Morgen in der Zeitung gefunden hatte. »Jetzt hat der Kannibalismus die Kunst erreicht«, sagte er, »hören Sie sich das an: In diesem Monat wurden die Königsgrüfte in Saint-Denis geplündert und die Leichen herausgerissen. Der Architekt Radel nahm 13 Kapseln mit den einbalsamierten Herzen von Königen und Königinnen an sich. Dem Maler Saint-Martin überließ er das Herz Ludwig XIV. zur Zubereitung eines braunen Safts, der den Malfarben Festigkeit geben sollte. Der Maler Drolling verarbeitete andere Herzen, darunter das der Henriette von England, zu Gemäldefirnis.«

Vigée verließ die Malstube, wusch nicht einmal

mehr die Pinsel aus und legte sich nebenan auf das Sofa. Sie kam sich schwach und krank vor. Die Vorstellung, daß Lebrun enthauptet wurde, daß er in Paris und sie hier in Wien saß und nicht zum Nationalkonvent gehen konnte, um mit offener Bluse vor den Präsidenten zu treten und ihn zu fragen, wie sie eine bürgerliche Republik aufbauen wollten, wenn sie vorher die Bürger reihenweise umbrachten, die Gewißheit, nichts für Lebrun tun zu können außer abzuwarten, bis das Urteil vollstreckt war, lastete schwer auf ihr. Schwarz war keine Farbe mehr, es war ein Gemütszustand.

Noch nie hatte Jean Baptiste sie so müde, noch nie so bedrückt gesehen und machte sich Vorwürfe. Er hätte ihr den Brief nicht vorlesen dürfen und schonsamer mit der Wahrheit umgehen müssen. Schließlich brauchte sie innere Ruhe, um arbeiten zu können, was auch ihm sein Auskommen als Kopist sicherte. Während er überlegte, wie er sie auf andere Gedanken bringen könnte, fuhr zu ungewohnter Stunde ein Wagen vor, und Augenblicke später stand Vaudreuil im Raum. So blaß und reglos, wie ihn Vigée noch nie gesehen hatte. Sie erschrak zu Tode, denn plötzlich wurde ihr klar: Er wollte die Nachricht überbringen, daß Lebrun auf der Liste der Enthaupteten stand, doch Vaudreuil sagte: »Die Herzogin von Polignac ist tot. Die Hinrichtung von Marie Antoinette hat sie ins Grab gebracht.«

Vigée fühlte, er brauchte Trost, aber sie hatte keine Worte. Ihr Fassungsvermögen für alles Üble war erschöpft. Sie sah keine Bilder, sah keine Farben, sie war leer und ausgebrannt und dachte nur, hoffentlich bleibt Lebrun am Leben.

Schon nach kurzem öffnete sich im Châtelet eine Zellentür und Bürger Lebrun, Jean Baptiste Pierre, war wieder frei. Von einem Wärter hörte er, daß alles nur ein Irrtum gewesen sei, doch viel Zeit darüber nachzudenken, blieb ihm nicht, denn er wurde sofort in die Expertenkommission berufen, die royalistische Inschriften zu überprüfen hatte. Tage später stand er als Kunstsachverständiger und Mitglied der Commune des Arts im Schloß Saint-Cloud, um alle Gegenstände in Augenschein zu nehmen, betrat mit den Kommissionsmitgliedern das ehemalige Schlafzimmer des Dauphins und plötzlich stockte ihm der Atem. Gegenüber dem Eingang hing Vigées Paisiello-Porträt in einer wundervollen Pastellkopie. Alle Augen richteten sich auf ihn. Die Blicke waren voller Mißtrauen. Mit einem Mal stand der Verdacht im Raum, daß dies ein Geschenk seiner Frau an die Königin gewesen war und damit der Beweis, daß die Malerin Vigée auch im Ausland noch Verbindungen zu Marie Antoinette unterhalten hatte. Und das ausgerechnet jetzt, wo nach der Hinrichtung der Bourbonen überall eine panische Angst vor geheimen Verschwörungen herrschte, jeder Kontakt zum ehemaligen Königshaus akribisch durchleuchtet wurde, um die Nester der Republiksfeinde auszuheben und die Sympathisantenbrut der Monarchie sofort aufs Schafott zu bringen.

Lebrun wußte, daß ihm diese heikle Situation den Kopf kosten konnte. Betont gelassen ging er auf das Porträt zu, nahm es von der Wand, betrachtete es eingehend und meinte im sachlichen Expertenton, daß das Paisiello-Porträt seit der erfolgreichen Ausstellung im *Salon* inzwischen in vielen Kopien in Umlauf war. »Die beste stammt vom deutschen Maler Ott. Neuerdings sind auch einige mit gefälschter Signatur in Umlauf. Das verkauft sich besser. Vermutlich hat Madame Capet diese Kopie einem Maler ihrer Umgebung in Auftrag gegeben. Vigée hätte eine solche Arbeit nie signiert.«

Niemand fragte nach und er sah, daß sich der Protokollführer Notizen machte. Offenbar schien seine Begründung den Mitgliedern der Kommission plausibel. Zu Hause jedoch überfiel Lebrun eine große Unruhe. Er war sich nicht mehr sicher, ob man ihm glaubte oder womöglich das Bild doch als Beleg für geheime Kontakte seiner Frau zur Königin betrachtete, ja vielleicht sogar einen Komplottversuch konstruierte. In dieser aufgeheizten Zeit, wo nicht mehr die Vernunft, sondern der Terror als Tugend regierte, weil es ja angeblich ohne Terror keine Tugend geben konnte, in einer solchen Zeit war alles möglich. Er mochte gar nicht daran denken und konnte sich auch noch immer nicht überwinden, Vigée zu schreiben, daß Ann-Rosalie und ihre Freundin, Vernets Tochter, hingerichtet worden waren, weil sie im Schloß de la Muette bei einer Hochzeitsfeier ein paar Kerzen angezündet hatten, was als Bekenntnis zur Monarchie ausgelegt wurde. Hätten sie doch bloß behauptet, schwanger gewesen zu sein, dann wäre ihnen das Schafott erspart geblieben. Aber vielleicht zählte auch das nicht mehr.

Lebrun sah sich in Bedrängnis. Wenn er ein zweites Mal verhaftet wurde, kam er gewiß nicht mehr so glimpflich davon. Bedachte er es genau, war die Pastell-Kopie so hervorragend, daß sie möglicherweise doch von ihrer Hand stammte. Vielleicht hatte Vigée einen Weg gefunden, sie der Königin zukommen zu lassen. Vielleicht aus Mitleid, vielleicht zum Trost, denn sie wußte ja, daß Marie Antoinette Paisiellos Musik liebte. Ein Schauer lief ihm über den Rücken. Wenn nun ein zusätzliches Gutachten eingeholt wurde und die Experten zu dem Ergebnis kamen, es war eine Originalkopie von Vigée, dann hieß es doch sofort, er stecke mit seiner Frau unter einer Decke, sympathisiere mit den Monarchisten, sei ein Verräter der Republik, und niemand konnte ihn dann mehr vor dem Blutgerüst retten. Nicht daß er davor gezittert hätte, schließlich befand man sich dort in bester Gesellschaft, aber ein kluger Kopf weniger diente weder dem Fortschritt noch der Republik. Es gab nur den einen rettenden Weg aus dem Dilemma: die Blitzscheidung. Damit schuf er vor den Augen aller klare Verhältnisse, und wo immer ein Bild von Vigée hing, konnte er nicht mehr für sie zur Rechenschaft gezogen werden.

Bereits am nächsten Morgen handelte er. Die Abwesenheit der Ehefrau von mehr als sechs Monaten genügte, und sein Antrag wurde sofort genehmigt. Lebrun atmete auf. Knapp und sachlich, ganz bewußt ohne jede Begründung, nur in Form einer Aktennotiz teilte er ihr die Auflösung der Ehe mit und legte die Abschrift der Scheidungsurkunde anbei. Er hoffte, sie sah auf den ersten Blick, daß eine solche Taktik in Zeiten des Terrors nötig war. Schließlich wollte er seinen Farbenschatz wieder in den Armen halten. Schon eine Woche später zeigte sich, wie richtig er die bedrohliche Lage eingeschätzt hatte. Den Mitgliedern der Commune des Arts wurde mitgeteilt, daß Richard Mique, der Architekt der Königin, hingerichtet worden war. Aber auch mit dieser Nachricht verschonte er sie wie mit dem Tod von Ann-Rosalie und Madame Chalgrin-Vernet. Am Ende trübten die Ereignisse noch Vigées Farbensinn und das nützte keinem.

Endlich war Vollmond. Vigée stellte die Porträts ihrer polnischen Freundinnen sofort an das geöffnete Fenster, denn davon ließ sie sich nicht abbringen: Im Mond getrocknete Bilder hatten ein anderes Leben und eine andere Lichtwirkung. Die Märzsonne mochte gerade noch hingehen, aber die Sommersonne trocknete die Farben so hastig und brachial, als würde sie sich ihnen einbrennen wollen, und meistens rissen sie dabei auf. Mit der Sonne war sie vorsichtig. Der Mond dagegen kam sanft und gleichmäßig kühl daher, barg in seinem Scheinen die Helle der Nacht, berührte die Farben wie von ferne und drang unmerklich in ihr Innerstes vor. Er weckte ihre Energie, verband sich mit ihrem Selbstlicht und blieb in den Tiefen der Pigmente als eine Art natürlicher Goldgrund stehen. Eine andere Erklärung für diesen Lichtschimmer und dieses Oszillieren hatte sie bislang noch nicht gefunden, sah darin das aufgelöste Rätsel einer großen Magie und hütete es als ein Geheimnis ihrer Palette. Sie schwor nun mal auf den nächtlichen Gesellen, denn genaugenommen ging es ihr doch inzwischen nicht anders.

Auch diesmal setzte sie sich mit einem Glas Wein neben ihre Bilder an das geöffnete Fenster und ließ das klare reine Licht des Mondes auf sich wirken. Wie ein Hauch des Vollkommenen wehte es heran, umfing ihre Sinne, glättete die Falten des Gemüts und es breitete sich eine wohlige Ruhe in ihr aus. Die Schreckensbotschaften fielen von ihr ab, das ganze Weltelend rückte in weite Ferne und alles um sie herum bekam eine andere Dimension, wurde groß, wurde schön und wesentlich. Alles dehnte sich so weit und still vor ihr aus, daß sie meinte, in die Harmonie des Universums einzutauchen, und nicht mehr wußte, lauschte sie hinaus oder lauschte sie in sich hinein, hörte sie Sternenklänge oder war es bloß die selbstgesungene Hymne der Nacht. Nur noch die schönen Gedanken und schönen Bilder schienen vor ihr auf. Es waren Momente reinen Genusses, die ihr das Gefühl gaben, doppelt lebendig zu sein. Auch wenn es sich nur um Sequenzen eines Empfindens handelte – sie brauchte diese kostbaren Augenblicke einer absoluten Übereinstimmung, brauchte sie von Tag zu Tag mehr, denn anders konnte sie in diesen Zerstörungszeiten nicht leben.

Und nun auch noch die überraschende Scheidung. Natürlich hatte sie auf ein Lebenszeichen von Lebrun gewartet, aber nicht auf so eins. Allerdings war geschieden immer noch besser als auf dem Schafott. Die Amtsurkunde mit offiziellem Anschreiben ließ sie zwar ahnen, daß er unter Druck gehandelt hatte, doch irgendwie mutete es sie schon seltsam an, plötzlich geschieden zu sein. Sie hatte ja nie in ihrem Hauspropheten den Apoll gesehen und ihr Gewissenslenker war er auch nicht, vom treuen Schäfer ganz zu schweigen. Aber er war der Vater ihrer Tochter und gerade in den beruflichen Dingen ein verläßlicher Mann, mit dem sie alles bereden konnte. Getrennt schlafen und gemeinsam am Kamin sitzen hatte sich in all den Ehejahren ja nicht als das schlechteste erwiesen, und hier in der Ferne war er ihr sogar ein doppelter Halt. Nicht zufällig hatte sie inzwischen seinen Namen angehängt und nannte sich Vigée-Lebrun. Schon um zu zeigen, da gab es noch einen im Hintergrund, einen Ehemann für rückwärtige Dienste. Das beruhigte vor allem die Damen. Ansprüche konnte sie ohnehin nicht stellen. Wenn er ihr Vermögen in das neue Haus gesteckt hatte, blieb wenigstens für Julie noch etwas übrig. Irgendwann kam bestimmt noch ein Brief, der ihr alles erklärte. Doch sie spürte, solange sie auf dieser Liste stand und nicht nach Frankreich zurückkehren durfte, war sie eine Gefahr für ihn. Und von der hatte er sich eben getrennt. Furchtbar, wenn man nichts mehr normal verstehen konnte, sondern alles politisch deuten mußte.

So sehr sie dieses Gefühl von Bedrohung auch von sich fernhalten wollte, es steigerte sich noch, als sie Tage später von Vaudreuil hörte, daß nun auch Robespierre auf dem Schafott geendet war und mit neuen Hinrichtungen gerechnet werden mußte. Sie ging mit ihm auf der Promenade in Schönbrunn spazieren, trug zusätzlich zum Sonnenschirm einen grünen Schleier über den Augen, um sich gegen das grelle Licht zu schützen, und überlegte, wie viele von denen, die sie gemalt hatte, auf dem Schafott geblieben waren. Einen ganzen Ausstellungsraum konnte sie mit diesen Bildern bestücken und wer noch dazukam, war ungewiß. Es hatte etwas Gespenstiges. Allein die Vorstellung, man könnte in Frankreich allmählich Geschmack am Töten finden, machte jeden brauchbaren Gedanken zunichte.

»Die Guillotine reicht nicht mehr aus«, sagte Vaudreuil, »jetzt stehen die Kähne auf der Seine und der Loire zur senkrechten Vollstreckung bereit.«

Sie wollte diesem Massakergeist partout keinen Raum geben und überließ sich einen Moment lang der neuen Situation: Sie geschieden und die Polignac tot, das konnte vielleicht doch noch etwas werden, aber dann merkte sie, daß Vaudreuil über Nacht ein anderer geworden war. Neben ihr lief nicht mehr der große Falkenmeister mit diesem Blick, der sie aufwühlte, sondern ein gebrochener Mann. Sein Schritt müde, seine Stimme tonlos und seine ganze Erscheinung so niedergedrückt, daß sie ihm voller Mitleid zu einer Diät von gelben Rüben und Meerrettichsaft riet, die gegen den Zustand der Zerrüttung Wunder wirkte.

»Der Herzog von Polignac ist jetzt Botschafter der Exilregierung«, sagte er, und Vigée stutzte. »Regierung? Wieso Regierung?«

»Graf Artois hat das Heft des Handelns in die Hand genommen. So wie es ist, kann es in Frankreich nicht bleiben.«

Auf einmal wurde ihr himmelangst. Exilregierung! Das hatte ihr gerade noch gefehlt! Nicht das jetzt auch noch! Wenn herauskam, daß sie Kontakte zur Exilregierung unterhielt, dann wurden ihr doch sofort konspirative Aktivitäten unterstellt und Wühlarbeit gegen die Republik, dann war sie nicht die Bürgerin Vigée, sondern die Feindin des Vaterlands und konnte die Hoffnung, in ihre Arche zurückzukehren, für immer begraben. Sie wußte nicht, welche Rolle Vaudreuil in dieser Regierung spielte, wollte es auch gar nicht wissen, fragte nicht danach, sondern spürte nur, sie mußte auf der Stelle Wien verlassen. Nicht irgendwann, nicht später, sondern sofort. Sofort raus aus der Gefahrenzone. Sollte Vaudreuil sich mit seiner Trauer beschäftigen, große Rachepläne oder sonstwas schmieden – sie hatte ohnehin kein fieberheißes Stündchen mehr von ihm zu erwarten. Vorbei mit der himmlischen Aerostatik. Es gab nur noch eins: packen und fort. »Ich gehe jetzt nach Rußland«, sagte sie entschlossen, »Fürst Ligne hat mehr als einmal betont, die Kaiserin von Rußland würde es mit Freude begrüßen, mich in Petersburg zu sehen.«

Nicht daß Vigée erwartet hätte, er würde sie spontan umarmen und sagen, ich komme mit, ich folge Ihnen ans Ende der Welt oder ähnliche Goldhymnen anstimmen, aber er zeigte keine Regung und entgegnete nur teilnahmslos: »Ich kann Ihnen die Pässe besorgen.«

Sie sah ihn an, dachte, eine kleine Gefälligkeit am Ende ist besser als nichts, und überlegte sich bereits die Reiseroute.

Jean Baptiste mietete eine komfortable Reisechaise und zusätzlich einen Bagagewagen. Hier verstauten sie die Bilder, die Skizzen, die unfertigen Arbeiten, seine Kopien, die Rahmen, die Mantelsäcke und die Bettkisten. Auf keinen Fall wollte sie mehr in den Gasthöfen auf den harten Roßhaarwülsten schlafen müssen, die als Kopfkissen angeboten wurden, und auch die schweren ungelüfteten Deckbetten, die schon soviel Schweiß aufgesaugt hatten, daß stets die Federfüllung klumpte, ertrug sie nicht. Sie führte diesmal den allerneusten Komfort, seidene, wattierte und gesteppte Bettdecken mit und natürlich auch die gut zusammengenähten gegerbten Hirschhäute, die sie über die Matratzen des Hotelbettes legte, um vor Schmutz und Ungeziefer sicher zu sein. Da die Gasthöfe, diese Betrügernester, mit den Wäschereien gemeinsame Sache machten, deckte sie sich auch mit einem großen Vorrat an Taschentüchern ein, um sie unterwegs nicht in die Wäscherei geben zu müssen, denn für gewöhnlich sah sie keines davon wieder. Und sich im Gasthof zum frechen Aufpreis von 6 Livres das Stück neue kaufen zu müssen, kam nicht in Frage.

Ihre Malutensilien, die Ochsenblasen mit den Farbvorräten und das Bild der Lady Hamilton waren ihr so wichtig, daß sie alles in Griffnähe bei sich haben wollte und direkt vor ihrem Sitz im Einsatzkasten verstauen ließ. Auch die Flaschen mit dem Essigmet gehörten dazu, denn Honig mit Essig verdünnt war ihr die beste Hilfe gegen Kopfschmerzen. Weil Jean Baptiste alles so schnell und zuverlässig erledigte, setzte sie ihm ein Gehalt als Privatsekretär aus, schwor ihn darauf ein, sie mit neuen Schreckensmeldungen zu verschonen, sich strikt daran zu halten, daß die beste Nachricht keine Nachricht war, und verließ mit ihrem Troß Hals über Kopf das brenzlige Pflaster Wiens.

In der Nähe von Berlin, beim Bruder des Musterkönigs, machten sie Station, und kaum daß sie auf Schloß Rheinsberg vorgefahren waren, kam der kleine Prinz von Preußen gegen alles Protokoll an die Kutsche geeilt. Er stand vor ihr wie damals in Paris, als sie ihn porträtiert hatte und er öfter in ihrem Salon zu Gast war – schmächtig und mager, eine philosophische Natur, der ideale Mann für Regentage, ganz unverändert heiter und sein Anblick so vertraut, daß sie mit den Tränen kämpfen mußte. Ihr war, als wäre sie bereits zu Hause angekommen. Sie entschuldigte sich für die Verspätung, aber in Dresden hatte der Kurfürst sie gebeten, eines ihrer Bilder für ein paar Tage in der Gemäldegalerie auszustellen. Die eigenen Arbeiten in den Räumen zeigen zu können, in denen Raffaels Madonna und die Pastelle der Rosalba hingen – dieser Ehre konnte sie nicht widerstehen.

»Und was haben Sie präsentiert?«

»*Lady Hamilton als Sibylle*, inzwischen mein Salonstück.«

»Es ist doch hoffentlich noch in Ihrem Besitz!« sagte er fast erschrocken.

»Sonst hätte ich ja nichts mehr zum Vorzeigen«, entgegnete sie gutgelaunt, »aber der fleißige Monsieur Rivière ist alle Kopien reißend losgeworden und hat noch etliche Bestellungen mitgenommen.«

»Was beweist, daß die Sachsen ein kulturliebendes Völkchen sind«, warf er ein, bat an die gedeckte Tafel und stellte voller Freude fest, daß aus der kleinen Julie ein so schönes Geschöpf geworden war, doch Vigée ärgerte sich über ihre Tochter. Julie saß betont steif am Tisch und sagte kein Wort. Dabei sprach sie sehr gut Deutsch, und es wäre eine schöne Geste gewesen, Prinz Heinrichs Komplimente in seiner Muttersprache zu erwidern, schon um zu zeigen, daß sie gut ausgebildet war und sich in Europa zu bewegen wußte. Aber sie gefiel sich darin, eine gelangweilte Miene aufzusetzen, verstockt und desinteressiert in die Runde zu schauen, sich wie eine taube Nuß zu gerieren und wieder einmal alles zu vermeiden, was dem Ansehen der Mutter dienen konnte. Ihr ein Zeichen zu geben, sich gefälligst am Gespräch zu beteiligen und die Familie nicht zu blamieren, wäre noch peinlicher gewesen. Vigée kämpfte gegen ihre Wut an, schämte sich für das fläzige Betragen der Tochter und atmete erst auf, als Prinz Heinrich zu einem Spaziergang durch den Park einlud.

Sie glaubte, in diesem Château Rheinsberg auf die Insel der Kalypso geraten zu sein, auf der es den ewigen Frühling gab. Alles um sie herum von einer prunklosen Pracht, alles friedlich und sommerstill und die sandigen Farben so luftig in das Grün der Landschaft gestreut, daß selbst die Schatten noch hell und durchsichtig schienen. Sie gingen an dem See entlang, auf dem sich glitzernd der märkische Himmelsgrund spiegelte und einen so schönen Anblick bot, daß sie Schritt um Schritt spürte, wie alle düsteren Bilder von ihr abfielen. Kein Gedanke mehr, daß in Paris noch immer Angst und Terror herrschten und die Guillotine nicht stillstand. Hier war die Welt noch in den Fugen. Sie sprachen über Watteau, den der kleine Prinz wie keinen anderen schätzte und dessen Rötelzeichnungen den einzigen Makel hatten, daß sie nicht in Brandenburg entstanden waren. Selbst die Unterhaltung fügte sich in die Umgebung, die ihr wie ein Asyl für das Schöne anmutete. Dieses Gefühl steigerte sich noch, als er sie zu einem Konzert in den Spiegelsaal einlud und eigens ein Streichquartett von Paisiello spielen ließ.

Seit langem hatte sie solche Schlendertage der Muße nicht mehr erlebt, doch sie mußte sich an den Reiseplan halten. Ende Juli wurde sie in Petersburg erwartet und wollte es nicht riskieren, in die frühen Herbststürme am Kurischen Haff zu kommen. Prinz Heinrich bat sie, unbedingt noch die Frau seines Großneffen, die Königin Luise, für ihn zu porträtieren, aber Vigée versprach, in ein paar Monaten wiederzukommen und ihm dann auf der Heimreise in aller Ruhe diesen Wunsch zu erfüllen. Weil er wußte, daß sie auf dem Weg nach Riga in vielen schlechten Gasthöfen an vielen leeren Tischen sitzen würde, ließ er ihren Bagagewagen bis unter das Dach mit Proviant füllen: Wein, gepökeltes Fleisch, Karlsbader Zwieback, gemahlener Kaffee, gesäuertes Brot, getrocknete Fencheläpfel, gebackenes Obst, Bouillontafeln und von allem so viel, daß sie meinte, ein ganzes preußisches Regiment davon ernähren zu können. Doch mit einem Mal ahnte sie, was ihr bevorstand, denn der Weltbürgerprinz kannte den Weg in den eisigen Norden.

Es war ein Alptraum: Die Kutsche am Haff bis zur Hälfte im Wasser, im Sand mehr als einmal steckengeblieben, ab Memel weiter in einem ausgedienten

Rippenbrecher, der über die steinigen Wege rumpelte, statt Straßen tief zerfurchte Schlammbahnen, die zum Aussteigen zwangen, Meile um Meile nebenhergelaufen und hinter Riga die Herbergen so verdreckte und verlauste Räuberhöhlen, daß sie in der Kutsche übernachten mußten. Ihr brummte der Kopf, es pfiff in den Ohren, der Rücken schmerzte, die Beine waren steif, sie fühlte sich wie gerädert, wollte nichts mehr sehen und nichts mehr hören, aber der Anblick von Sankt Petersburg war dann doch grandios. Die ganze Stadt hell erleuchtet, die Paläste herrlich wie zu Agamemnons Zeiten, alles großzügig und weit, auf den Straßen nur Equipagen, die sechs- und achtspännig fuhren, überall luxuriöse Geschäfte, elegante Menschen, die Uferpromenade prunkvoll in Granit gefaßt und auf der Newa so viele Barken, Dreimaster, Schaluppen, Galliotten und kaiserliche Jachten, daß sie meinte, an der Mündung des Weltmeeres zu stehen.

Noch größer war die Überraschung, als sie die Wohnung betraten, die gegenüber dem Winterpalais für sie gemietet worden war und im Salon ein Prachtstück von einem Diwan stand. Überirdisch breit und weich. Sie ließ sich todmüde und erschöpft in die Polster fallen, blieb lang ausgestreckt liegen, wollte nur noch ausruhen und schlafen, einen Tag, eine Nacht und noch einen Tag lang durchschlafen und sich von dieser Martertour erholen, doch schon am nächsten Mittag wurde sie abrupt geweckt. Im Vorzimmer wartete der französische Gesandte, der sie dringend zu sprechen wünschte. Vigée riß sich gereizt die Nachthaube vom Kopf, warf sich unwirsch einen Hausmantel über, ging verärgert auf ihn zu und bat, zu einem späteren Zeitpunkt wiederzukommen, doch Graf Esterházy ließ sich nicht abweisen. Er hieß sie in Petersburg willkommen und brachte die freudige Nachricht, daß die Kaiserin bereits von ihrer Ankunft unterrichtet war und Madame Vigée morgen um 1 Uhr auf ihrem Sommersitz in Zarskoje Selo zu empfangen wünscht.

Vigée fühlte sich wie vom Schlag getroffen. Auf eine so frühe Audienz war sie nicht vorbereitet. So groß die Ehre auch war, mißlicher hätte die Situation nicht sein können. Aus Platzgründen hatte sie ihre Gesellschaftsrobe in Wien ihrer polnischen Freundin überlassen und nun stand sie da: das Reisekostüm schmutzig, die Blusen verschwitzt, nur noch ein einziges sauberes Straßenkleid im Gepäck und die Zeit so kurz, daß sie sich kein angemessenes Decorum mehr besorgen konnte. Sie kannte ja noch nicht einmal einen Friseur, den sie hätte bestellen können. Ihr blieb gar nichts anderes übrig, als im schlichten Mousselin und selbstfrisiert zur großen Audienz zu gehen. Vigée war verzweifelt. Gerade weil Zarin Katharina nicht irgendeine beliebige Kaiserin war, sondern die aufgeklärteste und mächtigste Frau des Jahrhunderts, empfand sie es als besonders peinlich, vor ihr in einem so ungehörigen Aufzug erscheinen zu müssen und damit den Eindruck zu erwecken, als wüßte sie die Größe des Ereignisses nicht zu schätzen. Es war ein Elend, für den richtigen Augenblick des Lebens falsch gerüstet zu sein. Am liebsten hätte sie sich irgendwo verkrochen. Wenigstens die Schuhe waren elegant. Die Schuhe mußten sie retten. Doch als Graf Esterházy sie am nächsten Morgen pünktlich um zehn Uhr abholte, war sie auch davon nicht mehr überzeugt.

Esterházy warf einen bedenklichen Blick auf ihre Toilette und bot sofort an, noch rasch bei seiner Frau vorbeizufahren, die immer ein paar passende Kleider für eine Audienz im Schrank zu hängen hatte. Diese freundliche Offerte machte Vigée ihre fatale Lage doppelt deutlich, aber in einem fremden Kleid kam sie sich selber wie ausgeliehen vor und fühlte sich erst recht nicht wohl. Als wollte der Herr Botschafter Reste ihrer Ehre retten, ermahnte er sie, sobald die Kaiserin den Handschuh auszog, wenigstens nicht den Handkuß zu vergessen, doch dann bog der Wagen schon in den Park von Zarskoje Selo ein, und noch ehe Vigée etwas von seiner feenhaften Pracht wahrnehmen konnte, stand sie auf der Paradetreppe des Schlosses, wurde von einem Hofmeister empfangen und durch einen herrlichen Saal geführt. Mit einem flüchtigen Blick streifte sie die Bilder und plötzlich entdeckte sie ihr Orlow-Porträt, das sie vor Urzeiten in Paris gemalt hatte. Sie war zufrieden, daß die Farben so lebhaft geblieben waren, daß der Diamant noch funkelte, und fühlte, wie ihr Unbehagen schwand. Mousselinkleid hin, Mousselinkleid her – eine eigene Arbeit in diesen Räumen zu sehen ersetzte jede Galagarderobe. Wer ihre Bilder kannte, wußte wer sie war. Überraschend hörte Vigée jemanden mit durchdringender Stimme sagen: »Ich bin erfreut, Madame, Sie hier zu empfangen. Ihr Ruf ist Ihnen vorausgeeilt. Ich liebe die Künste, insbesondere die Malkunst. Bin ich nicht Kenner, so bin ich doch Liebhaber!«

Sie drehte sich um. Vor ihr stand die große Katharina, gehüllt in eine weite Tunika, korpulent und weißhaarig, und alles an ihr so streng, daß sie beinah männlich wirkte. Vigée war fasziniert von diesem Adlerblick und diesem entschlossenen Gesichtsausdruck und sah sofort, diese Haut konnte gar nicht anders als ein Spiegel des Geistes gemalt werden, sah, welche Schwierigkeiten mit dem Inkarnat diesmal auf sie zukamen, doch schon nach einem kurzen Wortwechsel meinte Katharina, daß sie unschlüssig sei, ob sie noch jemals für ein Porträt sitzen werde. »Ich wollte mich immer von Ihnen malen lassen«, sagte sie, »aber jetzt bin ich zu alt dafür. Viel zu alt. Sie wissen ja, wie sich Bilder in den Köpfen festsetzen und die Vorstellungen prägen.«

Vigée wollte nicht widersprechen, aber sie auch nicht zu einer Sitzung ermutigen. Es hätte womöglich so ausgesehen als sei sie auf einen Auftrag erpicht und wagte lediglich die Bemerkung: »Der geistige Ausdruck eines Gesichts bringt nur die Natur des Charakters zum Vorschein.«

»Vielleicht sollte ich mich doch von Ihnen in einen Gegenstand der Kunst verwandeln lassen«, entgegnete Katharina mit einem salomonischen Lächeln, »ich werde darüber nachdenken, aber jetzt malen Sie erst einmal meine beiden Enkeltöchter, die Großfürstinnen. Meine Hausmarschälle werden Ihnen hier einige Zimmer anweisen, denn ich möchte, daß Sie in meiner Nähe wohnen und ich Ihnen beim Arbeiten zusehen kann.«

Vigée war von soviel wohlwollender Herzlichkeit überwältigt. Als sie in die Kutsche stieg, atmete sie erleichtert auf. Ihr Straßenkleid war nicht im geringsten von Belang gewesen. Nur daß sie vor lauter Aufregung den Handkuß vergessen hatte, das verzieh sie sich nicht.

Ein Freund des Vaters, der Historienmaler Doyen, den sie gleich darauf besuchte, beruhigte sie. Doyen hatte noch vor Beginn der Schreckenszeit einen Ruf als Professor an die Petersburger Akademie angenommen, kannte sich in den Verhältnissen bestens aus und freute sich, Vigée nach so vielen Jahren wiederzusehen. Über den vergessenen Handkuß brauchte sie sich keine Sorgen zu machen. Im Umgang mit Künstlern legte die Zarin wenig Wert auf das Zeremoniell. Doyen schwärmte von ihr: Eine femme forte, wie es sie noch nie gegeben hatte. Er war sich ganz sicher, daß die große Katharina ihre Selbstscheu überwand und sich trotz ihres silbernen Alters noch einmal porträtieren ließ. »Kaum anzukommen und gleich von ihr empfangen zu werden, das nimmt die Antwort schon vorweg«, sagte er. Nein, an der Gunst der Zarin brauchte Vigée nicht zu zweifeln. In acht nehmen mußte sie sich nur vor ihrem derzeitigen Favoriten Fürst Zubow. Platon Zubow. »Ein Lackei, ein Affe, der glaubt, sich am Hof wie der Allmächtige aufspielen zu können, nur weil Katharina einen Narren an ihm gefressen hat. Nach Art des Sonnenkönigs hält er sein Lever und alle drängen hin, rutschen auf dem Bauch vor ihm, weil er zur Zeit bestimmt, wer am Hof Karriere machen darf.« Mit Zubow mußte sie sich rasch gutstellen. Es wurde bereits gemunkelt, daß er sich über sie mokierte. Angeblich hatte die Malerin Vigée-Lebrun es geschickt verstanden, sich an ihm vorbei über den französischen Gesandten Zugang zur Zarin zu verschaffen, um den Geist der Revolution ins kaiserliche Kabinett zu tragen.

»Unterschätzen Sie eine solche Bemerkung nicht«, sagte Doyen, »baut sich erst einmal eine Stimmung gegen Sie auf, haben Sie einen schweren Stand. Hier am Hof muß man viele Eitelkeiten bedienen, bevor Sie von ganz oben protegiert werden. Ich rate Ihnen, gleich morgen Fürst Zubow einen Antrittsbesuch abzustatten und sich seiner Gunst zu versichern. Zeigen Sie sich fügsam und bescheiden, suchen Sie seinen Rat und natürlich alles mit dem ergebensten Respekt. Sie schaden sich nur selbst, wenn Sie den Wichtigtuer übergehen!«

Vigée dachte an ihren Dauerfeind Gaillard. Hätte sie ihn damals als den großen Kunstkritiker bewundert, wäre manches leichter gelaufen, zumal er inzwischen, wie sie von Lebrun wußte, jetzt auch noch im Rat der 500 Sitz und Stimme hatte und gewiß dazu beitrug, daß sie noch immer auf der Verbannungsliste stand. Und nun tauchte wieder so ein selbsternannter Herrgott auf! Aber sie konnte das nicht und wollte es auch nicht lernen, einen höfischen Schmachtlappen als Seine Göttlichkeit anzubeten. Sie hatte sich noch nie vor einer großen Kreatur geduckt, auch wenn sie mit noch so vielen Kordons und Orden geschmückt war oder sich für sonstwie bedeutend hielt. Sie war auf derlei Existenzen nicht angewiesen und wollte keine Versorgung von ihnen. Mehr Freiheit konnte man sich auf dieser Welt nicht erarbeiten. Außerdem hatte sie ja gesehen, wie schnell es ging: heute der große Weltherrscher und morgen von der Revolution weggeputzt. Sie sah gelassen auf diesen Platon Zubow.

Doyen konnte zwar verstehen, daß ihr die Schmeicheltour nicht lag, aber wenn dem so war, sollte sie wenigstens die Schwester von Zubow besuchen, die großen Einfluß auf ihn und die Stimmung am Hofe hatte. Er führte sie in sein Atelier, das ihm die Zarin finanzierte, zeigte ihr seine neuste Arbeit, ein antikes Motiv im lukrativen Großformat, und war stolz, daß die dazu gehörenden Skizzen der Kunstsammler Calonne erworben hatte.

»Calonne?«

»Ja, unser geschaßter Minister. Er berät jetzt die Zarin in Finanzangelegenheiten. Übrigens ist er auch mächtig hinter Ihren Bildern her. Er war ganz selig, kürzlich eine Arbeit von Ihnen ergattert zu haben.«

»Wohnt er in Petersburg?«

»Gerade ist er abgereist. Aber von Zeit zu Zeit hält er sich hier auf und besucht die Ateliers. In einem sind wir uns einig: Künstler brauchen hier keine Renten. Die Russen sind so kunstliebend, daß jeder gute Maler bis ans Ende seines Lebens an der Leinwand stehen kann und glänzend versorgt wird. Übrigens, noch einen guten Rat: Achten Sie darauf, die Bezahlung unbedingt immer am 1. Januar oder am 1. Juli einzufordern. Da kommen die Einkünfte aus den Gütern. Danach ist alles Geld sofort aufgebraucht, und Sie können mit dem Honorar bis zum nächsten Termin warten.«

Wieder einmal zeigte sich, wie richtig es war, in einem fremden Land zuallererst einen Kollegen zu besuchen. Da es sich diesmal auch noch um einen Freund des Vaters handelte, hatte Vigée das Gefühl, in Petersburg schon jetzt heimisch zu sein.

Julie maulte. Es paßte ihr nicht, sich jeden Abend herausputzen zu müssen, um die Frau Mama in irgendwelche Salons zu begleiten, nur weil sie seit dem Empfang bei der Zarin mit Einladungen überschüttet wurde. Sie fand es langweilig, immer dort zu sein, wo die Mutter war, doch als Graf Stroganow zur nächtlichen Schlittenpartie einlud, brauchte sie nicht überredet zu werden. Vigée hatte gerade noch

Zeit, dafür die nötige Ausstattung zu besorgen, dann saßen Mutter und Tochter schon mit Fuchsmantel, Kamtschatka-Muff und Zobelmütze neben Jan Baptiste und dem Grafen in der Troika, ließen in einem rasanten Tempo die Stadt hinter sich und jagten in die tiefverschneite Weite hinein.

In der Ferne funkelten die einsamen Lichter der Hütten und Dörfer, die schneeschweren Zweige waren bis auf den Boden herabgedrückt und säumten wie weiße Schleier die Wege. Der Himmel war sternenklar und der Mond schien sein ganzes Licht auf die Troika zu richten, um sie sicher durch die Schneenacht zu führen. Noch nie hatte Vigée den Winter als eine solche Zauberlandschaft erlebt und selbst die Kälte war hier anders: In Paris fühlte man sie, hier sah man sie. Einen Moment lang dachte sie daran, wie schön es gewesen wäre, jetzt in den Armen eines Mannes zu liegen, aber wie immer, wenn sie einen gebraucht hätte, war keiner da. Calonne gerade abgereist, von Lebrun geschieden, von Vaudreuil enttäuscht, in der Lust gänzlich unterbeschäftigt – sie durfte gar nicht über das Elend mit den Männern nachdenken.

Graf Stroganow überraschte sie mit einem heißen Punsch, trank ihnen stehend zu und trieb so wild die Pferde an, als wollte er zeigen, daß sein Urahn der Eroberer Sibiriens war. »Eine echte Troika muß durch die Stille fliegen«, rief er und lachte. Jedesmal, wenn sie sich einem Dorf näherten, ertönten zur Begrüßung von irgendwoher Waldhörner. Sie klangen so fern und geheimnisvoll, daß sie meinte, aus der verschneiten Pracht würden wunderbare Melodien steigen. Julie saß zusammengekauert in der Ecke, und Vigée sah, auch die Schlittenfahrt entsprach offensichtlich nicht den Erwartungen des Fräuleins. Daß sie an den Füßen fror, war vorauszusehen, denn sie wollte ja partout keine Samtpelzstiefel anziehen, weil sie befürchtete, sie könnten voll ekliger Pelzläuse sein. Den heißen Punsch mochte sie nicht trinken, weil ihr allein schon vom Geruch des Alkohols übel wurde. Sie gefiel sich wieder einmal darin, das Gegenteil von dem zu tun, was die anderen taten. Fröhlich stimmte Stroganoff ein Lied an, forderte sie zum Mitsingen auf, doch Julie blieb stumm und fragte bloß ständig, wann sie endlich umkehrten. Schrecklich, wenn jemand wie der leibhaftige Vorwurf neben einem saß und dokumentierte, daß ihm nichts rechtzumachen war. Dabei hatte sie gerade die Brünette zum 16. Geburtstag fürstlich ausgestattet mit eigenem Wagen, mit Kutscher, Pferdeknecht, Diener und Koch, damit sie unabhängig und selbständig ihren eigenen Haushalt führen konnte und sich nicht gegenüber anderen zurückgesetzt fühlte. Aber vielleicht paßte ihr auch das nicht. Vielleicht sah sie in der komfortablen Ausstattung bloß einen Beleg für den Erfolg der Mama, der sowieso die gebratenen Tauben in den Mund flogen und die ohne jede Anstrengung ihr Geld verdiente. Sie wußte doch, was dem lieben Kind im Kopf herumging. Aber auch darüber wollte Vigée jetzt nicht nachdenken. Bloß die Gräben nicht vertiefen, die Fräulein Julie aus unerfindlichen Gründen aufriß.

Sie sah bewußt an der mißgelaunten Miene der Tochter vorbei, ging mit keinem Wort auf sie ein, trank auf die Troika, genoß den Punsch, genoß die Schneenacht und ließ sich die schöne Atmosphäre durch nichts zerstören.

Das beste freilich war ein Brief aus Paris. Er kam ihr jedesmal wie eine Botschaft aus der Arche vor und sie verschlang begierig Zeile um Zeile. Etienne entschuldigte sich für sein langes Schweigen, aber er hatte mehrere Monate im Gefängnis gesessen, doch jetzt war er wieder frei und die Schreckensherrschaft endlich vorüber. Die Vampire von Versailles waren zwar alle zum Teufel gejagt, doch das Brot war teurer denn je. Für 1 Pfund Fleisch zahlte er jetzt 145 Livres und für das Frühstücksei 13 in Assignaten. Kaffee war unerschwinglich. Alle rösteten wieder Runkelrüben und Kastanien. Er hatte schon überlegt, ob sie nicht zusammenlegen und der Mutter zum Geburtstag ein Pfund Kaffee schenken sollten. Es wäre ihr größtes Glück und würde ihrer Gesundheit aufhelfen. Wie es im Land weiterging, konnte leider kein Mensch sagen. Ein neuer Mann machte derzeit von sich reden, er hieß Napoleon Bonaparte, war gerade in Italien einmarschiert und ließ von dort Kunstschätze nach Paris abtransportieren. Nur Jacques-Louis David hatte bislang öffentlich gegen den Kunstraub protestiert, aber wer hörte schon auf einen Maler. Ihren Kollegen, die im Land geblieben waren, ging es hundserbärmlich. Alle Pensionen gestrichen, die Auftraggeber tot und die Ersparnisse durch den Umtausch entwertet und futsch. Greuze ging täglich im roten Frack im Palais Royal spazieren und hoffte, einen Ehemaligen zu treffen, der ein Bild von ihm kaufen wollte. Fragonard war froh, wenn er noch das Eckchen einer Theaterkulisse bemalen durfte, Grétry hielt sich mit Kompositionen für das Nationalfest über Wasser, und Lebrun tat für alle Gutes. Sein Geschäft war jetzt die führende Kunsthandlung von Paris, und Etienne half beim Erstellen der Verkaufskataloge. »Glaub mir, fürs Bordell und die Knusperknapper-Damen bleibt ihm keine Zeit. Er brennt darauf, Dich wieder heiraten zu können, denn mit der Scheidung hat er sich lediglich über die Ära des Kannibalismus gerettet. Schlau war er ja schon immer. Er spricht ständig von Dir, und wir sind überhaupt alle mächtig stolz auf Dich und freuen uns, daß Du soviel Erfolg hast. Die *Gazette de France* hat einen großen Artikel über Dich gebracht und dort stand wörtlich: Es ist eine Schande, daß dieses geniale Talent sich noch immer außerhalb Frankreichs befindet. Es mehren sich die Stimmen, die öffentlich fordern, Madame Vigée-Lebrun von der Liste zu streichen und ins Land zurückzuholen. Lebrun hat die Stimmung gleich geschickt genutzt und zwei Bilder von Dir in den *Salon* zur Ausstellung gegeben. Jetzt kommt Bewegung auf. Mach Dich auf die große Überraschung gefaßt!«

Vigée las den Brief mehrere Male. So aufregend und hoffnungsvoll das auch alles klang – den Erfolg, von dem er schrieb, den konnte sie hier beim besten Willen nicht erkennen. Gerade war ihr hinterbracht worden, daß der Zarin das Porträt der beiden Großfürstinnen nicht gefiel. Angeblich sahen ihre Enkelinnen wie zwei Möpse aus, die Kleider viel zu schlicht, zu griechisch und das Ganze im Revolutionsstil statt in gediegen herkömmlicher Form. Wo um Himmels willen war da der Erfolg, wenn der großen Katharina das bestellte Bild mißfiel. So etwas war Vigée bislang noch nicht passiert. Und was hieß Revolutionsstil! Aus Prachtgewändern sprach nun mal keine Lebendigkeit. Schon der Papst hatte bewundert, daß sie Gesichter und keine Ämter malte, und d'Alembert hatte in ihrer Art zu malen den Stil der Zukunft gesehen und ihr gesagt, daß sich in ihren Porträts das Licht der Aufklärung spiegelt. Sie konnte nicht glauben, daß dieser Stil der großen Katharina plötzlich mißfallen sollte.

Hätte sie eine Wohnung in Zarskoje Selo bekommen, wie es die Zarin gewollt hatte, hätte sie jetzt direkt mit ihr darüber reden können. Aber es war ja hintertrieben worden. Offenbar behagte es einigen nicht, daß die Bürgerin Vigée so hoch in der Gunst der Kaiserin stand. Vielleicht wäre es doch besser gewesen, bei Platon Zubow ihren Antrittsbesuch zu machen. Aber sie war noch nie vor irgendeiner Degenquaste auf die Knie gefallen und sei's drum, daß es sich um den Sohn des Himmels höchstselbst gehandelt hätte. So was war gegen ihre Natur. Trotzdem entschloß sie sich vorsichtshalber zu einer zweiten Fassung des Bildes, denn sie wollte nicht, daß die große Katharina enttäuscht von ihr war.

Doch jetzt besorgte sie erst einmal eine große Kiste Kaffee für die Mutter und brachte sie dem russischen Gesandten, der gerade im Begriff war, nach Paris aufzubrechen. Sie legte noch zwei Briefe bei und bat, alles in der Kunsthandlung Lebrun abzugeben.

Wie ein Lauffeuer verbreitete sich in Petersburg die Nachricht, daß Zarin Katharina sich von Madame Vigée-Lebrun porträtieren ließ und bereits zur ersten Sitzung gebeten hatte. Noch bevor überhaupt ein erster Pinselstrich auf die Leinwand gesetzt war, wurde Vigée schon von einigen Fürstinnen um Kopien gebeten und die Nachfrage stieg so sprunghaft an, daß Jean Baptiste sofort zum Farbenhändler eilte, um genügend Vorräte zu haben, denn jetzt kam Arbeit auf ihn zu.

Allerdings hörte sie von Doyen, daß über sie gezischelt wurde. Die angestellten Hofmaler regten sich mächtig auf, daß nicht sie, sondern diese Französin, die an den Hof geflattert kam, einen so ehrenvollen Auftrag erhielt, denn inzwischen hatten sich alle damit abgefunden, daß die Zarin sich nicht mehr malen lassen wollte. Da half kein Drängen und kein Überreden, der höchste Wunsch war ihnen Gesetz und nun dieser Bruch! Platon Zubow hegte sogar den Verdacht, die Zarin hätte sich nur deshalb umstimmen lassen, weil sie im tiefsten Herzen vom Revolutionsstil ihrer Farben-Favoritin entzückt war. Einige von Doyens Akademiekollegen waren sich ganz sicher, daß diese Madame Rubens den schönen Auftrag nur deshalb bekommen hatte, weil sie Abend für Abend in den Salons des Residenzadels herumschwirrte, mit allen nett plauderte, geschickt Kontakte knüpfte und überhaupt von scharlatanischem Wesen war.

Erneut und geradezu beschwörend redete Doyen auf sie ein, solche Stimmen ernstzunehmen, doch Vigée hatte mehr zu tun, als sich mit diesen Giftpilzen zu beschäftigen. Es gab nun mal überall Menschen, die an der Bosheit Gefallen fanden, und Neidgeflüster als Hintergrundsrauschen war ihr ja nicht fremd. Hätte sie sich damit aufgehalten und über all die Verleumdungen nachgegrübelt, wäre sie heute zu keinem einzigen Pinselstrich mehr fähig. Sollten doch die Herren Hofmaler sie als Eindringling in ihren Schafstall ansehen – sie mußte ihre Gedanken auf das Wichtige richten. Nicht daß sie ein Herrschaftsporträt oder gar eine kolorierte Statue malen wollte, ihr schwebte ein Pendant zum allerersten Porträt von Marie Antoinette vor. Der jungen Sorgloskönigin wollte sie das Bild einer Regentin gegenüberstellen, in deren Gesicht das Wechselspiel von Geist und Macht lebendig wurde. Aber gerade weil das Alter und die Runzelhaut auch eine femme forte nicht verschonte, mußte um so mehr die Natur des Charakters ins Bild. Vor allem mußte sie diesen Adlerblick treffen, der ihr gleich beim ersten Mal aufgefallen war: scharfsichtig, durchdringend, forschend, wachsam und immer auf ein Ziel aus – dieser Blick mußte das Alter vergessen machen. Vigée traute sich zu, so zu arbeiten, daß es für den Betrachter keine Rolle mehr spielte. Schon jetzt legte sie sich die technischen Schritte zurecht und nahm sich vor, mit keiner anderen als der Farbe der welken Haut zu untermalen: fahlgelb abgetöntes Dunkelocker gemischt mit bleichem Zinnober, aschblau und grau durchfurcht mit Spuren von Caput mortuum. Genau aus diesen Farbentiefen holte sie mit Schattentönen den bewegten Geist ans Licht und ließ im Alter den Charakter der Jugend erstrahlen.

Wenngleich sie auch jetzt die Farben des Inkarnats vermißte, die zu Hause in ihrer Arche in den Muscheln lagerten, versuchte sie diesmal den fehlenden Perlmuttglanz mit einem Hauch von Glasstaub zu ersetzen und Honig mit Weinessig mischte sie auch noch dazu. Sie sah das Bild bereits vor sich und hoffte, daß ihr damit der Sprung in den Kupferstich gelang. Schließlich war es nicht irgendein Porträt, sondern das Porträt von Katharina der Großen und damit die beste Chance, eine gefragte Vorlage für die Stecher zu liefern. Es war Zeit, mit einem ihrer Bilder endlich auch in den Büchern und den Wohnstuben zu erscheinen.

Überpünktlich stand Vigée mit ihren Malutensilien und der sperrigen Staffelei vor den Privatgemächern der Kaiserin im Winterpalais, schwor sich, nicht ein zweites Mal den Handkuß zu vergessen, und bemerkte um sich herum eine ungewöhnliche Betriebsamkeit und ein verhuschtes Hin- und Herlaufen. Es sah aus, als würde hinter der großen Tür ein Weltereignis verhandelt werden, aber keiner sprach mit keinem, und jemanden zu fragen verbot sich hier von selbst. Da kam endlich der Oberhofmeister auf sie zu, um sie wie verabredet ins Privatkabinett der Kaiserin zu führen. Protokollgerecht wollte sie ihn begrüßen, doch er sagte mit bleicher Miene, daß die Zarin in den Morgenstunden einen Schlaganfall erlitten hatte, ohne Bewußtsein war und im Sterben lag. »Wir können jetzt nur noch beten.«

Immer mehr Menschen versammelten sich in der Polovina, warteten vor den Gemächern Katharinas, machten dem Leibmedikus, dem Leibapotheker und dem Priester Platz, dann knieten sie nieder und bekreuzigten sich. Vigée tat es ihnen nach. Tief getroffen, ihre Schutzpatronin zu verlieren, begriff sie, daß der Traum von einem Meisterwerk vor dieser Tür endete.

Plötzlich ging die Angst um. Selbst bei den sonst so heiteren Soupers der Fürstin Dolgorukin wurde nicht mehr gelacht. Was Vigée hier vom neuen Zaren hörte, löste einen solchen Schauder aus, daß sie gar nichts mehr essen und trinken mochte. Dabei war gerade das Haus der Fürstin ihr liebster Aufenthalt, die Atmosphäre französisch, die Räume russisch, überall diese prächtigen Windöfen, die auch die eisigste Kälte vergessen ließen, und auf der Fensterbank der ganze Schmuck, Diamanten, Brillanten und Perlen, lässig hingestreut, doch daneben an der Wand das Muttergottes-Bild als Garant dafür, daß kein Fremder und kein Hausangestellter auch nur in Gedanken eines der edlen Steinchen in seiner Tasche verschwinden ließ. Fast alle, die im Hause der Fürstin verkehrten, hatte Vigée schon porträtiert, exzentrische Naturen, Liebhaber der Kunst, fröhlich und trinkfest, und die Frauen gingen nicht nur mit Homer zu Bett. Doch diesmal lag in den Gesichtern etwas Düsteres und Bedrücktes, denn es gab nur ein Thema: Zar Paul. Pawel, nichts als dieser neue Pawel.

Vigée hörte nur noch zwei Schreckensworte: Ukas und Verbannung. Alle am Tisch waren sich einig: ein falsches Wort, ein falscher Blick und man endete in Sibirien. Katharinas Sohn war unberechenbar und jähzornig und mißtraute jedem, den seine Mutter begünstigt hatte. Täglich schickte die Fürstin ihren Livreebedienten zum Palast, um zu hören, wer wieder vom Hofe gejagt worden war. »Es ist furchtbar, morgens aufzuwachen und nicht zu wissen, ob man abends schon auf dem Weg in die Verbannung ist«, sagte sie und riet jedem am Tisch, als erstes die Hausbibliothek durchzusehen und Bücher mit Spottversen oder Karikaturen auf Paul sofort ins Feuer zu werfen, denn allein schon der Besitz war lebensgefährlich. Und auch mit den fröhlichen Spazierfahrten war es jetzt zu Ende. Neuerdings mußten Frauen und Männer aus der Kutsche steigen, sobald sie der Karosse des Zaren begegneten. Keiner hätte sich darüber besonders aufgeregt, aber inzwischen war bekannt, daß Zar Paul am liebsten mit kleinem Gefolge fuhr oder sogar allein im Schlitten saß, so daß man ihn im Straßengewühl nicht gleich erkennen konnte. Jede Kutschfahrt in die Stadt wurde jetzt zur Zitterpartie, denn wer den Zaren nicht rechtzeitig entdeckte, um noch aussteigen zu können, wurde mit Gefängnis oder Stockschlägen bestraft. Auch das Tragen von runden Hüten war nicht mehr erlaubt, weil es an die Jakobiner erinnerte, und die Männer mußten wieder gepudert gehen.

Vigée spürte, hier kam etwas Bedrohliches auch auf sie zu, und plötzlich dachte sie an das Doppelporträt, das sie von Pauls Töchtern gemalt hatte. Vielleicht mißfiel ihm das Bild und er war zornig auf die Malerin, womöglich haßte er sie sogar, weil sie einen Auftrag seiner Mutter angenommen hatte, und suchte bereits nach einem Grund, auch sie zu verbannen. Die Vorstellung, aus bloßer Willkür irgendwo in den sibirischen Weiten enden zu müssen, war niederschmetternd. Mit einem Mal sah sie sich wie alle anderen an diesem Tisch schon verschleppt oder verhaftet und atmete auf, daß sie diesmal in Begleitung von Jean Baptiste erschienen war und nicht allein durch die nächtlichen Straßen nach Hause fahren mußte, um wenigstens einen Zeugen zu haben, falls sie aus der Kutsche geholt werden sollte. Da brachte der Livreekundschafter der Fürstin die brandneue Nachricht aus dem Palast, daß Platon Zubow in die

Verbannung geschickt worden war und der Zar all seine Güter beschlagnahmt hatte, um sie wieder der Krone einzuverleiben.

Das allerdings hörte sich für Vigée weniger bedrohlich an, denn einen Feind am Hof zu verlieren war so finster nicht, und sie griff zu später Stunde dann doch noch zu einer überbackenen Auster und trank dazu ihr heiliges Gläschen Wein.

Die Einladung zum Ball in den Winterpalais versetzte Vigée in helle Aufregung. Sie war mit Tochter gebeten, doch Julie hatte sich bislang stets geweigert, auch nur mit einem halben Fuß das Parkett eines Hofballs zu betreten. Sie mochte diesen Aufputz und diese Paraderoben nicht und trug prinzipiell nur Kleider vom Trödel. Mehrmals in der Woche schlenderte sie über den Newski-Prospekt zum Dwor, doch mit einem Gewand vom Trödel im Winterpalast zu erscheinen wäre ein so vehementer Verstoß gegen die neu verordnete Etikette gewesen, daß Zar Paul womöglich darin gleich das passende Reisekostüm für Sibirien gesehen hätte.

Sie machte Julie unmißverständlich klar, daß sie diesmal keine Extratouren und keine Ausreden gelten ließ, unterbrach ihre Arbeit und entwarf für sie ein Ballkleid. Nicht daß Julie Aufsehen erregen sollte, aber in einer dieser langweiligen Dutzendroben zu erscheinen, wie sie neuerdings in jedem besseren Damenjournal abgebildet waren, das hatte ihre Brünette nicht nötig und wäre auch für Vigée keine Empfehlung gewesen. Schließlich kamen sie aus Paris, der Hauptstadt Europas und dem Parnaß der Mode, und auf ihre Tochter, ihre Dotschka, wurde natürlich ganz besonders geschaut. Selbstverständlich mutete sie ihr kein Unterschnürleibchen, keine Tunika mit Überwurfgewand und keine Kleidertrikolore zu, vermied in den Entwürfen auch allen Rüschenkram, sondern wählte einen leichtfallenden Rock aus weißem Atlas, darüber ein florartiges Überkleid mit hochgezogener Taille à la grecque und einer Schleppe, die man in die Hand nehmen oder elegant über den Tänzer legen konnte – es war ein Traum. Dem Tailleur gab sie von vornherein das doppelte Honorar, um die Garantie zu haben, daß das Kleid auch rechtzeitig zum Ball fertig wurde, ließ es pünktlich abholen, doch Julie verzog das Gesicht. Sie kam sich darin wie ein Weihnachtsengel vor, mäkelte am Stoff herum, die Farbe stand ihr nicht, und passend dazu auch noch drei goldene Reifen am Oberarm tragen zu müssen, fand sie völlig daneben. Sie haßte es nun mal, präsentiert zu werden, und mit dem altmodischen Zwang, gefallen zu müssen, sollte die Mutter sie endlich in Ruhe lassen.

Vigée wartete bloß darauf, daß Julie gleich noch ihren Lieblings-Sermon aus der Kiste kramte und ihr wieder vorwarf: sie hätte lieber blonde statt braune Haare gehabt, ihre Füße waren zu groß, ihre Knie zu rund, die Arme zu kurz, Talent hatte sie auch nicht und an allem war die Mutter schuld. Vigée fand, ihre Tochter sah in dem Kleid hinreißend aus, aber sie sagte nichts, schon weil sie wußte, daß die Brünette alles, was anderen gefiel, als Einwand empfand. Außerdem war sie nicht gewillt, sich mit dieser ewigen Nörgelei die Freude an dem Ereignis schon im Vorfeld kaputtmachen zu lassen. Doch als sie im Großen Thronsaal standen, war alles vergessen, und Vigée hatte Mühe, sich auf diese Pracht einzustellen. Das Trianon in Versailles mutete sie dagegen wie eine Gesindestube an.

Der Glanz der Diamanten und Goldstoffe blendete so sehr in den Augen, daß es fast wehtat. Der ganze Saal schien mit Kronjuwelen zugeschüttet und überall meinte sie, den Orlowschen Diamanten blitzen zu sehen. Nur Stühle gab es hier nicht. Die Vorstellung, den ganzen Abend stehend in dem Gedränge verbringen zu müssen, war allerdings weniger prachtvoll, und bei der Größe des Saals auf ein bekanntes Gesicht zu treffen schien ihr so aussichtslos, daß sie am liebsten wieder gegangen wäre. Doch da winkte ihr schon von weitem die Fürstin Kourakin zu und ehe sie sich versah, war sie von einem Kranz allerhöchster Damen umringt, deren Porträts sie bereits gemalt hatte, was das Gefühl von Fremde minderte. Die Fürstin Galitzin wollte sich sofort mit ihr auf den Weg machen, um die Gemälde des Thronsaals in Augenschein zu nehmen, aber plötzlich bildeten alle ein Spalier und drängten in die erste Reihe. Zar Paul schritt mit kleinem Gefolge durch den Saal und jeder hoffte auf einen Blick von ihm. Begierig verfolgten die Ballgäste, wo er stehenblieb und mit wem er sprach, und mit einem Mal kam er auf Vigée zu. Dabei hatte sie sich extra etwas verdeckt gestellt, in der Hoffnung nicht bemerkt zu werden, denn was sie über den falschen Blick, das falsche Wort und den Ukas nach Sibirien gehört hatte, klang wenig vertrauenerweckend und sie wollte nicht, daß man ihr etwas von den Befürchtungen ansah.

»Das Bild, das Sie von meinen Töchtern gemalt haben, gefällt mir sehr gut, Madame«, sagte Zar Paul, »warum haben Sie eigentlich davon noch eine zweite Fassung gemacht?«

»Es hieß, Sire, die Kleider seien zu schlicht und die Frisuren der beiden so wild, daß die Großfürstinnen liederlich wirken.«

»Das war bestimmt ein dummer Schabernack von Zubow. Der hat sich mancherlei solcher Scherze erlaubt«, entgegnete der Zar, »aber jetzt malen Sie meine Frau, da wird Ihnen das nicht mehr passieren.«

Dann wandte er sich an Julie und bewunderte ihr Kleid.

»Das hat meine Mutter entworfen«, sagte sie.

»Haben Sie auch dieses Talent?«

»Nein, Majestät, ich halte es mehr mit den Sprachen.«

»Sprachen, so, so und welche?«

»Deutsch, Italienisch und jetzt lerne ich Russisch.«

»Deutsch«, entgegnete Zar Paul, »das ist gut«, und er bat Vigée, ihre Tochter zur Porträtsitzung mitzubringen. »Wenn meine Frau in ihrer Muttersprache reden kann, wird ihr keine Stunde langweilig«, sagte er lächelnd und wandte sich dem englischen Gesandten zu.

Vigée atmete auf. Die neidvollen Blicke, die auf sie gerichtet waren, sah sie nicht, sondern fragte sich, warum alle Angst vor dem neuen Zaren hatten. Sie war beeindruckt vom Sohn der großen Katharina. Daß sie von ihm in aller Öffentlichkeit den ehrenvollen Auftrag erhielt, Maria Feodorowna zu malen, damit hätte sie nicht im Traum gerechnet, aber sie sah jetzt, daß er ebenfalls ihre Art zu malen schätzte, und sagte sich, wer ihre Kunst liebte, konnte kein Barbar sein.

Als Zar Paul oben an seinem Tisch Platz genommen hatte und der Ball endlich eröffnet wurde, bat der junge Stroganow Julie um den ersten Tanz. Vigée ertappte sich dabei, wie gut es ihr tat, daß die Fürstinnen, die neben ihr standen, das schöne Paar bewunderten. Sie war stolz auf Julie. Dem Zaren hatte sie unbefangen geantwortet, hatte damit alle beeindruckt und eine Tochter, die bewundert wurde, warf immer auch ein gutes Licht auf die Mutter. Vigée sonnte sich ein bißchen darin, doch als sie nach Hause kam und ihre Dotschka umarmen wollte, zog Julie bloß rasch das Kleid aus und warf es in die Ecke.

Und nun auch noch der Ärger mit Jean Baptiste! Es war schon seltsam, aber kaum hatte ein Mann Erfolg, fühlte er sich gleich ganz großartig und bekam Ambitionen. Natürlich zahlte sie ihm das Gehalt eines Privatsekretärs schon seit längerem nicht mehr, denn er hatte so viel mit dem Kopieren ihrer Bilder zu tun und verdiente inzwischen so gut daran, daß er sich einen eigenen Wagen und eine eigene Wohnung leisten konnte. Aber daß er jetzt zur Eröffnung ihres Petersburger Ateliers eine Wand beanspruchte, auf der er seine Arbeiten zeigen konnte, so als wären es nicht die Kopien ihrer Bilder, sondern die Werke des Meistermalers Jean Baptiste Auguste Rivière, das ging ihr dann doch zu weit.

Er verstand sie nicht. Statt froh zu sein, daß so viele gute Kopien ihrer Bilder in Umlauf waren, verwehrte sie ihm eine Ausstellungsmöglichkeit! Andere Kopisten verhunzten ihre Bildmotive, arbeiteten schnell und schlampig, boten nicht mehr als einen Farbenteig an, während seine Kopien eigene Kunstwerke waren, die ihr Ansehen nur vergrößerten!

Diese Bemerkung fand sie unerhört. Am Ende glaubte er gar noch, seine Kopien brächten ihr den Ruhm. Es wurde Zeit, die Verhältnisse wieder zurechtzurücken, und sie machte ihm unmißverständlich klar: In der Malerei ging es nicht anders zu als in der Literatur: Die einen dichteten die Verse und die anderen schrieben sie ab. Das waren zwei ganz unterschiedliche Tätigkeiten und es sollte doch bis zu ihm schon durchgedrungen sein: Wer abschrieb, war noch lange kein Poet. Selbstverständlich erwarteten die Besucher zur Eröffnung des Ateliers Arbeiten von ihrer Hand. Im übrigen sah es viel zu geschäftstüchtig aus, wenn neben den Originalen gleich die entsprechenden Kopien präsentiert wurden. Das roch nach Malfabrik und sie hörte schon jetzt das hämische Getuschel: Madame entwarf, Monsieur kopierte und der Rubel rollte und rollte. Doch gerade für die Russen hatte die Kunst einen hohen, fast religiösen Wert und da mußte man ihnen ja nicht noch vorführen, daß damit Geld verdient wurde!

Pjotr Iwanowitsch, ihr Atelierdiener, unterbrach die Auseinandersetzung und meldete einen Sonderkurier. Fast erlöst eilte Vigée zur Haustür. Ein Bote der Französischen Gesandtschaft brachte eine Überseekiste, die er nur ihr persönlich aushändigen durfte. Sie quittierte ihm die Sendung, ließ die Kiste sofort ins Atelier bringen und öffnen. Obenauf lag ein Brief von Lebrun, der ihr schon nach den ersten Zeilen wie ein Sendschreiben des Himmels erschien: »Beiliegend schicke ich Dir das Porträt von Marie Antoinette, das ich in all den Jahren an einem sicheren Ort verwahrt habe und mit dem Du jetzt Dein Petersburger Atelier eröffnen kannst. Ich bin mir ganz sicher, diese Erstpräsentation wird Deine Reputation noch erhöhen, denn eines zeichnet sich jetzt deutlich ab: Je mehr Dein Erfolg im Ausland zunimmt, um so lauter werden hier in der Presse die Stimmen, Dich endlich wieder ins Vaterland einreisen zu lassen. Es kann nicht mehr lange dauern. Noch ein paar Monate und Du bist wieder bei mir. Bis dahin heiße Grüße meiner einzigen VLB.«

Vigée kämpfte mit den Tränen. Daß er dieses Bild gerettet hatte und ihr jetzt auch noch zum richtigen Zeitpunkt zukommen ließ, empfand sie wie ein Glücksgeschenk. So war er nun mal, ihr ferner Hausfaun: ging gedanklich mit ihr mit, freute sich nicht nur an ihrem Erfolg, sondern wollte ihn auch, und mehr war von einem Ehemann, noch dazu von einem geschiedenen, nicht zu erwarten. Auf der Stelle hätte sie ihn dafür ein zweites Mal geheiratet. Von den großen Gefühlen hatte sie sich eh verabschiedet und vom Taumel im Herz ließ sich nur träumen, aber ein Ehemann als erfreulicher Begleitumstand hatte durchaus auch seinen Wert, war reines Gold, dünn ausgewalzt. Und daß er wieder einmal recht behielt, zeigte sich schon Tage später. Zur Eröffnung des Ateliers kamen so viele Besucher, daß die Diener in dem Gedränge nicht einmal mehr die Getränke reichen konnten. Ihr schien, als wollte ganz Petersburg die Königin sehen, die auf dem Schafott enden mußte.

Natürlich präsentierte Vigée auch ihre aktuellen Arbeiten, vor allem das große Porträt von Jelisaweta Alexejewna, der schönen Schwiegertochter von Zar Paul, dazu ihre neusten Selbstbildnisse, Porträts von Julie und etlichen Potemkinschen Aphroditen, viele Zeichnungen, Skizzen und ihr bewährtes Hamilton-Glanzstück, doch das Porträt von Marie Antoinette überstrahlte alles. Die Besucher schritten zu dem Bild wie zu einem Altar, standen schweigend davor und betrachteten es so voller Andacht, daß der ganze Raum fast etwas Sakrales bekam. Vigée täuschte sich nicht, aber hier sah sie, wie die Ereignisse der Zeit ein schlichtes Kunstwerk in eine Ikone verwandeln konnten. Sie wagte nicht, an diese Ereignisse zu denken: der Königin der Kopf abgeschlagen, ihre drei Kinder tot, nur die älteste Tochter gegen Gefangene in Österreich ausgetauscht, alles zerstört, enteignet, vernichtet und umgebracht, eine ganze Epoche ausgelöscht, doch ihr Bild hatte überlebt. Vielleicht barg es das Geheimnis aller Kunst, die Dinge lebendig über die Zeiten zu tragen. Auf einmal war sie stolz, daß die Besucher ganz offensichtlich spürten, was ihr mit diesem Porträt gelungen war.

Eigentlich wollte sie nur für zwei Stunden das Atelier öffnen, doch der Strom riß nicht ab und einen Moment lang dachte sie an Calonne. Hätte Zar Paul den Finanzberater seiner Mutter übernommen, wäre Calonne gewiß jetzt aufgetaucht und sie hätte mit ihm ein großes Wiedersehen feiern können. Geradezu mit wohligem Genuß überließ sie sich dieser Vorstellung, als plötzlich Stanislaus Poniatowski, der König von Polen, im Raum stand. Ganz ohne Anmeldung, ganz ohne Begleitung. Sie brauchte ein paar Augenblicke, um sich dieser Ehre bewußt zu werden, dann ging sie auf ihn zu und begrüßte ihn mit dem artigsten Respekt, doch er meinte, er sei eigens hierhergekommen, um vor allen Besuchern zu sagen, daß er von dieser Künstlerin gemalt werden wollte. Für Vigée klang es fast wie eine öffentliche Liebeserklärung, was sie sichtlich verlegen machte, denn so enthusiastisch war sie noch nie um ein Porträt gebeten worden. Und schon gar nicht von einem König. Noch kein einziges gekröntes Staatsoberhaupt hatte sich bislang von ihr malen lassen und es wunderte sie nicht. Ein Regent wollte sich nun mal in Herrscherpose sehen und für das Parade-Pathos mit Zepter und Krone gab es die Scharen der Hofmaler. Sie dagegen setzte den Charakter ins Bild und sah auf den ersten Blick, das Gesicht des polnischen Königs gab dafür allen Raum. Selbst wenn Stanislaus II. im Samtmantel mit Hermelinbesatz und Ordensband zur Sitzung kommen sollte – allein wie er sprach und sich bewegte, zeigte ihr, daß er kein Machtmensch, sondern ein Bürgerkönig war. Womöglich gar ein Partisan der Vernunft. Das war reizvoll. So einen Mann konnte sie Tag und Nacht malen und sagte strahlend: »Nennen Sie mir die Stunde, die Farben für Sie sind schon gemischt.«

Mittlerweile fragte sie sich, warum sie so wenig Glück mit den Männern hatte. Andere verliebten sich unablässig und bei ihr passierte gar nichts. Dabei war sie fast jeden Abend in einem anderen Salon zu Gast, sprach mit vielen, lernte ständig neue Leute kennen, erntete auch so manchen bewundernden Blick, aber immer fuhr sie in ihrem Wagen allein nach Hause. In der Stunde der Fledermaus war keiner für sie da. An ihrem Äußeren konnte es nicht liegen. Die Fürstin Kourakin meinte sogar, hätte Potemkin sie gesehen, er hätte sie mit Geschenken überhäuft, denn er liebte schöne Frauen. Nein, ihr Aussehen ließ auch mit 42 nichts zu wünschen übrig. Zudem hatte sie viel von der Welt gesehen, an Stoff zur Unterhaltung mangelte es nicht, aber es war immer dasselbe: Mit anderen sprachen die Männer ganz unbefangen, lachten und scherzten und griffen auch mal ins vollsaftige Leben, ihr dagegen näherten sie sich jedesmal wie einer steinernen Sphinx.

Irgendwie spürte sie, ihr Erfolg machte den Männern Angst. Freund Stroganow hatte ihr jüngst erst gesagt: »Wenn man Ihnen beim Malen zuschaut und sieht, wie da etwas entsteht, für das man keine Erklärung hat und in das man sich auch nicht einbringen kann, dann kommt man sich neben einer solchen Frau recht überflüssig vor, weiß, daß man ihr nichts zu bieten hat, und macht sich lieber mit stillem Respekt aus dem Staub.« Es war zwar ehrlich, aber trostlos. Auf einmal dachte sie an Madame Kauffmann, der es offenbar mit den Männern nicht anders erging, und die Rosalba hatte gar nicht erst nach ihnen Ausschau gehalten und ihre ganze Lust von vornherein in die Farben gepackt. Anderseits sagte sich Vigée, vielleicht war es auch gut, daß ihr Erfolg die Männer verunsicherte, was zumindest ausschloß, durch eine Affäre ins Gerede zu kommen. Ob früher in Paris oder jetzt in Petersburg – diese Giftsäcke von Neidern warteten doch bloß darauf, endlich verbreiten zu können, daß sie ihre Aufträge über das Bett reinholte.

Glücklicherweise schreckten wenigstens die Frauen vor ihrem Erfolg nicht zurück und all die trüben Gedanken waren verflogen, als sie mit dem Porträt der Dolgorukina zur Fürstin fuhr, um ihr die fertige

Arbeit zu präsentieren. Natürlich hätte sie das Bild auch professionell anliefern lassen können, doch das sah ganz unpersönlich und nach einer Ware aus. Sie übergab bescheiden ihr Kunstwerk als ein Stück von sich selbst. Die Fürstin saß gerade mit ihren Freundinnen beisammen, die über die Frage stritten, ob es ein Kompliment oder eine Frechheit war, sich von ihren Männern als Nachtkatze, Haushuhn, Stubenfliege oder würziges Ragout bezeichnen zu lassen, bat Vigée heiter um eine Antwort, doch als sie sah, daß sie mit einer Holzkiste gekommen war, sprang sie auf, rief den Diener und ließ sofort die Kiste auspacken. Für Vigée kam der spannendste Moment, das Echo auf ihre Arbeit. Alle umringten das Bild und warteten auf das Urteil der Fürstin. Nach einer Weile sagte sie fast andächtig: »Sie sind die einzige Malerin, der es gelingt, die Frauen in das richtige Licht zu setzen. Sie haben meinen Ton, meine Stimmung und mein Wesen getroffen.« Dann holte sie ein Armband aus Haarflechte und legte es Vigée an. Es war übersät von Diamanten, die so kunstvoll eingearbeitet waren, daß ihr schon bei der kleinsten Bewegung der Satz entgegenfunkelte: Schmücket diejenige, die unser Jahrhundert schmückt.

Vigée stand überwältigt und begriff, daß sie in solchen Krönungsmomenten ihrer Arbeit das Glück für sich suchen mußte. Alles andere hatte seinen Platz als ein schöner Traum der Nacht. Sie fühlte sich überreich belohnt, doch die Dolgorukina meinte, das Armband sei nur das Geschenk für das Unbezahlbare eines solchen Kunstwerks, und reichte noch das vereinbarte Honorar. Vigée hatte ja schon viel erlebt, aber hier sah sie: Nur die Russen hatten ein Gespür dafür, daß mit der Kunst noch eine andere Wirklichkeit geschaffen wurde, und dafür mußte man sie lieben.

Voller Freude schwang sie sich in ihren Wagen, überlegte, zu wieviel Prozent sie das Geld anlegen sollte, sang vor sich hin, betrachtete das herrliche Armband, dachte, wenn Herr Jacques jemals auch nur die Hälfte der Diamanten in seinem Tresor gehabt hätte, hätte er sich ganz gewiß als der erste Juwelier am Platz gefühlt, fuhr in Jubelstimmung durch das dichte Verkehrsgewühl am Newski-Prospekt, genoß die Eleganz, die sie an Paris erinnerte, und plötzlich sah sie die Equipage des Zaren entgegenkommen. Ihr Kutscher hatte sie nicht bemerkt und fuhr weiter, doch sie rief ihm aufgeregt zu, sofort anzuhalten. Sie wußte sehr wohl, daß überall die verdeckten Kommissare standen, die jeden, der weiterfuhr, sofort mitnahmen, dachte an Gefängnis und Stockschläge, raffte in Panik ihren Rock, um in letzter Minute aus der Kutsche zu springen, da stand auf einmal Zar Paul vor ihr und sagte freundlich: »Ich bitte Sie, sitzen zu bleiben! Mein Befehl betrifft nicht die Fremden und schon gar nicht eine Madame Lebrun!« Dann ging er wieder zu seinem Wagen, stieg ein und fuhr weiter.

Doch Vigée saß der Schreck so tief in den Gliedern, daß sie auf dem kürzesten Weg nach Hause eilte und sich auf ihren Diwan fallenließ. Pjotr Iwanowitsch brachte sofort einen Kaffee, und erst allmählich begriff sie, daß es für die Kunst ein Ehrentag war, wie es ihn nur an der Newa geben konnte.

Gutgelaunt, so rasch mit dem Porträt von Madame Kutusow, der Frau des Feldmarschalls, voranzukommen, holte Vigée die Brünette noch zu einem abendlichen Spaziergang an die Fontanka ab, doch zu ihrer Überraschung hatte Julie das Haus voller Gäste. Sie bat die Mutter aber gleich herein, packte die Gelegenheit beim Schopfe und stellte ihr die neuen Freunde vom Theater vor.

Vigée traute ihren Augen nicht. Der große Salon voll schräger, windiger Gestalten, die weniger an Schauspieler, sondern mehr an Marktschreier, Trödler und Zechbrüder erinnerten. Einige hockten am Boden, andere lagen auf dem Diwan und lasen die Zeitung, doch die meisten saßen dicht gedrängt an der Tafel und bedienten sich üppig mit gebratenem Stint, Kaviar und Champagner. Ein paar Musiker, als Bauern verkleidet mit Kittel und Bastschuhen, spielten eine Kosaka, sangen für Julie, andere tanzten vor Julie und Töchterlein Lebrun saß mit einem goldgestickten Stirnband wie eine Mazurkakönigin am Kopf der Tafel und blühte inmitten der Bewunderung ambrosisch auf. Die Stopka, der Wodkabecher, kursierte, doch Vigée hörte nichts als den Ruf: »Julie, wo bleibt der Champagner!« Da ging die Tür auf, und Madame Charrot brachte angetrunken unter lautem Jubel in einem Eiskübel neue Flaschen herein. Vigée stockte der Atem. Nicht daß sie eine Orgie der Keuschheit erwartet hätte oder Erbauungsbücher auf den Tischen sehen wollte, aber daß hier das Geld durch die Kehlen floß, das sie verdiente, das war zuviel des Guten. Auf einmal sah sie, wie einer von diesen Bretterhelden Julie auf seinen Schoß zog, doch sie wehrte lachend ab, kam mit ihm auf die Frau Mama zu und sagte: »Übrigens, das ist Monsieur Nigris. Gaétan Nigris. Wir wollen demnächst heiraten.«

Er begrüßte die berühmte Malerin voller Ehrfurcht und Respekt. Einen Augenblick überlegte Vigée, in welche Komödie sie geraten war, ließ sich aber nichts von ihrem Entsetzen anmerken, wahrte die Contenance, entschuldigte sich mit Arbeit und verließ den Raum. Sie floh nach Hause, warf sich auf ihr Bett, starrte an die Decke und bemerkte nicht einmal mehr, daß der Regenbogen fehlte. Die ganze Nacht lag sie wach und am Morgen saß sie wie taub vor der Staffelei und glaubte, ihr Empfinden für Farben sei für immer dahin.

Da war man nun stolz, eine Tochter zu haben, die in den höchsten Kreisen der Gesellschaft Bewunderung fand, doch die junge Dame hatte nichts Eiligeres zu tun, als sich an den erstbesten Trommelschläger wegzuwerfen! Und dazu eine Gouvernante, die sie offenbar dafür bezahlte, daß sie unterbeschäftigte Komödianten mit Champagner abfüllte. Es wäre die Pflicht der Charrot gewesen, ihr zu sagen, in welche Kreise Julie da hineingeraten war, und sie hätten es rechtzeitig abwenden können. Aber nichts hatte ihr diese Natter gesagt! Hatte still das Jahrgeld kassiert und die Flaschen entkorkt. Vigée ahnte zwar die Zusammenhänge, denn sie war öfter mit Julie bei Graf Tschernischew zu Gast und wußte, daß er einer Theatertruppe vorstand, aber daß das Fräulein Tochter gleich die ganze Company zu ihren Freunden erklärte und munter freihielt, wäre ihr nicht im Traum eingefallen. Und nun auch noch einen von diesen Knatterchargen heiraten wollen! Schlimmer hätte es nicht kommen können.

Unwillkürlich mußte sie an ihre Mutter denken, die ihr ständig mit irgendwelchen Heiratsempfehlungen auf die Nerven gegangen war und dabei vergaß, daß sie keinen dieser münzschweren Sündenböcke nötig hatte, weil sie schon mit 15 die ganze Familie ernährte und ihr den Sonntagsbraten auf den Tisch brachte. Um nichts auf der Welt wollte Vigée die Fehler der Mutter bei der Brünetten wiederholen und sich anmaßen, ihr den richtigen Mann auszusuchen, aber sie sah auch den Unterschied: Julie war nicht gewillt, selber etwas zu verdienen. Dabei hätte sie als Dolmetscherin für ein Handelshaus arbeiten können, hätte als Gesellschaftsdame bei der Fürstin Bariatinsky beste Chancen gehabt, aber sie hatte ja alles nicht nötig. Das Geld kam von der Mutter und das genügte ihr. Vigée hatte nichts gegen Champagner und Kaviar, aber der mußte erst mal verdient werden. Von wegen, die Mutter arbeitete bis zum Umfallen und malte sich eine Krankheit an den Hals, damit das liebe Kind auf nichts verzichten mußte und einen großen Lebensstil entfalten konnte! Und zu glauben, nur weil die Frau Mama Erfolg hatte, konnte die Tochter die Hände in den Schoß legen, war wohl der falsche Ansatz für das eigene Glück. Noch nicht ein einziges Mal hatte Julie bislang auch nur die geringste Lust gezeigt, ihr zur Hand zu gehen. Sie hatte ihr das Leinwandschneiden und das Anreiben der Farben beigebracht, aber dazu fehlte ihr angeblich die Geduld. Selbst das kleinste Pinselchen auszuwaschen kostete sie Überwindung. Aber eine Theatertruppe großartig mit Champagner bewirten und das Geld auf den Kopf hauen, das die Mutter verdiente – dafür hatte sie reichlich Ideen!

Es war höchste, allerhöchste Zeit, Julie die Grenzen aufzuzeigen. Wenn sie am Nichtstun Gefallen fand und ein Lotterleben führen wollte, dann bitteschön. Nur das finanzierte sie nicht. Sie war Lebruns Tochter und keine Potemkinsche Nichte. Ob arm oder reich, ob mit oder ohne Revolution – es gab ein Grundgesetz des Handelns, das in allen Zeiten und für jeden galt und von dem auch ein Fräulein Julie nicht ausgenommen war: Man konnte nur das ausgeben, was man auch verdiente. Luxus war nur dann akzeptabel, wenn man ihn sich selber erarbeitete. Alles andere war Größenwahn. Ab sofort halbierte sie ihr das Haushaltsbudget und entließ Madame Charrot. Julie konnte sie gerne weiterbehalten, nur mußte sie die hilfreiche Dame dann auch selber bezahlen. Und was den Ehemann anging, so sollte sie sich gründlich überlegen, ob sie nach oben oder nach unten heiraten wollte. Wer so verwöhnt war wie sie und für nichts ein wirkliches Interesse hatte, der mußte in der Ehe sein Auskommen finden und war gut beraten, auf die Einkünfte des Mannes zu achten. Der leere Tisch bot selbst für die größte Liebe auf Dauer wenig Reiz. Nein, sie redete ihr nicht rein. Sie konnte sich in ein verkanntes Genie oder sonst einen Seiltänzer verlieben, er konnte ein Experte für alles sein, ein Dummbart oder ein Meistergeist – egal, wen sie anbrachte, nur eines sollte sie von vornherein wissen: Wenn sie ihn heiratete, dann war er ihr Ehemann und hatte für sie zu sorgen. Dann mußte sie sich auf dieses Leben einstellen, sich begnügen mit dem was er ihr bot und sehen, wie sie damit zurechtkam. Dann konnte sie nicht darauf spekulieren, daß die Mutter auch den Herrn Schwiegersohn noch finanzierte.

Das sagte sie mit allem Nachdruck, doch Julie fand die Mama bloß ungerecht und ganz gemein und rannte weinend aus dem Zimmer.

Helle Empörung löste Monate später ein Brief von Lebrun aus. Julie hatte ihm ihr Leid geklagt und geschrieben, daß die Mutter ihr kein Geld mehr geben wollte. Lebrun forderte Vigée kategorisch auf, für die Tochter sofort in angemessener Weise zu sorgen. Das war ungeheuerlich. Der Gipfel der Frechheit! Es sah ja ganz so aus, als müßte das arme Kind am Hungertuch nagen, und sie würde es bei Sauerkrautsuppe und Kleienbrot jämmerlich darben lassen. Und so was glaubte er noch! Julie gab mehr aus, als sie beide zusammen in Paris je ausgegeben hatten. Sie finanzierte ihr einen Standard, von dem sie in diesem Alter nur hätte träumen können: eine eigene Wohnung, einen eigenen Wagen, einen Kutscher, einen Pferdeknecht, einen Koch und Personal. Sie hatte eine erstklassige Ausbildung bekommen, hatte ihr die besten Sprachlehrer, Geschichtslehrer, Musiklehrer, Tanzlehrer und Reitlehrer finanziert, die Ausgaben für die Gouvernante in all den Jahren waren fürstlich zu nennen und da wagte er, sie zur Zahlung aufzufordern. Ob er sich nicht schämte! Aber es war typisch: Die Herzenstochter beschwerte sich beim fernen Vater und gleich stellte er sich hinter sie, statt erst einmal bei Vigée anzufragen, was da los war. Im übrigen hätte er ja längst auch einmal seiner Tochter einen Geldbetrag schicken können, statt den Damen seines Umgangs die Portemonnaies zu füllen. Aber sie zur Zahlung auffordern! Sie, gerade sie, die gar nichts anderes kannte, als für alle immer nur zu zahlen und nichts als zu zahlen. Gerade mal 1000 Ecus hatte er ihr in den letzten zehn Jahren zukommen lassen, und hätte sie nicht so unermüdlich gearbeitet, hätte sie auf ihrer langen Kunstreise wohl ein elendes Lagerleben führen müssen. Froh und glücklich konnte er sein, daß es nicht so gekommen war und sie ihm alle finanziellen Verpflichtungen für die Tochter abgenommen hatte. Julies Klagelied zeigte vielmehr, daß sie viel zu viel für sie gezahlt hatte. Sie hatte die Tochter verwöhnt und daraus war ein Anspruch entstanden. Das war ihr Fehler und nur den hatte sie sich vorzuwerfen. Offenbar war der Komfort schon so selbstverständlich für sie, daß ihr die Halbierung des Haushaltsbudgets bereits als der Weg ins Armenasyl erschien. Vielleicht war es generell ein Irrtum zu glauben, Kinder würden das gemachte Nest als Chance begreifen. Darüber hätte er sich mal Gedanken machen sollen, statt ihr so eine hingekleckste Forderung nach Zahlung ins Haus zu schicken!

Aufgebracht siegelte sie den Brief, überlegte, wie er am schnellsten nach Paris gelangen konnte, da wurde sie ins Vorzimmer gerufen und von einer Abordnung des Zaren überrascht. Der Hofmarschall, begleitet von zwei Flügeladjudanten, brachte ihr eine Truhe. Im Auftrag Seiner Majestät übergab er ihr das große Galakleid der Kaiserin, das Vigée vorab malen sollte. Er öffnete die Truhe, um ihr die allerhöchste Robe zu zeigen, und plötzlich schien der ganze Raum mit golddurchwirktem Brokat tapeziert. Es war kein Kleid, es war ein Kleidermonument übersät mit Diamanten, Smaragden, Saphiren und Rubinen, und es hätte sie nicht gewundert, in irgendeiner der Prunkfalten den Orlowschen Diamanten zu entdecken, von dem sie inzwischen gehört hatte, daß er einst sogar das Auge einer Brahmastatue gewesen sein soll. Ihr war mulmig zumute. Nicht weil sie bislang noch keine solche Pracht gemalt hatte, aber eine so juwelenschwere Staatsrobe im Hause zu haben, fand sie riskant und so was gar noch im Atelier zu malen, nahm ihr die

Ruhe. Wenn am Ende eines dieser Steinchen fehlte, wurde sie womöglich noch verdächtigt, es gestohlen zu haben, und an Sibirien lag ihr nichts.

Sie bedankte sich, daß ihr das Kleid der Kaiserin gebracht worden war, bat aber den Hofmarschall, es wieder mitzunehmen, und begründete es mit dem Licht. Die Lichtbrechung der Diamanten ließ sich nicht irgendwo extern, sondern nur in dem Raum malen, in dem die Kaiserin auch wirklich stand, damit der Glanz nicht punktuell blieb, sondern sich in die Transparenz des ganzen Porträts fügte. Gleich morgen früh wollte sie in den Palast kommen und mit der Arbeit beginnen.

Voller Respekt für eine so ernsthafte Künstlerin nahm der Hofmarschall die Truhe wieder mit, und sie ahnte, daß sie in den nächsten Wochen zu nichts anderem mehr kommen würde, als von morgens bis abends einen Faltenwurf russischer Pracht zu malen.

Fassungslos saß Vigée am Bett der Tochter und fragte sich, was sie ihr eigentlich getan hatte, daß sie sich derart aufführte. Außer daß es Julie zu gutging, fehlte ihr nichts und nun dieser elende Anblick! Hungern für die große Liebe. Die Wangen eingefallen, die Augen nur noch tiefe dunkle Höhlen und die ganze Gestalt so abgemagert, daß es fast schon etwas Gespenstiges hatte. Vigée konnte noch so viel ermahnen und gut zureden, es half auch diesmal nicht: Julie weigerte sich zu essen.

»Wenn ich Nigris nicht heiraten darf, bring ich mich um«, sagte sie, und Vigée dachte, da zog man nun ein Kind groß, um sich so etwas anhören zu müssen. Drohung und Erpressung – der normale Umgangston. Was gab es da noch zu reden! Die Brünette gefiel sich ja ohnehin darin, das Gegenteil von dem zu tun, was andere von ihr erwarteten, und das Ansehen der Mutter zu mindern war ihr offenbar noch ein zusätzliches Bedürfnis. Aber Vigée sah auch, Julie steigerte sich in ihrer verbohrten Entschlossenheit derart, daß ihr zuzutrauen war, sich tatsächlich aus dem Leben zu hungern. Und am Ende stand natürlich die Mutter am Pranger und war schuld an allem. An der Neidfront warteten doch einige schon ganz begierig darauf, nach bewährtem Rezept erst ihre Person und dann ihre Kunst niederzumachen. Graf Tschernischew verbreitete bereits, daß die Tochter der reichen Lebrun sich zu Tode hungerte, weil die Mutter ihr verbot, aus Liebe zu heiraten. Bereits mehrmals war Vigée darauf angesprochen worden und schon die Tatsache, sich dafür rechtfertigen zu müssen, empfand sie als eine so große Blamage, daß sie nicht mehr aus dem Haus gehen wollte. Ausgerechnet die eigene Tochter mußte sie in eine so katastrophale und peinliche Lage bringen. Daß Graf Tschernischew diese Beziehung angebahnt hatte, um seinem unfähigen Sekretär endlich eine gute Partie zu verschaffen, sparte er natürlich im Residenzklatsch aus. Dieser Nigris mochte ja ein charmanter Roulettespieler sein, aber das war auch sein einziger Beruf. Gelernt hatte er nichts und ernsthafte Arbeit war ihm fremd. Es leuchtete ihr schon ein, daß ein Müßiggänger eine Frau brauchte, von der er leben konnte, nur mußte es ja nicht unbedingt Julie sein. Dabei hatte sie der Tochter mehr als einmal gesagt: Ihren Ehemann finanzierte sie nicht. Sollte sie mit ihm vom himmlischen Manna leben oder sich sonstwie von Lufthonig ernähren – von ihr gab es kein Geld. Sie besaß schließlich keine Zauberbörse. Ob Julie das hören wollte oder nicht, doch wer soviel Energie aufbrachte, sich selbst zu ruinieren, um das Glück seines Lebens mit einer Heirat zu erzwingen, der hatte gewiß auch die Kraft, für dieses Glück tätig zu werden und notfalls selber Geld zu verdienen, um den Ehemann zu ernähren. Hundertmal hatte sie ihre Brünette angefleht, nichts zu überstürzen, abzuwarten und Nigris als Freund zu sehen, wo er ihr gewiß beste Dienste leisten konnte, aber nein, es mußte ja unbedingt sofort geheiratet werden. Wer derart begierig darauf war, in sein Verderben zu rennen, den mußte man dahin auch laufenlassen. Auf keinen Fall wollte sich Vigée dem Vorwurf aussetzen, ihre Dotschka um das Glück ihres Lebens gebracht zu haben.

»Ich werde deinen Vater um Einwilligung zur Heirat bitten«, sagte Vigée tonlos. Julie sprang auf und fiel der Mutter um den Hals. Vigée kam es so vor, als würde sie in ihren Armen nur noch Haut und Knochen halten, und konnte nicht einmal mehr Mitleid empfinden. Sie war bloß entsetzt. Tief empört und entsetzt, daß die Brünette ihr so etwas antat. Gerade jetzt hätte sie mit zur Kaiserin zu den Sitzungen gehen sollen, wie Zar Paul es gewünscht hatte, um sich mit Maria Feodorowna, einer munteren Schwäbin, in Deutsch zu unterhalten, aber in dem Zustand war Julie nicht vorzeigbar. Zwar hatte die Kaiserin selbst zehn Kinder und wußte wohl, daß da mehr als ein Ideal auf der Strecke blieb, doch schon der Anblick der abgezehrten Tochter hätte Vigée allen Schwung zum Malen genommen und nur die eine Frage vor Augen geführt: Womit hatte sie das verdient? Tief im Innern jedoch löste die Vorstellung, Julie für immer verlieren zu können, ein Gefühl von Hilflosigkeit und Verzweiflung aus. Auf einmal mußte Vigée an Marie Antoinette denken, sah die Königin vor sich, die seit dem Tod ihrer jüngsten Tochter vom Unglück gezeichnet war und ihr damals gesagt hatte: »Glauben Sie mir, sein Kind begraben zu müssen ist das schlimmste, was es gibt. Schlimmer kann es im Leben nicht kommen.« Nein, Vigée durfte sich keine Vorwürfe machen, denn unter den gegebenen Umständen blieb ihr nichts weiter übrig, als diese Heirat zu billigen.

Weil sie Julies Mißtrauen kannte, ließ sie sich ein Blatt Papier bringen und schrieb demonstrativ vor ihren Augen den Brief an Lebrun. In Gottes Namen bat sie um Zustimmung für das Glück ihrer einzigen Tochter. Jeder Buchstabe kostete sie zwar Überwindung, alles in ihr sträubte sich, der Magen drückte, es würgte im Hals, aber Vigée sagte sich, bevor die Brünette Ernst machte und für diesen Mann aus der

Welt ging, sollte sie lieber mit ihm alle Täler durchwandern. Offenbar mußte in der Liebe jeder seine Erfahrungen selber machen und erst das ganze Elend kennenlernen, bevor er wieder zur Vernunft kam. Und doch empfand sie es als eine persönliche Tragödie, ihre Tochter nicht davor bewahren zu können, sondern ihr den Willen zu lassen, auch wenn sie wußte, daß es zu ihrem Schaden war.

Damit Julie nicht dachte, die garstige Frau Mutter würde das Einholen der Zustimmung nur vortäuschen und den Brief in Wirklichkeit gar nicht abschicken, ließ sie ihn auf dem Tisch liegen und bat sie, ihn selber auf den Weg zu bringen. Mehr für die Allereinzigste war nicht zu tun.

Ein Jubelbrief riß sie aus der düsteren Stimmung. Ménageot teilte ihr die große Zeitungsneuigkeit mit, daß 255 Künstler, Schriftsteller und Gelehrte eine Petition unterschrieben hatten, die Malerin Elisabeth Vigée-Lebrun von der Verbannungsliste zu streichen und zum Ruhme des Vaterlands wieder nach Frankreich einreisen zu lassen. Die gesamte geistige Elite des Landes hatte sich für sie eingesetzt, allen voran ihre Malerkollegen Jacques-Louis David, Carle Vernet, Houdon, Fragonard, Greuze, Vien, Robert, Lagrenée, Regnault, Girodet, Prud'hon, Pajou, Isabey – sie las die lange Liste der Namen und kämpfte mit den Tränen. Auf einmal kam es ihr so vor, als hätte sie mit ihrer Kunst Brücken geschlagen über die Abgründe der Zeit, und war stolz, instinktiv das Richtige getan zu haben. Wer bekam schon einen solchen Rückruf!

Ménageot hatte es sich nicht nehmen lassen, auf beiliegendem Ziegenpergament in schönster Schrift den ganzen Wortlaut der Petition abzuschreiben, damit sie sich dieses Dokument in Gold rahmen konnte, denn immerhin bedeutete es das Ende einer langen Kunstreise. Inzwischen war zwar das Direktorium durch einen Staatsstreich abgelöst, und es gab jetzt ein Konsulat mit einem ersten Konsul namens Napoleon Bonaparte, aber Ménageot wußte aus allerhöchster regierungsamtlicher Quelle, daß die Einreisepapiere für sie bereits in Arbeit waren. »Ihr Ruhm hat Ihnen die Bürgerrechte zurückgebracht, und ich hoffe, daß ich der erste bin, der Ihnen diese frohe Botschaft überbringen kann. Das Echo auf die Petition ist enorm und wie ich höre, soll Ihnen zu Ehren im *Salon* eine große Ausstellung vorbereitet werden, wo jeder Kollege Sie mit seinem Lieblingsbild begrüßen wird.«

Vigée mußte sich erst einmal mit einem Kaffee beruhigen, um den langersehnten Moment zu verkraften. Seit Jahren hatte sie darauf gewartet und nun war endlich der Weg zurück in ihre Arche frei. Eigentlich hätte sie Luftsprünge machen müssen, doch sie spürte, die Fähigkeit zur Freude war ihr abhanden gekommen. Die Geschichte mit Julie lag wie Blei auf ihrer Seele. Sie fühlte sich von nichts mehr getragen, nur noch von allem erdrückt, matt und ausgebrannt: Das Brio war entwichen.

Dennoch eilte sie sofort zu Jean Baptiste, um die frohe Nachricht zu verkünden, doch auch er war nur gedämpft begeistert. Zur Zeit hatte er mehr Aufträge denn je für Miniaturkopien ihrer Bilder, malte sie inzwischen wunschgemäß sogar auf Tabaksdosen; die Vorbestellungen für Kopien ihres Maria-Feodorowna-Porträts nahmen kein Ende und alles lief so glänzend, daß er meinte: »Gerade jetzt zurückzukehren, wo Sie so gefragt sind und auch ich zum ersten Mal richtig verdiene, ist keine gute Geschäftsidee.«

Vigée sah es nicht viel anders. Um all die Aufträge, die sie angenommen hatte, auszuführen, brauchte sie mindestens noch ein Jahr, zumal Zar Paul den Wunsch geäußert hatte, daß sie nach seiner Frau auch noch seine Söhne malen sollte. »Trotzdem«, sagte Jean Baptiste, »die Verbannung ist aufgehoben, Sie sind nicht mehr die Feindin der Republik, sondern wieder die erste Malerin Frankreichs, und darauf lassen Sie uns trinken!«

Doch Vigée hatte es eilig und bat ihn, am Abend auf einen Wein zu ihr zu kommen, denn jetzt stand erst einmal der große Tag mit dem großen Festakt bevor und dafür mußte sie dringend zum Schneider. Zur Aufnahme als Mitglied der Akademie der Künste hatte sie in vorgeschriebener Robe zu erscheinen: kleine violette Weste mit kurzen Schößen, gelber Rock und schwarzer Federhut. Sie fand, sie sah in diesem Amazonenkostüm wie ein kämpferischer Blaustrumpf aus, doch der Tailleur meinte, genauso wollte man sie sehen, und sagte, daß für dieses Zeremoniell inzwischen so viele Damen Kleider bei ihm bestellt hatten, daß es fast so schien, als wollte ganz Petersburg an dem Ereignis teilnehmen. Vigée wußte bereits von Graf Stroganow, was auf sie zukam: im großen Galeriesaal der Akademie, wo links und rechts die Zuschauertreppen aufgestellt waren, in der Mitte an ihnen vorbei auf einem langen Gang unter den Klängen der Festmusik auf den Präsidenten zuschreiten, um von ihm im Auftrag des Zaren das Diplom der schönen Künste in Empfang zu nehmen.

In einem Kleid ihrer Wahl hätte sie sich bei einem so ehrenvollen Spießrutenlauf ganz gewiß wohler gefühlt, aber wenigstens die Schuhe waren nicht vorgeschrieben. Die Schuhe mußten wieder einmal alles retten und die Seele stützen.

Julies Heirat war eine einzige Peinlichkeit, doch Vigée ließ sich nichts anmerken. Sie schenkte ihrer Tochter ein diamantenes Armband mit dem eingefaßten Bild des fernen Papas, und als Mitgift bekam sie den gesamten Ertrag all ihrer Petersburger Porträts, hinterlegt bei ihrem italienischen Bankier. Als sie ihr die stattliche, russisch-fürstliche Summe überschrieb, ahnte sie zwar, daß schon in kurzer Zeit nichts mehr von dem schönen Geld übrig war, daß alles verjubelt, verschleudert und ohnehin für die Katz war, aber Vigée wollte sich nicht nachsagen lassen, ihre Tochter nicht standesgemäß ausgesteuert zu haben.

Von Lebrun gab es gute Wünsche und Gottes Segen

für sein allerliebstes Töchterlein, woraus sie schloß, daß seine Vermögensverhältnisse konstant geblieben waren: kein Geld, aber viel schöne Worte.

Mit diplomatischer Miene nahm sie an der Trauung teil, doch als der Bräutigam vor Betreten der Kirche sie um ein paar Dukaten bat, damit er etwas in den Klingelbeutel legen konnte, waren ihre schlimmsten Befürchtungen noch übertroffen. Sie schämte sich. Daß die Brünette so tief unter ihrem Niveau heiratete, empfand sie wie ein persönliches Versagen. Ganz Petersburg war voll der tüchtigsten jungen Männer, aber für Julie mußte es ja dieser Wirdnichts und Hatnichts sein, der offenbar darauf setzte, von den milden Gaben der Schwiegermutter seinen Lebensunterhalt bestreiten zu können. Vigée hatte nur noch das Gefühl, die Blamierte zu sein, und ahnte, was auf sie zukam: Jetzt, wo sie Mitglieder der Zarenfamilie malte und unter größter öffentlicher Beobachtung stand, bot eine derart schlechte Partie einen willkommenen Anlaß, ihre Person mit Schadenfreude, Hohn und Spott zu überziehen, und gab der Mißgunst der angestellten Hofmaler neue Nahrung. Auf diese Weise ins Gerede zu kommen war reines Gift. Es reichte schon zu wissen, wie sehr ihre Freunde sie bedauerten und ihr insgeheim zu verstehen gaben, sie hätte nicht so viel arbeiten, sondern sich mehr um ihre Tochter kümmern müssen, statt sie einer leichtfertigen Erzieherin zu überlassen.

Vigée glaubte plötzlich, wie eine schlechte Mutter dazustehen, vom Ehrgeiz besessen und egoistisch, fühlte sich in allem gescheitert, wollte nichts mehr hören, nichts mehr sehen, warf sich in die Kutsche und floh nach Moskau. Von hier bekam sie fortgesetzt die verlockendsten Einladungen und hier stürzte sie wie zur Betäubung an die Staffelei. Sie wußte nicht mehr, leerte sich ihr Kopf oder leerten sich die Farbtöpfe, dachte sie überhaupt noch nach oder war ihr das Malen bloß angeboren wie dem Seidenwurm das Spinnen, vergaß Porträt um Porträt das Fiasko mit der Tochter, narkotische Wochen, narkotische Monate und als sie zurückkam, stand die Welt kopf. Zar Paul war ermordet worden, und Petersburg lag im Jubel. Sie dachte sofort an Umsturz und Revolution, kämpfte sich zwischen Freudenfeuern und singenden Menschen im Straßengewühl zu ihrer Wohnung durch, wo sie schon Jean Baptiste und etliche Freunde ungeduldig erwarteten. Alle sprachen aufgeregt durcheinander: Der skrupellose Zubow soll es gewesen sein, in der Nacht soll er den Zaren im Armstuhl erdrosselt haben.

Vigée ließ einen heißen Tee kommen und mußte erst einmal ihre Gedanken in einem langsamen Nacheinander auf die neue Situation einstellen. Sie zog sich in ihr Atelier zurück, setzte sich an den Kamin und sah die Post durch. Einladungen, Anfragen, Aufträge und mittendrin ein Brief von Lebrun mit der Nachricht, daß die Einreisepapiere für sie in Berlin bei Bankier Ranspach hinterlegt waren. Sie las den Satz mehrere Male, als müsse sie sich vergewissern, kein Wort übersehen zu haben, und plötzlich rückte das politische Großgeschehen in den Hintergrund. Sie sah nur noch die eigene Dramatik. Jetzt, da die letzte Gewißheit einen amtlichen Stempel trug, konnte sie sicher sein, daß sie ein für allemal von der Verbannungsliste gestrichen war und nichts mehr zu befürchten hatte. Jetzt war der Weg nach Hause frei. Am liebsten wäre sie auf die Straße hinausgerannt und hätte ihr eigenes Freudenfeuer angezündet, doch sie wollte nicht mißverstanden werden, denn Zar Paul hatte ihr nur Gutes getan.

Sie wußte im Moment nicht, ob sie anwesend oder abwesend war, saß vor ihrem Postkorb, genoß den Tee, der nach der langen Frostfahrt einem Göttertrank glich, und fühlte, daß jetzt der richtige Zeitpunkt für sie gekommen war. Natürlich hätte sie hier Wurzeln schlagen und steinreich werden können. Sie hatte es ja gerade in Moskau erlebt. Der Gouverneur der Stadt hatte sie beschworen zu bleiben. Sie sah Marschall Soltykow vor sich, sah, wie sich über sein Champagnerlachen nach der fünften Stopka so eine Wodkaschwermut legte, und hörte das Geläut seiner Worte: »Die Moskauer lieben Ihre Bilder, denn sie haben Ausdruck und Tiefe und jeder sieht, Ihre Farben folgen wie die Worte von Karamsin den eigenen Lichtbahnen. Bleiben Sie bei uns in der Krönungsstadt. Für immer. Pour toujours!« Das Doppelte wie in Petersburg wollten sie ihr in Moskau zahlen, alles klang einmalig und verheißungsvoll, ganz nach wasserhellem Diamant, doch um steinreich zu werden, dafür war ihr der Preis zu hoch. Es hätte Routine und

Gewohnheit bedeutet und am Ende kopierte sie nur noch sich selbst. Aber eine Galerie des Immergleichen konnte sie sich nicht leisten. Sie hatte einen Namen zu verlieren. Die Kunstliebhaber in ganz Europa schätzten ihre Arbeiten und mit jedem gelungenen Porträt stiegen die Erwartungen. Unverbesserlich gut genügte bei andern, nicht bei ihr. Ihre Bilder sollten die Vollendung selber sein, sollten leben, atmen, sprechen, sollten Geist, Grazie und weiß der Teufel was haben, und wenn ihr nichts mehr dazu einfiel und alles nur noch in einem kalten, abgestandenen Kolorit endete, dann nützte ihr auch das schönste Honorar nichts und mit dem großen Namen war es über Nacht vorbei. Den verlor sie noch schneller als irgendeinen schönen Bankbesitz. Freilich wußte sie, daß der erste Franc schwerer zu verdienen war als die zweite Million, aber wichtiger als alles Geld der Welt war jetzt die Zeit zum Experimentieren. Noch war das Geheimnis ihrer Palette nicht entdeckt worden. Doch daß sie die Farbe des Lebens in der Farbe der Haut gefunden hatte und mit dieser Untermalung die darüberliegenden Farben zum Blühen brachte – auf diesem Erfolg wollte sie sich nicht ausruhen. Die Haut war nun mal der Spiegel des Gemüts und ihre Farbe ein Reflex auf seine Wandlung, und hier mußte sie neu ansetzen. Die Wandlung, das war es: im Sichtbaren das Unsichtbare zeigen, das Licht im Schatten malen und die Magie des Farbenscheins erhöhen. Sie sah die Steigerung schon vor sich, doch da platzte Jean Baptiste herein und rief sie zu den Freunden, denn es gab aufregende Neuigkeiten. Aber sie blieb sitzen und sagte: »Jetzt ist es Zeit, in die Arche zurückzukehren.«

Strahlend überbrachte Graf Stroganow den ersten Auftrag des neuen Zaren, der von Madame Vigée-Lebrun, der Königin aller Maler, ein Reiterbild und ein Brustbild haben wollte, und gratulierte ihr zu dieser außerordentlichen Ehre, die so noch keinem Künstler widerfahren war. Doch Vigée, die gerade dabei war, ihre begonnenen Arbeiten zu beenden, nahm keinen neuen Auftrag mehr an und bat stattdessen um eine Abschiedsaudienz. Stroganow war bestürzt und beschwor sie, keinen Fehler zu machen. Gerade jetzt, wo sie zur bevorzugten Malerin des Zarenhauses aufgestiegen war, jetzt, wo sie Ruhm und Geld zu den Sternenhöhen führten und ihre Gemälde an herausragender Stelle in der Ermitage plaziert waren, jetzt ihrem traumhaften Erfolg den Rücken zu kehren – das konnte kein Irdischer begreifen.

Sie blieb dabei, nahm aber Tage später zur Abschiedsaudienz ihren großen Skizzenblock und ein paar Pastellstifte mit und betrat nicht ohne Bange das kaiserliche Privatgemach im Winterpalais. Gerade diejenigen zu enttäuschen, die ihre Kunst so hoch schätzten, hatte sie bislang stets zu vermeiden gewußt, aber jetzt war ihre Situation eine andere. Zar Alexander, der Enkel der großen Katharina, stand vor ihr, gerade mal 24 Jahre, und neben ihm seine Frau

Jelisaweta Alexejewna, die schöne blonde Seele aus Deutschland, die sie schon als Großherzogin gemalt hatte. In einem geschmeidigen Französisch fragte er, weshalb sie Rußland verlassen wollte.

Vigée konnte ihm ja nicht sagen, wie es in Wahrheit um sie bestellt war: Nie hatte sie mit Schaffenslust gegeizt, aber jetzt stockten die Farben. Sie spürte dieses Fließen nicht mehr, nichts ruckte an, sie war ohne Feuergefühl, leer und ausgebrannt. Selbst den Geruch von Firnis, Lack und Öl ertrug sie nicht mehr. Sie brauchte Entfernung von allem, um wieder in ihren Rhythmus zu finden, den sie durch das Desaster mit der Tochter verloren hatte. Erst recht nichts erwähnte sie von der Notwendigkeit, Neues auszuprobieren, um zu einer Steigerung zu kommen, was den Rückzug in die Arche erforderlich machte, sondern begründete Seiner Majestät alles mit der Gesundheit, die schwer angeschlagen war.

Zar Alexander bot ihr sofort seinen Sommersitz zur Erholung an, wo ihr seine Ärzte zur Verfügung standen, sie sollte das Pferd der Kaiserin bekommen, um zu reiten und mehr Bewegung zu haben, und plötzlich waren die Gesichter der beiden so anteilnehmend, der Ausdruck so bewegt und authentisch, das Blickgespräch mit ihnen so intensiv und berührend, daß sie spontan ihren Skizzenblock holte und aus der Stimmung des Augenblicks alla prima zwei Pastelle entstanden, von denen sie sofort sah, daß sie geglückte Vorlagen für Ölporträts waren. »Irgendwann später«, sagte sie, »werde ich Ihnen die beiden

Bilder zuschicken«, doch Zar Alexander wollte von ihr nur eins: das Versprechen wiederzukommen, und sie gab es ihm.

Sie gab es auch Graf Stroganow, der fast täglich kam, bei ihr im Atelier saß und betrübt zusah, wie sie Porträt um Porträt beendete. Als er spürte, daß ihr Entschluß unwiderruflich feststand, sprach er nur noch von ihrer baldigen Rückkehr und brachte das teuerste vom Teuren, einen weißen Wolfspelz, legte ihn ihr über die Schulter und sagte beschwörend: »Fürchten Sie sich nicht vor dem russischen Winter. In diesem Pelz können Sie in der kältesten Jahreszeit reisen und werden niemals nicht frieren. Niemals nicht. In doppelter Verneinung.« Dann umarmte er sie so tiefbewegt, daß ihr die Tränen kamen.

Nur Julie ließ alles unberührt. Sie empfing die Mutter mit einem so kalten abweisenden Blick, als wollte sie ihr sagen, daß man bei ihr nicht nach dem Rechten schauen müsse. Vigée bereute es schon gekommen zu sein, denn als Kontrolleur wollte sie sich nicht behandeln lassen. Eine Schar schräger Vögel, dieses ganze Geheck von Faulenzern und Nichtstuern lungerte am hellichten Tag um den Tisch herum, stritt über die schönste der sieben Totsünden, Monsieur Nigris lag auf dem Diwan, kurierte seinen Schnupfen mit Wodka und Hustensaft und warf den beiden sibirischen Windspielen gelangweilt ein paar Knochen zu. Die Gläser vom Vorabend standen noch auf dem Tisch und es genügte ein Blick, um zu sehen, daß sich die Wohnung in eine Trink- und Tanzstube verwandelt hatte. Nur kurz wandte sich Vigée der jungen Ehefrau zu: »Und? – Bist du jetzt glücklich?«

Julie deutete auf Nigris. »Sieh ihn dir doch an! Kann man mit so einem glücklich sein?«

»Ich habe ihn dir nicht ausgesucht«, entgegnete Vigée.

»Ich werde bald nachkommen, aber allein.«

»Dann mußt du zu deinem Vater gehen«, sagte Vigée und wunderte sich nicht, daß ihre Befürchtungen eingetroffen waren. Nun sollte sich Lebrun mal an seiner Herzenstochter erfreuen. Sie hatte zwölf Jahre das Vergnügen gehabt. Jetzt war er an der Reihe. Vigée ahnte zwar, daß ein neues Drama ins Haus stand, aber sie wollte sich damit nicht mehr beschäftigen. Sie hatte genug von den Verrücktheiten. Julie hatte dieses Leben gewollt, und mehr als den Kindern ihren Willen lassen, konnte man nicht. Nun mußte sie sehen, wie sie damit zurechtkam.

Vigée verabschiedete sich von Madame Nigris freundlich wie von einer fernen Verwandten und traf von Stund an mit Jean Baptiste die Reisevorbereitungen. Auch für ihn war es der richtige Zeitpunkt, denn dank seines Vaters hatte er inzwischen in Deutschland einen schönen Posten als Diplomat in Aussicht, was eine ganz andere Zukunft eröffnete, als ewig der Kopist einer berühmten Malerin zu sein. Aber Jean Baptiste hatte glänzend an ihrer Seite verdient, und als wohlhabender Mann nach Hause zu kommen war nicht die schlechteste Empfehlung.

Pjotr Iwanowitsch, ihr Atelierdiener, half ihm tagelang beim Zusammenrollen und Verstauen der Bilder, hatte für Madame Vigée noch ihre geliebten Arbusen, diese herrlichen Wassermelonen aus Astrachan besorgt, dazu etliche Flaschen Sbitin, gepfeffertes Honigwasser, wie es die Bauern nur sonntags tranken, und natürlich ein Fäßchen Braga, denn ohne Hirsebier war eine so lange Reise nicht auszuhalten. Schließlich brachte er noch einen Packen Wischlappen, die sie in der heißen Sonne unbedingt naß auf ihr Kutschendach legen sollte, um es etwas kühler zu haben, und dachte bis zur letzten Minute wie immer an alles.

Sie überreichte ihm einen so stattlichen Geldbetrag, daß er ihr überglücklich gestand, jetzt heiraten zu können, und dann brach sie in aller Herrgottsfrühe mit Jean Baptiste auf. Er in seinem Wagen, sie in ihrem Wagen und plötzlich überkam sie eine wehmütige Stimmung, die von Stunde zu Stunde Meile um Meile stieg. Sie wußte nicht, verließ sie ihr neues Zuhause, um in ihr altes zurückzukehren oder empfand sie das alte als das neue, fragte sich, wo überhaupt ihr Zuhause war, lag es an der Newa oder an der Seine, war es das Französische in Petersburg oder das Russische in Paris oder war es vielleicht gar kein Ort, sondern bloß ein Stück Leinwand und sie eine Malerin auf Wanderschaft im Heimatland Farbe. Sie fand keine Antwort. Alles in ihr stand kopf. Sie spürte das dumpfe harte Schlagen der Räder, konnte in dieser rollenden Herberge nicht schlafen und nicht wach sein, glaubte durch eine ausgetrocknete welke Landschaft zu fahren, jeder Baum eine Trauerweide, jede Blume ein Hundsveilchen, jede Wiese bloß Borstengras, die Sonne ein Dämmerschein, der Himmel ein Geröll und überall fliehendes Licht. Sie konnte nicht mehr unterscheiden, ob dies ihre Vorstellung oder die Wirklichkeit war, ob es sich um ein Bild oder um ein Nachbild handelte, war nicht krank genug, um Schmerzen zu haben, aber auch nicht gesund genug, um sich wohlzufühlen, und wurde durch ein lautes Stimmengewirr aus ihren Gedanken gerissen.

Daß Zollbeamte nicht unbedingt den Christusköpfen von Raffael glichen, daran war sie längst gewöhnt, aber in Berlin kamen sie ihr wie eine Horde Barbaren vor. Spät am Abend stand sie vor dem Stadttor, das spärlich von ein paar Pechfackeln erleuchtet war. Trotz strömenden Regens befahlen sie ihr, auszusteigen und sich nicht vom Fleck zu rühren. Dann fielen sie über die Kutsche her, durchwühlten alles und kehrten das Unterste zuoberst. Sie öffneten die Bettsäcke, die Kisten mit dem Malgerät, machten sich an den Bildern zu schaffen und wollten sie aufrollen, um zu prüfen, ob sie in den Rollen zu verzollende Waren versteckt hatte. Vigée wurde schreckensbleich. Wenn die Pastelle naß wurden, waren sie vernichtet. Die Studienköpfe vom russischen Kaiserpaar unwiderbringlich verloren und für keine Ölkopie mehr zu gebrauchen. Sie geriet in Panik. Der Zöllner sagte etwas in barschem Ton, aber sie verstand kein Deutsch, schrie auf ihn ein, riß ihm die Bilderrollen aus der Hand und hüllte sie in ihren Mantel. Trotz Schnauzen und Drohen – sie dachte nicht daran, auch nur eine einzige davon auszuhändigen. Die Zöllner waren nicht gewillt, sich noch länger mit ihr im Regen zu streiten. Kurzerhand ließen sie die Kutsche in ein finsteres Gewölbe schieben und gerichtlich versiegeln. Ein Inspektor – grand, gris, gros, gras – postierte sich in seiner ganzen Amtsherrlichkeit – groß, grau, dick und fett – vor ihr auf und gab zu verstehen, daß der Wagen beschlagnahmt war und zur weiteren Prüfung auf der Zollstation zu verbleiben hatte. Der Weg zum Hotel *Stadt Paris* war einer Dame zu Fuß durchaus zuzumuten.

Sie hatte ja schon viel erlebt, aber das war ihr noch an keinem Stadttor Europas passiert. Wäre sie in Begleitung einer Eskorte berittener Jäger gekommen oder als bedeutende hochgestellte Person in einem Galawagen sechsspännig eingereist, wäre sie respektvoll durchgewunken worden, aber der gewöhnliche Bürger zählte hier offenbar wenig und durfte schikaniert werden. Sie kam aber nicht aus einem Kuhdorf von nahebei und nicht von einem kleinen Lustritt, sie kam von weither aus dem lichterfunkelnden Petersburg, war von den Strapazen der Reise völlig erschöpft und niemand konnte ihr zumuten, mit ihrem Bettsack auf den Schultern im strömenden Regen durch diese ländlich schändlichen Straßen zum Hotel zu stapfen. Und noch nicht mal einen Mietwagen gab es hier! Wäre Prinz Heinrich nicht so schwer erkrankt, hätte sie gleich in Rheinsberg, auf der Insel der Kalypso, Station gemacht und sich dieses Berlin mit seinen Zollkriegern erspart. Aber sie sah auch nicht ein, sich derart willkürlichen Maßnahmen zu beugen, und bestand darauf, entweder in ihrem Wagen zum Hotel zu fahren oder sich auf der Zollstation in ihm so lange aufzuhalten, bis die Herren geklärt hatten, ob sie für ihre Bilder eine Gebühr zu entrichten hatte oder nicht.

Weit nach Mitternacht fiel endlich die Entscheidung, und sie fuhr in Begleitung eines angetrunkenen Zollbeamten mit ihrer versiegelten Kutsche am Hotel vor. Der Portier musterte sie wie eine Banditenbraut, die gefaßt worden war, zumal der Zöllner wie ein Gendarm sich demonstrativ neben ihrem Wagen postierte, als müßte er sichergestelltes Diebesgut bewachen. Sie war zu müde, um sich auch darüber noch aufzuregen, sondern spürte nur, hier hatte die Luft eine schlechte Akustik. Sie fühlte sich wie kurz vor einem Gallfieber, bei dem nicht mal mehr ein krampfstillendes Mittel half, fand kaum Schlaf und ließ gleich am nächsten Morgen Bankier Ranspach zu sich bitten, damit er die Angelegenheit für sie klärte. Ranspach dachte gar nicht daran, sich mit dem Zollinspektor auseinanderzusetzen, sondern meldete den Vorfall sofort dem Hof. Eine Stunde später erschien der Direktor der Oberzollverwaltung im Hotel, um sich höchstpersönlich in aller Form für das ganz und gar ungerechtfertigte Betragen seiner Beamten zu entschuldigen. Sofort wurde von der Kutsche das Amtssiegel entfernt und ihr versichert, daß der Zöllner wegen Trunkenheit im Dienst umgehend entlassen wurde. »Verfahren Sie nicht zu streng mit ihm«, erwiderte sie, »immerhin war er nüchtern genug, die Bilder nicht aufzurollen. Das Wichtigste ist jedenfalls gerettet.«

Unerwartet kündigte der Portier einen Besucher an. Er hatte den Satz noch nicht beendet, da stand der Gesandte der Französischen Republik vor ihr. Die dreifarbige Kokarde an seinem Hut war für sie ein Anblick, an den sie sich erst gewöhnen mußte. Er begrüßte die Bürgerin Vigée-Lebrun offiziell im Namen der Republik und drückte seine Freude darüber aus, daß sie nach erfolgreichem Kunstaufenthalt im Ausland jetzt nach Frankreich zurückkehrte, wo Friede und Ordnung wieder hergestellt waren. Er gab sich die Ehre, sie und Monsieur Ranspach zum Diner zu bitten. Zwar hellte das den Tag etwas auf, aber am liebsten hätte sie bloß die Reisepapiere entgegengenommen und Berlin auf der Stelle wieder verlassen. Sie hatte das untrügliche Gefühl, diese Stadt konnte man nur mögen, wenn man ihr den Rücken kehrte. Jetzt bereute sie, seinerzeit ihrem preußischen Weltbürgerprinzen leichtfertig versprochen zu haben, die Frau seines Großneffen zu malen. Allein die Vorstellung, vielleicht noch tagelang in dieser Funzelresidenz ihre Zeit versitzen zu müssen, um auf einen Porträttermin zu warten, trübte ihre Stimmung so sehr, daß sie überlegte, ob sie ihr Gepäck überhaupt ausladen lassen sollte oder ob es nicht besser war, Erschöpfung und Krankheit nach Charlottenburg zu signalisieren und sich guten Gewissens auf den Heimweg zu machen. Während sie darüber nachsann, wie sie sich am besten aus der Affäre ziehen konnte, erschien ein Offizier der Garde und überbrachte ein Billett Ihrer Majestät der Königin.

Tage später stand Vigée im Potsdamer Schloß. Sie hatte sich vorgenommen, die Sitzung so schnell wie möglich hinter sich zu bringen. Ohne jeden Aufwand, eine Pastellstudie, mehr nicht und anschließend im gestreckten Galopp in die ersehnte Farbenpause, aber als die Königin Luise im großen Audienzsaal auf sie zukam, vergaß Vigée all ihre Vorsätze. Sie war von dem Anblick so übertäubt, daß sie glaubte, eine Erscheinung zu haben. Obwohl die Königin gerade ihr sechstes Kind geboren hatte, kam sie ihr wie die Göttin der Keuschheit vor, unberührt, makellos, ein Diamant vom ersten Wasser. Sie sah sofort, daß die Königin nicht wie so manche der Weltgrößen vorher Weinsuppe gelöffelt hatte, um eine schön durchblutete Haut zu bekommen, und sich auch nicht zur Ader gelassen hatte, um weiße Hände präsentieren zu können, nein, die preußische Königin hatte das alles nicht nötig. Mühelos kam sie mit ihr ins Gespräch und versuchte dabei wie immer das Wesen ihres Gegenübers zu erfassen und ins Bild zu setzen. Doch plötzlich war ihr, als würde die Königin nicht mit einer normalen Stimme sprechen, mit schlichten klargeformten Worten, vielmehr schien es, als tönte ihre Seele. Diese Stimme wehte sie an, wirkte wie hingehaucht, fast beiläufig und doch so bestimmend, daß Vigée meinte, allein dieser Klang würde den Pastelltönen ganz von selbst einen aufregend lichtrosigen Schimmer geben, der die Farbwirkung steigerte. Einen Augenblick fragte sie sich, ob sie wirklich zeichnete oder nur verzaubert war. Die Anlage gelang aus dem Stegreif und die Skizze im Handumdrehen. Da brachte die Oberhofmeisterin die Kinder Ihrer Majestät herein und riß sie aus der Stimmung. Die Königin stellte sie ihr vor, sagte lächelnd: »Schön sind sie nicht«, und Vigée dachte nur, wenigstens hat sie einen realen Blick und preist sie nicht jetzt schon als die gottbegnadeten Prachtprinzen an.

Damit das Gesicht Ihrer Majestät Mütterlichkeit ausstrahlte, setzte Frau von Voß den Kronprinzen ihr direkt gegenüber. Vigée haßte Eingriffe, die den zeichnerischen Schwung unterbrachen, und sah wieder einmal, daß diese alten Hofdrosseln aus dem abgerollten Jahrhundert die reinste Plage waren. Nach all den jüngsten Erfahrungen wußte sie ohnehin nicht, wo das Mütterliche im Gesicht zum Vorschein kommen sollte und wie es auszusehen hatte. Womöglich junge Frau mit Opferblick, Madonna der Barmherzigkeit, Hüterin des Familienglücks, in der Hand das Elementarbuch, in den Augen ewige Nachsicht und Verständnis – ihr reichte es zu zeigen, wie die Königin Luise war: jung, frisch, strahlend, voller Liebreiz und Lebensfreude. Darin lag Mütterlichkeit genug. Sie war 25, sah aus wie 16, und wenn Madame Voß das Porträt einer pädagogischen Betschwester erwartete oder sonst einer Tugendwächterin für Leib und Seele, dann mußte sie das ihren Hofmalern in Auftrag geben. Vigée malte nur das, was sie empfand, und bat die Herrin des Protokolls, nicht länger bei der Arbeit zu stören.

Es blieb nicht bei dieser einen Sitzung. Vigée hatte es auch gar nicht mehr eilig. Sie fertigte mehrere Kopfstudien, sogar eine Halbfigur, denn ein solches Modell war ihr noch nicht begegnet. Sie hatte ja schon viele schöne Frauen gesehen und so manche Potemkinsche Nichte, aber bei der preußischen Königin wurde die Vollkommenheit der Erscheinung überstrahlt mit diesem Ausdruck von Tatlust, der so einmalig war, daß es ihr schien, als müßte dafür die Farbe noch gefunden werden.

Das königliche Angebot, im Schloß zu wohnen, schlug Vigée aus. Sie wollte nicht, daß ihretwegen eine Hofdame ihr Zimmer räumen mußte. So was machte nur böses Blut. Sie mietete sich nebenan in einem kleinen Gasthof ein, wo es einen unübertroffen schlechten Frühstückskaffee gab, fuhr aber zwischen den Sitzungen im Wagen der Königin auf die Pfaueninsel, saß auf ihren Wunsch neben ihrer Loge im Potsdamer Theater, entrollte für sie die Pastelle des russischen Kaiserpaars, die sie so hinreißend fand, daß sie die Studien gleich behalten wollte, spannte das Poniatowski-Porträt und ihre *Sibylle* noch einmal in den Rahmen und bekam den Auftrag, alles zu kopieren. Selbstverständlich von eigener Hand. Sie genoß die Nähe dieser Engels-Königin und spürte, wie sich das Gefühl von Leere und Ausgebranntsein verlor.

Doch es war nur eine kurze Zeit, denn Luise mußte den König ins Manöver nach Magdeburg begleiten. Vigée wurde so hoch im voraus bezahlt, daß an die ersehnte Malpause vorerst nicht zu denken war. Sorgfältig packte sie ihre Studien in die Kutsche, schob das Reisebesteck unter ihren Sitz, in dem sie den gesamten Schmuck und das Bargeld verwahrte, und bestellte die Pferde zu fünf Uhr morgens. Sie bedauerte bloß, daß es Postklepper waren und keine Flügelrösser, die sie auf der Stelle in die Arche hätten bringen können.

Je näher sie Paris kam, um so mehr nahm die Aufregung zu. Sie fürchtete, kein Aufnahmevermögen für die Fülle der Veränderungen zu haben und ihnen so plötzlich auch gar nicht gewachsen zu sein. Es reichte schon, daß ihre Mutter gestorben war, denn daß sie Frau Jeanne einmal nicht mehr wiedersehen könnte, lag jenseits ihrer Vorstellung. Aber vielleicht war das nur der Anfang, und sie mußte auf weitere schlimme Nachrichten gefaßt sein. Am liebsten wäre sie ausgestiegen, hätte einen Klumpen Erde genommen und daraus ein Gesicht geformt, um ihre Gedanken von all dem abzulenken, doch der Boden war steinhart gefroren und so blieb sie in der Kutsche, tief bis zur Nasenspitze in den weißen Wolfspelz vergraben, der sie die eisige Januarkälte vergessen ließ. In diesem Prachtfell hätte sie die Nacht durchfahren können, aber sie zog es vor, in einem Gasthof abzusteigen, um ausgeruht zu Hause anzukommen. Nicht daß sie am Ende gar noch wie ein verwittertes Strandgut aussah, das sich wieder am rettenden Ufer des Vaterlands einfand, und eine gebeutelte Emigrantin war sie auch nicht. Schließlich hatte sie nie von ihren Gütern, sondern allein von ihrer Arbeit gelebt und kam von einer Kunstreise. Zwar ein langes Gastspiel, aber desto erfolgreicher. Und das sollte man ihr schon ansehen.

Das Tor von Saint-Denis bot einen vertrauten Anblick, doch auf dem Weg ins Stadtzentrum mußte sie sich ganz neu orientieren. Alles schien ihr so eng und schmal, so klein und verwinkelt, als wären in die Straßen von Paris zusätzlich noch Häuserreihen gebaut worden. Womöglich hatte sie Paris immer nur mit Kinderaugen gesehen und deshalb alles groß und weit in Erinnerung. Womöglich war sie auch nur von der Weltresidenz Petersburg, diesem glanzvollen Petropolis verwöhnt, doch als der Wagen zur Rue Gros-Chenet einbog, glaubte sie, gar nicht mehr in eine Straße, sondern in eine Ritze geraten zu sein. Ritze Gros-Chenet. Sie brauchte nicht lange nach dem neuen Haus Ausschau zu halten. Sie sah es schon von weitem. Die Eingangstür war mit Girlanden geschmückt und davor stand Lebrun. Mit einem Mal begann ihr Herz zu schlagen. So wild und heftig, als würde sie einem Liebhaber entgegeneilen, der schon seit Stunden in der Kälte auf sie wartete. Daß ihr das bei seinem Anblick einmal passieren könnte, hätte sie sich nicht träumen lassen.

Der Wagen hielt, Lebrun eilte heran, riß die Tür auf, reichte ihr zum Aussteigen die Hand, stand einen Augenblick ganz reglos vor ihr, als mißtraute er der Wirklichkeit des Geschehens. Dann nahm er sie in die Arme und weinte. Auch Vigée kamen die Tränen und plötzlich fühlte sie sich ganz elend vor Freude, wieder zu Hause zu sein. Erst als sie ihn losließ, fiel ihr auf, daß er grau geworden war. Er sah es und meinte lächelnd: »Tut mir leid, aber die Abwesenheit von dir hat mich zu sehr angestrengt.«

Dann stürzten Etienne mit Tochter und Frau auf sie zu, es gab eine jubelnde Begrüßung, ihre Nichte sah sie heute zum ersten Mal und den guten alten Henri hätte sie in seinem Sonntagsrock fast nicht wiedererkannt. Die Treppen des Hauses waren mit Blumen bestreut und alle geleiteten sie direkt in den Salon, wo die Tafel bereits festlich gedeckt war. Henri brachte den Champagner, doch dann beim Essen wußte niemand, mit welcher Neuigkeit er zuerst beginnen sollte. Zuviel war passiert, zuviel gab es zu erzählen. Aber daß jeder am Tisch nicht nur 12 Jahre, sondern eine Zeitnacht überstanden hatte, war im Moment das allerwichtigste und sprach für sich. Von Julie wollte Vigée vorerst nichts sagen. Das Unerfreuliche hob sie sich für später auf. Um so bessere Nachricht gab es von Jean Baptiste. Sie hatte ihn in Braunschweig verabschiedet und selten einen Menschen gesehen, der so glücklich war, endlich in eine gesicherte Beamtenlaufbahn wechseln zu können.

Lebrun, der kein Auge von ihr ließ, sah ihr an, wohin es sie wirklich drängte, und führte sie gleich nach dem Essen in das neue Atelier. Fast zögernd betrat sie ihre Arche, denn das war der langersehnte Moment. Schon ein einziger Blick genügte und sie sah: Es war ihre eigentliche Ankunft und das Zuhause im Haus. Da standen ihr Augsburger Spiegel, das Podest, der Modellstuhl, der Materialschrank des Vaters, die Staffelei, die Leinwandrollen, an den Stangen hingen die Ochsenblasen mit den Pigmentvorräten und im Holzständer die Trichtermuscheln mit den Farben für das Inkarnat – alles unverändert und wie in einem heiligen Stübchen für sie aufbewahrt. Das erhalten zu haben war groß von Lebrun. Neben ihre Arche hatte er eine Galerie, einen fast gläsernen Raum bauen lassen, und jetzt bekam sie auch eine Vorstellung von dem lanterneau vitré, diesem modernen Oberlicht, das ihren Bildern wie im Louvre Tageslicht geben sollte. Sie war so gerührt, daß sie nur mit Mühe ihre Bewegung verbergen konnte.

Abends, als alle gegangen waren und sie mit ihm wie früher am Kamin saß und beide ihren Wein tranken, überreichte er ihr ein Buch, gebunden in feinstes Maroquin-Ecrasé. Sie schlug es auf und traute ihren Augen nicht. Es war ein Verzeichnis all ihrer Bilder mit Titel, Format, Verkaufsdatum und Auftraggeber, akribisch von ihm zusammengestellt. »Meine Nächte mit dir«, bemerkte er lakonisch, und Seite um Seite verschlug es ihr die Sprache. Sie war überwältigt vom Umfang ihres eigenen Werks, aber auch vom Aufwand seiner Arbeit, und mit einem Mal bekam sie eine Ahnung, wie sehr er sie vermißt haben mußte. Obwohl sie darauf brannte zu erfahren, weshalb er sich von ihr hatte scheiden lassen – ihn jetzt danach zu fragen, hätte sie als peinlich empfunden. Ob verbunden in der Trennung oder getrennt in der Verbindung – egal wie, er hatte sie begleitet und das zu spüren, war momentan Auskunft genug. Nach Mitternacht ging sie todmüde in ihr neues Schlafzimmer, fand das warme Grün der Tapeten überaus wohltuend und auf einmal sah sie, daß er einen Regenbogen an die Decke gemalt hatte und in den Bogen noch eine Krone aus Sternen. Das überstieg alles. Plötzlich hatte sie das Bedürfnis, mit dem geschiedenen Ehemann in diesem Bett unter diesem Fresko aufzuwachen. Ob es die Lichtstimmung störte oder nicht – einmal morgens mit ihm aufwachen, jetzt war ihr danach. Sie mußte ihn nicht rufen, er stand schon an der Tür, und die Überraschungen nahmen kein Ende.

Lebrun bat die Unterzeichner der Petition, alles Namen von Glanz, Klang und Gewicht, zur offiziellen Begrüßung in sein Haus nebenan, in die Rue de Cléry. Im großen Saal ließ er das Klavierkonzert von Paisiello aufführen. Nicht nur, weil es Vigée seinerzeit zu dem Porträt veranlaßt hatte, vielmehr sah er die höheren Zusammenhänge. Zwar war Paisiello der bevorzugte Komponist von Marie Antoinette gewesen, aber was inzwischen weit mehr zählte, er war auch der Lieblingskomponist des Ersten Konsuls und es wurde bereits gemunkelt, sollte sich Bonaparte zum Kaiser krönen lassen, bekam Paisiello den Auftrag für die Krönungmesse. Schließlich mußte man an die Zukunft denken und sich auf die neuen Gegebenheiten einstellen. Außerdem konnte Lebrun mit Klängen von Paisiello den Parisern vorführen, daß seine Frau schon immer künstlerisch der Zeit um eine Kopflänge voraus war: Bevor die Talente von den Großen vereinnahmt wurden, hatte sie sie längst ins Bild gesetzt. Sie hatte eben ein Gespür für das Bleibende.

Auf dem anschließenden Empfang wurde sie von den Gästen unter stürmischem Applaus als Notre Dame du couleur gefeiert. Halb verlegen, halb ergriffen stand sie im Raum und hatte nur noch die Sorge, ihr Fassungsvermögen für Freude könnte sich jeden Moment erschöpfen. Da erhob ihr Kollege David, der Maler des Ballhausschwurs, das Glas auf sie und rief: »Schön, daß du wieder da bist! Du gehörst zu uns in die Republik und nicht in den tyrannischen Norden!«

Vigée blickte etwas befremdet, so ungewöhnlich von ihm angeredet zu werden, doch Lebrun flüsterte ihr zu, daß dies eine Errungenschaft der Revolution war. »Das *Sie* ist aristokratisch, das *Du* steht für Gleichheit. Sprich alle mit *Du* an, dann bist du eine der Ihren.«

Noch ehe Vigée etwas entgegnen konnte, war sie schon von Ménageot, Grétry, Chaudet und Vernets

Sohn umringt. Freunde und Kollegen drängten heran und reihten sich wie bei einer großen Begrüßungscour in die Schlange ein. Ihr alter Lehrer Greuze machte einen so heruntergekommenen Eindruck, daß sie erschrak. Zwar wußte sie, daß er in der Revolution sein Vermögen verloren hatte, doch als er fragte, ob er eventuell ihr Kopist werden dürfe, war sie erschüttert. Ausgerechnet Greuze! Vor Jahren als unsterbliches Genie gefeiert und jetzt wollte offenbar keiner mehr ein Bild von ihm. Sie sagte ihm sofort zwei große Arbeiten zu und hatte den maître peintre noch nie so dankbar und glücklich gesehen. Betroffen fragte sie sich, was aus ihr geworden wäre, wenn sie das Land nicht verlassen hätte, aber glücklicherweise ersparte ihr der Trubel, darüber nachzudenken.

Ihre Ankunft erregte ein so großes öffentliches Aufsehen, daß sie tagelang nicht aus dem Haus ging und sich in ihrer Arche vergrub. Die Studienköpfe, Skizzen und Ölporträts, die Lebrun über die Revolutionsnächte gerettet hatte, hingen wieder an den Wänden und daneben die neusten Arbeiten, die bereits aus der Kutsche geladen und in die Rahmen gespannt worden waren. Schon ein flüchtiger Vergleich gab ihr eine Ahnung, wo die Möglichkeiten der Steigerung lagen und wie sich der Farbenschein erhöhen ließ, doch jede Überlegung dazu schob sie weit von sich. Jetzt mußte sie erst einmal zur Besinnung kommen und brauchte Abstand zu allem. Ruhe und Abstand.

Stillschweigend reichte Henri ihr den Tee und einen Brief herein, den soeben die Reitende Post gebracht hatte. Sie sah schon an der Schrift: Er kam von Vaudreuil. Ein paar handgeschöpfte Lettern vom großen Falkenmeister, immerhin – eine freundliche Geste. Er hatte wahrgenommen, daß sie nach Paris zurückgekehrt war. Vielleicht raffte er sich jetzt dazu auf, ihr seine Heirat anzuzeigen, denn sie hatte natürlich längst erfahren, daß er in London seine kleine Nichte zum Traualtar geführt hatte, naheliegend und praktisch. Doch er erwähnte kein Wort davon, sondern bat Vigée dringend, nach England zu kommen. Seit er im königlichen Jagdschloß einige Bilder von ihr ausgestellt hatte, gab der Prince of Wales keine Ruhe und wollte unbedingt von ihr gemalt werden. Von ihr und nur von ihr, der größten Malerin des Kontinents.

»Lassen Sie mich wissen, wann Sie kommen wollen. Ich kann es kaum erwarten, Ihnen bis Dover entgegenzueilen, und hoffe, Sie vergnügt wie den Morgenstern wiederzusehen.« Vigée ließ ein paar Lidschläge lang das schöne Sätzchen auf sich wirken und dachte nur, das hätte er haben können. Jeden Morgen hätte er sie vergnügt wiedersehen können. Aufwachen inklusive. Aber er hatte von ihr eben nur die Ekstasen des Lichts und der Farbe gewollt. Doch ihre Kunst zu lieben war anderseits auch nicht wenig, zumal in Umbruchszeiten, wo der Sinn fürs Schöne nicht gerade im Zentrum des großen Interesses stand. Doch jetzt nach England aufzubrechen war ganz ausgeschlossen. Wenn überhaupt, dann später. Alles irgendwann später.

Auch Madame de Staël mußte sich mit ihrem Porträtwunsch noch gedulden. Vorerst war gar nicht daran zu denken. Freilich freute es Vigée, daß die Schwester des Ersten Konsuls, Caroline Murat, bereits ein Ganzfigurenporträt bei ihr bestellt hatte, und Letizia Bonaparte die verehrte Bürgerin der Kunst Elisabeth Vigée-Lebrun zum Frühstück bat. Doch was auch an Aufträgen aus diesen Wipfelhöhen noch auf sie zukam – eines stand bereits fest: Sollte Monsieur Bonaparte den Wunsch haben, von ihr gemalt zu werden, dann lehnte sie ab. Entschieden und kategorisch. Bestimmt ließ er sich irgendwann zum großen Kaiser Napoleon krönen, und wenn dann wieder eine Revolution kam und er seinen Kopf unter das Fallbeil legen mußte, konnte sie womöglich erneut ihre Koffer packen. Eine Kunstreise genügte. Jetzt ging sie erst einmal mit Etienne an das Grab der Mutter, anschließend zum Pont Neuf an die Farbenmündung der Stadt, und seinen jüngsten Lustspielerfolg wollte sie sich natürlich im Theater auch ansehen. Vor allem mußte sie dem Gouverneur von Moskau für den großen Stadtsaal das hochheilig versprochene Selbstporträt schicken. Das russische Kaiserpaar und auch die preußische Königin wollte sie nicht allzulange auf die Bilder warten lassen. Doch eins nach dem andern und alles ohne Eile.

Seltsamerweise ertappte sie sich in Gedanken immer öfter bei der Frage, ob sie Lebrun wieder heiraten sollte. Noch hatten sie nicht darüber gesprochen, aber was hätte es geändert, erneut mit ihm zum Traualtar zu gehen? Der Vater von Julie blieb er ohnehin, und wie es um seine Herzenstochter bestellt war, konnte er von ihr selber hören, denn sie stand gewiß bald an seiner Tür. Zwar war die Erweiterung der Lebrunschen Kunsthandlung beeindruckend, doch so großartig sie sich auch ausnahm – Vigée ahnte, daß alles nicht bezahlt war. Aber erneut ihr Geld in sein Geschäft zu stecken und mit ihren Honoraren seine Schulden zu begleichen, dazu hatte sie wenig Lust. Sie wollte sich selber ein Haus kaufen, irgendwo am Rande der Stadt, wo die Luft eine gute Akustik hatte. Es mußte ja nicht ein fürstlicher Musensitz à la Angelika Kauffmann sein, sie brauchte keine Prachtresidenz, aber nach all den Wanderjahren wollte sie ein Stückchen eigenen Grund und Boden unter den Füßen haben. Ein Refugium, auf das kein anderer Zugriff hatte und das nicht irgendwann in irgendeine Geschäftsmasse einfließen konnte; ein Haus auf ihren Namen, bar bezahlt, nicht lediglich Besitz, sondern Eigentum auf liegendem Grund und also ein verläßlicher Wert. Der geschiedene Ehemann konnte dann gerne als Kaminfreund kommen. Und was hieß Kamin! Sie ließ sich in den Salon einen Petersburger Kachelofen setzen mit einer Bank, einer Leschanka, die dem Raum dieses besondere Flair, dieses russische Behagen gab. Das konnten schöne Abende werden. Einen guten Wein für ihren Kaminfreund hatte sie immer parat, selbstverständlich auf ihre Rechnung.

Sie blätterte im *Journal de Paris* und den anderen Zeitungen, die alle von ihrer Ankunft Notiz nahmen, und fand auch einen Willkommensgruß von Gaillard. Sie wußte, er war jetzt Abgeordneter mit schöner Pension, republikweit zuständig für den neuen Geist der Kunst, stimmte aber den alten Sermon an: »Von wegen Porträtmaler arbeiten für die Erinnerung! Als Lohndiener der Eitelkeit und handfertige Farbenfaxe arbeiten sie zuallererst für ihren Geldbeutel, und man muß beschämt fragen, weshalb sich derlei Ölzauber so lange in der Gunst des Publikums hält oder ob es nicht allerhöchste Zeit wird, dafür zu sorgen, daß diese Saisonpinsler und Farbenphantaseure endlich ihren Laden schließen.«

Daß der ästhetische Dudelsack noch immer sein Geiferlätzchen trug und sich kein bißchen verändert hatte, war schon enttäuschend. Um so mehr freute sie ein Schreiben der Comédie Française. Das Theater gewährte ihr ein Leben lang freien Eintritt zu all seinen Vorstellungen und bat sie, diese Huldigung gütig aufzunehmen als Zeichen der Bewunderung ihrer seltenen Talente und der vorzüglichen Achtung, die sie in ganz Europa genoß.

Sie sah auf ihre Bilder und dachte, so war es nun mal mit dem Glück, wieder zu Hause zu sein: Alles wie gehabt. Aber ewig freier Eintritt in die Comédie Française klang dann doch recht hoffnungsvoll und wer weiß, vielleicht lag das Schönste noch vor ihr.

Große Romane im kleinen Format

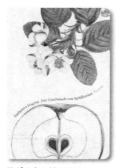

Jetta Carleton
Wenn die Mondblumen
blühen

Katharina Hagena
Der Geschmack
von Apfelkernen

Noëlle Châtelet
Die Klatschmohnfrau

Anita Lenz
Wer liebt, hat recht
Die Geschichte eines
Verrats

Renate Feyl
Die profanen Stunden
des Glücks

Herrad Schenk
In der Badewanne

Alle Titel in bedrucktem Leinen
mit Lesebändchen

www.kiwi-verlag.de

3,50 €
12/23